Thomas Bulmahn

Lebenswerte Gesellschaft

Studien zur Sozialwissenschaft

Thomas Bulmahn

Lebenswerte Gesellschaft

*Freiheit, Sicherheit und
Gerechtigkeit im Urteil der Bürger*

Westdeutscher Verlag

Bibliografische Information Der Deutschen Bibliothek
Die Deutsche Bibliothek verzeichnet diese Publikation in der Deutschen Nationalbibliografie;
detaillierte bibliografische Daten sind im Internet über <http://dnb.ddb.de> abrufbar.

1. Auflage November 2002

Alle Rechte vorbehalten
© Westdeutscher Verlag GmbH, Wiesbaden 2002

Der Westdeutsche Verlag ist ein Unternehmen der Fachverlagsgruppe BertelsmannSpringer.
www.westdeutscher-verlag.de

Das Werk einschließlich aller seiner Teile ist urheberrechtlich geschützt. Jede Verwertung außerhalb der engen Grenzen des Urheberrechtsgesetzes ist ohne Zustimmung des Verlags unzulässig und strafbar. Das gilt insbesondere für Vervielfältigungen, Übersetzungen, Mikroverfilmungen und die Einspeicherung und Verarbeitung in elektronischen Systemen.

Die Wiedergabe von Gebrauchsnamen, Handelsnamen, Warenbezeichnungen usw. in diesem Werk berechtigt auch ohne besondere Kennzeichnung nicht zu der Annahme, dass solche Namen im Sinne der Warenzeichen- und Markenschutz-Gesetzgebung als frei zu betrachten wären und daher von jedermann benutzt werden dürften.

Umschlaggestaltung: Christine Huth-Rösch, Glashütten
Druck und buchbinderische Verarbeitung: Rosch-Buch, Scheßlitz
Gedruckt auf säurefreiem und chlorfrei gebleichtem Papier
Printed in Germany

ISBN 3-531-13890-1

Danksagung

Diese Arbeit konnte ich während meiner Tätigkeit als wissenschaftlicher Mitarbeiter der Abteilung Sozialstruktur und Sozialberichterstattung am Wissenschaftszentrum Berlin für Sozialforschung anfertigen. Dem Wissenschaftszentrum, meiner Abteilung und insbesondere dem Abteilungsdirektor Herrn Prof. Wolfgang Zapf bin ich für die großzügige Gewährung von Freiräumen, für die in jeder Hinsicht hilfreiche Unterstützung und für die anregende Atmosphäre äußerst dankbar. Allen Kolleginnen und Kollegen der Abteilung schulde ich Dank für anregende Diskussionen und konstruktive Kritik. Prof. Heiner Ganßmann, Prof. Sebastian Herkommer und Prof. Horst Skarabis ist für die Förderung und Unterstützung während meiner Studienjahre an der Freien Universität Berlin zu danken. Bei der sprachlichen Überprüfung des Manuskripts hat mich Frau Ursula Gerlach mit großem Elan unterstützt, wofür ich ihr an dieser Stelle Dank sagen möchte.

Inhalt

1	Einleitung	13
1.1	Hintergrund: Die lebenswerte Gesellschaft	13
1.2	Forschungsfragen und Aufbau der Arbeit	15
1.3	Zur Datenbasis	19
2	**Lebensqualitätsforschung: Traditionen und neuere Entwicklungen**	**20**
2.1	Einleitung	20
2.2	Traditionslinien der Lebensqualitätsforschung	20
2.2.1	Lebensqualitätsforschung in den Vereinigten Staaten	20
2.2.2	Lebensqualitätsforschung in Schweden	22
2.2.3	Lebensqualitätsforschung in Deutschland	23
2.3	Zur Entwicklung des Forschungsprogramms in der Bundesrepublik	24
2.4	Neuere Begriffe und Konzepte	26
2.4.1	Quality of Persons	26
2.4.2	Social Quality	27
2.5	Resümee	30
3	**Theoretische und methodische Grundlagen**	**32**
3.1	Einleitung	32
3.2	Theoretische Grundlagen	32
3.2.1	Drei Dimensionen der Lebensqualität	32
3.2.2	Voraussetzungen und Rahmenbedingungen	34
3.2.3	Bedürfnisbefriedigung und Lebenschancen	34
3.2.4	Wahrgenommene Lebensqualität	37
3.3	Methodische Grundlagen	41
3.3.1	Einführung in die Struktur des Modells	41
3.3.2	Institutionalisierung von bürgerlichen Grundwerten	44
3.3.3	Verwirklichung von Freiheit, Sicherheit und Gerechtigkeit	47
3.3.4	Wahrnehmung gesellschaftlicher Phänomene	48
3.3.5	Bewertung von Freiheit, Sicherheit und Gerechtigkeit	51
3.3.6	Definition der gesellschaftlichen Wirklichkeit und die Folgen	55
4	**Freiheit, Sicherheit und Gerechtigkeit im Urteil der Bevölkerung**	**57**
4.1	Einleitung	57
4.2	Klassifikation der gesellschaftlichen Zielgrößen	57
4.2.1	Freiheitsrechte	57
4.2.2	Schutz- und Sicherheitsaspekte	58
4.2.3	Gleichstellung, Recht auf Arbeit, Solidarität und Gerechtigkeit	59

4.2.4	Fazit	61
4.3	Realisierungschancen von Freiheit, Sicherheit und Gerechtigkeit	62
4.3.1	Verfassungsrechtliche Verankerung	63
4.3.2	Politischer und sozioökonomischer Kontext	65
4.3.3	Darstellung der gesellschaftlichen Realität in den Medien	67
4.3.4	Hypothesen	68
4.4	Freiheit, Sicherheit und Gerechtigkeit auf dem Prüfstand	69
4.4.1	Freiheitsrechte	69
4.4.2	Schutz- und Sicherheitsaspekte	70
4.4.3	Gleichstellung, Recht auf Arbeit, Solidarität und Gerechtigkeit	71
4.5	Zusammenfassender Vergleich der Bewertungen	72
4.6	Resümee	74
5	**Determinanten der wahrgenommenen Qualität der Gesellschaft**	**76**
5.1	Einleitung	76
5.2	Bürgerrechte und soziale Ungleichheit	76
5.2.1	Erosion des Klassensystems durch Bürgerrechte	76
5.2.2	Staatsbürgerrechte als Ursache für neue soziale Ungleichheiten	78
5.2.3	Verlagerung des Forschungsschwerpunktes	79
5.3	Hypothesen und Operationalisierung	80
5.3.1	Staatszielbestimmungen in den Landesverfassungen	80
5.3.2	Arbeitsmarktlage und Wohlstandsniveau in den Bundesländern	83
5.3.3	Soziale Position und Partizipation	84
5.3.4	Einstellungen und Ängste	86
5.4	Einflussfaktoren der Bewertung von Grundrechten	87
5.4.1	Politische Freiheit	87
5.4.2	Freiheit der Berufswahl	89
5.5	Determinanten der Bewertung von Staatszielbestimmungen	91
5.5.1	Soziale Sicherheit	91
5.5.2	Recht auf Arbeit	93
5.6	Bestimmungsgrößen der Bewertung von politischen Zielen	95
5.6.1	Solidarität mit Hilfebedürftigen	95
5.6.2	Gerechte Verteilung des Wohlstands	96
5.7	Resümee	99
6	**Lebenswerte Gesellschaft und subjektives Wohlbefinden**	**103**
6.1	Einführung	103
6.2	Sozialer Fortschritt und Glück – Forschungstraditionen	103
6.2.1	Licht- und Schattenseiten der Modernisierung	103
6.2.2	Anomietheorie als Kapitalismuskritik bei Merton und Sennett	105
6.2.3	Anomie als „strukturelles Merkmal moderner Gesellschaften"	106
6.3	Entwicklung von Zufriedenheit, Glück und Anomie in Deutschland	107
6.3.1	Zufriedenheit mit dem eigenen Leben	107
6.3.2	Persönliches Glücksempfinden	109
6.3.3	Besorgnissymptome	110

6.3.4		Anomiesymptome 111
6.3.5		Suizidmortalität 112
6.4	Resümee – Teil 1 114	
6.5	Determinanten des Wohlbefindens 115	
6.5.1		Wohlbefinden als Ertrag einer lebenswerten Gesellschaft 116
6.5.2		Wohlbefinden als Resultat des individuellen Wohlstands 117
6.5.3		Wohlbefinden als Ausdruck der Persönlichkeit 118
6.6	Operationalisierung von positiven und negativen Einflussfaktoren 120	
6.6.1		Positive Einflussfaktoren 120
6.6.2		Negative Einflussfaktoren 121
6.7	Einfluss der Faktoren auf Aspekte des subjektiven Wohlbefindens 123	
6.7.1		Auswirkungen auf die Zufriedenheit mit dem eigenen Leben 124
6.7.2		Folgen für das persönliche Glücksempfinden 125
6.7.3		Wirkungen auf den Pessimismus 126
6.7.4		Auswirkungen auf die Besorgnishäufigkeit 127
6.8	Resümee – Teil 2 128	

7 Präferenzen der Bürger für Freiheit, Sicherheit, Gerechtigkeit und Wohlstand 130

7.1	Einleitung 130	
7.1.1		Vom Scheitern eines politischen Projektes 130
7.1.2		Bedeutung der Präferenzerfassung 131
7.2	Direkte und indirekte Verfahren der Präferenzerfassung 133	
7.2.1		Analyse von Wanderungsbewegungen 133
7.2.2		Rückschlüsse aus den Ergebnissen von Volksabstimmungen 134
7.2.3		Untersuchungen zum Nachfrageverhalten 135
7.2.4		Experimente zur Erfassung der Zahlungsbereitschaft 135
7.2.5		Interpretation von Meinungsumfragen 136
7.2.6		Berechnung individueller Wohlfahrtsfunktionen 137
7.2.7		Offene Fragen 138
7.3	Ein alternatives Verfahren zur Erfassung von Bürgerpräferenzen 139	
7.3.1		Grundgedanke und zentrale Annahmen 139
7.3.2		Erfahrungen aus der Lebensqualitätsforschung 140
7.3.3		Globalmaß der Qualität der Gesellschaft 141
7.4	Allgemeine Hypothesen zur Wertschätzung öffentlicher Leistungen 142	
7.4.1		Präferenzen als Ausdruck der Knappheit eines Gutes 142
7.4.2		Präferenzen als Ausdruck von Werten 142
7.4.3		Präferenzen als Ausdruck öffentlicher Aufmerksamkeit 143
7.4.4		Präferenzen als Ausdruck persönlicher Bedürfnisse 144
7.5	Präferenzordnung für die Bevölkerung insgesamt 144	
7.6	Präferenzprofile einzelner Bevölkerungsgruppen im Vergleich 148	
7.6.1		Präferenzordnungen nach Geschlecht und Alter 148
7.6.2		Präferenzmuster nach Einkommenslage und Bildungsniveau 149
7.6.3		Präferenzprofile nach Landesteil, Arbeitslosigkeit und Wohlstand .. 151
7.7	Resümee 153	

8 Systemoutput und Demokratiezufriedenheit im vereinten Deutschland 156
- 8.1 Einleitung und Fragestellung 156
- 8.2 Entwicklung der Lebensverhältnisse im vereinten Deutschland........157
  - 8.2.1 Befriedigung existentieller Bedürfnisse 157
  - 8.2.2 Befriedigung sozialer Bedürfnisse 160
  - 8.2.3 Befriedigung von Bedürfnissen nach persönlichem Wachstum 162
  - 8.2.4 Veränderung der Lebensverhältnisse im Urteil der Bürger 165
- 8.3 Entwicklung der Systemakzeptanz im vereinten Deutschland 167
- 8.4 Alternative Deutungen der Einstellungsunterschiede 170
  - 8.4.1 Sozialisationsthese 170
  - 8.4.2 Situationsthese 172
  - 8.4.3 Kombination aus Sozialisations- und Situationsthese 173
- 8.5 Wahrgenommener Systemoutput als Determinante der Demokratiezufriedenheit 176
- 8.6 Wahrgenommene Qualität der Gesellschaft im Ost-West-Vergleich 179
  - 8.6.1 Bewertung von Freiheit, Sicherheit und Gerechtigkeit 179
  - 8.6.2 Wertschätzung für Freiheit, Sicherheit und Gerechtigkeit 181
- 8.7 Zusammenfassung und Schlussfolgerungen 184

9 Wahrgenommene Qualität der Gesellschaft im Zeitvergleich 186
- 9.1 Einleitung und Fragestellung 186
- 9.2 Gesellschaftliche Rahmenbedingungen im Wandel 186
  - 9.2.1 Politische Reformen und Initiativen der Bundesregierung 187
  - 9.2.2 Entwicklungen auf dem Arbeitsmarkt 191
  - 9.2.3 „Terror in Amerika" – Auswirkungen auf Problembewusstsein und Wohlbefinden 192
- 9.3 Bewertung von Freiheit, Sicherheit und Gerechtigkeit 1998 und 2001...195
  - 9.3.1 Bewertung von Freiheitsrechten im Zeitvergleich...............195
  - 9.3.2 Bewertung von Schutz- und Sicherheitsaspekten im Zeitvergleich...197
  - 9.3.3 Bewertung von Gerechtigkeitsaspekten im Zeitvergleich 200
  - 9.3.4 Mittelwertvergleich der Bewertungen.......................203
  - 9.3.5 Präferenzen für Freiheit, Sicherheit und Gerechtigkeit im Wandel...205
- 9.4 Zusammenfassung...207

10 Resümee und Ausblick 209
- 10.1 Resümee 209
- 10.2 Ausblick 212
  - 10.2.1 Reform des Sozialstaates und Teil-Privatisierung der Vorsorge.....213
  - 10.2.2 Osterweiterung der Europäischen Union 215
  - 10.2.3 Entwicklung einer europäischen Verfassung 216

Literatur 218

Anhang 232
- A.1 Methodische Anmerkungen zur Erhebung des Wohlfahrtssurveys......232
- A.2 Wortlaut der Fragen im Wohlfahrtssurvey 233

Verzeichnis der Abbildungen und Tabellen

Abbildungen

3.1 Lebensqualität – Dimensionen und Analyseebenen 33
3.2 Indikatoren der wahrgenommenen Qualität der Gesellschaft 40
3.3 Methodisches Grundmodell 42
4.1 Chancen der Verwirklichung von Grundrechten, Staatszielbestimmungen und politischen Zielen 64
4.2 Freiheitsrechte im Urteil der Bürger 69
4.3 Schutz und Sicherheit im Urteil der Bürger 70
4.4 Gerechtigkeitsaspekte im Urteil der Bürger 71
4.5 Bewertung von Freiheit, Sicherheit und Gerechtigkeit 73
5.1 Operationalisierung des Untersuchungsmodells 81
6.1 Suizidmortalität in West- und Ostdeutschland 113
7.1 Präferenzordnung der Bevölkerung in der Bundesrepublik im Jahr 1998 .. 145
8.1 Zustimmung zur Marktwirtschaft in West- und Ostdeutschland 168
8.2 Zustimmung zur Demokratie in West- und Ostdeutschland 169
8.3 Wahrgenommene Qualität der Gesellschaft und Demokratiezufriedenheit . 177
8.4 Bewertung von Freiheit, Sicherheit und Gerechtigkeit im Ost-West-Vergleich 180
8.5 Relevanz von Freiheit, Sicherheit und Gerechtigkeit im Ost-West-Vergleich 183
9.1 Politische Entscheidungen und Initiativen der Bundesregierung 2000/2001 188
9.2 Hoffnungen und Befürchtungen der Bürger zwischen Juli und Dezember 2001 194
9.3 Freiheitsrechte im Urteil der Bürger 1998 und 2001 196
9.4 Schutz und Sicherheit im Urteil der Bürger 1998 und 2001 198
9.5 Gerechtigkeitsaspekte im Urteil der Bürger 1998 und 2001 201
9.6 Wahrgenommene Qualität der Gesellschaft – Mittelwertvergleich 1998 und 2001 204
9.7 Bedeutung von Freiheits-, Sicherheits- und Gerechtigkeitsaspekten für die Demokratiezufriedenheit 1998 und 2001 206

Tabellen

4.1	Klassifikation von Freiheits-, Sicherheits- und Gerechtigkeitsaspekten	... 62
4.2	Hypothesen zur Bewertung durch die Bevölkerung insgesamt	67
5.1	Staatszielbestimmungen in den Landesverfassungen	82
5.2	Arbeitsmarktlage und Wohlstandsniveau in den Bundesländern 1998	83
5.3	Determinanten der Bewertung – Politische Freiheit	88
5.4	Determinanten der Bewertung – Freiheit der Berufswahl	90
5.5	Determinanten der Bewertung – Soziale Sicherheit	92
5.6	Determinanten der Bewertung – Recht auf Arbeit	94
5.7	Determinanten der Bewertung – Solidarität mit Hilfebedürftigen	96
5.8	Determinanten der Bewertung – Gerechte Verteilung des Wohlstands	98
5.9	Determinanten im Überblick	99
6.1	Zufriedenheit mit dem Leben in West- und Ostdeutschland 1978-1999	108
6.2	Persönliches Glücksempfinden 1978-1998	109
6.3	Besorgnissymptome 1978-1999	110
6.4	Anomiesymptome 1978-1999	112
6.5	Dimensionen einer lebenswerten Gesellschaft	120
6.6	Determinanten der Zufriedenheit mit dem Leben	124
6.7	Determinanten des Glücksempfindens	125
6.8	Determinanten des Pessimismus	126
6.9	Determinanten der Besorgnishäufigkeit	127
7.1	Präferenzordnungen nach Geschlecht und Alter	149
7.2	Präferenzordnungen nach Einkommen und Bildung	151
7.3	Präferenzordnungen nach Landesteil, Wohlstandsniveau und Arbeitslosigkeit	152
8.1	Einkommen, Lebensstandard und Wohnbedingungen	158
8.2	Familie, Partnerschaften und Freundschaften	161
8.3	Aus- und Weiterbildung, Erwerbstätigkeit und Freizeit	163
8.4	Determinanten der Demokratiezufriedenheit – Sozialisations- und Situationsthese	175
8.5	Determinanten der Demokratiezufriedenheit – Performanzthese	179
9.1	Wichtigste Themen in Deutschland 1998 und 2001	193
9.2	Bewertung von Freiheitsrechten nach sozialen Gruppen 1998 und 2001	197
9.3	Bewertung von Schutz und Sicherheit nach sozialen Gruppen 1998 und 2001	199
9.4	Bewertung von Gerechtigkeitsaspekten nach sozialen Gruppen 1998 und 2001	202

1. Einleitung

1.1 Hintergrund: Die lebenswerte Gesellschaft

„Gute Gesellschaft? Zur Konstruktion sozialer Ordnungen" – so lautete das Motto des Soziologiekongresses, der im Jahr 2000 in Köln stattfand. Mit diesem Leitmotiv wurde ein neues Interesse an grundsätzlichen Problemen der gesellschaftlichen Entwicklung bekundet – nicht in normativer Hinsicht, wie die Vorsitzende der Deutschen Gesellschaft für Soziologie, Jutta Allmendinger, in ihrer Eröffnungsrede betonte. Dieses Interesse richte sich vielmehr auf die Frage, „welche Ordnungsvorstellungen vorherrschen, wie sich Ideen guter Gesellschaft wandeln, ob und welche Wirksamkeit sie entfalten, welche sozialen Gruppen und Teilsysteme Träger welcher Gesellschaftsmodelle sind, ob die Tatsachenbehauptungen, die mit Ordnungsvorstellungen verbunden sind, zutreffen und schließlich, welche beabsichtigten und unbeabsichtigten Folgen die Verfolgung solcher Ziele durch Akteure haben" (Allmendinger 2001: 3).

Angesichts derartiger Fragestellungen seien die „Artisten in der Zirkuskuppel" ziemlich ratlos, meinte Hans-Peter Müller in seinem Plenumsbeitrag (Müller 2001). Soziologinnen und Soziologen würden sich schon lange nicht mehr zu diesen Problemen äußern. Hier herrsche seit geraumer Zeit „Funkstille". Müller verwies auf eine Reihe möglicher Ursachen: das Fehlen von Utopien und gesellschaftlichen Alternativen nach dem Ende des Sozialismus, die generellen Zweifel an der Gestaltbarkeit und Steuerbarkeit hochkomplexer, moderner Gesellschaften sowie die Beliebigkeit, Ideenlosigkeit und Idealfreiheit des soziologischen Diskurses (ebenda: 245-246). Die Profession stehe dem Thema „gute Gesellschaft" mit „manifester Ratlosigkeit" und „latentem Normativismus" gegenüber (ebenda: 245).

Wie um die von Müller vorgelegte Diagnose zu bestätigen, war die von Stefan Jensen vorgetragene Polemik gegen das Kongressmotto geprägt von eben jener Mischung aus offenbarer Ratlosigkeit und unterschwelligem Normativismus (vgl. Jensen 2001). Die Gesellschaft könne weder gut noch lebenswert sein, denn sie sei kein „Geselligkeitsverein", sondern ein „Überlebenskampfverband" (ebenda: 280). Die Gesellschaft, so Jensen, „gibt denen, die haben, und preist die Armen selig; sie proklamiert die Gleichheit vor dem Gesetz und duldet Ungleichheit allerorten; sie lässt Kinder verhungern und mästet das Vieh zum Wahnsinn; sie senkt Gift in die Erde; lässt Bomben regnen und aus korrodierenden Atommeilern Strahlung unkontrolliert in die Biosphäre dringen ..." (ebenda). Soziologen könnten dieses Elend nur beschreiben, zum Thema „Konstruktion sozialer Ordnungen" sollten sie jedoch besser schweigen, weil sie sich sonst lediglich an dem „Katastrophenmanagement der modernen Gesellschaft" beteiligen würden (ebenda: 285).

Mit seinem Versuch, sich den politischen Fragen der Zeit durch pauschale Zivilisationskritik zu entziehen, blieb Jensen jedoch weitgehend allein. Die Mehrheit der Kongressteilnehmer war durchaus daran interessiert, den Diskurs zum Thema „lebenswerte Gesellschaft" im Spannungsfeld zwischen Soziologie und Politik wieder aufzunehmen – wohl wissend, dass es sich hierbei um „Grundfragen des Faches" handelt (Rehberg 2001: 1317) –, informiert aber auch über die Grenzen der „Machbarkeit der guten Gesellschaft" (Dahrendorf 2001).

Im Rahmen der Lebensqualitätsforschung und der wissenschaftsbasierten Sozialberichterstattung sind die Diskussionen zur lebenswerten Gesellschaft zu keiner Zeit abgebrochen. Hier hat es immer wieder Bemühungen gegeben, Aspekte der Qualität der Gesellschaft in das Gesamtkonzept aufzunehmen und empirisch zu bearbeiten (vgl. Zapf 1999a). Bei den Untersuchungen zur Lebensqualität in Deutschland sind mit dem Wohlfahrtssurvey regelmäßig auch Aspekte der wahrgenommenen Qualität der Gesellschaft erhoben worden (vgl. Habich/Zapf 1994).

Im einzelnen handelt es sich hierbei um (1) die Zufriedenheit mit öffentlichen Lebensbereichen, wie beispielsweise die Zufriedenheit mit dem Netz der sozialen Sicherheit oder die Zufriedenheit mit demokratischen Einrichtungen, (2) die Wahrnehmung von sozialen Konflikten, zum Beispiel die Konflikte zwischen Arbeitgebern und Arbeitnehmern bzw. zwischen Männern und Frauen, (3) die wahrgenommene und gewünschte Zuständigkeit für eine Reihe von öffentlichen bzw. privaten Aufgaben (Wohlfahrtssurvey 1984) sowie (4) die Bewertung der Lebensbedingungen in anderen europäischen Gesellschaften (vgl. die Variablenübersicht bei Duttenhöfer/Schröder 1994).

Im Verlauf der 1990er Jahre haben Prozesse der „weitergehenden Modernisierung" in Westdeutschland (Zapf 1991) und der „nachholenden Modernisierung" in den neuen Bundesländern (Geißler 1992; Zapf 1994) mit dazu beigetragen, dass der Qualität der Gesellschaft wieder mehr Aufmerksamkeit entgegengebracht wird. Die Bemühungen um inhaltliche und methodische Innovationen, die im Rahmen des Wohlfahrtssurveys 1998 bzw. des Euromoduls unternommen wurden, sind vor diesem Hintergrund zu sehen (vgl. Zapf 2001; Böhnke et al. 2000). Die vorliegende Arbeit ist Teil dieser Bestrebungen.

Im Mittelpunkt steht hier die Frage, inwieweit heute in der Bundesrepublik Deutschland Freiheitsrechte als realisiert, Sicherheitsprobleme als gelöst und Gerechtigkeitsfragen als beantwortet gelten. Dieses Themenfeld ist von der empirischen Sozialforschung bisher kaum bearbeitet worden. Eine Erklärung für diesen Umstand könnte darin bestehen, dass allgemein von der Annahme ausgegangen wird, legale, politische und soziale Bürgerrechte seien mit ihrer verfassungsmäßigen Verankerung bereits verwirklicht.

Dies anzunehmen würde jedoch bedeuten, Verfassungstext und Verfassungsrealität in eins zu setzen. Die konkrete Gestalt von Freiheiten, Schutz und Sicherheit, Chancengleichheit und Gerechtigkeit in einer Gesellschaft ist aber nicht nur eine Frage des Verfassungstextes, sondern sie ist abhängig von weiteren Faktoren. Hierzu gehören unter anderem politische Reformen und Initiativen zur Verwirklichung dieser Rechte, wirtschaftliche und soziale Rahmenbedingungen und nicht zuletzt auch die Ressourcen und Teilhabechancen der Menschen.

Das Urteil der Bürger, inwieweit Freiheit, Sicherheit und Gerechtigkeit realisiert sind, ist meines Erachtens in mehrfacher Hinsicht von Bedeutung. Im folgenden seien drei Gründe genannt, die dafür sprechen, sich mit diesem Thema auseinanderzusetzen:

(1) Freiheit, Sicherheit und Gerechtigkeit sind Grundwerte der bürgerlichen Gesellschaft und als solche herausragende Ziele der gesellschaftlichen Entwicklung. Anhand der Einschätzungen durch die Bürger lässt sich das Ausmaß der Verwirklichung dieser Ziele verhältnismäßig einfach messen. Diese Möglichkeit ist vor allem deshalb interessant, weil für die meisten Zielgrößen keine objektiven Kriterien der Realisierung formuliert werden können. Da elementare Mindeststandards weitgehend erfüllt sind, handelt es sich bei Grundwerten wie Chancengleichheit, politische Freiheit, öffentliche Sicherheit oder soziale Gerechtigkeit um relative Ziele, deren Position und Gestalt sich immer wieder verändern. Inwieweit diese Ziele erreicht sind, kann deshalb nur subjektiv beurteilt werden – von Politikern, Juristen und Sozialwissenschaftlern, oder wie hier vorgeschlagen, von den Bürgern als Experten in eigener Sache.

(2) Die Bewertungen der Bürger lassen zudem Rückschlüsse auf Probleme sozialer Benachteiligung und sozialen Ausschlusses zu. Diese sind immer dann anzunehmen, wenn die Ungleichheit in der Bewertung von Freiheit, Sicherheit und Gerechtigkeit mit der Ungleichheit von sozialen Positionen und Partizipationschancen einhergeht. In diesem Zusammenhang ist beispielsweise zu untersuchen, wie groß der Einfluss des Einkommens, des Geschlechts oder der Staatsbürgerschaft auf das wahrgenommene Ausmaß von Freiheit, Sicherheit und Gerechtigkeit in dieser Gesellschaft ist.

(3) Die wahrgenommene Qualität der Gesellschaft stellt schließlich einen eigenständigen Aspekt der Lebensqualität dar. Hierbei ist vom sogenannten Thomas-Theorem auszugehen, das heißt, von der soziologischen Erkenntnis, dass die subjektive Definition der Situation reale Folgen hat (vgl. Esser 1999: 59-65). Bei der wahrgenommenen Verwirklichung von Freiheit, Sicherheit und Gerechtigkeit handelt es sich zweifellos um eine subjektive Definition der gesellschaftlichen Wirklichkeit, die sich in einem bestimmten Ausmaß auf die politischen Einstellungen, die Handlungsabsichten und das Wohlbefinden auswirkt. Zu analysieren ist in diesem Kontext unter anderem, inwieweit die Wahrnehmung von Freiheit, Sicherheit und Gerechtigkeit die Zufriedenheit mit dem eigenen Leben, das Glücksempfinden oder die Zukunftszuversicht beeinflusst.

1.2 Forschungsfragen und Aufbau der Arbeit

Die zentralen Forschungsfragen dieser Arbeit beziehen sich unmittelbar auf die Urteile der Bürger, inwieweit Freiheit, Sicherheit und Gerechtigkeit in der Bundesrepublik verwirklicht sind. Untersucht wird, welche Faktoren diese Bewertungen beeinflussen und wie sich diese Einschätzungen im Sinne von subjektiven Situationsdefinitionen auswirken.

Folgende Fragenkomplexe sollen behandelt werden:

- Wie beurteilen die Bürger das Ausmaß, in dem Freiheitsrechte in dieser Gesellschaft verwirklicht, Sicherheitsprobleme gelöst und Gerechtigkeitsfragen beantwortet sind? Mit anderen Worten: Inwieweit stimmen Verfassungstext und erlebte Verfassungsrealität überein?

- Welche Faktoren wirken sich auf die wahrgenommene Qualität der Gesellschaft aus und wie stark? Inwieweit beeinflussen beispielsweise die wirtschaftliche und soziale Lage der Region, die individuelle Ressourcenausstattung und die politischen Überzeugungen die Wahrnehmung und Bewertung von Freiheit, Sicherheit und Gerechtigkeit? Wie unterschiedlich nehmen Junge und Alte, Frauen und Männer, Deutsche und Ausländer die Gesellschaft wahr?

- Inwieweit beeinflusst die wahrgenommene Qualität der Gesellschaft das persönliche Wohlbefinden? Sind diejenigen, die diese Gesellschaft als frei, sicher und gerecht erleben, zufriedener, glücklicher, optimistischer bzw. weniger besorgt als andere? Ist die Lebenszufriedenheit der Bürger ein guter Indikator für die Qualität der Gesellschaft?

- Welche Attribute einer lebenswerten Gesellschaft sind den Bürgern besonders wichtig? Wie groß ist die Wertschätzung für Freiheit, Sicherheit und Gerechtigkeit? Ist die Freiheit der Lebensgestaltung beispielsweise wichtiger als soziale Sicherheit und Gerechtigkeit? Wie sehr unterscheiden sich die Präferenzen der einzelnen Bevölkerungsgruppen? Gibt es einen allgemeinen Konsens in Bezug auf die Idee von einer lebenswerten Gesellschaft, oder haben die sozialen Gruppen ganz unterschiedliche Ordnungsvorstellungen?

- Welcher Zusammenhang besteht zwischen der wahrgenommenen Verwirklichung von Freiheit, Sicherheit und Gerechtigkeit und der Demokratiezufriedenheit? Lässt sich die geringere Demokratiezufriedenheit in den neuen Bundesländern auf einen anderen Bewertungsmaßstab von Freiheits-, Sicherheits- und Gerechtigkeitsaspekten zurückführen?

- In welchem Maße haben sich die Einschätzungen der Bürger im Zeitvergleich verändert? Ist es im Zeitraum von 1998 bis 2001 zu einer grundlegenden Neubewertung gekommen, oder hat sich nichts verändert? Inwieweit haben sich die Präferenzen der Bürger für Freiheit, Sicherheit und Gerechtigkeit gewandelt?

Die Arbeit gliedert sich in zehn Kapitel. Im folgenden Kapitel 2 werden die wesentlichen Entwicklungslinien, Begriffe und Konzepte der Lebensqualitätsforschung erläutert. Im Mittelpunkt stehen drei Aspekte: (1) die unterschiedlichen Forschungstraditionen, die sich in den Vereinigten Staaten, in Schweden und in Deutschland im Verlauf der 1970er Jahre herausgebildet haben, (2) die Weiterentwicklung des Forschungsprogramms in der Bundesrepublik und (3) zwei neue theoretische Konzepte: „Quality of Persons" bzw. „Social Quality".

Im dritten Kapitel werden die konzeptionellen und methodischen Grundlagen behandelt, auf denen alle nachfolgenden empirischen Analysen aufbauen. Dabei geht es zunächst darum, die hier vertretene Auffassung von Lebensqualität zu konkretisieren und den Begriff „Wahrgenommene Qualität der Gesellschaft" zu definieren. In diesem Zusammenhang wird auch auf die Frage eingegangen, mit welchen Instrumenten die wahrgenommene Qualität der Gesellschaft gemessen wird. Daran anschließend werden die methodischen Voraussetzungen dieser Arbeit erörtert. Das Hauptanliegen besteht vor allem darin, die unterschiedlichen Faktoren, die sich auf die Institutionalisierung, Verwirklichung, Wahrnehmung und Bewertung von Freiheit, Sicherheit und Gerechtigkeit auswirken, systematisch zu erfassen und zu beschreiben.

Im Mittelpunkt des vierten Kapitels steht die Bewertung von Freiheits-, Sicherheits- und Gerechtigkeitsaspekten durch die Bürger. In welchem Maße werden die Glaubensfreiheit, der Schutz des Eigentums oder die Chancengleichheit als verwirklicht angesehen? Es wird von der Annahme ausgegangen, dass die Urteile auf der Ebene der Gesamtbevölkerung vor allem von vier Faktoren abhängig sind: (1) von der Institutionalisierung der bürgerlichen Grundwerte – Freiheit, Sicherheit und Gerechtigkeit – in Gestalt von Grundrechten, Staatszielbestimmungen bzw. politischen Zielen, (2) von politischen Reformen und Initiativen, (3) von sozioökonomischen Rahmenbedingungen und (4) von der Darstellung der gesellschaftlichen Wirklichkeit in den Medien. Inwieweit die auf der Grundlage dieser Annahmen formulierten Hypothesen mit den tatsächlichen Bewertungen der Bürger übereinstimmen, wird im zweiten Teil dieses Kapitels überprüft.

Weitergehende Untersuchungen zeigen, dass sich die Urteile der Bürger erheblich voneinander unterscheiden. Während die einen beispielsweise die Freiheit der Berufswahl als verwirklicht ansehen, meinen andere, dass dieses Grundrecht nicht realisiert sei. Im fünften Kapitel wird nach den Ursachen dieser Bewertungsunterschiede gesucht. Die Analyse führt unter anderem zu dem Ergebnis, dass die Bewertung der Bürger vor allem von der sozioökonomischen Lage in der Region, von den individuellen Ressourcen und den politischen Überzeugungen abhängig ist. Darüber hinaus zeigt sich, dass die relative Bedeutung dieser Faktoren bei der Bewertung von Freiheits-, Sicherheits- und Gerechtigkeitsaspekten variiert.

Welchen Einfluss die Qualität der Gesellschaft auf das subjektive Wohlbefinden der Bürger hat, ist bis heute nicht eindeutig geklärt. Auf der einen Seite führten empirische Untersuchungen zu der Erkenntnis, dass sich die Zufriedenheit mit öffentlichen Bereichen nur geringfügig auf die allgemeine Lebenszufriedenheit auswirkt (vgl. Glatzer 1984b). Auf der anderen Seite wird davon ausgegangen, dass das individuelle Wohlbefinden auch auf die Lebbarkeit einer Gesellschaft (livability) zurückzuführen ist und dass deshalb die Lebenszufriedenheit der Bevölkerung insgesamt als ein guter Indikator für die Qualität der Gesellschaft angesehen werden kann (vgl. Veenhoven 1992, 1997). Ob diejenigen, die diese Gesellschaft als frei, sicher und gerecht erleben, auch zufriedener, glücklicher und weniger besorgt sind als andere, wird im sechsten Kapitel der Arbeit untersucht.

Die Frage, wie wichtig öffentliche Güter den Bürgern sind, ist für alle politischen Akteure in demokratischen Gesellschaften von besonderer Bedeutung. Wer die Präferenzen der Bürger nicht kennt oder diese Erkenntnisse ignoriert, wird früher oder später die Gunst der Wähler verlieren. Die Wertschätzung für öffentliche Güter ist bisher vor allem von Ökonomen analysiert worden (vgl. Pommerehne 1987). Im Vordergrund standen dabei Verfahren wie die Erfassung der individuellen Zahlungsbereitschaft. Diese Methoden sind für eine Reihe von öffentlichen Gütern jedoch ungeeignet. Im siebten Kapitel der Arbeit wird eine alternative Technik der indirekten Präferenzmessung vorgestellt. Im Mittelpunkt steht dabei der relative Einfluss, den die Beurteilung von Freiheitsrechten, Sicherheitsaspekten und Gerechtigkeitsfragen auf die Bewertung der Gesellschaft insgesamt hat. Die Untersuchung führt zu dem Ergebnis, dass den Bürgern die betrachteten Freiheits-, Sicherheits- und Gerechtigkeitsaspekte unterschiedlich wichtig sind und dass sich für einzelne Bevölkerungsgruppen spezifische Präferenzmuster ergeben.

Im achten Kapitel geht es um die Frage, warum sich die politischen Einstellungen der Menschen in West- und Ostdeutschland im Verlauf der 1990er Jahre nicht angenähert haben. In den neuen Bundesländern liegt die Zustimmung zu Demokratie und Marktwirtschaft noch immer weit unter dem westdeutschen Niveau – obwohl die Mehrheit der Ostdeutschen erhebliche Wohlstandsgewinne verbuchen konnte. In der sozialwissenschaftlichen Debatte zu diesem Thema werden im wesentlichen zwei Positionen vertreten. Während die einen in der DDR-Sozialisation der Ostdeutschen die Hauptursache sehen, verweisen andere auf die aktuellen wirtschaftlichen und sozialen Probleme in den neuen Bundesländern.

Doch weder mit der Sozialisationsthese noch mit der Situationsthese allein lassen sich die Einstellungsunterschiede befriedigend erklären. Ausgangspunkt der hier vorgelegten Analysen ist die Annahme, dass die wahrgenommene Qualität der Gesellschaft eine entscheidende Determinante der Demokratiezufriedenheit ist. Die Untersuchung führt zu der Erkenntnis, dass die geringere Demokratiezufriedenheit in den neuen Bundesländern nicht zuletzt darauf zurückzuführen ist, dass die Ostdeutschen die Gesellschaft als weniger frei, sicher und gerecht wahrnehmen und dass sie den Attributen einer lebenswerten Gesellschaft für die Beurteilung der Demokratie einen anderen Stellenwert beimessen als die Westdeutschen.

Gesellschaftliche Veränderungen werden immer auch zu einem Wandel der wahrgenommenen Qualität der Gesellschaft führen. Ob es zwischen 1998 und 2001 bereits zu einer Neubewertung von Freiheitsrechten, Sicherheitsaspekten und Gerechtigkeitsfragen gekommen ist und inwieweit sich die Wertschätzung für die Attribute einer lebenswerten Gesellschaft verändert hat, wird im neunten Kapitel erörtert.

Im zehnten Kapitel werden die wichtigsten Erkenntnisse, die im Rahmen dieser Arbeit gewonnen wurden, in einer Bilanz zusammengefasst. Abschließend wird erörtert, inwieweit sich die Untersuchungen zur wahrgenommenen Qualität der Gesellschaft als fruchtbar erwiesen haben und welche neuen Forschungsfragen sich in Anbetracht der gesellschaftlichen Herausforderungen abzeichnen.

1.3 Zur Datenbasis

Die Daten für die empirischen Analysen sind im Rahmen des Wohlfahrtssurveys 1998 und des Wohlfahrtssurveys Trend 2001 erhoben worden. Bei diesen repräsentativen Bevölkerungsbefragungen wurden mehrere tausend Bundesbürger zu ihren objektiven Lebensbedingungen, zum subjektiven Wohlbefinden und zur Qualität der Gesellschaft befragt. Detaillierte Angaben zur Grundgesamtheit, zum Auswahlverfahren, zur Befragungsmethode, zum Befragungszeitraum, zur Ausschöpfung der Stichprobe und zur Gewichtung sind im Anhang A.1 aufgelistet. Der Wortlaut aller Fragen, die im Rahmen der Untersuchung verwendet werden, ist im Anhang A.2 dokumentiert.

Der Wohlfahrtssurvey folgt einem Lebensbereichskonzept. Bei der ersten Erhebung im Jahr 1978 wurden neun Lebensbereiche berücksichtigt: Wohnen, Sozialkontakte, Ehe, Familie, Haushalt, gesellschaftliche Teilhabe, Einkommen, öffentliche Angelegenheiten, Gesundheit, Ausbildung und Erwerbsstatus (Zapf et al. 1984: 30-31). Für diese Bereiche wurden Informationen zu den objektiven Lebensbedingungen und zum subjektiven Wohlbefinden erfasst. Weitere Erhebungen fanden in den Jahren 1980, 1984 und 1988 statt. In den neuen Bundesländern konnte die erste Befragung bereits 1990 durchgeführt werden. Gesamtdeutsche Wohlfahrtssurveys folgten in den Jahren 1993, 1998, 1999 (Trend) und 2001 (Trend). Neben einem festen Fragenkatalog wurden immer auch neue Themenfelder berücksichtigt: berufliche Platzierung (1980), Technikausstattung der Privathaushalte (1984), öffentliche und private Aufgaben (1984, 1988), Lebensstile (1993) und wahrgenommene Qualität der Gesellschaft (1998).

Der Wohlfahrtssurvey ist heute ein Gemeinschaftsprojekt der Abteilung Sozialstruktur und Sozialberichterstattung am Wissenschaftszentrum Berlin für Sozialforschung (WZB) und der Abteilung Soziale Indikatoren am Mannheimer Zentrum für Umfragen, Methoden und Analysen (ZUMA). Die Erhebungen von 1978 bis 1998 wurden von der Deutschen Forschungsgemeinschaft (DFG) finanziert. Alle Datensätze können beim Zentralarchiv Köln für Sekundäranalysen angefordert werden.

Der Wohlfahrtssurvey gehört neben dem Sozio-ökonomischen Panel zu den bedeutendsten Instrumenten der wissenschaftsbasierten Sozialberichterstattung in Deutschland (vgl. Habich/Noll 1994; Habich/Zapf 1994; Zapf 2001). Ein wesentlicher Teil des Datenreports, der als deutsche Version eines Sozialberichts bezeichnet werden kann, basiert auf dieser Datenbasis (vgl. u. a. Habich/Noll 2000a). Mit dem Euromodul wurde im Rahmen eines internationalen Forschungsverbundes ein vergleichbares Instrument auf europäischer Ebene geschaffen (vgl. Böhnke et al. 2000).

2. Lebensqualitätsforschung: Traditionen und neuere Entwicklungen

2.1 Einleitung

Die Frage, was die Qualität des Lebens ausmacht, beschäftigt die Sozialwissenschaftler erst seit einigen Jahrzehnten. Noch bis in die 1950er Jahre wurde Lebensqualität im Wesentlichen mit materiellem Wohlstand gleichgesetzt. Man ging von der Annahme aus, dass wirtschaftliches Wachstum unmittelbar zu mehr Wohlstand und damit auch zu mehr Lebensqualität führen werde. Zweifel kamen erst auf, als die ökologischen und sozialen Folgekosten eines unbegrenzten Wirtschaftswachstums immer deutlicher wurden und Erscheinungen öffentlicher Verarmung nicht mehr zu übersehen waren (vgl. hierzu Zapf 1972).

Die Debatten zu den Sozialkosten des Wachstums und zur öffentlichen Armut führten zunächst zu einer kritischeren Sicht auf die westlichen Überflussgesellschaften. Später kam es schließlich zu einem radikalen Paradigmenwechsel in der Wohlfahrtsforschung. Mehrdimensionale und qualitativ orientierte Ansätze lösten die auf wirtschaftliches Wachstum fixierten Konzepte ab. Im Mittelpunkt der neuen Wohlfahrtstheorien stand die Kategorie „Lebensqualität" (ebenda).

2.2 Traditionslinien der Lebensqualitätsforschung

Von den vielen unterschiedlichen Vorstellungen, was unter „Lebensqualität" zu verstehen sei und wie man sie empirisch messen könne, setzten sich im Verlauf der 1970er Jahre drei Ansätze durch. Dieser Vorgang kann mit einigen Vereinfachungen als ein Evolutionsprozess beschrieben werden: In jeder der sogenannten „drei Welten des Wohlfahrtskapitalismus" (Esping-Andersen 1990) bildete sich ein spezifisches Verständnis von Lebensqualität heraus, das den jeweiligen politischen Traditionen, gesellschaftlichen Leitbildern und institutionellen Gegebenheiten am besten entsprach.

2.2.1 Lebensqualitätsforschung in den Vereinigten Staaten

In liberalen Wohlfahrtsstaaten wie den Vereinigten Staaten setzte sich eine subjektiv-individualistische Auffassung von Lebensqualität durch. Individuelles Streben nach Glück gilt hier als erste Ursache und letztes Ziel menschlichen Handelns. Inwieweit dieses Ziel erreicht sei, könne letztlich nur von den Individuen selbst festgestellt werden (vgl. Argyle 1996). Sie selbst müssten beurteilen, ob sie mit den gegebenen Lebensumständen zufrieden seien und ob sie ihnen ein glückliches Leben ermöglichten: „The quality of life must be in the eye of the beholder" (Campbell 1972: 442).

Die Verbreitung des evaluativen Ansatzes der Wohlfahrtsforschung war von Anfang an eng mit der sozialwissenschaftlichen Umfrageforschung und der Suche nach geeigneten Sozialindikatoren verbunden. Dabei konnte man auf umfangreiche Erfahrungen zurückblicken. Bereits in den 1930er Jahren waren im Rahmen der Untersuchung „Recent Social Trends in the United States" Informationen zum subjektiven Wohlbefinden gesammelt worden (vgl. President's Research Committee on Social Trends 1933).

Im Jahr 1957 hatten Gurin, Veroff und Feld die erste repräsentative Untersuchung zur mentalen Gesundheit und zum subjektiven Wohlbefinden der Amerikaner durchgeführt (Gurin et al. 1960). In dieser Studie wurde erstmals die Frage nach dem persönlichen Glücksempfinden verwendet: „Taking all things together, how would you say things are these days – would you say you are very happy, pretty happy or not too happy these days?" Ein alternatives Instrument zur Bewertung der eigenen Lebensbedingungen legte wenige Jahre später Hadley Cantril mit seinen „self-anchoring striving scales" vor (Cantril 1965). Die daraus entwickelten Zufriedenheitsindikatoren fanden ebenfalls Eingang in viele spätere Untersuchungen zur Lebensqualität.

Neben den Forschungsarbeiten von Bradburn und Caplovitz (1965) sowie von Bradburn (1969) ist die Studie „The Quality of American Life" von Campbell, Converse und Rodgers (1976) als ein weiterer wichtiger Meilenstein der amerikanischen Quality-of-Life-Forschung zu nennen. Das Ziel der Untersuchung bestand in erster Linie darin, repräsentative Daten zum subjektiven Wohlbefinden der Bevölkerung in den Vereinigten Staaten zu erheben.

Mit diesen Daten wollten die Autoren die Auswirkungen des Wertewandels auf die Geschwindigkeit und die Richtung des sozialen Wandels untersuchen. Es ging ihnen um die Erforschung der „regularities of the interaction between psychological change and social change" (Campbell et al. 1976: 4). Darüber hinaus sollten die subjektiven Daten die vorhandenen Wirtschaftsdaten ergänzen, um eine vollständigere und genauere Beschreibung der Gesellschaft liefern zu können (ebenda: 5). Zu diesem Zweck setzten die Autoren nahezu das gesamte Repertoire der damals bekannten evaluativen Sozialindikatoren ein: Sie fragten nach Glück und Zufriedenheit, nach Ängsten und Sorgen sowie nach Hoffnungen und Befürchtungen (Campbell et al. 1976: 519-529).

Der Vorstoß, den Campbell, Converse und Rodgers in die noch weitgehend unentdeckte Welt der Wahrnehmung und Bewertung individueller Lebensbedingungen unternahmen, ist kaum zu überschätzen. Es war ein Erfolg in dreifacher Hinsicht: (1) gemessen an der Vielzahl der empirischen Befunde; (2) gemessen an den theoretischen Einsichten, etwa im Hinblick auf die Faktoren des subjektiven Wohlbefindens und deren Zusammenwirken, und (3) gemessen an der Zahl der von dieser Studie inspirierten Forschungsprojekte (vgl. Andrews 1986).

Mit ihrem Anspruch, die Lebensbedingungen so abzubilden, wie sie sich den Betroffenen darstellten, übten Campbell, Converse und Rodgers einen nachhaltigen Einfluss auf die Lebensqualitätsforschung aus. Doch dieser subjektivistische Lebensqualitätsansatz wurde auch heftig kritisiert. Vielen erschien die Beschränkung auf evaluative Indikatoren, auf Fragen nach Glück und Zufriedenheit, auf Ängste und Sorgen wissenschaftlich unfruchtbar und politisch folgenlos zu sein: „Measuring how satisfied people are is to a large extent equivalent to measuring how well they have adapted to their present conditions" (Erikson 1993: 77). Mit anderen Worten: Was sagen die ermittelten Zufriedenheitswerte über die Qualität des Lebens tatsächlich aus? Wie steht es um die objektiven Lebensbedingungen der Befragten? Welche sozialpolitischen Konsequenzen haben die Untersuchungen zum subjektiven Wohlbefinden?

Campbell, Converse und Rodgers hatten in der Tat weitgehend auf deskriptive Indikatoren verzichtet. Ihr Ziel war es, die von den Menschen subjektiv wahrgenommene Lebensqualität zu beschreiben: „Our concern was with the experience of life rather than with the conditions of life" (Campbell et al. 1976: 7). Fragen, die Aufschluss über die objektiven Lebensbedingungen der Menschen hätten geben können, waren in ihrem Fragenkatalog denn auch kaum vorhanden (ebenda: 519-529). Entsprechend lückenhaft musste das Bild bleiben, das sie von der Lebensqualität der Menschen entwarfen. Probleme der sozialen Ungleichheit, der Armut und Unterversorgung wurden beispielsweise nur am Rande thematisiert.

2.2.2 Lebensqualitätsforschung in Schweden

In sozialdemokratischen Wohlfahrtsstaaten wie Schweden setzte sich eine andere Vorstellung von Lebensqualität durch: ein auf die Beschreibung der objektiven Lebensbedingungen fokussierter Ansatz. Der schwedische Wohlfahrtsstaat war in dieser Zeit in noch stärkerem Maße als heute auf die Schaffung von sozialer Sicherheit und sozialer Gleichheit ausgerichtet. Mit einer aktiven Arbeitsmarkt- und Sozialpolitik sollten Unsicherheit und soziale Ungleichheit beseitigt werden. Folglich bestand auch ein großes Interesse an Konzepten, mit denen sich die Notwendigkeit sozialstaatlicher Umverteilungsmaßnahmen belegen ließ.

Prägenden Einfluss auf die skandinavische Lebensqualitätsforschung hatte die Wohlfahrtstheorie von Richard M. Titmuss. In seinen „Essays on the Welfare State" hatte Titmuss Wohlfahrt (welfare) definiert als „resources an individuum can command" (Titmuss 1958). Lebensqualität im Sinne dieses Level-of-Living-Ansatzes bezeichnet „the individual's command over resources in the form of money, possessions, knowledge, mental and physical energy, social relations, security and so on, through which the individual can control and consciously direct his living conditions" (Johansson 1970: 25). Ganz im Sinne des Command-over-Resources-Ansatzes ist die skandinavische Lebensqualitätsforschung auf die Beschreibung der Lebensbedingungen ausgerichtet. Gute Lebensbedingungen werden als Chancen interpretiert, das Leben frei gestalten zu können (Erikson 1993: 73).

Weil diese Chance allen Bürgern zuerkannt wird, sollen auch alle über ausreichende Ressourcen verfügen. Anders als bei der amerikanischen Well-Being-Forschung stehen beim skandinavischen Level-of-Living-Ansatz nicht die Befriedigung individueller Bedürfnisse und individuelles Wohlbefinden im Mittelpunkt, sondern die Freiheit der Lebensgestaltung für alle Bürger.

Die Bedeutung evaluativer Indikatoren wird zwar grundsätzlich anerkannt, doch soll die Wohlfahrtsforschung frei von Meinungen und Präferenzen der Bürger sein: „We therefore try to assess the individual's level of living in a way which makes it as little influenced as possible by the individual's evaluation of his own situation" (Erikson 1993: 77). Die Lebensbedingungen sollen möglichst objektiv abgebildet werden, weshalb man glaubt, auf subjektive Indikatoren verzichten zu können.

Doch dieser Verzicht führt zu erheblichen Defiziten der Analysekapazität dieses Ansatzes: Die Frage, welchen Nutzen mehr Einkommen, mehr Bildung, mehr Freizeit etc. tatsächlich haben, muss ebenso unbeantwortet bleiben wie die nicht unwesentliche Frage, ob die Kosten für ein immer ausgedehnteres „command over resources" angemessen sind. Denn beide Fragen lassen sich nur anhand der Bewertungen durch die Bürger beantworten. Das Fehlen evaluativer Indikatoren stellt bis heute die größte Schwäche der skandinavischen Wohlfahrtsforschung dar.

2.2.3 Lebensqualitätsforschung in Deutschland

In Deutschland begegnete man sowohl dem angelsächsischen Individualismus als auch dem skandinavischen Paternalismus eher skeptisch. Wolfgang Zapf konstatierte Anfang der 1980er Jahre, dass die Formel ‚Der Wohlfahrtsstaat ersetzt den Markt bei der Verbesserung der individuellen Lebensqualität' ihre Plausibilität verloren habe, und kritisierte zugleich den „einseitig, individualistischen Wohlfahrtsbegriff" (Zapf 1984: 22). Für eine hohe Lebensqualität seien nicht die einzelnen Wohlfahrtsproduzenten allein zuständig, sondern das Zusammenwirken von Markt, Staat, freiwilligen Assoziationen und privaten Haushalten (ebenda).

Mit diesem pluralistischen Wohlfahrtsansatz standen zum ersten Mal Fragen des Zusammenwirkens von Wohlfahrtsproduzenten auf der Tagesordnung. Im Gegensatz zur skandinavischen Forschung wurde auch nicht von der Unbegrenztheit der Mittel ausgegangen, sondern von einer prinzipiellen Knappheit der Ressourcen: „Gesucht werden jetzt die besten Kombinationen von Markt, Staat, Assoziationen und Haushalten innerhalb des Rahmens der – bei begrenzten Ressourcen – überhaupt realisierbaren Alternativen" (Zapf 1984: 22-23). Die entscheidende Frage lautete, wie kann ein optimaler Wohlfahrtsmix erzielt werden (ebenda).

Hieraus ergab sich ein Interesse sowohl an der Deskription der zur Verfügung stehenden Ressourcen als auch an der Evaluation der Lebensbedingungen durch die Bürger. Mit dem Begriff „Lebensqualität" bezeichnete man „gute Lebensbedingungen, die mit einem positiven subjektiven Wohlbefinden einhergehen" (Zapf 1984: 23). Mit Lebensbedingungen sind die beobachtbaren Lebensverhältnisse gemeint. Dazu gehören beispielsweise die Größe und Ausstattung der Wohnung, die Höhe der Einkommen, das Bildungsniveau. Subjektives Wohlbefinden bezeichnet dagegen „die von den Betroffenen selbst abgegebenen Einschätzungen über spezifische Lebensbedingungen und über das Leben im Allgemeinen" (ebenda). Hierzu zählen sowohl Fragen nach Glück und Zufriedenheit als auch Indikatoren, mit denen sich das Ausmaß von Besorgnis und Anomie in der Gesellschaft messen lässt.

Mit diesem Konzept wollte man in erster Linie die Lebensqualität von Individuen und Gruppen in der Bundesrepublik umfassend beschreiben. Zudem plante man, die Strukturen und Prozesse zu erforschen, welche die Verteilung der Lebensbedingungen und das Wohlbefinden bestimmen. Darüber hinaus sollten die Zusammenhänge zwischen objektiven und subjektiven Dimensionen der Lebensqualität untersucht werden (Zapf 1984: 23). Bei diesem Vorhaben konnte man sich zum einen auf Erkenntnisse stützen, die man im Rahmen des Projektes „Sozialpolitisches Entscheidungs- und Indikatorensystem für die Bundesrepublik Deutschland" (SPES) gewonnen hatte. Mit diesem Indikatorensystem wurde bereits in den 1970er Jahren mit der „Dauerbeobachtung des sozialen Wandels und der Wohlfahrtsmessung" in „ausgewählten Lebens- und Politikbereichen" begonnen (Zapf 1978: 12; vgl. auch Leipert 1978).

Mit den Aggregatdaten des SPES-Indikatorensystems konnten die Lebensbedingungen der Gesamtbevölkerung jedoch nicht vollständig beschrieben werden. Für die Umsetzung des Forschungsvorhabens benötigte man auch Daten zu den objektiven Lebensbedingungen und zum subjektiven Wohlbefinden auf der Mikroebene. Erste eigene Erfahrungen mit der Erhebung von Mikrodaten sammelte man Mitte der 1970er Jahre im Rahmen einer Pilotstudie unter dem Titel „Komponenten der Wohlfahrt" (vgl. Zapf 1976). Aus dieser Studie ging der Wohlfahrtssurvey hervor – eine der wichtigsten Datenquellen für die wissenschaftsbasierte Sozialberichterstattung in Deutschland.

2.3 Zur Entwicklung des Forschungsprogramms in der Bundesrepublik

Im Laufe der Jahre wurde die relative Bedeutung der vier Wohlfahrtsproduzenten – Markt, Staat, freiwillige Assoziationen und private Haushalte – immer wieder neu justiert. Die damit verbundene Verlagerung des Forschungsschwerpunktes ist vor dem Hintergrund der konkreten politischen, wirtschaftlichen und sozialen Entwicklung in der Bundesrepublik zu sehen. Meines Erachtens handelt es sich dabei um notwendige Anpassungen des Forschungskonzeptes an jeweils neue gesellschaftliche Herausforderungen.

Bis Ende der 1970er Jahre, d.h. in einer Phase der wohlfahrtsstaatlichen Expansion, standen der Staatssektor und damit Themen wie Sozialpolitik und Sozialplanung im Mittelpunkt des Forschungsinteresses. In dieser Zeit wurde wie bereits erwähnt das „Sozialpolitische Entscheidungs- und Indikatorensystem" (SPES) entwickelt (vgl. die Beiträge in Krupp/Zapf 1977).

Diesem Instrument wurden drei Aufgabengebiete zugedacht: Es ging darum, „einen Beitrag zur Zieldiskussion zu leisten, indem der Grad der Vereinbarkeit unterschiedlicher Zielsetzungen aufgezeigt wird, die Zielangemessenheit unterschiedlicher gesellschaftspolitischer Strategien darzustellen, vor gesellschaftspolitisch unerwünschten Fehlentwicklungen zu warnen" (Krupp 1977a: 68). Ziel der wissenschaftsbasierten Sozialplanung sollten „gesellschaftliche Dauerbeobachtung, rationale Instrumentenwahl und Kontrolle von Politik sein" (Krupp 1977b: 103-104)In den 1980er Jahren wandte man sich mehr den Privathaushalten und Kleingruppen zu. Themen wie Haushaltsproduktion (vgl. u. a. Glatzer/Berger-Schmitt 1986a, 1986b; Glatzer et al. 1987), Techniknutzung im Haushalt (vgl. u. a. Hampel et al. 1991; Mollenkopf/Hampel 1994) und private Netzwerke (vgl. u. a. Glatzer/Berger-Schmitt 1986a; Diewald 1991) waren nun bevorzugter Gegenstand der Wohlfahrtsforschung.

Die Verschiebung des Forschungsinteresses ist auf unterschiedliche Ursachen zurückzuführen: (1) Zum einen spielt sicherlich eine Rolle, dass es in dieser Zeit zu einer Neubewertung der Leistungsfähigkeit des Staatssektors kam. In Anbetracht der erheblichen finanziellen Belastung der Sozialsysteme durch die anhaltend hohe Arbeitslosigkeit und die zunehmende Verschuldung der öffentlichen Haushalte wurden die Grenzen des Sozialstaates immer deutlicher. In der „Theorie des Staatsversagens" wurden Unwirtschaftlichkeit, Effizienzmangel und Entscheidungsschwäche als die zentralen Problemfelder des Staatssektors diagnostiziert (vgl. Jänicke 1980, 1986). Aus wohlfahrtstheoretischer Sicht ergab sich hieraus die Konsequenz, die Potentiale der übrigen Wohlfahrtsproduzenten – freiwillige Assoziationen und private Haushalte – eingehender zu untersuchen (vgl. Zapf 1982).

(2) Zum anderen ist diese Perspektivenverschiebung auch als Reaktion auf die erreichten Erfolge staatlichen Handelns zu sehen, wie Wolfgang Zapf betont: „Der Ausbau der materiellen Infrastruktur, des Bildungssystems, insgesamt des Wohlfahrtsstaates ließ die Kritik an der öffentlichen Armut verstummen. (...) Mit ökologischen Innovationen kam zudem die Vorstellung auf, Gefährdungen der Umwelt könnten schrittweise ebenso erfolgreich geregelt werden, wie früher schon die soziale Frage" (Zapf 1999b: 165). In der Konsequenz wurde Lebensqualität „zunehmend als individuelle Wohlfahrt (als well-being) konzipiert" (ebenda).

Die Dominanz der privaten Aspekte von Lebensqualität entsprach zwar nicht mehr dem ursprünglichen theoretischen Konzept. Doch diese Vorrangstellung schien empirisch gerechtfertigt zu sein. Denn die Analysen zu den Determinanten des Wohlbefindens führten zu dem Ergebnis, dass die allgemeine Lebenszufriedenheit, die als Globalmaß der Lebensqualität betrachtet wurde, vor allem von der Zufriedenheit mit privaten Lebensbereichen abhängig ist und dass die Zufriedenheit mit öffentlichen Lebensbereichen nur einen marginalen Einfluss hat (Glatzer 1984b: 237).

Diese Resultate wurden im Kontext der Debatten um „Marktversagen" und „Staatsversagen" als Ausdruck einer realen gesellschaftlichen Entwicklung interpretiert. Sie galten als Beleg für die abnehmende Bedeutung von Staat und Markt und für die wachsende Relevanz von freiwilligen Assoziationen und privaten Haushalten (vgl. Glatzer/Zapf 1984b: 398; Glatzer/Schmitt 1986: 44-46).

In den 1990er Jahren kam es in Deutschland erneut zu einer Reihe tiefgreifender politischer, wirtschaftlicher und sozialer Veränderungen. Hierzu gehören zum einen Momente der „weitergehenden Modernisierung" Westdeutschlands (Zapf 1991), der „nachholenden Revolution" im Osten Deutschlands (Habermas 1990) und der „nachholenden Modernisierung" in den neuen Bundesländern (Geißler 1992; Zapf 1994). Hierzu zählen aber auch die Folgen der fortschreitenden Europäisierung bzw. Globalisierung von Politik und Wirtschaft (vgl. u. a. die Beiträge in Glatzer/Ostner 1999). Diese gesellschaftlichen Entwicklungen haben die Themen- und Methodenwahl im Rahmen der Lebensqualitätsforschung bereits deutlich beeinflusst.

Sozialpolitische Fragestellungen und gesellschaftliche Problemlagen wurden im Verlauf der 1990er Jahre wieder intensiver untersucht, beispielsweise im Rahmen der Studien zur Armut in Deutschland (vgl. u. a. Habich et al. 1991a; Böhnke/Delhey 1999), zu den Problemgruppen der Sozialpolitik (vgl. Landua/Habich 1994) bzw. zur Integration von Ausländern (vgl. Seifert 1992).

Ein neues Themenfeld wurde erschlossen, als man begann, die Wohlfahrtsentwicklung in den neuen Bundesländern zu erforschen. Bereits im Jahr 1990 wurden mit dem Wohlfahrtssurvey die objektiven Lebensbedingungen und das subjektive Wohlbefinden erfasst, und dieses „unbekannte Land" wurde empirisch neu vermessen (vgl. Habich et al. 1991b).

Im Rahmen der Transformationsforschung nahm das Interesse an komparativen Designs wieder zu. Die Untersuchungen wurden zunächst als deutsch-deutsche Vergleiche angelegt (vgl. u. a. die Beiträge in Zapf/Habich 1996; Berger et al. 1999; Noll/Habich 2000) und später dann auf Europa ausgeweitet (vgl. u. a. Flora/Noll 1999; Delhey 2001; Delhey 2002). In diesem Zusammenhang sind auch die erfolgreichen Bemühungen zu sehen, mit dem Euromodul ein Instrument für die vergleichende Wohlfahrtsforschung in Europa zu etablieren (vgl. Böhnke et al. 2000).

2.4 Neuere Begriffe und Konzepte

Bei dem Vorhaben, das Lebensqualitätskonzept den gegenwärtigen gesellschaftlichen Herausforderungen anzupassen, wird auf zwei Wegen vorgegangen. Während die einen unter dem Stichwort „Quality of Persons" nach den persönlichen Voraussetzungen für mehr Lebensqualität fragen, thematisieren andere unter der Überschrift „Social Quality" bzw. „Livability" die gesellschaftlichen Bedingungen für ein gutes Leben.

2.4.1 Quality of Persons

Zu den Autoren, die das Konzept der „Quality of Persons" maßgeblich prägten, gehört Robert E. Lane (1996). Lane vertritt die These, dass die Ausweitung von Lebenschancen in modernen Gesellschaften nicht mehr zu einem signifikanten Anstieg der Lebensqualität führt. Eine erhebliche Verbesserung der Lebensqualität ließe sich nur noch durch sogenannte „personal development" erreichen. Die damit verbundene Entwicklung der persönlichen Gestaltungs- und Wachstumsmöglichkeiten würde dazu führen, dass die vorhandenen Lebenschancen in größerem Maße genutzt werden könnten.

Lebensqualität sei nicht nur eine Frage der ausreichenden Ausstattung mit Ressourcen. Die Qualität des Lebens werde vielmehr durch das Zusammenwirken von guten Lebensbedingungen und guten Aneignungschancen bestimmt. Staatliche Programme zur Überwindung von Unterentwicklung und Armut würden oft scheitern, so behauptet Lane, weil die Adressaten nicht in der Lage seien, die ihnen gewährte Hilfe für eine Verbesserung ihrer Lebensqualität zu nutzen. Der Begriff „Lebensqualität" wird definiert als „a relation between quality of conditions and quality of persons" (ebenda: 257).

Mit dem Begriff „Quality of conditions" wird die Summe der Ressourcen und Chancen beschrieben, die zur Befriedigung von existentiellen Grundbedürfnissen, sozialen Bedürfnissen und Wachstumsbedürfnissen eingesetzt werden kann (ebenda: 269-270). Zu guten Lebensbedingungen gehörten deshalb auch die Möglichkeit, eine anspruchsvolle Arbeit auszuüben, die Mittel, sich in der Freizeit zu erholen und kreativ zu sein, die Gelegenheit, Liebe zu geben und zu empfangen sowie die Chance, die eigene Persönlichkeit zu entwickeln (ebenda). Damit schließt Lane an die Diskussion um die Bedeutung von sozialen Bedürfnissen und Wachstumsbedürfnissen an (vgl. Maslow 1954, 1968), die im Rahmen der Lebensqualitätsforschung vor allem von Erik Allardt geführt wurde (Allardt 1973, 1993).

Die Ressourcen und Chancen könnten jedoch nur von denen genutzt werden, die über angemessene persönliche Qualitäten, d.h. vor allem über adäquate Aneignungskompetenzen verfügten. Der Begriff „Quality of Persons" bezeichnet die Fähigkeit, auf der Grundlage von kognitiver Komplexität, Selbsterkenntnis, Selbstachtung, Wertorientierung, persönlicher Identität und Leistungsorientierung das Leben zu genießen (Lane 1996: 271-272).

Mit der Thematisierung der persönlichen Voraussetzungen für ein gutes Leben hat Lane der Lebensqualitätsforschung zweifellos neue Perspektiven eröffnet. Die Berücksichtigung von Aspekten der Persönlichkeit könnte sich beispielsweise für die weitere Erforschung des Zusammenhangs zwischen objektiven Lebensbedingungen und subjektivem Wohlbefinden als äußerst fruchtbar erweisen. Auch für die Frage, worauf nationale Unterschiede im Wohlbefinden zurückzuführen sind, dürfte dieser Ansatz sehr instruktiv sein.

Dagegen sind die Schlussfolgerungen, die als „new role for government" präsentiert werden, äußerst problematisch. Lane fordert, dass der Staat die Persönlichkeitsentwicklung der Bürger betreiben sollte – denn: „People do not know what makes them happy" (ebenda: 284). Vor allem die Schulen und das Militär sollten sich dieser Aufgabe stärker zuwenden (ebenda: 281-282).

Es ist jedoch zu bezweifeln, dass diese Institutionen in der Lage sind, die Selbsterkenntnis und Selbstachtung der Bürger, die persönliche Identität und kognitive Komplexität zu fördern. Es stellt sich die grundsätzliche Frage, ob diese Aufgaben in einer demokratischen Gesellschaft überhaupt von staatlichen Institutionen wahrgenommen werden können. Denn alle Versuche, Menschen im Sinne des Staates „zu erziehen" und ihre Persönlichkeit gemäß politischen Vorgaben zu formen, haben nicht zu mehr Lebensqualität geführt, sondern zur Einschränkung der Freiheitsrechte.

2.4.2 Social Quality

Die gesellschaftlichen Aspekte der Lebensqualität sind in letzter Zeit wieder stärker in den Mittelpunkt des Forschungsinteresses gerückt. Hierbei wird in zwei Richtungen vorgegangen. Zum einen wird versucht, den „klassischen" Lebensqualitätsansatz mit sozialwissenschaftlichen Konzepten, die nicht aus der Lebensqualitätsforschung selbst stammen, zu kombinieren (vgl. Noll 1999; Zapf 1999b; Berger-Schmitt/Noll 2000). „Soziale Inklusion", „Soziale Kohäsion", „Nachhaltige Entwicklung", „Zivilgesellschaft" und „Soziales Kapital" gehören zu diesen, gewissermaßen „von außen" kommenden, ergänzenden Ansätzen (vgl. Noll 1999; Berger-Schmitt/Noll 2000).

Den bisherigen Höhepunkt dieser Aktivitäten stellt das von einer Gruppe europäischer Sozialwissenschaftler entwickelte Konzept der „Social Quality" dar (vgl. Beck et al. 1997; Beck et al. 2001a). Die Social-Quality-Initiative wurde im Juni 1997 auf einer Konferenz unter der Schirmherrschaft der EU-Kommission gestartet. Im Rahmen dieses Projektes sollte ein mehrdimensionales Konzept entwickelt werden, um die verschiedenen Politikfelder auf europäischer Ebene zu koordinieren (vgl. Beck et al. 2001b: 4). Das Ziel dieses Koordinierungsbestrebens wurde darin gesehen, die Effektivität der Politik zu erhöhen, die Politik bürgernaher zu gestalten und die Lebensqualität in den Ländern der Europäischen Gemeinschaft zu erhöhen (ebenda: 5-6). Gesucht war nicht weniger als eine „Vision für Europa". Die Bedürfnisse und Wünsche der Bürger sollten dabei mehr als bisher berücksichtigt werden (ebenda).

Der Umfang der sozialen Qualität werde danach von vier unterschiedlichen Faktoren bestimmt: dem Grad der sozioökonomischen Sicherheit, dem Niveau der sozialen Inklusion, dem Ausmaß der sozialen Kohäsion und dem Umfang der Autonomie (vgl. Beck et al. 2001b: 7). Alle vier Aspekte müssten auf unterschiedlichen Ebenen betrachtet werden: auf der Ebene von Gesellschaften, Organisationen, Kommunen und Gruppen (ebenda).

Im Mittelpunkt des Social-Quality-Konzeptes steht jedoch die Forderung, die Bürger stärker am gesellschaftlichen Leben zu beteiligen. „Social Quality" wird definiert als „the extent to which citizens are able to participate in the social and economic life of their communities under conditions which enhance their well-being and individual potential" (Beck et al. 2001b: 7). Im Unterschied zu früheren Vorstellungen von sozialer Inklusion, die auf EU-Ebene zirkulierten (vgl. u. a. Room 1997; Silver 1994), wird hier eine zusätzliche Bedingung eingeführt: Gesellschaftliche Beteiligung soll nicht Selbstzweck sein, sondern sie soll Wohlbefinden und individuelles Wachstum fördern.

Der Politik wird dabei eine besondere Verantwortung zugedacht. Mehr noch, es wird ein Politikwechsel auf EU-Ebene gefordert: „The promotion of the social quality of life for citizens and the social cohesion of communities in the European Union calls for a more inclusive and participatory approach to policy making. It requires tackling existing social problems such as poverty, unemployment and restricted access to health, education or justice as a part of a broader agenda, and not simply through corrective policies" (European Foundation on Social Quality 2001: 11).

Einen Eindruck von der Komplexität des Konzeptes erhält man, wenn man die Zusammensetzung der einzelnen Sektoren im Detail betrachtet. David Phillips und Yitzhak Berman berücksichtigen bei ihrem Versuch einer Operationalisierung allein für das Themenfeld Soziale Inklusion acht Teilbereiche: (1) Inklusion in das System der sozialen Sicherung, (2) Teilhabe am Arbeitsmarkt, (3) Teilhabe am Wohnungsmarkt, (4) Gewährleistung der Gesundheitsversorgung, (5) Inklusion in das Bildungssystem, (6) politische Inklusion, (7) Teilhabe an kommunalen Dienstleistungen und (8) Teilhabechancen unabhängig vom sozialen Status (vgl. Phillips/Berman 2001). Für alle Bereiche werden vier Ebenen der Betrachtung unterschieden: Input, Prozess, Outcome und Impact (ebenda). Damit ergeben sich für den Bereich Soziale

Inklusion insgesamt 32 Themenfelder. Für das gesamte Social-Quality-Konzept sind es 84 Felder (ebenda).

Der Vorzug des Social-Quality-Ansatzes besteht meines Erachtens in seiner Vielschichtigkeit in Bezug auf Soziale Exklusion. Dieses Thema ist bisher eher selten in dieser Breite systematisch aufbereitet worden.[1] Dennoch möchte ich bezweifeln, dass das Konzept den formulierten Anforderungen und Zielstellungen gerecht werden kann, denn die Komplexität des Ansatzes ist nicht nur von Vorteil. Ich sehe hier vier grundlegende Probleme:

(1) Der Social-Quality-Ansatz ist in seiner vorliegenden Form überkomplex. Die angesprochenen Themenfelder sind insgesamt kaum zu überblicken. Die relative Bedeutung der einzelnen Felder für die Social Quality ist unklar, und die Beziehung der Bereiche zueinander bleibt offen (vgl. die Kritik von Bouget 2001). Es ist deshalb fraglich, inwieweit dieses Konzept zur Koordinierung der Politikfelder auf europäischer Ebene beitragen kann. Wie effektiv die Politik der EU-Länder bzw. der EU insgesamt ist, lässt sich mit diesem Instrument zumindest bei dem gegenwärtigen Entwicklungsstand nicht ermitteln. Konzeptionelle Klarheit wäre eine Voraussetzung, um die Koordinationsaufgabe zu erfüllen. Die Probleme, die bei den bisherigen Versuchen, dieses Konzept empirisch umzusetzen bzw. politisch zu implementieren, aufgetreten sind (vgl. Beck et al. 2001c), lassen sich vermutlich vor allem auf die Komplexität des Modells zurückführen.

(2) Mit dem Social-Quality-Konzept bleiben wesentliche Aspekte einer lebenswerten Gesellschaft unberücksichtigt. Zwar wird eine Vielfalt von Themenfeldern angesprochen, doch diese beziehen sich nahezu ausschließlich auf die Frage der sozialen Teilhabe. Es ist unbestritten, dass es sich hierbei um ein wichtiges Problem moderner Gesellschaften handelt. Eine lebenswerte Gesellschaft zeichnet sich aber durch mehr als soziale Teilhabe aus, beispielsweise durch ein Optimum an Freiheit, Wohlstand, Sicherheit und Gerechtigkeit. In einer offenen Gesellschaft sollte nicht die sozialstaatlich verordnete und organisierte Inklusion und Kohäsion im Mittelpunkt stehen, sondern die größtmögliche Verwirklichung bürgerlicher Grundwerte für eine größtmögliche Zahl von Bürgern. Kritische Beobachter dieser Initiative verweisen zudem auf die Dominanz der „northern welfare state oriented perspective" und auf das damit verbundene Übergewicht der entsprechenden soziokulturellen Traditionen und politischen Leitbilder (vgl. Calloni 2001).

(3) Bei der Ausarbeitung des Social-Quality-Konzeptes wurden die Wünsche und Bedürfnisse der Bürger entgegen dem formulierten Anspruch nur am Rande berücksichtigt. Die Auswahl der Themenfelder erfolgte letztlich durch eine Expertengruppe. Subjektive Indikatoren, die Auskunft über die Bewertung der Lebensbedingungen durch die Bürger geben könnten, werden nur am Rande erwähnt (in vier von 84 Feldern). Es ist deshalb zu bezweifeln, dass dieser Ansatz verwendet werden kann, um die Angleichung der Lebensverhältnisse in der EU begleitend zu erforschen, wie dies angekündigt worden war (vgl. Beck et al. 2001b: 7).

---

1 Beispielhaft für die Bundesrepublik Deutschland ist der Sammelband „Soziale Ausgrenzungen. Gesichter des neuen Kapitalismus" (Herkommer 1999), der ebenfalls ein erstaunliches Themenspektrum aufweist und in dem die vielfältigen Erscheinungsformen sozialer Exklusion umfassend analysiert werden.

(4) Der Social-Quality-Ansatz ist in der vorliegenden Form empirisch nicht umzusetzen. Um die 84 Themenfelder zu beschreiben, haben Phillips und Berman zwar eine Reihe von konkreten, sozialen Indikatoren vorgesehen (vgl. ebenda). Doch deren Zahl liegt bei etwa 250. Es ist nicht zu erwarten, dass diese Indikatoren von allen EU-Ländern in vergleichbarer Qualität über einen längeren Zeitraum zur Verfügung gestellt werden können.

Ein alternativer Ansatz besteht darin, das Konzept der Lebensqualität gewissermaßen „von innen" systematisch weiterzuentwickeln. Dabei geht es nicht allein darum, den gesellschaftlichen Aspekten der Lebensqualität wieder etwas mehr Aufmerksamkeit zu widmen. Das Ziel besteht vielmehr darin, die „Qualität der Gesellschaft" als eigenständige Dimension der Lebensqualität zu konzipieren und empirisch zu beschreiben. Die vorliegende Arbeit ist Teil dieser Bemühungen.

2.5 Resümee

Aus den Ausführungen zur Entwicklung der Lebensqualitätsforschung und zu den Bemühungen, die Konzepte den gegenwärtigen gesellschaftlichen Herausforderungen anzupassen, lassen sich drei Schlussfolgerungen ableiten. Diese umreißen das Grundverständnis der Kategorie Lebensqualität, das dieser Arbeit zugrundeliegt:

1. Lebensqualität ist eine gesellschaftlich-konkrete Kategorie

Die jeweiligen Bedeutungsgehalte, die mit diesem Begriff verbunden werden, sind von politischen Traditionen, gesellschaftlichen Leitbildern und institutionellen Gegebenheiten abhängig. Weder existiert ein allgemeiner Konsens darüber, was unter Lebensqualität zu verstehen ist, noch sind die bestehenden Konzepte das Ergebnis einer von der gesellschaftlichen Realität abstrahierenden Forschung. Vielmehr entsprechen die Vorstellungen, wie sie sich in den Vereinigten Staaten, in Skandinavien und in Deutschland durchgesetzt haben, in bemerkenswerter Weise den jeweiligen politischen, gesellschaftlichen und institutionellen Umwelten. Die hier vertretene Auffassung von Lebensqualität folgt deshalb in wesentlichen Punkten der deutschen Forschungstradition: Mit Lebensqualität wird im Folgenden generell eine Kombination aus guten Lebensbedingungen und hohem subjektiven Wohlbefinden verstanden.

2. Lebensqualität ist eine historische Kategorie

Veränderungen der gesellschaftlichen Rahmenbedingungen führten immer wieder zu einem Wandel der Vorstellungen darüber, was unter einem „guten Leben" zu verstehen ist. In den 1960er Jahren waren es die Probleme der sozialen Folgekosten privater Wirtschaftstätigkeit und der öffentlichen Armut, die zu einem Paradigmenwechsel in der Wohlfahrtsforschung führten. In den 1990er Jahren waren es die anhaltend hohe Arbeitslosigkeit und die Zunahme von neuen Formen der Armut und des sozialen Ausschlusses, die Fragen nach der „Qualität der Gesellschaft" aufkommen ließen. Die Vorstellungen von Lebensqualität, wie sie sich in der bundesdeutschen Forschungstradition herausgebildet haben, müssen diesen neuen gesellschaftlichen Herausforderungen angepasst werden: Die vorherrschende Beschreibung der privaten Lebensbedingungen muss um eine Betrachtung der gesellschaftlichen Lebensumstände ergänzt werden. Der Begriff Lebensqualität beinhaltet im Folgenden die private Dimension und die gesellschaftliche Dimension der Lebensbedingungen. Mit Lebensqualität wird zum einen die Qualität des privaten Lebens und zum anderen die Qualität der Gesellschaft bezeichnet.

3. Lebensqualität ist eine mehrdimensionale Kategorie

Die amerikanische Well-Being-Forschung, die skandinavische Level-of-Living-Tradition und die deutsche Forschungstradition gehen von unterschiedlichen Lebensbereichen aus. Der Vergleich macht deutlich, dass weder die Anzahl der Lebensbereiche noch deren Zuschnitt einheitlich sind. Allen gemeinsam ist jedoch die Auffassung, dass es sich bei den Lebensbereichen um eigenständige Dimensionen handelt, die sich nicht aufeinander reduzieren lassen. Auch im Folgenden soll von der Unterscheidung einzelner Lebensbereiche ausgegangen werden. Die Qualität der Gesellschaft wird anhand einer Vielzahl von Freiheits-, Sicherheits- und Gerechtigkeitsaspekten analysiert.

3. Theoretische und methodische Grundlagen

3.1 Einleitung

Im folgenden Kapitel werden die theoretischen und methodischen Grundlagen dieser Arbeit erörtert. Im ersten Abschnitt geht es zunächst darum, die hier vertretene Auffassung von Lebensqualität zu präzisieren. Bewährte Konzepte der Lebensqualitätsforschung und neuere Ansätze werden dabei zu einem Gesamtmodell zusammengefasst. Dieser Entwurf umfasst drei Dimensionen der Lebensqualität: (1) Qualität des privaten Lebens, (2) „Quality of Persons" und (3) Qualität der Gesellschaft.

Neben den drei Dimensionen der Lebensqualität werden drei Analyseebenen unterschieden: (a) die Voraussetzungen und Bedingungen für Lebensqualität (Ressourcen, Aneignungskapazität, Verwirklichung der bürgerlichen Grundwerte Freiheit, Sicherheit und Gerechtigkeit), (b) das objektive Ausmaß der Lebensqualität (Befriedigung grundlegender Bedürfnisse und Freiheit der Lebensgestaltung) und (c) die wahrgenommene Lebensqualität (Bewertung der Qualität des privaten Lebens bzw. wahrgenommene Qualität der Gesellschaft). In diesem Zusammenhang wird der Begriff „Wahrgenommene Qualität der Gesellschaft" definiert, und es werden relevante Indikatoren zur empirischen Erfassung dieses Teilgebietes der Lebensqualität aufgezählt.

Im zweiten Abschnitt werden methodische Fragen erläutert, die sich im Zusammenhang mit der Bewertung von Freiheit, Sicherheit und Gerechtigkeit durch die Bürger ergeben. Im Mittelpunkt steht ein allgemeines Modell zur Wahrnehmung und Beurteilung gesellschaftlicher Phänomene. Dabei wird von der Annahme ausgegangen, dass die wahrgenommene Qualität der Gesellschaft nicht allein von objektiven Faktoren, wie beispielsweise der verfassungsrechtlichen Verankerung bürgerlicher Grundwerte, oder von politischen Reformen und Initiativen zu deren Verwirklichung abhängig ist, sondern immer auch von den Einstellungen, Werten und Interessen der Menschen sowie ihren Erfahrungen und Erwartungen. Das Modell umfasst mehrere Stufen: von der Institutionalisierung von Freiheit, Sicherheit und Gerechtigkeit über deren Verwirklichung bis hin zur individuellen Wahrnehmung und subjektiven Bewertung.

3.2 Theoretische Grundlagen

3.2.1 Drei Dimensionen der Lebensqualität

Das Ausmaß der Lebensqualität, das den Bürgern einer Gesellschaft gegeben ist, wird von einer Vielzahl verschiedener Faktoren bestimmt. Bei den Erörterungen zu den Traditionslinien der Lebensqualitätsforschung und den neueren Konzepten ist deutlich geworden, dass sich grundsätzlich drei Dimensionen unterscheiden lassen: (1) die Qualität des privaten Lebens, (2) die persönlichen Aneignungskapazitäten bzw. die „Quality of Persons" (Lane) und (3) die Qualität der Gesellschaft (vgl. Abbildung 3.1).

Abbildung 3.1: Lebensqualität – Dimensionen und Analyseebenen

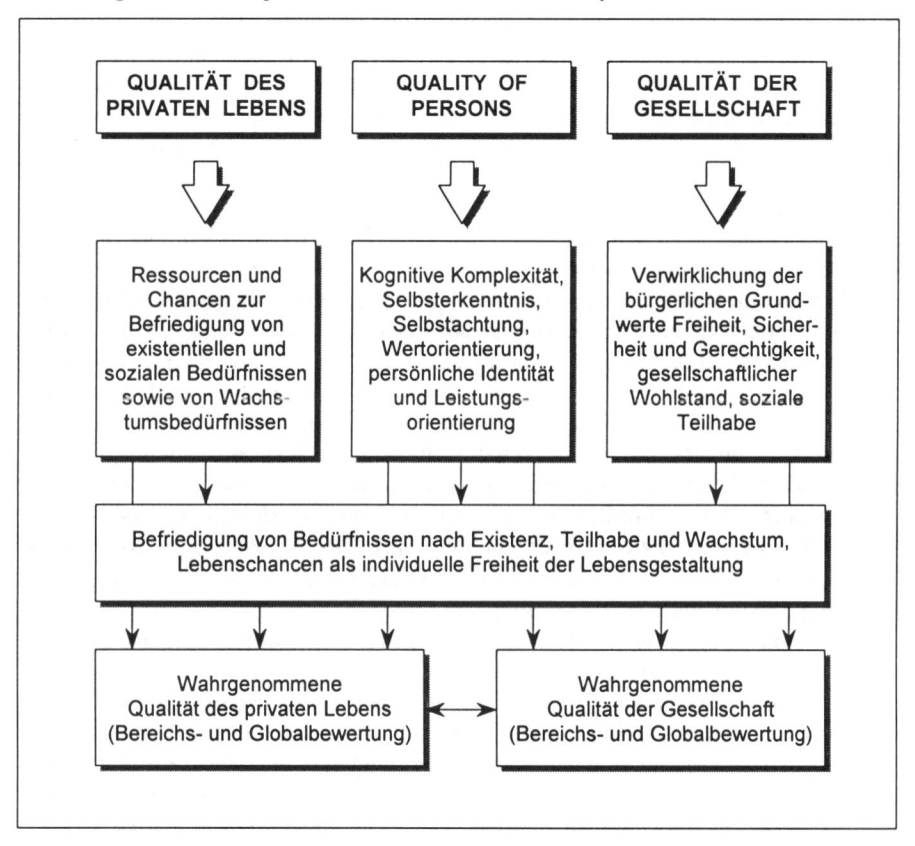

```
┌─────────────────────────────────────────────────────────────────────┐
│  ┌──────────────┐    ┌──────────────┐    ┌──────────────┐           │
│  │ QUALITÄT DES │    │  QUALITY OF  │    │ QUALITÄT DER │           │
│  │PRIVATEN LEBENS│   │   PERSONS    │    │ GESELLSCHAFT │           │
│  └──────┬───────┘    └──────┬───────┘    └──────┬───────┘           │
│         ▽                   ▽                   ▽                   │
│  ┌──────────────┐    ┌──────────────┐    ┌──────────────┐           │
│  │ Ressourcen und│   │Kognitive     │    │Verwirklichung│           │
│  │ Chancen zur   │   │Komplexität,  │    │der bürger-   │           │
│  │ Befriedigung  │   │Selbsterkennt-│    │lichen Grund- │           │
│  │ von existen-  │   │nis, Selbst-  │    │werte Freiheit│           │
│  │ tiellen und   │   │achtung,      │    │Sicherheit und│           │
│  │ sozialen      │   │Wertorien-    │    │Gerechtigkeit,│           │
│  │ Bedürfnissen  │   │tierung, per- │    │gesellschaftl.│           │
│  │ sowie von     │   │sönliche Iden-│    │Wohlstand,    │           │
│  │ Wachstums-    │   │tität und     │    │soziale       │           │
│  │ bedürfnissen  │   │Leistungs-    │    │Teilhabe      │           │
│  │               │   │orientierung  │    │              │           │
│  └──────┬───────┘    └──────┬───────┘    └──────┬───────┘           │
│         ▼                   ▼                   ▼                   │
│  ┌────────────────────────────────────────────────────────┐         │
│  │ Befriedigung von Bedürfnissen nach Existenz, Teilhabe  │         │
│  │ und Wachstum, Lebenschancen als individuelle Freiheit  │         │
│  │ der Lebensgestaltung                                   │         │
│  └──────────────┬─────────────────────────┬───────────────┘         │
│                 ▼                         ▼                         │
│        ┌──────────────────┐      ┌──────────────────┐               │
│        │ Wahrgenommene    │◄────►│ Wahrgenommene    │               │
│        │ Qualität des     │      │ Qualität der     │               │
│        │ privaten Lebens  │      │ Gesellschaft     │               │
│        │ (Bereichs- und   │      │ (Bereichs- und   │               │
│        │ Globalbewertung) │      │ Globalbewertung) │               │
│        └──────────────────┘      └──────────────────┘               │
└─────────────────────────────────────────────────────────────────────┘
```

Jede dieser drei Dimensionen bezieht sich auf die drei Ebenen der Lebensqualität, die hier voneinander abgegrenzt werden sollen. Dabei handelt es sich um (1) die Voraussetzungen und Rahmenbedingungen für die Schaffung von Lebensqualität (Ressourcen und Chancen, Aneignungsfähigkeiten, Verwirklichung bürgerlicher Grundrechte, Wohlstand und gesellschaftliche Teilhabe), (2) das objektive Ausmaß der Lebensqualität (Befriedigung grundlegender Bedürfnisse und Freiheit der Lebensgestaltung) und (3) die subjektive Ebene der Lebensqualität (wahrgenommene Qualität des privaten Lebens bzw. wahrgenommene Qualität der Gesellschaft).

3.2.2 Voraussetzungen und Rahmenbedingungen

Auf der ersten Ebene geht es um die objektiven Bedingungen und Voraussetzungen für Lebensqualität. Dazu gehören zum einen die Ressourcen und Chancen, die für die Befriedigung von grundlegenden Bedürfnissen nach physischer Existenz, sozialer Teilhabe und persönlichem Wachstum benötigt werden. Es handelt sich mit anderen Worten um die objektiven Lebensbedingungen in Bereichen wie Einkommen und Lebensstandard, Wohnen, Gesundheit, Ehe, Partnerschaft, Familie, Freizeit und Bildung – kurz: um zentrale Aspekte des privaten Lebens.

Folgt man der Argumentation von Robert E. Lane (1996), dann gehören zu den Voraussetzungen für die Schaffung von Lebensqualität immer auch die persönlichen Aneignungskapazitäten – die „Quality of Persons". Wie bereits ausgeführt wurde, zählt Lane hierzu eine Reihe von Eigenschaften wie beispielsweise kognitive Komplexität, Selbsterkenntnis, Selbstachtung, Wertorientierung, persönliche Identität und Leistungsorientierung (vgl. Abschnitt 2.4.1). Erst diese Fähigkeiten ermöglichen es dem Einzelnen, so Lane, die gegebenen Ressourcen und Chancen für die Erhöhung der eigenen Lebensqualität zu nutzen.

Zu den objektiven Grundvoraussetzungen für ein gutes Leben zählen nicht zuletzt auch Aspekte einer guten Gesellschaft (vgl. u. a. Beck et al. 1997, 2001a; Veenhoven 1993, 1997, 2001). Es wird heute nicht mehr bezweifelt, dass hierzu vor allem gesellschaftlicher Wohlstand und die Möglichkeiten der sozialen Teilhabe gehören. Soziale Kohäsion (social cohesion) und Nachhaltigkeit der gesellschaftlichen Entwicklung (sustainability) sind weitere Qualitätsmerkmale einer Gesellschaft, die im Zusammenhang mit der Lebensqualität erörtert werden (vgl. Noll 1999; Berger-Schmitt/Noll 2000). Es ist meines Erachtens aber immer auch danach zu fragen, inwieweit in einer Gesellschaft die bürgerlichen Grundwerte verwirklicht sind, d. h. in welchem Maße elementare Freiheitsrechte gegeben, Schutz- und Sicherheitsprobleme gelöst und Gerechtigkeitsfragen beantwortet sind. Alle genannten Aspekte lassen sich als Attribute einer lebenswerten Gesellschaft bezeichnen.

Die drei Dimensionen der Lebensqualität – Qualität des privaten Lebens, „Quality of Persons" und Qualität der Gesellschaft – stehen in einer Beziehung zueinander, die sich durch Äquivalenz und Interdependenz auszeichnet. Äquivalent sind die drei Dimensionen insofern, als sie einen eigenständigen, prinzipiell gleichwertigen und unverzichtbaren Beitrag zur Lebensqualität der Bürger leisten. Interdependent sind sie in dem Sinne, dass sie in einer Beziehung wechselseitiger Ermöglichung und Verstärkung stehen. Erst die Gewährung von bürgerlichen Freiheitsrechten und sozialer Sicherheit lässt aus den Ressourcen und Möglichkeiten, die dem Einzelnen zur Verfügung stehen, Lebenschancen erwachsen. Erst auf der Basis einer hinreichenden Ausstattung mit Ressourcen und adäquaten Aneignungskapazitäten lässt sich gesellschaftliche Freiheit individuell erleben.

3.2.3 Bedürfnisbefriedigung und Lebenschancen

Das interdependente Verhältnis von Ressourcen und Chancen, Aneignungsfähigkeiten und Attributen einer lebenswerten Gesellschaft bringt ein bestimmtes Quantum an Lebensqualität hervor. Dieser Ausmaß bezieht sich zum einen auf die Befriedigung grundlegender Bedürfnisse nach physischer Existenz, sozialer Teilhabe und persönlichem Wachstum und zum anderen auf die Freiheit der individuellen Lebensführung. Es geht auf dieser Ebene mit anderen Worten um den objektiven Output des Zusammenwirkens von Ressourcen und Chancen, Aneignungskapazitäten sowie Attributen einer lebenswerten Gesellschaft.

Beiden Aspekten des Outputs – der Bedürfnisbefriedigung und der Freiheit der Lebensgestaltung – ist meines Erachtens grundsätzlich der gleiche Stellenwert beizumessen. Mit dieser Auffassung folge ich entsprechenden Thesen, wie sie von Amartya Sen (1982, 1985, 1993) und Ralf Dahrendorf (1979, 1992) formuliert worden sind.

Zum Begriff der Lebenschancen

Im Mittelpunkt der Arbeiten, die Amartya Sen zur Wohlfahrtsforschung verfasst hat, stehen zwei Begriffe: „functionings" und „capabilities" (vgl. u. a. Sen 1982, 1985, 1988, 1993). Mit „functionings" bezeichnet Sen unterschiedliche Aspekte der Lebenslage einer Person: „... parts of the state of a person – in particular the various things that he or she manages to do or be in leading a life" (Sen 1993: 31). Hierzu zählt er eine Reihe positiv bewerteter Lebensumstände: ausreichend mit Nahrungsmitteln versorgt, in einem guten Gesundheitszustand oder sozial integriert zu sein. Der Begriff „functionings" bezieht sich damit in etwa auf das, was hier „Befriedigung grundlegender Bedürfnisse" genannt wird.

Mit dem Wort „capabilities" bezeichnet Sen dagegen die unterschiedlichen Möglichkeiten der Lebensführung: „The capability of a person reflects the alternative combinations of functionings the person can achieve, and from which he or she can choose one collection" (ebenda). Diese Freiheit der Lebensgestaltung, nach Sen „the freedom to lead different types of life", ist von persönlichen Eigenschaften und gesellschaftlichen Gegebenheiten abhängig (ebenda: 33). Mit „capabilities" ist letztlich nichts anderes als Wahlfreiheit gemeint – „the freedom of choice" (vgl. Sen 1988).

Interessant ist in diesem Zusammenhang, welche Bedeutung der Freiheit der Lebensgestaltung für die Lebensqualität beigemessen wird. Sen führt hierzu aus, dass die Wahlfreiheit das Wohlbefinden der Menschen unmittelbar befördern könne: „Acting freely and being able to choose may be directly conducive to well-being" (Sen 1993: 39). Die Freiheit zu wählen, werde zudem als Wert an sich geschätzt, sie habe eine „intrinsic importance" (ebenda).

Ralf Dahrendorf hat in seinen Schriften deutlicher als andere die gesellschaftlichen Voraussetzungen für die Schaffung von Lebenschancen herausgearbeitet (vgl. Dahrendorf 1979, 1992). Lebenschancen sind nach Dahrendorf als Möglichkeiten der persönlichen Entwicklung anzusehen. Inwieweit sich Menschen entfalten können, sei von politischen, wirtschaftlichen und sozialen Faktoren abhängig: „Wo es das allgemeine Wahlrecht gibt, können sie politische Entscheidungen treffen; wo das durchschnittliche Realeinkommen bei 10.000 Dollar liegt, können sie sich Ferien in Mallorca leisten; wo es herrschaftsfreie Kommunikation gibt, können sie

Bindungen zu anderen aus eigenem Antrieb herstellen und entwickeln; wo es Mitbestimmung gibt, können sie die Zugehörigkeit zu einer Organisation in Mitwirkung bei ihrer Gestaltung umsetzen" (Dahrendorf 1979: 24).

Lebenschancen sind, so Dahrendorf, „Gelegenheiten für individuelles Handeln, die sich aus der Wechselbeziehung zwischen Optionen und Ligaturen ergeben" (ebenda: 55). Mit „Optionen" sind die potentiellen Möglichkeiten des Handelns gemeint, die sich aus den in einer Gesellschaft vorhandenen Anrechten und Angeboten ableiten. Beides sei wichtig – die Anrechte im Sinne des freien Zugangs und der gesellschaftlichen Teilhabe sowie die Angebote im Sinne von Wahlmöglichkeiten: „Menschen brauchen Zugang zu Märkten, politischen Entscheidungsprozessen und kulturellen Ausdrucksmöglichkeiten, aber diese Bereiche müssen auch viele und vielfältige Wahlchancen anbieten. Keine Gesellschaft, die nicht beides besitzt, kann ernstlich zivilisiert genannt werden" (Dahrendorf 1992: 40).

Der Begriff „Ligaturen" bezieht sich schließlich auf die Frage, wie sich die Menschen in einer Welt voller Möglichkeiten orientieren. Welche Optionen werden genutzt und welche nicht? Die Antwort leitet sich, so Dahrendorf, aus den organisatorischen, regionalen oder kulturellen Zugehörigkeiten ab, die dem Einzelnen „Sinn und Verankerung" bieten (ebenda: 55). Auch diese Sinndimension ist gesellschaftlich determiniert: „Sowohl Optionen als auch Ligaturen sind Dimensionen der Sozialstruktur, das heißt, sie sind als Bestandteile sozialer Rollen gegeben und nicht als zufällige Gegenstände des Willens oder der Phantasie von Menschen" (ebenda).

Verfassungsstaat, Marktwirtschaft und Bürgergesellschaft sind, so Dahrendorf, die drei Säulen, auf denen die Freiheit beruht (Dahrendorf 1992: 44). Sie seien die institutionellen Voraussetzungen für die Ausweitung von Lebenschancen und damit die Ausgangsbedingungen für „gesellschaftlichen Fortschritt". Der demokratische Verfassungsstaat garantiere die Anrechte, die Markwirtschaft schaffe das Angebot, und die Bürgergesellschaft stifte die Ligaturen (ebenda).

Ungeachtet aller Differenzen im Detail gibt es eine Reihe grundsätzlicher Gemeinsamkeiten zwischen den Arbeiten von Amartya Sen und Ralf Dahrendorf. Aus beiden Ansätzen folgt unmittelbar, dass das Ausmaß von Lebenschancen ein wesentlicher Aspekt der Lebensqualität ist. Beide vertreten die Auffassung, dass Lebenschancen – ob nun im Sinne von Wahlfreiheiten oder im Sinne von Möglichkeiten der persönlichen Entwicklung – von gesellschaftlichen Gegebenheiten determiniert werden. Beide Positionen zusammengenommen ergeben ein überzeugendes Plädoyer für die Auffassung, dass der Qualität der Gesellschaft im Rahmen der Lebensqualitätsforschung mehr Aufmerksamkeit gewidmet werden sollte.

Zur Systematik menschlicher Grundbedürfnisse

Die hier vorgenommene Auswahl von Grundbedürfnissen basiert auf einer von Erik Allardt vorgelegten Systematik. Dabei werden drei Bedürfnisklassen unterschieden: „Having", „Loving" und „Being" (Allardt 1973, 1993). „Having" bezeichnet das Bedürfnis nach materiellen Ressourcen, die für das physische Wohlergehen notwendig sind. „Loving" steht für die Bedürfnisse nach sozialer Integration und sozialer

Identität. „Being" meint die Bedürfnisse der Persönlichkeitsentwicklung und der Selbstverwirklichung (ebenda).

Diese Systematik der Grundbedürfnisse (basic needs) geht zurück auf eine von Clayton P. Alderfer Anfang der 1970er Jahre vorgelegte Motivationstheorie, die sogenannte „ERG-Theorie" (Alderfer 1972). Die drei Buchstaben stehen für jeweils eine Bedürfnisklasse: E steht für das Bedürfnis nach physischem Wohlergehen (existence), R für das Bedürfnis nach Einbettung in soziale Beziehungen (relatedness), und G steht für das Bedürfnis nach persönlichem Wachstum (growth). Die ERG-Theorie ist wiederum eine überarbeitete Neufassung der von Abraham H. Maslow formulierten „Theorie hierarchischer Bedürfnisklassen" (Maslow 1954). Bei Allardt sind von der Motivationstheorie Maslows nur noch wenige Elemente geblieben. Doch diese nehmen einen zentralen Platz ein. Das ist zum einen die Erkenntnis, dass es eine Reihe von Grundbedürfnissen gibt: existentielle Bedürfnisse, soziale Bedürfnisse und Wachstumsbedürfnisse. Das ist zum anderen die These, dass diese Bedürfnisklassen elementar sind, mit anderen Worten: „Having", „Loving" und „Being" sind nicht aufeinander reduzierbar.

Allardts Versuch, die Befriedigung von elementaren Bedürfnissen als Zielgröße der Lebensqualitätsforschung zu etablieren, ist nicht unwidersprochen geblieben. Es wurde grundsätzlich bezweifelt, ob Bedürfnistypologien ein geeigneter Bezugsrahmen für die Messung der Lebensqualität in entwickelten Industriegesellschaften sind (Leipert 1978: 161). Für physisches Wohlergehen lassen sich noch wissenschaftlich gesicherte Mindeststandards definieren. Doch was, so fragt Leipert, sind die Mindestbedarfsnormen für Bildung, Gesundheit, Freizeit, Sicherheit und Partizipation? Wann können die Bedürfnisse als befriedigt gelten? Leipert kommt zu dem Schluss, dass es letztlich unmöglich ist, den Grad der Bedürfnisbefriedigung mit einem abstrakten Bedürfnisschema zu erfassen (ebenda).

Dem könnte man zustimmen, wenn versucht würde, das Ausmaß der Bedürfnisbefriedigung ausschließlich anhand objektiver Indikatoren und im Querschnitt zu beurteilen. Doch Zeitvergleiche ermöglichen Aussagen über die Entwicklung der objektiven Lebensbedingungen, also darüber, ob sich das Ausmaß der Bedürfnisbefriedigung im Vergleich zu einem früheren Zeitpunkt verbessert oder verschlechtert hat. Zudem wurde die Beschreibung der objektiven Lebensbedingungen bereits von Allardt um subjektive Indikatoren ergänzt, die wie beispielsweise die Zufriedenheiten mit einzelnen Lebensbereichen Auskunft über den Grad der Bedürfnisbefriedigung geben können.

3.2.4 Wahrgenommene Lebensqualität

Auf der Ebene der subjektiven Wahrnehmung und Bewertung der Lebensqualität lassen sich zwei Felder unterscheiden. Hierbei handelt es sich zum einen um die wahrgenommene Qualität des privaten Lebens und zum anderen um die wahrgenommene Qualität der Gesellschaft. Beide Dimensionen des Wohlbefindens beziehen sich auf spezifische Aspekte der Lebensqualität und sind in dieser Hinsicht eigenständig. Es ist jedoch auch davon auszugehen, dass es zwischen beiden Feldern zu Wechselwirkungen kommt, dass beispielsweise die wahrgenommene Qualität der

Gesellschaft auch die Zufriedenheit mit dem eigenen Leben oder die Zukunftsaussichten beeinflusst. Wie groß diese Effekte sind, ist eine empirische Frage, die im sechsten Kapitel behandelt wird.

Wahrgenommene Qualität des privaten Lebens

Mit dem Begriff „Wahrgenommene Qualität des privaten Lebens" sind alle Äußerungen des subjektiven Wohlbefindens gemeint, die sich auf private Lebensbereiche beziehen. Zu den privaten Lebensbereichen sind Themenfelder wie beispielsweise Gesundheit, Familie, Partnerschaft, Sexualität, Wohnen, Lebensstandard, Einkommen, Erwerbstätigkeit, Bildung und Freizeit zu zählen. Alle diese Bereiche werden zwar immer auch von gesellschaftlichen Bedingungen beeinflusst. Die Möglichkeiten der medizinischen Versorgung wirken sich zum Beispiel auf den individuellen Gesundheitszustand aus; die Erwerbschancen beeinflussen die Einkommenslage des Haushaltes usw. Was die genannten Lebensbereiche zur Privatsphäre gehören lässt, ist die Tatsache, dass sie das Leben der Menschen im Kontext von Privathaushalten, in Familien bzw. in Freundes- und Bekanntenkreisen charakterisieren.

Bei den Einschätzungen der Betroffenen kann es sich einerseits um Bewertungen von einzelnen Lebensbereichen oder aber um bilanzierende Gesamturteile handeln. Zur ersten Gruppe gehören Indikatoren wie die Zufriedenheit mit der eigenen Gesundheit, die Zufriedenheit mit dem Familienleben, die Zufriedenheit mit dem Einkommen usw. Dagegen sind Globalmaße des Wohlbefindens wie die Zufriedenheit mit dem eigenen Leben der zweiten Kategorie zuzurechnen. Von den kognitiven Größen, die wie die Zufriedenheiten auf Vergleichen und Gewichtungen basieren, sind affektive Indikatoren zu unterscheiden: Sorgen und Ängste, Gefühle der Einsamkeit, der Hoffnungslosigkeit, der Sinnlosigkeit oder das individuelle Glücksempfinden. Diese Instrumente geben Aufschluss über das emotionale Wohlergehen.

Es wird hier grundsätzlich davon ausgegangen, dass die wahrgenommene Qualität des privaten Lebens nicht nur vom Ausmaß der gegebenen Ressourcen und Chancen abhängig ist, sondern auch davon, inwieweit diese im Zusammenspiel mit den persönlichen Aneignungskapazitäten und den gesellschaftlichen Rahmenbedingungen die Befriedigung grundlegender Bedürfnisse ermöglichen, wie groß die Freiheit der Lebensgestaltung ist und welche Wertschätzung diesen Aspekten der Lebensqualität beigemessen wird.

Dieser Zusammenhang sei an einem Beispiel verdeutlicht: Die Höhe des eigenen Einkommens hat zunächst einen direkten Einfluss auf das Wohlbefinden, der sich als Einkommenszufriedenheit abbilden lässt. Der indirekte Effekt ergibt sich dagegen aus dem Umfang, in dem das Einkommen zur Bedürfnisbefriedigung bzw. zur Freiheit der Lebensgestaltung beiträgt. Dieser indirekte Effekt lässt sich zumindest teilweise als Zufriedenheit mit dem Lebensstandard erfassen. Inwieweit sich das Einkommen überhaupt auf das subjektive Wohlbefinden auswirkt – ganz gleich ob nun direkt oder indirekt – ist von Persönlichkeitsmerkmalen, insbesondere von der Wertorientierung, abhängig.

Wahrgenommene Qualität der Gesellschaft

Mit dem Begriff „Wahrgenommene Qualität der Gesellschaft" werden im Folgenden die Wahrnehmungen und Bewertungen von öffentlichen Lebensbereichen und von Attributen einer lebenswerten Gesellschaft bezeichnet. Damit sind alle Merkmale des gesellschaftlichen Lebens gemeint, von denen angenommen werden kann, dass sie sich auf die Lebensqualität der Bürger auswirken: der Umfang der Freiheiten in einer Gesellschaft, das Niveau der sozialen Sicherheit, des Schutzes vor Kriminalität und der Chancengleichheit, die Intensität sozialer Konflikte, die Fähigkeit, Minderheiten nicht nur zu tolerieren, sondern auch zu integrieren, das Ausmaß von Solidarität und sozialer Gerechtigkeit usw.

Um einen systematischen Überblick über die vorhandenen Indikatoren zur Erfassung der wahrgenommenen Qualität der Gesellschaft zu erlangen, ist es hilfreich, wie bei der wahrgenommenen Qualität des privaten Lebens, zum einen zwischen affektiven und kognitiven Größen zu unterscheiden und zum anderen zu differenzieren, ob sich die Urteile auf einzelne Aspekte und Teilbereiche der Gesellschaft oder auf die Gesellschaft insgesamt beziehen. In der folgenden Übersicht ist eine Reihe von Standardindikatoren nach dieser Systematik zusammengestellt (vgl. Abbildung 3.2).

Der Kategorie der affektiven Globalmaße sind Aspekte wie Nationalstolz, Nationalbewusstsein, Identifikation mit der Gesellschaftsordnung und die Bereitschaft, diese Ordnung zu verteidigen, zuzurechnen (vgl. Noelle-Neumann/Köcher 1997: 481-483, 645). Zur Gruppe der affektiven Bereichsbewertungen gehören unter anderem solche Standardindikatoren wie das Institutionenvertrauen, die Wahrnehmung von sozialen Konflikten und der Optimismus bzw. Pessimismus hinsichtlich der gesellschaftlichen Entwicklung.

Auf der kognitiven Seite ist die Auswahl wesentlich kleiner. Ein Globalmaß, das man mit der allgemeinen Zufriedenheit mit dem eigenen Leben vergleichen könnte, liegt nicht vor. Die entsprechende Frage könnte wie folgt lauten: „Was meinen Sie, wie zufrieden sind Sie gegenwärtig – alles in allem – mit der in der Bundesrepublik bestehenden Gesellschaftsordnung?"[1] Ein zumindest vergleichbares Globalmaß ist mit der Zustimmung zu der Aussage gegeben: „Alles in allem kann man in einem Land wie Deutschland sehr gut leben"[2] (vgl. Abschnitt 7.3.3).

Bei den Bereichsbewertungen gibt es zwei Indikatorentypen mit unterschiedlichem Abstraktionsniveau. Hierbei handelt es sich erstens um die Zufriedenheit mit gesellschaftlichen Institutionen (Kirche, Netz der sozialen Sicherung, demokratische Einrichtungen) bzw. öffentlichen Leistungen (Umweltschutz, soziale Sicherheit, Schutz vor Kriminalität) und zweitens um die Bewertung von gesellschaftlichen Teilsystemen (politisches System, Wirtschaftssystem, System der sozialen Sicherheit).

---

1 Vgl. den Wortlaut der Frage F118 im Anhang A.2.
2 Vgl. den Wortlaut der Frage F116 im Anhang A.2.

Abbildung 3.2: Indikatoren der wahrgenommenen Qualität der Gesellschaft

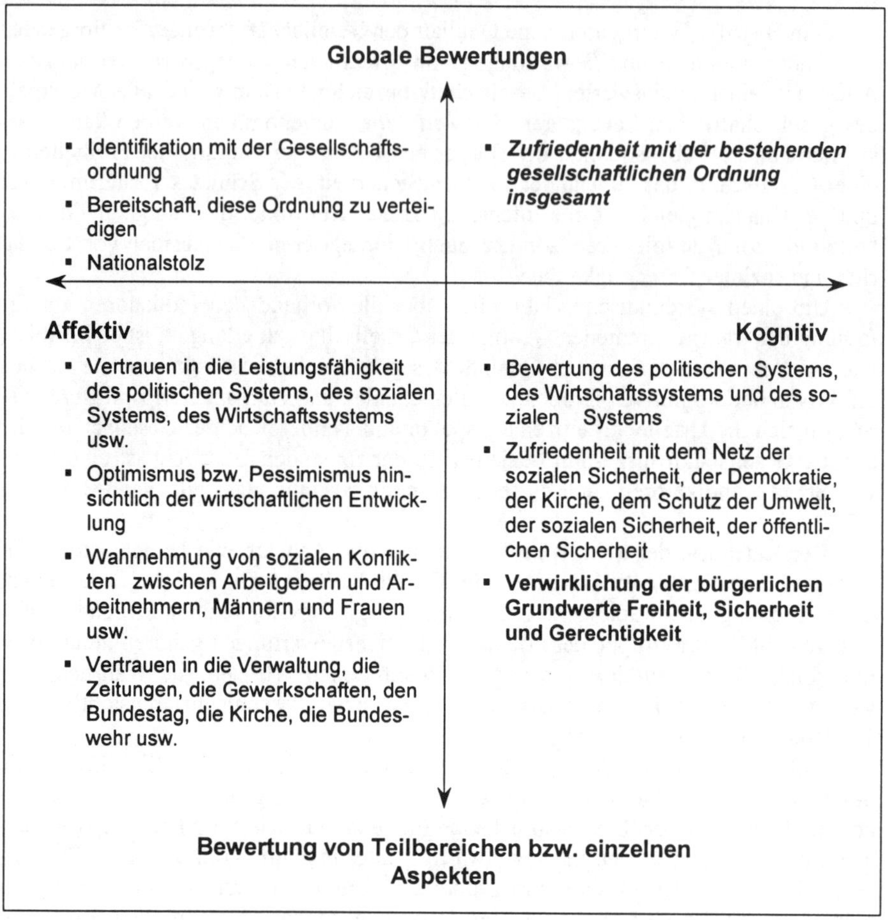

Globale Bewertungen

Affektiv
- Identifikation mit der Gesellschaftsordnung
- Bereitschaft, diese Ordnung zu verteidigen
- Nationalstolz

Kognitiv
- *Zufriedenheit mit der bestehenden gesellschaftlichen Ordnung insgesamt*

Affektiv
- Vertrauen in die Leistungsfähigkeit des politischen Systems, des sozialen Systems, des Wirtschaftssystems usw.
- Optimismus bzw. Pessimismus hinsichtlich der wirtschaftlichen Entwicklung
- Wahrnehmung von sozialen Konflikten zwischen Arbeitgebern und Arbeitnehmern, Männern und Frauen usw.
- Vertrauen in die Verwaltung, die Zeitungen, die Gewerkschaften, den Bundestag, die Kirche, die Bundeswehr usw.

Kognitiv
- Bewertung des politischen Systems, des Wirtschaftssystems und des sozialen Systems
- Zufriedenheit mit dem Netz der sozialen Sicherheit, der Demokratie, der Kirche, dem Schutz der Umwelt, der sozialen Sicherheit, der öffentlichen Sicherheit
- **Verwirklichung der bürgerlichen Grundwerte Freiheit, Sicherheit und Gerechtigkeit**

Bewertung von Teilbereichen bzw. einzelnen Aspekten

Eine umfassende Bewertung öffentlicher Güter wurde im Rahmen des Projektes „Wohlfahrtssurvey 1998" entwickelt, getestet und schließlich auch erhoben. Es handelt sich hierbei um das wahrgenommene Ausmaß der Verwirklichung von Freiheiten, Rechten, Chancen und Sicherheiten in der Bundesrepublik.[3]

---

3 Vgl. den Wortlaut der Frage F113 im Anhang A.2.

Im Rahmen dieser Erhebung wurden insgesamt 14 Aspekte berücksichtigt:

- Die Freiheit, sich politisch zu betätigen
- Die Möglichkeit, selbst zu entscheiden, welchen Beruf man erlernen will
- Schutz der Umwelt
- Schutz des privaten Eigentums
- Gerechte Verteilung des Wohlstandes
- Gleichstellung von Mann und Frau
- Chancengleichheit unabhängig von der Herkunft
- Die Möglichkeit, immer und überall seine Meinung frei sagen zu können
- Die Möglichkeit, so zu leben, wie man will
- Glaubensfreiheit
- Schutz vor Kriminalität
- Soziale Sicherheit
- Solidarität mit Hilfebedürftigen
- Das Recht auf Arbeit

Bei den betrachteten Freiheits-, Sicherheits- und Gerechtigkeitsaspekten handelt es sich keineswegs um beliebige Attribute einer „guten Gesellschaft", sondern um Grundwerte der bürgerlichen Gesellschaft. Es sind in der Mehrzahl der Fälle verbindliche Bürgerrechte, die verfassungsrechtlich verankert sind (vgl. hierzu Abschnitt 4.2). Diese Rechte definieren zusammen mit den staatsbürgerlichen Pflichten einen Staatsbürgerstatus, der als zentraler Modus der gesellschaftlichen Integration und Inklusion anzusehen ist (vgl. u. a. Marshall 1992: 62-63).

3.3 Methodische Grundlagen

3.3.1 Einführung in die Struktur des Modells

Die methodischen Annahmen in Bezug auf die Wahrnehmung und Bewertung gesellschaftlicher Phänomene werden ebenfalls im Rahmen eines Modells erörtert. Dieses Modell umfasst vier aufeinanderfolgende Stufen, die als Prozessstadien aufzufassen sind:

(1) Die Institutionalisierung von Freiheit, Sicherheit und Gerechtigkeit, verstanden als Formulierung und Festschreibung von konkreten Normen, ausgehend von allgemeinen Wertvorstellungen,

(2) die Verwirklichung von Freiheit, Sicherheit und Gerechtigkeit als konflikthafter und widersprüchlicher Prozess der Umsetzung dieser Normen in gesellschaftliche Realität,

(3) die Wahrnehmung im Sinne einer subjektiven Interpretation der sozialen Wirklichkeit und schließlich

(4) die Bewertung als subjektives Urteil über das Ausmaß, inwieweit in dieser Gesellschaft Freiheitsrechte verwirklicht, Sicherheitsprobleme gelöst, Schutzaspekte gewährleistet und Gerechtigkeitsfragen beantwortet sind (vgl. Abbildung 3.3).

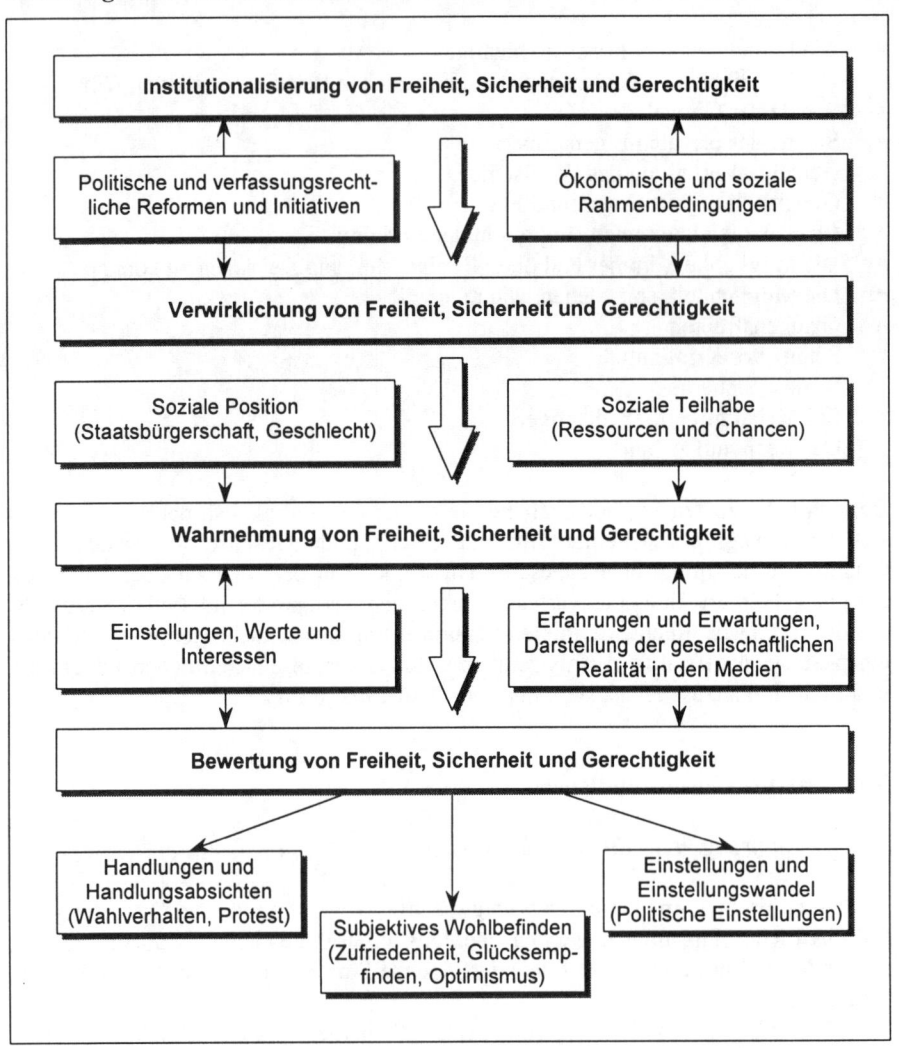

Abbildung 3.3: Methodisches Grundmodell

```
┌─────────────────────────────────────────────────────────────────┐
│  Institutionalisierung von Freiheit, Sicherheit und Gerechtigkeit │
└─────────────────────────────────────────────────────────────────┘
       ↑                        ⇓                       ↑
┌──────────────────────┐                    ┌──────────────────────┐
│ Politische und       │                    │ Ökonomische und      │
│ verfassungsrecht-    │                    │ soziale              │
│ liche Reformen und   │                    │ Rahmenbedingungen    │
│ Initiativen          │                    │                      │
└──────────────────────┘                    └──────────────────────┘
       ↓                                              ↓
┌─────────────────────────────────────────────────────────────────┐
│  Verwirklichung von Freiheit, Sicherheit und Gerechtigkeit        │
└─────────────────────────────────────────────────────────────────┘
       ↑                        ⇓                       ↑
┌──────────────────────┐                    ┌──────────────────────┐
│ Soziale Position     │                    │ Soziale Teilhabe     │
│ (Staatsbürgerschaft, │                    │ (Ressourcen und      │
│ Geschlecht)          │                    │ Chancen)             │
└──────────────────────┘                    └──────────────────────┘
       ↓                                              ↓
┌─────────────────────────────────────────────────────────────────┐
│  Wahrnehmung von Freiheit, Sicherheit und Gerechtigkeit           │
└─────────────────────────────────────────────────────────────────┘
       ↑                        ⇓                       ↑
┌──────────────────────┐                    ┌──────────────────────┐
│ Einstellungen, Werte │                    │ Erfahrungen und      │
│ und Interessen       │                    │ Erwartungen,         │
│                      │                    │ Darstellung der      │
│                      │                    │ gesellschaftlichen   │
│                      │                    │ Realität in den Medien│
└──────────────────────┘                    └──────────────────────┘
       ↓                                              ↓
┌─────────────────────────────────────────────────────────────────┐
│  Bewertung von Freiheit, Sicherheit und Gerechtigkeit             │
└─────────────────────────────────────────────────────────────────┘
       ↙                    ↓                         ↘
┌──────────────────┐  ┌────────────────────┐  ┌──────────────────┐
│ Handlungen und   │  │ Subjektives        │  │ Einstellungen und│
│ Handlungsabsichten│ │ Wohlbefinden       │  │ Einstellungswandel│
│ (Wahlverhalten,  │  │ (Zufriedenheit,    │  │ (Politische      │
│ Protest)         │  │ Glücksempfinden,   │  │ Einstellungen)   │
│                  │  │ Optimismus)        │  │                  │
└──────────────────┘  └────────────────────┘  └──────────────────┘
```

Die Prozessstufen Institutionalisierung und Verwirklichung sind mit den entsprechenden Determinanten auf der Makroebene (Gesellschaft) zu verorten. Die Stufen Wahrnehmung und Bewertung sind dagegen als im Wesentlichen kognitive Prozesse der Informationsverarbeitung der Mikroebene (Individuum) zuzurechnen.

Am Ende der Vorgänge auf der Makroebene steht gewissermaßen die „Gesellschaft als objektive Realität" (Berger/Luckmann 1980). Sie erscheint den Menschen als ein „äußeres, zwingendes Faktum", als eine „gegebene Wirklichkeit" (ebenda: 49-138). Das Resultat der Wahrnehmungs- und Bewertungsprozesse auf der Mikroebene ist dagegen die „Gesellschaft als subjektive Wirklichkeit" – als im Lebensverlauf angeeignete, verinnerlichte Außenwelt (vgl. ebenda: 139-195).

Die Anordnung der einzelnen Stufen basiert auf einer generellen Prozesslogik, wobei spätere Teilprozesse generell auf zeitlich vorgelagerten Phasen aufbauen. Die Bewertung von Freiheit, Sicherheit und Gerechtigkeit setzt beispielsweise die Wahrnehmung der sozialen Umwelt voraus, wie selektiv und daher notwendigerweise verzerrt die individuellen Beobachtungen im Einzelfall auch sein mögen. Ähnlich verhält es sich mit der Verwirklichung von Freiheitsrechten, Schutz- und Gerechtigkeitsaspekten, die in der Regel eine wie auch immer geartete Ausgestaltung sozialer Normen voraussetzt. Mit der hier als dominant unterstellten Aufeinanderfolge der Prozessstadien sollen Wechselwirkungen zwischen einzelnen Stufen jedoch keineswegs ausgeschlossen werden (vgl. Abschnitt 3.3.6).

Die Institutionalisierung von Normen ist zweifellos als grundlegende Voraussetzung für die Verwirklichung von Freiheit, Sicherheit und Gerechtigkeit anzusehen. Die konkrete Gestalt dieser Attribute einer lebenswerten Gesellschaft ist jedoch von einer Vielzahl weiterer Faktoren abhängig: von politischen Reformen und Initiativen zur konkreten Ausgestaltung der Verfassungsnormen sowie von wirtschaftlichen und sozialen Rahmenbedingungen.

Die subjektive Wahrnehmung von Freiheit, Sicherheit und Gerechtigkeit ist keine unmittelbare Widerspiegelung der objektiven Realität. Welche gesellschaftlichen Phänomene wie wahrgenommen werden, ist von vielen Faktoren abhängig: von der sozialen Position, von den Chancen der gesellschaftlichen Teilhabe, von den Erfahrungen und Erwartungen, von der Mediennutzung und Medienwirkung und nicht zuletzt auch von Einstellungen, Werten und Interessen.

Als Resultat des individuellen Erlebens der äußeren, gesellschaftlichen Wirklichkeit ergibt sich eine innere, subjektive Erfahrungswelt. Teile dieser subjektiven Erfahrungswelt, und nicht die objektive Wirklichkeit, werden schließlich Gegenstand der individuellen Bewertung (vgl. French et al. 1974). Hierbei kommt erneut eine Reihe kognitiver und affektiver Faktoren ins Spiel: Eigene Erfahrungen und Erwartungen dienen als Maßstab der individuellen Bewertung. Politische Einstellungen, Meinungen und Vorurteile verzerren oftmals das eigene Urteil.

Nachdem die grundlegenden Prozessstadien und die wichtigsten Einflussfaktoren benannt wurden, sollen im Folgenden die einzelnen Elemente des Modells näher erläutert werden. An dieser Stelle ist darauf hinzuweisen, dass die Faktoren, die im Modell als unabhängige Größen behandelt werden, in der sozialen Wirklichkeit interagieren. Die wirtschaftliche und soziale Lage der Gesellschaft wirkt sich beispielsweise immer auch auf den Umfang und die Verteilung der materiellen Ressourcen, die den Individuen zur Verfügung stehen, aus. Weil das Modell jedoch auf die wesentlichen Relationen beschränkt bleiben soll, wird von einer weiteren Betrachtung dieser Beziehungen abgesehen. Als relevant werden in diesem Zusammenhang die direkten Effekte auf die Teilprozesse Verwirklichung, Wahrnehmung und Bewertung angesehen.

3.3.2 Institutionalisierung von bürgerlichen Grundwerten

Grundsätze über Freiheit, Sicherheit und Gerechtigkeit sind zumindest in den meisten westlichen Gesellschaften Bestandteil einer objektiven Wertordnung. Diese Wertvorstellungen sind auf unterschiedliche Art und Weise institutionalisiert (vgl. Battis/Gusy 1991; Goerlich 1973). In der Bundesrepublik werden Freiheit, Sicherheit und Gerechtigkeit durch Grundrechte garantiert, als Staatszielbestimmungen zur Maxime staatlichen Handelns erhoben, oder sie stehen als politische Ziele im Mittelpunkt von Parteiprogrammen. Grundrechte, Staatszielbestimmungen und politische Ziele unterscheiden sich in vielerlei Hinsicht voneinander. Zwei Punkte sind in diesem Zusammenhang besonders wichtig: erstens die von ihnen ausgehende spezifische Verpflichtungswirkung für die Staatsgewalt und zweitens die Durchsetzungschancen, die sich den einzelnen Bürgern bieten. Beide Aspekte – die Verpflichtungswirkung für den Staat und die Durchsetzungschancen für den Einzelnen – sind von entscheidender Bedeutung für die Verwirklichungschancen.

Grundrechte

Mit dem Begriff „Grundrechte" bezeichnet man die in der Verfassung kodifizierten Menschen- und Bürgerrechte. Die im Grundgesetz für die Bundesrepublik Deutschland verankerten Grundrechte binden die Gesetzgebung, die vollziehende Gewalt und die Rechtsprechung als unmittelbar geltendes Recht (Art. 1 Abs. 3 GG). Grundrechtsadressat ist demnach die Staatsgewalt. Dagegen gilt als Grundrechtsträger, „wer aus den Grundrechten eigene subjektive Rechte herleiten kann" (Battis/Gusy 1991: 332). Grundrechtsträger in diesem Sinne können sowohl natürliche Personen als auch bestimmte juristische Personen sein, niemals jedoch die Staatsgewalt. Somit bezeichnet der Begriff „Grundrechte" die „subjektiven Rechte des Einzelnen gegen den Staat" (ebenda: 293). Als subjektive Rechte sind Grundrechte von dem Einzelnen vor Gericht einklagbar. Verfassungsbeschwerden können von jedermann mit der Begründung erhoben werden, durch die öffentliche Gewalt in einem seiner Grundrechte verletzt worden zu sein (Art. 93 Abs. 4a GG).

Hinsichtlich des Geltungsbereichs der Grundrechte unterscheidet man zwischen Menschenrechten und Bürgerrechten. Als Menschenrechte werden Rechte bezeichnet, die allen Menschen zugestanden werden. So ist der Gleichheitsgrundsatz „Alle Menschen sind vor dem Gesetz gleich" (Art. 3 Abs. 1 GG) als Menschenrecht ausgestaltet. Bürgerrechte sind dagegen Rechte, die Deutschen im Sinne des Grundgesetzes (vgl. Art. 116 GG) vorbehalten sind (vgl. Sommermann 1999a). Typische Bürgerrechte sind das Recht auf Freizügigkeit (Art. 11 GG) und die Freiheit der Berufswahl (Art. 12 GG). Zwar haben auch Ausländer das Recht, Beruf, Arbeitsplatz und Ausbildungsstätte frei zu wählen, doch besteht hier eben kein verfassungsrechtlicher Schutz.

Staatszielbestimmungen und soziale Grundrechte

Der Grundrechtskatalog der Verfassung umfasst neben der Garantie individueller Freiheit, Sicherheit und Gleichheit auch den Schutz bestimmter Rechtsinstitute, wie Eigentum, Ehe oder Elternschaft. Daraus ergibt sich für den Staat eine doppelte Verpflichtung: zum einen der Auftrag, nicht in den grundgesetzlich geschützten Bereich Einzelner einzugreifen, und zum anderen die Aufgabe, aktiv für den Schutz der Rechtsinstitute einzutreten.

Seit der Verabschiedung des Grundgesetzes ist immer wieder die Forderung erhoben worden, die Aktivität des Staates durch das Grundgesetz weiter zu normieren und auch sogenannte „soziale Grundrechte", wie das Recht auf Arbeit, das Recht auf Bildung oder das Recht auf Wohnen, in die Verfassung aufzunehmen. Die Befürworter gehen dabei von dem Gedanken aus, dass die Freiheit des Einzelnen nicht allein auf dem Schutz der Privatsphäre vor staatlichen Eingriffen beruht, sondern auch eine Frage der existentiellen Grundsicherung ist (vgl. Müller-Bromley 1999). Mit der Aufnahme von sozialen Grundrechten in den Grundrechtskatalog solle dem Staat eine „Mitverantwortung für soziale Gerechtigkeit" abverlangt und eine staatliche Aktivität begründet werden, die „die angestrebte materielle ‚Teilhabe' der sozial Schutzwürdigen sichert" (Badura 1986: 67-68).

Zwar ist man sich darüber einig, dass auch der Staat für den Schutz der menschlichen Existenzgrundlagen verantwortlich ist. Doch wird die Frage, ob diese Mitverantwortung durch Grundrechte garantiert werden soll, kontrovers diskutiert. Die jüngste verfassungspolitische Auseinandersetzung hierzu fand im Rahmen der Grundgesetzreform nach der deutschen Einheit statt (vgl. Batt 1996). Gegen die Aufnahme von sozialen Grundrechten in die Verfassung wird eingewendet, dass derartige Rechte mit der bestehenden Wirtschafts- und Sozialordnung nicht zu vereinbaren seien. Ein Grundrecht auf Arbeit würde einen staatlich regulierten Arbeitsmarkt voraussetzen, und ein Grundrecht auf Wohnung ließe sich nur mit einem staatlich regulierten Wohnungsmarkt realisieren (vgl. Müller-Bromley 1999: 818). Da der Staat über Güter wie Arbeit und Wohnraum nicht oder nur eingeschränkt verfügen kann, können soziale Grundrechte nur so ausgestaltet werden, dass sich daraus keine subjektiven Rechte Einzelner ableiten lassen.

Vor allem deshalb wurden nur wenige derartige Bestimmungen in das Grundgesetz aufgenommen. Dessen ungeachtet enthalten die Verfassungen einiger Bundesländer mittlerweile eine Vielzahl von sozialen Grundrechten wie das Recht auf Arbeit, soziale Sicherheit oder den Schutz der Umwelt. In anderen Bundesländern wurde auf die Verankerung dieser Grundsätze weitgehend verzichtet (vgl. die Übersicht in Tabelle 5.1). Soziale Grundrechte verpflichten die Staatsgewalt lediglich dazu, die formulierten Ziele bei ihren Entscheidungen zu berücksichtigen.

In den Ländern der Europäischen Union stellt sich die Situation ganz ähnlich dar: Während Großbritannien und Österreich keine verfassungsrechtlich verankerten sozialen Grundrechte kennen, haben andere Nationen wie beispielsweise die Niederlande, Dänemark und Schweden einige soziale Grundrechte in ihre Verfassungen aufgenommen. In den Verfassungen Spaniens, Portugals und Italiens ist dagegen eine große Zahl von sozialen Rechten verankert. Doch wie in Deutschland sind auch in diesen Ländern soziale Grundrechte bis auf wenige Ausnahmen nicht einklagbar (vgl. Europäisches Parlament 2000).

Weil soziale Grundrechte die Staatsgewalt nicht als unmittelbar geltendes Recht binden und sich daraus keine subjektiven Rechte Einzelner ableiten lassen, handelt es sich hierbei auch nicht um „Grundrechte" im klassischen Sinn, sondern um „Staatszielbestimmungen". Diese sind zwar „Verfassungsnormen mit rechtlich bindender Wirkung, die der Staatstätigkeit die fortdauernde Beachtung oder Erfüllung bestimmter Aufgaben (...) vorschreiben" (Badura 1986: 202). Die Verwirklichung von Staatszielbestimmungen ist jedoch weitgehend unbestimmt und wird letztlich auch nicht garantiert. Es bleibt dem Gesetzgeber überlassen, „in welcher Weise und zu welchem Zeitpunkt er die ihm eingeschärfte Staatsaufgabe normativ erfüllt" (ebenda: 202).

Die Unbestimmtheit bei der Verwirklichung von Staatszielbestimmungen wird als notwendig angesehen, um die Gestaltungsfreiheit und die Flexibilität der Gesetzgebung zu gewährleisten. In vielen Landesverfassungen werden die oft sehr weitreichenden Staatszielbestimmungen mit einem Verweis auf die spezifischen Kompetenzen oder die Möglichkeiten des Staates wieder relativiert. So heißt es in der Thüringer Verfassung: „Der Freistaat hat die Pflicht, nach seinen Kräften und im Rahmen seiner Zuständigkeiten die Verwirklichung der in dieser Verfassung niedergelegten Staatsziele anzustreben und sein Handeln danach auszurichten" (Art. 43, Verfassung des Freistaates Thüringen).

Politische Ziele

Nicht alle Visionen von einer lebenswerten Gesellschaft sind im Grundgesetz oder in den Verfassungen der Bundesländer festgeschrieben. Wirtschaftliche, soziale und kulturelle Grundsätze und Leitlinien politischen Handelns, wie sie im Rahmen von Parteiprogrammen, Wahlkampfaussagen oder Koalitionsvereinbarungen formuliert werden, sollen hier in Abgrenzung von den Begriffen „Grundrecht" und „Staatszielbestimmung" als „politische Ziele" bezeichnet werden.

Anders als Grundrechte und Staatszielbestimmungen besitzen politische Ziele keine Rechtskraft. Weder lassen sich aus politischen Zielen subjektive Rechte Einzelner ableiten, noch ist die Staatsgewalt verpflichtet, diese Vorstellungen bei ihren Entscheidungen in irgendeiner Art und Weise zu berücksichtigen. Dennoch sind politische Ziele im hier gemeinten Sinne Bestandteil einer objektiven Wertordnung. Sie sind deshalb Teil der Wertordnung, weil es einen allgemeinen Konsens darüber gibt, dass es sich um anzustrebende Attribute einer lebenswerten Gesellschaft handelt. Dieser Konsens endet jedoch bei der Frage, wie diese Ziele konkret aussehen und wie sie zu erreichen sind.

Ein typisches politisches Ziel ist „soziale Gerechtigkeit". Nahezu alle demokratischen Parteien in der Bundesrepublik, das wird bei der Betrachtung von Grundsatzpapieren und Wahlprogrammen deutlich, sehen soziale Gerechtigkeit als grundlegendes Ziel ihres politischen Wirkens an. Die Frage, was soziale Gerechtigkeit ist und wie man Gerechtigkeit herstellen kann, ist indessen Gegenstand heftiger Auseinandersetzungen. Dieser politische Streit sorgt einerseits dafür, dass dieses

Thema im gesellschaftlichen Bewusstsein bleibt. Andererseits führt diese Auseinandersetzung, die nicht selten oberflächlich und polemisch geführt wird, zu einer Unbestimmtheit des Gerechtigkeitsbegriffs und zu einer Unverbindlichkeit der politischen Zielsetzung.

3.3.3 Verwirklichung von Freiheit, Sicherheit und Gerechtigkeit

Inwieweit Freiheit, Sicherheit und Gerechtigkeit in einer Gesellschaft verwirklicht sind, ist selbstverständlich nicht nur eine Frage der Ausgestaltung mehr oder weniger verbindlicher Normen. Die Verwirklichung dieser Grundsätze ist vielmehr ein langwieriger und konfliktreicher Prozess, dessen Erfolg sowohl von den politischen Aktivitäten der beteiligten Akteure als auch von einer Reihe wirtschaftlicher und sozialer Faktoren abhängt.

Politische Reformen und Initiativen

Wie problematisch selbst die Verwirklichung eines Grundrechts ist, wird am Beispiel Gleichstellung der Geschlechter deutlich (vgl. Art. 3 Abs. 2 GG). Hier hat es in den letzten Jahren immer wieder neue politische Anstrengungen gegeben, um die noch bestehenden Nachteile für Frauen zu beseitigen. In dem 1994 verabschiedeten Zweiten Gleichberechtigungsgesetz wurde eine ganze Reihe von Maßnahmen sowohl für die öffentliche Verwaltung als auch für die Privatwirtschaft empfohlen: die Beachtung einer Frauenquote, die Auflage von Frauenförderprogrammen und die Einsetzung von Gleichstellungsbeauftragten (vgl. Ihlefeld-Bolesch et al. 1994; Vollmer 1991). Nach wie vor sind sowohl die Regelungen selbst als auch die Konsequenzen, die sich aus ihnen für die Gleichstellung von Mann und Frau ergeben werden, äußerst umstritten (Gutsche 1996).

Es soll im Folgenden davon ausgegangen werden, dass die Verwirklichung von politischen Zielen, Staatszielbestimmungen und selbst von Grundrechten auch vom Handeln der Regierungen und Verwaltungen in Bund, Ländern und Kommunen abhängig ist – wenn auch nicht in jeder Hinsicht. Welche Ziele mit welcher Intensität verfolgt werden, dürfte aber immer auch von den politischen Grundsätzen der jeweils regierenden Parteien abhängig sein. Sozialdemokratische Regierungen verfolgen in der Regel eine Politik des sozialen Ausgleichs, so dass während ihrer Regierungszeit die Verwirklichung von sozialer Sicherheit und Gerechtigkeit wahrscheinlicher wird. Christdemokratische Regierungen setzen andere Schwerpunkte: Bei ihnen stehen Fragen der Familienförderung und der öffentlichen Sicherheit stärker im Mittelpunkt. Auch das politische Profil des möglicherweise vorhandenen Koalitionspartners dürfte sich auswirken: Bei einer Regierungsbeteiligung der Grünen wird vermutlich der Schutz der Umwelt eine größere Rolle spielen. Bei einer Koalition mit den Liberalen werden dagegen Fragen der Wirtschaftsförderung und die Gewährleistung individueller Freiheitsrechte mehr Beachtung finden.

Ökonomische und soziale Rahmenbedingungen

Auf ähnliche Weise müssten sich regionale Unterschiede hinsichtlich der wirtschaftlichen und sozialen Lage der Bevölkerung bemerkbar machen. In wirtschaftlich schwachen Regionen ist der Problemdruck durch Arbeitslosigkeit und Armut vergleichsweise groß, so dass hier auch besondere Anstrengungen notwendig werden, um soziale Sicherheit oder Chancengleichheit zu gewährleisten. Der damit einhergehende Mangel an Arbeits- und Ausbildungsplätzen wird sich zudem negativ auf die Chancen auswirken, Beruf, Ausbildungsstätte bzw. Arbeitsplatz wirklich frei wählen zu können.

Deutlich anders dürfte sich die Situation in Wachstumsregionen darstellen. Hier wird nicht nur der Problemdruck aufgrund von Arbeitslosigkeit, Armut und Kriminalität geringer sein, den Regierungen und Verwaltungen in diesen Ländern und Kommunen stehen zudem mehr Mittel für weitere Zwecke zur Verfügung: beispielsweise für die Familienförderung, für den Schutz der Umwelt usw. Möglicherweise werden diese Unterschiede in der Wirtschaftskraft durch eine Reihe von nivellierenden Maßnahmen wie den Länderfinanzausgleich verringert. Generell dürften sich jedoch wirtschaftliche Schwäche und die daraus resultierenden sozialen Probleme negativ auswirken.

Ein entscheidender Einfluss auf die Verwirklichung von Freiheit, Sicherheit und Gerechtigkeit ist dem generellen Charakter der Wirtschafts- und Sozialordnung beizumessen. Das Wettbewerbsprinzip ist ein wesentliches Merkmal der in der Bundesrepublik bestehenden Grundordnung. Der allgegenwärtige Wettbewerb – um Marktanteile, um Wählerstimmen, um öffentliche Aufmerksamkeit oder um soziale Anerkennung – setzt Wahlfreiheit voraus und bringt zugleich Unsicherheit und Ungleichheit hervor. Durch die Bereitstellung öffentlicher Güter und durch Umverteilung wird das Ausmaß von sozialer Unsicherheit und Ungerechtigkeit zwar vermindert, doch grundsätzlich ist davon auszugehen, dass im Rahmen dieser Wettbewerbsgesellschaft die Verwirklichung von Freiheitsrechten wahrscheinlicher ist als die Verwirklichung von Sicherheit und sozialer Gerechtigkeit.

3.3.4 Wahrnehmung gesellschaftlicher Phänomene

Der Begriff „Wahrnehmung" bezeichnet aus physiologischer Sicht zum einen den Prozess der Erzeugung sensorischer Phänomene durch Reizung der Sinnesorgane und zum anderen das Ergebnis dieses Vorgangs als mehr oder weniger wirklichkeitsgetreue Abbildung der betrachteten Umwelt (vgl. u. a. Flade 1988).

Kognitionspsychologische Forschungen haben zu der Erkenntnis geführt, dass das, was als Wirklichkeit wahrgenommen wird, nicht ausschließlich auf sensorischen Vorgängen beruht (vgl. Flade 1988; Fiedler 1996). Was und wie etwas wahrgenommen wird, ist von kognitiven Kontexten abhängig: „Das Wahrnehmungsergebnis kommt durch das Zusammenwirken von Umweltreizen und im Langzeitgedächtnis gespeicherter Erfahrungen zustande" (Flade 1988: 833). Auch für die Wahrnehmung von Freiheit, Sicherheit und Gerechtigkeit gilt, dass unser Bild von der Wirklichkeit nicht nur vom Zustand der Dinge abhängig ist, die wir betrachten, sondern immer auch von der Art und Weise, wie wir diese Phänomene sehen.

Sowohl die Selektion von Sinnesreizen als auch deren weitere kognitive Verarbeitung wird von bereits vorhandenem Wissen beeinflusst. „Das Schicksal eines Reizes kann davon abhängen, welche Kategorien gerade im Gedächtnis des Wahrnehmenden für die Interpretation und das Verstehen der Ereignisse zugänglich sind" (Fiedler 1996: 149). In sozialpsychologischen Experimenten konnte gezeigt werden, dass sich mit der Setzung eines positiven bzw. negativen Kontextes das Ergebnis der Wahrnehmung systematisch beeinflussen lässt. Die vorherige Aktivierung positiver Kategorien führte beispielsweise dazu, dass von den Versuchspersonen mehr positive Eigenschaften wahrgenommen wurden. Bei vorheriger Aktivierung negativer Kategorien wurden signifikant mehr negative Eigenschaften registriert (zum sogenannten „priming effect" vgl. u. a. Higgins et al. 1977).

Soziale Position und Partizipation

Im Folgenden soll davon ausgegangen werden, dass der für die Wahrnehmung der sozialen Umwelt relevante kognitive Kontext wesentlich vom sozialen Kontext geprägt wird. Mit anderen Worten: Es wird angenommen, dass das soziale Sein entscheidend die individuelle Wahrnehmung sozialer Phänomene bestimmt. Die Meinungsforschung hat eine Vielzahl empirischer Befunde hervorgebracht, die für die Plausibilität dieser Annahme sprechen. Auf die Frage, wie schwierig es für einen Arbeitgeber wohl sei, einen Mitarbeiter zu entlassen, antwortete mehr als die Hälfte der angelernten Arbeiter, es sei heutzutage generell leicht zu kündigen; bei den Selbständigen war der entsprechende Anteil dagegen nur etwa halb so groß (Noelle-Neumann/Köcher 1997: 1014).[4] Mit der Frage konfrontiert, wie oft es wohl geschehe, dass Ehefrauen von ihren Männern vergewaltigt würden, meinten fünf von zehn Frauen, dass die Vergewaltigung in der Ehe eher häufig vorkomme, aber nur drei von zehn Männern waren dieser Ansicht (ebenda: 777). Es ist hier nicht der Ort, um über den Realitätsgehalt dieser Aussagen zu befinden. Wichtig sind allein die unterschiedlichen Wahrnehmungen von einfachen Arbeitern und Selbständigen bzw. von Männern und Frauen, die in erster Linie als Ausdruck des jeweiligen sozialen Kontextes anzusehen sind.

Der soziale Kontext eines Menschen lässt sich in zweifacher Weise charakterisieren: mehr oder weniger statisch als soziale Position und dynamisch als soziale Partizipation. Mit dem Begriff „Soziale Position" soll hier die Stellung bezeichnet werden, die ein Individuum zu einem bestimmten Zeitpunkt in der Gesellschaft einnimmt. Anders als das Konzept der „Sozialen Lage", das die kollektive Situation einer Bevölkerungsgruppe hinsichtlich ihrer Lebensbedingungen beschreibt, ist mit „Sozialer Position" der jeweils individuelle Ort der sozialen Existenz gemeint. Der Begriff „Soziale Partizipation" bezieht sich dagegen auf die dynamischen Momente

---

4   Zur Beziehung zwischen „Stellung im gesellschaftlichen Reproduktionsprozess und Bewusstsein" als „Vermittlungszusammenhang" vgl. u. a. Herkommer et al. 1984.

des sozialen Seins im Sinne einer wie auch immer gearteten Teilhabe am gesellschaftlichen Leben.

Sowohl die soziale Position als auch die Möglichkeiten der gesellschaftlichen Teilhabe ergeben sich aus einer Vielzahl von materiellen und immateriellen Ressourcen, die dem Einzelnen zur Verfügung stehen. Zu den materiellen Mitteln gehören in erster Linie das Einkommen, das Vermögen und der erreichte Lebensstandard. Zu den immateriellen Ressourcen sind vor allem die erworbene Bildung, der erreichte Status und die verfügbare Macht zu zählen.

Grundsätzlich ist davon auszugehen, dass die Wahrnehmung von sozialen Phänomenen von der individuellen Ausstattung mit materiellen und immateriellen Ressourcen beeinflusst wird. Dass Besserverdienende in weitaus größerem Maße generelle Freiheitsrechte wahrnehmen können, dürfte dabei ebenso evident sein wie die Tatsache, dass Arbeitslose die soziale Absicherung in der Regel anders wahrnehmen als Erwerbstätige – und zwar als Empfänger von Leistungen und nicht als Beitragszahler.

Jenseits des Einflusses von Geld, Macht und Prestige dürfte die Staatsbürgerschaft eine besondere Rolle spielen. Denn Ausländer sind, wie weiter oben bereits erwähnt wurde, von einigen politischen und sozialen Rechten und damit zumindest von einem Teil des gesellschaftlichen Lebens ausgeschlossen. In der sozialwissenschaftlichen Debatte zu diesem Thema wird Staatsbürgerschaft zuweilen als „Modus sozialer Schließung" betrachtet (vgl. Mackert 1998), aus dem sich ein „migratorisches Exklusionsrisiko" ergebe (Halfmann 1998). Wie sich die Staatsbürgerschaft auf die Wahrnehmung und Bewertung von Freiheit, Sicherheit und Gerechtigkeit auswirkt, ist noch nicht abschließend geklärt und lässt sich letztlich nur anhand empirischer Analysen ermitteln (vgl. Kapitel 5).

Darstellung der gesellschaftlichen Realität in den Medien

Die Wirkung der Medien auf die Wahrnehmung und Bewertung gesellschaftlicher Phänomene beruht im Wesentlichen auf drei Mechanismen: Agenda Setting, Negativismus, Vereinfachung.

(1) Agenda Setting: Themen, über die in den Medien besonders intensiv berichtet wird, werden von den Mediennutzern – den Zuschauern, Hörern bzw. Lesern – als besonders relevant angesehen (vgl. u. a. Brettschneider 1994). Dieser Sachverhalt wird von der Medienforschung als „Agenda Setting" bezeichnet (McCombs/Shaw 1972).

(2) Negativismus: Schlechte Nachrichten sind für Journalisten in der Regel attraktiver als gute Nachrichten, weil ihnen ein besonderer Nachrichtenwert im Sinne einer größeren Aufmerksamkeit des Publikums unterstellt wird (vgl. Donsbach et al. 1999: 40). Die Tendenz, vor allem Negativmeldungen zu verbreiten, führt letztlich dazu, dass die gesellschaftlichen Phänomene, über die berichtet wird, negativ verzerrt werden. Besonders stark ausgeprägt ist der Negativismus der Medien vor Wahlen. Der Politologe Everett Ladd kam im Rahmen von Medienanalysen beispielsweise zu dem Ergebnis, dass die amerikanischen Fernsehsender im Jahr vor der Präsidentschaftswahl 1992 die Wirtschaftslage doppelt so negativ dargestellt hatten

wie im Jahr zuvor, obwohl sich die ökonomischen Rahmenbedingungen verbessert hatten (vgl. Ladd 1993). Ein vergleichbarer Effekt wurde auch in Deutschland, beim Bundestagswahlkampf 1998 beobachtet (vgl. Donsbach et al. 1999).

(3) Vereinfachung: Grundsätzlich besteht die Tendenz, gesellschaftliche Zusammenhänge zu vereinfachen, weil, wie die Nachrichtenwertforschung gezeigt hat, einfachere Berichte eine größere Chance haben, die Aufmerksamkeit des Publikums zu erregen (vgl. Schulz 1976; Kepplinger 1989). In der Berichterstattung werden in der Regel die Ursachen gesellschaftlicher Ereignisse nicht näher erörtert, und komplexere Zusammenhänge zwischen gesellschaftlichen Teilbereichen werden ausgeblendet.

3.3.5 Bewertung von Freiheit, Sicherheit und Gerechtigkeit

Aus kognitionspsychologischer Sicht besteht der Prozess des Bewertens aus zwei Phasen: (1) dem Erinnern von Informationen und (2) dem Entscheiden als einem Urteilen im engeren Sinne (Fiedler 1996: 147). Die moderne Kognitionspsychologie betrachtet den Vorgang des Erinnerns nicht als bloßen Abruf von Informationen aus dem Gedächtnis. Vielmehr wird davon ausgegangen, dass individuelle Erwartungen den Erinnerungsvorgang maßgeblich strukturieren. „Übereinstimmende Information wird wahrscheinlicher erinnert, wenn übergeordnete Kategorien oder Schemata aktiviert werden, um den Abrufungsprozess zu steuern" (ebenda: 154). Schemata werden als Teil einer relativ stabilen Wissensstruktur aufgefasst, die letztlich auch vom sozialen Kontext beeinflusst wird.

Dass Erinnerung und Entscheidung nicht immer miteinander korrelieren, haben Experimente zur Urteilsbildung gezeigt. Dabei kamen Versuchspersonen auch dann zu einer Entscheidung, wenn ihnen objektiv betrachtet nur wenige relevante Informationen über den zu beurteilenden Sachverhalt zur Verfügung standen (vgl. Tversky/Kahnemann 1973). Hier zeigt sich der Einfluss von sogenannten „Urteilsheuristiken". Eine Urteilsheuristik ist ein kognitives Werkzeug, das Menschen in die Lage versetzt, „durch einfache 'Daumenregeln' Urteile zu treffen, die keinen großen Aufwand erfordern" (Fiedler 1996: 157). Insofern sind individuelle Urteile immer auch Kompromisse zwischen Rationalität und Ökonomie (ebenda).

Für die vorliegende Untersuchung der Bewertung von Freiheit, Sicherheit und Gerechtigkeit dürften Urteilsheuristiken besonders relevant sein. Denn im Gegensatz zur natürlichen Umwelt weist die soziale Umwelt zahlreiche Eigenschaften auf, die nicht unmittelbar wahrgenommen werden können. Soziale Phänomene wie Freiheit oder Gerechtigkeit sind abstrakter und in ihren Wirkungszusammenhängen komplexer strukturiert als beispielsweise meteorologische Erscheinungen. Der Anteil der fehlenden oder unzureichenden Informationen, die durch entsprechende Urteilsheuristiken kompensiert werden müssen, wird bei sozialen Phänomenen vergleichsweise groß sein.

Daraus ergeben sich zwei grundsätzliche Probleme. Zum einen ist anzunehmen, dass Urteile über die Gesellschaft generell verzerrt sind. „Verfügbarkeitsheuristiken" ermöglichen beispielsweise Urteile über die Häufigkeit oder die Wahrscheinlichkeit bestimmter Phänomene, indem von der Verteilung erinnerter Ereignisse auf die Verteilung des zu beurteilenden Sachverhaltes geschlossen wird (vgl. Tversky/Kahnemann 1973). In Experimenten hat sich gezeigt, dass die Beurteilung des Risikos, einmal selbst zu verunglücken, von der Häufigkeit beeinflusst wird, mit der Zeitungen über Katastrophen berichten (vgl. Combs/Slovic 1979). Die Verzerrung durch Urteilsheuristiken dürfte immer dann besonders groß sein, wenn nur wenige unmittelbare Informationen zur Verfügung stehen. In der Regel werden eigene Erfahrungen dann durch Berichte Dritter, insbesondere der Medien, ersetzt.

Ein zweites Problem, das sich aus den Urteilsheuristiken ergibt, besteht darin, dass nicht ausgeschlossen werden kann, dass Befragte selbst solche Dinge beurteilen, über die sie überhaupt keine Informationen besitzen. Wie aussagekräftig sind in Anbetracht dieser Tatsache die Ergebnisse von Meinungsumfragen und speziell die Antworten auf die Fragen zur Verwirklichung von Freiheit, Sicherheit und Gerechtigkeit, die im Rahmen dieser Arbeit thematisiert werden?

Bei entsprechenden empirischen Untersuchungen ist deutlich geworden, dass dieses Problem zwar existiert, die quantitativen Auswirkungen jedoch relativ gering sind. Im Rahmen einer Meinungsumfrage wurden die Befragten mit folgender „Nonsens-Frage" konfrontiert: „Sind sie persönlich für oder gegen den Imponderabilienvorschlag der Regierung?" Zwei Prozent der Befragten entschieden sich für die Antwortvorgabe „Dafür", zwei Prozent für „Dagegen" und acht Prozent für „Unentschieden". Die große Mehrheit – 88 Prozent – sagte, dass sie noch nichts davon gehört hätte (Noelle-Neumann/Köcher 1997: 1062-1063). Anders als bei der Aufforderung, einen nicht existierenden „Imponderabilienvorschlag" einzuschätzen, ist bei den hier untersuchten Bewertungen sozialer Phänomene, wie Glaubensfreiheit, Schutz vor Kriminalität oder Gleichstellung der Geschlechter, davon auszugehen, dass sich die Befragten auf eine Vielzahl von Informationen stützen können. Der auf die Urteilsheuristiken zurückzuführende Fehler einer Beurteilung ohne jede Informationsbasis ist deshalb als verhältnismäßig gering einzustufen.

Das bedeutet jedoch nicht, dass die Urteile bloße Spiegelbilder der gesellschaftlichen Wirklichkeit sind. Individuelle Erfahrungen und Erwartungen bestimmen unsere Erinnerungswelt, Werte liefern die Bewertungsmaßstäbe, anhand derer die erinnerten Informationen beurteilt werden, und Einstellungen verzerren das Urteil in positiver oder negativer Richtung.

Erfahrungen und Erwartungen

Mit seinen Schriften zur Semantik geschichtlichen Erfahrungswandels hat Koselleck das Begriffspaar „Erfahrung" und „Erwartung" als metahistorische Kategorien eingeführt. Erfahrung, so Koselleck, ist „gegenwärtige Vergangenheit, deren Ereignisse einverleibt worden sind und erinnert werden können" (Koselleck 1989: 354). Rationale Verarbeitung und Unbewusstes kommen dabei zusammen. Zudem gilt Erfahrung als personengebunden und interpersonal zugleich, insofern als „in der je eigenen Erfahrung, durch Generationen oder Institutionen vermittelt, immer fremde Erfahrung enthalten und aufgehoben" ist (ebenda).

Ebenso komplex ist die Kategorie der Erwartung angelegt: „Erwartung vollzieht sich im Heute, ist vergegenwärtigte Zukunft, sie zielt auf das Noch-Nicht, auf das nicht Erfahrene, auf das nur Erschließbare. Hoffnung und Furcht, Wunsch und Wille, die Sorge, aber auch rationale Analyse, rezeptive Schau oder Neugierde gehen in die Erwartung ein, indem sie diese konstituieren" (ebenda: 354-355).

Erfahrungen und Erwartungen stehen in einer dynamischen Beziehung zueinander, „sie konstituieren eine zeitliche Differenz im Heute, indem sie Vergangenheit und Zukunft auf ungleiche Weise miteinander verschränken" (ebenda: 358). Im Folgenden wird davon ausgegangen, dass dieses dynamische Beziehungsgeflecht einen messbaren Einfluss auf die Wahrnehmung und Bewertung sozialer Phänomene hat.

Diese Annahme ist in Anbetracht bereits vorliegender empirischer Befunde sehr plausibel. So haben Untersuchungen in den neuen Bundesländern gezeigt, dass die Bewertung des politischen Systems und des Wirtschaftssystems der Bundesrepublik mit den individuellen Erfahrungen der Ostdeutschen im Prozess der deutschen Einheit korreliert. Von denen, die überdurchschnittliche Einkommenszuwächse verbuchen konnten, meinten 80 Prozent, dass das politische System der Bundesrepublik besser sei als das der DDR. Von denen, die nur unterdurchschnittlich am allgemeinen Einkommenswachstum partizipierten, vertraten lediglich 58 Prozent diese Auffassung (Bulmahn 1995: 91).

Dass die Bewertung sozialer Phänomene auch von individuellen Erwartungen bestimmt werden kann, bestätigte sich im Rahmen einer anderen Untersuchung. Hier ergab sich ein deutlicher Zusammenhang zwischen der individuell erwarteten Absicherung von Lebensrisiken und der Bewertung des Systems der sozialen Sicherung. Auf einer Skala von +10 bis -10 lag die durchschnittliche Bewertung derjenigen, die meinten, in Zukunft bei Krankheit, im Alter und bei Arbeitslosigkeit gut gesichert zu sein, bei 5,5. Dagegen kamen diejenigen, die erwarteten, in Zukunft schlecht gesichert zu sein, nur auf einen mittleren Wert von -1,5 (Bulmahn 1997a: 8).

Werte, Einstellungen und Interessen

An die erste Phase des Bewertungsprozesses, das Erinnern relevanter Informationen, schließt sich eine zweite Phase an: das Entscheiden bzw. Urteilen im engeren Sinne. Dieser Vorgang kann als ein Vergleich des jeweils subjektiven Bildes von der Welt mit den individuellen Präferenzen aufgefasst werden. Bei diesen Präferenzen handelt es sich um individuelle Ausprägungen von Werten, d. h. um Ableitungen aus „kollektiven Idealen" bzw. um „Vorstellungen des Wünschbaren" (Kluckhohn 1951: 395, zit. nach Meulemann 1996: 49). Positive Urteile sind immer dann wahrscheinlich, wenn das Bild, das sich aus den erinnerten Informationen unter Zuhilfenahme diverser Heuristiken ergibt, diesen „Vorstellungen des Wünschbaren" weitgehend entspricht. Dagegen sind negative Urteile immer dann zu erwarten, wenn das subjektive Bild nicht mit dem Ideal übereinstimmt.

Wie sehr Werte die Beurteilung sozialer Phänomene beeinflussen, soll anhand einiger empirischer Befunde beispielhaft belegt werden. Dabei wird vorausgesetzt, dass grundlegende Wertvorstellungen in den Parteipräferenzen zum Ausdruck kommen. Als Beispiel sei hier der Zusammenhang zwischen der Parteineigung und der Bewertung von Recht und Gesetz angeführt: Aufgefordert, die Rechtsordnung in der Bundesrepublik zu beurteilen, äußerten sich nur 34 Prozent der CDU/CSU-Anhänger unzufrieden mit der bestehenden Rechtsordnung. Bei den PDS-Sympathisanten war der Anteil der Unzufriedenen mit 75 Prozent mehr als doppelt so groß (Noelle-Neumann/Köcher 1997: 748).

Einstellungen sind anders als die „Vorstellungen des Wünschbaren" als Affekte aufzufassen: „Der Ausdruck der Einstellung sollte in Bezug auf ein allgemeines, andauerndes positives oder negatives Gefühl für eine Person, ein Objekt oder einen Sachverhalt benutzt werden" (Petty/Cacioppo 1981: 7, zit. nach Stahlberg/Frey 1996: 221). Wenn im Folgenden von einer Differenz zwischen Werten und Einstellungen ausgegangen wird, dann nicht vordergründig deshalb, um Werten eine besondere „Objektivität" zu unterstellen (vgl. Boudon/Bourricaud 1992: 660), sondern um die spezifischen Effekte dieser Größen kenntlich zu machen. Während Werte als Maßstäbe fungieren und somit den Bewertungsvorgang erst ermöglichen, verzerren Einstellungen in der Regel das gefundene Urteil mehr oder weniger stark in eine positive oder negative Richtung.

In diesem Sinne wird der Begriff der „Einstellung" auch in der modernen Kognitionspsychologie verwendet: „Eine Einstellung ist eine psychologische Tendenz, die sich in der Bewertung einer bestimmten Entität durch ein gewisses Maß an Wohlwollen oder Missfallen ausdrückt. (...) Die Bewertung bezieht sich auf alle Klassen zu bewertender Reaktionen, sowohl offene als auch verdeckte, kognitive, affektive oder verhaltensbezogene" (Eagly/Chaiken 1993, zit. nach Stahlberg/Frey 1996: 221).

Dass die Sympathie für eine bestimmte Partei auch über die Einstellungen der Befragten Auskunft geben kann, zeigt das folgende Beispiel der Beurteilung des Umweltschutzes. Bei einer Umfrage aus dem Jahre 1997 meinte ein Drittel der Bevölkerung, dass es in den letzten Jahren große Fortschritte beim Umweltschutz gegeben habe. Unter den Sympathisanten der Grünen war der Anteil mit 16 Prozent nur etwa halb so groß (Noelle-Neumann/Köcher 1997: 1065). Dieser Unterschied dürfte in erster Linie auf eine grundsätzlich kritischere Einstellung von Grünen-Anhängern zurückzuführen sein.

Die Urteile über bestimmte Sachverhalte werden in der Regel nicht nur von positiven oder negativen Gefühlen verzerrt, sondern auch von ganz rationalen Interessenlagen. Dieser Effekt dürfte immer dann auftreten, wenn die Urteile gegenüber Dritten geäußert werden, was für Meinungsumfragen zweifellos zutrifft. Das bekannte Phänomen des sozial erwünschten Antwortverhaltens ist hier ebenso einzuordnen wie folgendes Beispiel: Im Kontext einer umfassenden Studie zur Zukunft des Beamtentums in Deutschland wurde folgende Frage gestellt: „Wenn jemand sagt: 'Man braucht keine Beamten, man könnte auch alles mit Angestellten des öffentlichen Dienstes regeln.' Finden Sie, der hat recht oder nicht?" Während etwa die Hälfte der Bevölkerung der Auffassung zustimmte, lag der Anteil bei den Beamten nur bei 12 Prozent (ebenda: 741). Hier war es ganz offensichtlich im Interesse der Beamten, durch Ablehnung dieser Meinung keine Zweifel an der Notwendigkeit des Beamtenstatus, d. h. an der eigenen privilegierten Position aufkommen zu lassen.

3.3.6 Definition der gesellschaftlichen Wirklichkeit und die Folgen

Die Bewertung von Freiheit, Sicherheit und Gerechtigkeit ist Teil einer umfassenderen subjektiven Deutung der gesellschaftlichen Wirklichkeit. Dass derartige Situationsdefinitionen reale Folgen haben, ist eine Grundregel, die als Thomas-Theorem in die soziologischen Lehrbücher eingegangen ist: „If men define situations as real, they are real in their consequences" (Thomas/Thomas 1928: 572).

Zum Zusammenhang von Situationslogik und individuellem Handeln führt Hartmut Esser aus:

> „Die subjektive Definition der Situation bildet der Akteur vor dem Hintergrund der äußeren und inneren Bedingungen der Situation über einen komplexen Prozess verschiedener Selektionen, bei denen Kognitionen und Emotionen, Wahrnehmungen und Gefühle, Reflexe und Reflexionen, Spontanität und Berechnung beteiligt sind. Es ist der Vorgang, über den der Akteur aus den äußeren Bedingungen und seinen inneren Einstellungen ein spezifisches Modell der Situation auswählt, auf dessen Grundlage er alle weiteren Selektionen vornimmt – und dann auch handelt" (Esser 1999: 66).

Sowohl das Zustandekommen von Situationsdefinitionen als auch das Zustandekommen von Handlungen ist letztlich eine Frage der Auswahl. Es handelt sich zum einen um die Auswahl von Deutungsmodellen und zum anderen um die darauf basierende Auswahl von Reaktionsmöglichkeiten. Diese Reaktionsmöglichkeiten sind jedoch nicht nur auf Handlungen zu beschränken. Welche Konsequenzen hat die Vorstellung, dass diese Gesellschaft mehr oder weniger frei, sicher und gerecht ist? Meines Erachtens kann man von drei Reaktionsformen ausgehen. Die wahrgenommene Qualität der Gesellschaft beeinflusst (1) konkrete Handlungen und Handlungsabsichten, (2) das subjektive Wohlbefinden und (3) Einstellungen bzw. den Einstellungswandel.

Ein Beispiel für konkrete Handlungen ist das politische Engagement jener, die soziale Probleme als nicht mehr tolerierbar einschätzen und die deshalb nach Veränderungen streben. Derartige Bestrebungen haben durchaus Aussicht auf Erfolg, wenn sich die Interessen Einzelner in sozialen Bewegungen bündeln lassen und Teil der politischen Auseinandersetzungen werden. Die Reformen und Initiativen zur Durchsetzung der Gleichstellung von Männern und Frauen sind ohne die Frauenbewegung ebensowenig denkbar wie die Erfolge beim Schutz der Umwelt ohne die Grünen.

Dass sich diese „feed-back-Effekte" mitunter erst Jahre später einstellen, zeigt das Beispiel Ausstieg aus der Kernenergienutzung in Deutschland. Die zwischen der rot-grünen Bundesregierung und der Industrie getroffenen Vereinbarungen zum Atomausstieg sind ohne den Bedeutungszuwachs der Grünen in den 1990er Jahren undenkbar. Dieser Akzeptanzgewinn der Grünen bei den Wählern wiederum ist ohne die weitverbreiteten Befürchtungen vor einem „deutschen Tschernobyl", wie sie in den 1980er Jahren aufkamen, nicht vorstellbar.

Insofern sind die Vereinbarungen zum Atomausstieg heute eine reale Konsequenz der Ängste, die vor nahezu zwei Jahrzehnten die Menschen in Deutschland ergriffen. Derartige Einflüsse – mit welcher zeitlichen Verzögerung sie sich auch immer auswirken mögen – belegen, wie weitreichend die Folgen subjektiver Bewertungen der sozialen Wirklichkeit sein können.

4. Freiheit, Sicherheit und Gerechtigkeit im Urteil der Bevölkerung

4.1 Einleitung

Im Mittelpunkt des folgenden Kapitels steht die Frage, inwieweit die hier betrachteten Freiheitsrechte, Sicherheits- und Gerechtigkeitsaspekte von den Bürgern als verwirklicht angesehen werden. Die Spanne der zu bewertenden Attribute einer lebenswerten Gesellschaft reicht von der Meinungsfreiheit und der Freiheit der Lebensgestaltung über die soziale Sicherheit und den Schutz der Umwelt bis zur Chancengleichheit und zur Gleichstellung von Mann und Frau. Diese gesellschaftlichen Zielgrößen werden zunächst nach verfassungsrechtlichen Gesichtspunkten in drei Gruppen – in Grundrechte, Staatszielbestimmungen und politische Ziele – unterteilt. Auf der Grundlage dieser Klassifikation lassen sich konkrete Hypothesen zu der von der Bevölkerung wahrgenommenen Verwirklichung von Freiheit, Sicherheit und Gerechtigkeit ableiten. Neben der grundsätzlichen Frage der verfassungsrechtlichen Ausgestaltung sollen dabei auch solche Effekte berücksichtigt werden, die sich aus politischen, wirtschaftlichen und sozialen Rahmenbedingungen ergeben.

4.2 Klassifikation der gesellschaftlichen Zielgrößen

Geht man vom Grad der verfassungsrechtlichen Verankerung der gesellschaftlichen Zielgrößen aus, dann lassen sich drei Gruppen unterscheiden: Grundrechte, Staatszielbestimmungen und politische Ziele (vgl. Abschnitt 3.3.2). Im folgenden Abschnitt werden die Freiheitsrechte, Sicherheits- und Gerechtigkeitsaspekte diesen drei Kategorien zugeordnet.

4.2.1 Freiheitsrechte

Die Freiheitsrechte, die im Rahmen dieser Arbeit betrachtet werden, sind als Grundrechte im Grundgesetz für die Bundesrepublik Deutschland verankert (vgl. Sartorius 2001; Schönfelder 2001). Die Glaubensfreiheit wird als Recht aller in Deutschland lebenden Menschen garantiert: „Die Freiheit des Glaubens, des Gewissens und die Freiheit des religiösen und weltanschaulichen Bekenntnisses sind unverletzlich" (Art. 4 Abs. 1 GG). In gleicher Weise ist das Recht auf Meinungsfreiheit als universelles Grundrecht verankert: „Jeder hat das Recht, seine Meinung in Wort, Schrift und Bild frei zu äußern und zu verbreiten" (Art. 5 Abs. 1 GG). Auch die Freiheit der Lebensgestaltung wird generell allen Menschen in der Bundesrepublik zugestanden, wenn es heißt: „Jeder hat das Recht auf die freie Entfaltung seiner Persönlichkeit, soweit er nicht die Rechte anderer verletzt und nicht gegen die verfassungsmäßige Ordnung oder das Sittengesetz verstößt" (Art. 2 Abs. 1 GG).

Dagegen ist die Freiheit der Berufswahl als Bürgerrecht ausgestaltet, d.h. als ein Grundrecht, das nur für Deutsche im Sinne des Grundgesetzes gilt. In Artikel 12 heißt es: „Alle Deutschen haben das Recht, Beruf, Arbeitsplatz und Ausbildungsstätte frei zu wählen" (Art. 12 Abs. 1 GG; Art. 116 GG). Auch die politischen Freiheiten im weiteren Sinne, also die Versammlungsfreiheit und die Vereinigungsfreiheit, werden nur Deutschen zugestanden, wenn es heißt: „Alle Deutschen haben das Recht, sich ohne Anmeldung oder Erlaubnis friedlich und ohne Waffen zu versammeln" (Art. 8 Abs. 1 GG) bzw. „Alle Deutschen haben das Recht, Vereine und Gesellschaften zu bilden" (Art. 9 Abs. 1 GG).

4.2.2 Schutz- und Sicherheitsaspekte

Die verfassungsrechtliche Grundsatznorm zur sozialen Sicherheit ist mit dem Art. 20 Abs. 1 GG gegeben, der bestimmt, dass die Bundesrepublik Deutschland ein „demokratischer und sozialer Bundesstaat" ist (Art. 20 Abs. 1 GG). Neben der Festlegung der republikanischen und demokratischen Staatsform wird hier eine soziale Staatsaufgabe definiert. Als Staatszielbestimmung ist sie eine „verfassungsrechtlich bindende Richtlinie für die Ausübung der öffentlichen Gewalt" (Badura 1986: 196). Insbesondere die parlamentarische Volksvertretung ist aufgefordert, im Rahmen der Gesetzgebung das unverbindlich formulierte Sozialstaatsprinzip konkret auszugestalten (ebenda). Bei der Erfüllung dieser „Sozialgestaltungsfunktion" wird dem Gesetzgeber ein großer Handlungsspielraum zugestanden. Deshalb lassen sich aus dem Sozialstaatsprinzip weder konkrete Handlungsanweisungen ableiten noch ergeben sich hieraus subjektive Rechte Einzelner (vgl. Abschnitt 3.3.2).

Aus dem im Grundgesetz verankerten Recht auf Leben und körperliche Unversehrtheit (Art. 2 Abs. 2 GG) leitet die Rechtswissenschaft eine doppelte Schutzpflicht des Staates gegenüber dem einzelnen Bürger ab (vgl. Badura 1986: 79; Jarass/Pieroth 1997). An erster Stelle ergibt sich für die Staatsgewalt die Verpflichtung, jeden ungerechtfertigten Eingriff in die unter Schutz gestellten Güter „Leben" und „körperliche Unversehrtheit" zu unterlassen. Darüber hinaus hat der Staat auch Dritte daran zu hindern, diese Güter zu verletzen (Badura 1986: 79).

Wie der Staat diese Schutzpflichten im Einzelnen erfüllt, welche Gesetze verabschiedet und welche weitergehenden Vorkehrungen getroffen werden, ist nicht vorgeschrieben. Wie bei anderen Staatszielbestimmungen wird dem Gesetzgeber auch hier eine grundsätzliche Gestaltungsfreiheit eingeräumt.

Ihrer Rechtsnatur als Staatszielbestimmung entsprechend begründet die objektive Schutzpflicht des Staates keine subjektiven, verfassungsrechtlichen Ansprüche. Nur im Fall einer „evidenten Verletzung der Pflicht durch Unterlassen hinreichender Schutzvorkehrungen" ergibt sich für die Betroffenen ein grundrechtlicher Anspruch auf „Schutz durch staatliche Maßnahmen" oder auf „Nachbesserung einer sich als unzulänglich erweisenden oder durch neue Umstände unzulänglich gewordenen Regelung" (ebenda).

Der Schutz der Umwelt ist Mitte der 1990er Jahre im Zuge der Grundgesetzreform nach der deutschen Einheit in das Grundgesetz aufgenommen worden (Batt 1996: 120; Müller 1996: 306). Der entsprechende Artikel lautet: „Der Staat schützt auch in Verantwortung für die künftigen Generationen die natürlichen Lebensgrundlagen im Rahmen der verfassungsmäßigen Ordnung durch die Gesetzgebung und nach Maßgabe von Gesetz und Recht durch die vollziehende Gewalt und die Rechtsprechung" (Art. 20a GG).

Der Begriff „natürliche Lebensgrundlagen" bezeichnet dabei die „gesamte natürliche Umwelt des Menschen" und umfasst damit sowohl die Umweltmedien, Luft, Wasser und Boden, die darin existierenden Lebewesen als auch das Landschaftsbild (Jarass/Pieroth 1997: 471). Die Rechtsnatur des Artikels 20a entspricht einem Rechtsprinzip, und folglich handelt es sich hierbei um eine Staatszielbestimmung. Insofern ergeben sich aus dem Umweltschutzprinzip keine subjektiven Rechte. Gleichwohl wird davon ausgegangen, dass der Artikel 20a andere Grundrechte anreichert, was dazu führt, dass sich zumindest indirekt subjektiv-rechtliche Gehalte ergeben (Jarass/Pieroth 1997: 471).

Bei den bisher betrachteten Schutz- und Sicherheitsaspekten handelte es sich generell um Staatszielbestimmungen. Der Schutz des Eigentums wird dagegen durch ein Grundrecht garantiert. In Artikel 14 der Grundgesetzes heißt es hierzu: „Das Eigentum und das Erbrecht werden gewährleistet. Inhalt und Schranken werden durch das Gesetz bestimmt" (Art. 14 Abs. 1 GG).

4.2.3 Gleichstellung, Recht auf Arbeit, Solidarität und Gerechtigkeit

Die Chancengleichheit aller in der Bundesrepublik lebenden Menschen wird durch den Gleichheitssatz und das Differenzierungsverbot festgeschrieben: „Alle Menschen sind vor dem Gesetz gleich. (...) Niemand darf wegen seines Geschlechtes, seiner Abstammung, seiner Rasse, seiner Sprache, seiner Heimat und Herkunft, seines Glaubens, seiner religiösen oder politischen Anschauungen benachteiligt oder bevorzugt werden. Niemand darf wegen seiner Behinderung benachteiligt werden" (Art. 3 Abs. 1 und 3 GG).

Die Gleichstellung der Geschlechter wird neben diesen Bestimmungen zur Chancengleichheit in besonderer Weise hervorgehoben: „Männer und Frauen sind gleichberechtigt. Der Staat fördert die tatsächliche Durchsetzung der Gleichberechtigung von Frauen und Männern und wirkt auf die Beseitigung bestehender Nachteile hin" (Art. 3 Abs. 2 GG). Sowohl die Chancengleichheit als auch die Gleichstellung von Mann und Frau werden somit durch Grundrechte gewährleistet.

Ein Recht auf Arbeit, in welcher Gestalt auch immer, ist dagegen noch nicht in den Grundrechtskatalog des Grundgesetzes aufgenommen worden (vgl. Abschnitt 3.3.2). Lediglich in den Verfassungen einiger Bundesländer sind entsprechende Staatszielbestimmungen enthalten (vgl. Tabelle 5.1). In der Verfassung von Berlin heißt es beispielsweise: „Alle haben das Recht auf Arbeit. Dieses Recht zu schützen und zu fördern ist Aufgabe des Landes. Das Land trägt zur Schaffung und Erhaltung von Arbeitsplätzen bei und sichert im Rahmen des gesamtwirtschaftlichen Gleichgewichts einen hohen Beschäftigungsstand" (Art. 18 Verfassung für Berlin).

Die Solidarität mit Hilfebedürftigen und die gerechte Verteilung des Wohlstands haben weder den Status von Grundrechten noch den Rang von Staatszielbestimmungen inne. Es handelt sich vielmehr um politische Ziele, über deren konkrete Gestalt kontrovers diskutiert wird. Wieweit beispielsweise die Auffassungen der politischen Parteien in der Bundesrepublik voneinander abweichen, wird bereits bei einem Vergleich der Grundsatzprogramme deutlich.

Von der PDS wird Solidarität als ein zentrales Ziel ihrer Politik definiert, die auf die sozialistische Umgestaltung der gesellschaftlichen Verhältnisse ausgerichtet ist. Solidarität meint dabei in erster Linie die sozialstaatliche Umverteilung des Wohlstands von oben nach unten (vgl. Bundesgeschäftsstelle der PDS 1993). Dieser Auffassung von Solidarität stehen die Vorstellungen der FDP nahezu diametral entgegen. Solidarität soll demnach nicht Sache staatlicher Bürokratien sein, sondern von den Bürgern im Rahmen zwischenmenschlicher Beziehungen verwirklicht werden. Mehr noch: Solidarität soll nicht zur Gleichheit aller führen, sondern individuelle Freiheit sichern und neue Chancen eröffnen helfen (vgl. Bundesgeschäftsstelle der FDP 1997).

Die Solidaritätsauffassungen von SPD und CDU liegen gewissermaßen zwischen diesen beiden Extrempositionen, wobei die SPD die Bedeutung des Sozialstaats hervorhebt, während die CDU die individuelle Verantwortung der Bürger betont. Im Grundsatzprogramm der SPD wird postuliert, Sozialpolitik sei verwirklichte Solidarität. Konkret heißt es hierzu: „Sozialpolitik will Solidarität als Leitidee für die ganze Gesellschaft lebendig machen. Daher ist sie für uns Gesellschaftspolitik, eine Dimension des gesamten politischen Handelns" (Bundesgeschäftsstelle der SPD 1998: 31). Die CDU vertritt eine andere Auffassung von Solidarität. Im Mittelpunkt steht nicht die Sozialpolitik, sondern das Gebot der Nächstenliebe: „Solidarität heißt füreinander da sein, weil der Einzelne und die Gemeinschaft darauf angewiesen sind. Solidarität ist Ausdruck der sozialen Natur des Menschen und folgt aus dem Gebot der Nächstenliebe. Ihren ethischen Maßstab gewinnt sie aus der Würde des Menschen" (Bundesgeschäftsstelle der CDU 1994: Absatz 21). Verantwortlich für die Verwirklichung der Solidarität ist demnach nicht der Sozialstaat, sondern der einzelne Bürger.

Die Gerechtigkeitsauffassungen, die von den politischen Parteien in der Bundesrepublik vertreten werden, unterscheiden sich ebenfalls sehr deutlich voneinander: Die PDS gründet ihre Vorstellung von Gerechtigkeit als Verteilungsgerechtigkeit auf einen neuen Gesellschaftsvertrag, der unter anderem die „gerechte Teilhabe aller am gesellschaftlichen Reichtum durch eine neue Arbeits- und Lebensweise" sichern soll (Gysi 1999: Abschnitt 4). Grundsätzlich heißt es hier: „Soziale Gerechtigkeit ... darf nicht auf individuelle Fairness reduziert, die sozialen Grundlagen individueller Leistung dürfen nicht ignoriert werden" (ebenda). Bei der CDU steht die individuelle Fairness dagegen im Mittelpunkt. Soziale Gerechtigkeit ist hier in erster Linie eine Frage der Leistungsgerechtigkeit. Im Grundsatzprogramm der CDU heißt es hierzu: „Gerechtigkeit fordert die Anerkennung der persönlichen Leistung und Anstrengung ebenso wie den sozialen Ausgleich. Gerechtigkeit verlangt, Gleiches gleich und Ungleiches ungleich zu behandeln" (Bundesgeschäftsstelle der CDU 1994: Absatz 27).

Von der SPD wird soziale Gerechtigkeit eher im Sinne der Chancengleichheit interpretiert, für deren Verwirklichung der Sozialstaat durch Umverteilung zu sorgen habe. „Gerechtigkeit erfordert mehr Gleichheit in der Verteilung von Einkommen, Eigentum und Macht, aber auch im Zugang zu Bildung, Ausbildung und Kultur. (...) Gerechtigkeit, das Recht auf gleiche Lebenschancen, muss mit den Mitteln staatlicher Macht angestrebt werden" (Bundesgeschäftsstelle der SPD 1998: 8). Auch Bündnis'90/Die Grünen definieren Gerechtigkeit in erster Linie als Chancengleichheit. Voraussetzung hierfür sei jedoch der ökologische Umbau des heutigen Sozialstaatsmodells (vgl. Bündnis'90/Die Grünen 1993). Die FDP lehnt diese Vorstellungen strikt ab: „Die Perfektionierung der Sozialbürokratie mit ihrer Regelungsdichte im Detail, die vielfach mit dem guten Willen geschaffen wurde, Gerechtigkeit für möglichst viele Einzelfälle zu schaffen, erzeugt wegen ihrer zunehmenden Undurchschaubarkeit neue Ungerechtigkeiten" (Bundesgeschäftsstelle der FDP 1997: 23). Das Sozialsystem sei vielmehr so zu reformieren, dass sich größere Chancen für eine eigenverantwortliche Lebensgestaltung ergeben; das sei die wesentliche Voraussetzung für mehr soziale Gerechtigkeit (vgl. ebenda).

Im politischen Alltag sind die Solidaritäts- und Gerechtigkeitsauffassungen, die von den politischen Parteien jeweils vertreten werden, in mehrfacher Weise präsent. Sie dienen der strategischen Ausrichtung der Parteipolitik ebenso wie den eher taktischen Auseinandersetzungen mit dem politischen Gegner. Sie werden nicht zuletzt immer dann eingesetzt, wenn es darum geht, die eigene politische Identität zu behaupten.[1]

4.2.4 Fazit

Auf der Grundlage des Grundgesetzes der Bundesrepublik Deutschland, der Verfassungen der Bundesländer und der Grundsatzprogramme der im Bundestag vertretenen politischen Parteien lassen sich die hier thematisierten Aspekte von Freiheit, Sicherheit und Gerechtigkeit folgendermaßen klassifizieren: Alle Freiheitsrechte sowie der Schutz des Eigentums, die Chancengleichheit und die Gleichstellung von Mann und Frau sind ihrer Rechtsnatur nach Grundrechte (vgl. Tabelle 4.1).

Dagegen handelt es sich bei den Grundsätzen zur öffentlichen Sicherheit, zum Umweltschutz, zur sozialen Sicherheit und zum Recht auf Arbeit um Staatszielbestimmungen. Präzisierend ist anzumerken, dass sich der Schutz vor Kriminalität als Schutzpflicht des Staates aus einem Grundrecht ableitet. Zweitens ist anzumerken, dass das Recht auf Arbeit nicht in allen Bundesländern Bestandteil der Landesverfassung ist.

---

1 In einem Interview zur politischen Identität der CDU äußerte deren früherer Generalsekretär Ruprecht Polenz beispielsweise einmal: „Von der SPD unterscheiden wir uns durch eine andere Vorstellung von Gerechtigkeit. Gerecht ist nicht, bei einem Hundertmeterlauf allen sechs Teilnehmern eine Goldmedaille umzuhängen" (Der Spiegel 16/2000).

Tabelle 4.1: Klassifikation von Freiheits-, Sicherheits- und Gerechtigkeitsaspekten

	Im Grundgesetz der Bundesrepublik als Grundrecht bzw. als Bürgerrecht verankert	Als Staatszielbestimmung im Grundgesetz bzw. in den Landesverfassungen (LV) enthalten	Als politisches Ziel im Grundsatzprogramm der im Bundestag vertretenen Parteien enthalten	Klassifikation auf der Basis des Grundgesetzes, der Verfassungen der Bundesländer bzw. der Parteiprogramme
Glaubensfreiheit	Art. 4, Abs. 1	----------------------		Grundrecht
Meinungsfreiheit	Art. 5, Abs. 1	----------------------		Grundrecht
Politische Freiheit	[Art. 8, 9]	----------------------		[Grundrecht]
Freie Lebensgestaltung	Art. 2, Abs. 1	----------------------		Grundrecht
Freie Berufswahl	[Art. 12, Abs. 1]	----------------------		[Grundrecht]
Schutz des Eigentums	Art. 14, Abs. 1	----------------------		Grundrecht
Schutz vor Kriminalität	{Art. 2 Abs. 2}	----------------------		Staatszielbestimmung
Umweltschutz	-	Art. 20a	----------	Staatszielbestimmung
Soziale Sicherheit	-	Art. 20	----------	Staatszielbestimmung
Chancengleichheit	Art. 3	----------------------		Grundrecht
Gleichstellung	Art. 3, Abs. 2	----------------------		Grundrecht
Recht auf Arbeit	-	(LV)	----------	Staatszielbestimmung
Solidarität mit Bedürftigen	-	-	Alle Parteien*	Politisches Ziel
Gerechter Wohlstand	-	-	Alle Parteien*	Politisches Ziel

Anmerkungen: Alle ohne nähere Bezeichnung erwähnten Artikel sind solche des GG; [ ] Grundrechtsträger sind nur Deutsche im Sinne des Grundgesetzes; ( ) trifft nur teilweise zu; { } Ableitung einer Schutzpflicht des Staates aus einem Grundrecht; * mit voneinander abweichenden Auffassungen.

Die Solidarität mit Bedürftigen und die gerechte Verteilung des Wohlstandes sind politische Ziele. Als Prinzipien, über deren grundsätzliche Bedeutung für die Lebensqualität in einer Gesellschaft zwar Konsens besteht, sind sie zweifellos Teil der objektiven Werteordnung. Doch sowohl ihre konkrete Gestalt als auch die Wege zu ihrer Verwirklichung sind heftig umstritten.

4.3 Realisierungschancen von Freiheit, Sicherheit und Gerechtigkeit

Ob die Attribute einer lebenswerten Gesellschaft von den Bürgern als verwirklicht angesehen werden oder nicht, ist von einer Vielzahl unterschiedlicher Faktoren abhängig. Für die Bewertung durch die Bevölkerung insgesamt sind letztlich nur solche Einflussgrößen relevant, die auch gesamtgesellschaftlich wirksam werden.[2]

---

2   Es wird hier zwar grundsätzlich davon ausgegangen, dass sich die soziale Position des Einzelnen – die Ausstattung mit materiellen und nichtmateriellen Ressourcen und die Chancen der gesellschaftlichen Teilhabe – auch auf die Wahrnehmung und Bewertung von Freiheit, Sicherheit und Gerechtigkeit auswirkt (vgl. Kapitel 3). Doch auf der Ebene der Gesamtgesellschaft bleiben diese Effekte gewissermaßen unsichtbar. Beobachten lassen sie sich erst unterhalb der Aggregatebene Gesamtbevölkerung, auf der

Von grundlegender Bedeutung dürfte dabei die Frage sein, inwieweit die Freiheitsrechte, Sicherheits- und Gerechtigkeitsaspekte verfassungsrechtlich verankert sind. Neben den verfassungsrechtlichen Voraussetzungen sind auch die politischen und sozioökonomischen Rahmenbedingungen zu beachten. Wie die Gesellschaft von der Bevölkerung wahrgenommen und bewertet wird, ist nicht zuletzt auch von der Darstellung der sozialen Wirklichkeit in den Medien abhängig.

4.3.1 Verfassungsrechtliche Verankerung

Die Wahrscheinlichkeit, mit der Freiheit, Sicherheit und Gerechtigkeit soziale Wirklichkeit sind, ist in verfassungsrechtlicher Hinsicht vor allem von zwei Faktoren abhängig: erstens von der jeweiligen Verpflichtungswirkung für die Staatsgewalt und zweitens von den Durchsetzungschancen, die sich den Bürgern bieten. Vergleicht man Grundrechte, Staatszielbestimmungen und politische Ziele hinsichtlich ihrer Verpflichtungswirkung und Durchsetzungschancen, dann ergibt sich eine deutliche Abstufung (vgl. Abbildung 4.1).

Grundrechte stellen für die Staatsgewalt, wie weiter oben bereits ausgeführt wurde, eine bindende Verpflichtung dar (vgl. Kapitel 3). Als unmittelbar geltendes Recht bestimmen sie die Entscheidungen der Gesetzgebung, der vollziehenden Gewalt und der Rechtsprechung. Für die Bürger ergeben sich aus Grundrechten subjektive Ansprüche, die vor Gericht einklagbar sind. In Anbetracht dieser Voraussetzungen ist die Wahrscheinlichkeit sehr groß, dass die als Grundrechte ausgestalteten Aspekte von Freiheit, Sicherheit und Gerechtigkeit auch tatsächlich verwirklicht sind.

Diese These gilt auch in Anbetracht der Tatsache, dass einige Grundrechte mit sogenannten Grundrechtsschranken versehen sind (vgl. Art. 19 GG). Der Begriff „Einschränkung eines Grundrechts" bezeichnet einen „Akt der öffentlichen Gewalt (...), der die durch eine Grundrechtsvorschrift gewährleistete Freiheit der Entscheidung oder Betätigung oder den durch eine Grundrechtsvorschrift garantierten Schutz für bestimmte Handlungen oder Bereiche sachlich verkürzt und damit die aus dem Grundrecht ableitbare Rechtsposition des Einzelnen im Ganzen oder für bestimmte Fälle beschneidet" (Badura 1986: 81).

Zulässig sind solche Einschränkungen jedoch nur in bestimmten, vom Gesetzgeber vorgesehenen Fällen, d.h. nur durch Gesetz oder aufgrund eines Gesetzes (ebenda). Die Glaubens- und Gewissensfreiheit, die Meinungsfreiheit bzw. das Grundrecht auf Freizügigkeit sind beispielsweise mit mehr oder weniger konkreten Gesetzesvorbehalten versehen (vgl. Art. 4 Abs. 3 GG, Art. 5 Abs. 2 GG und Art. 11 Abs. 2 GG). Grundrechtsbeschränkungen können zudem aufgrund von Vorschriftenkollisionen bzw. Vorschriftenkonkurrenzen entstehen. Diese ergeben sich infolge der wechselseitigen Durchdringung von Grundrechten im Rahmen der verfassungsmäßigen Ordnung (vgl. Müller 1996: 306). Die in Artikel 19 festgelegte „Wesens-

---

Ebene des Vergleichs von Einkommensgruppen, von Bildungsschichten, von Männern und Frauen, von Jüngeren und Älteren usw. (vgl. Kapitel 5).

gehaltsgarantie" bestimmt jedoch, dass ein Grundrecht nie in seinem Wesensgehalt angetastet werden darf (Art. 19 Abs. 2 GG; vgl. Badura 1986: 84).

Abbildung 4.1: Chancen der Verwirklichung von Grundrechten, Staatszielbestimmungen und politischen Zielen

```
                    VERWIRKLICHUNG WAHRSCHEINLICH
Verpflichtungswirkung für                          Durchsetzungschancen
für die Staatsgewalt                               für den Einzelnen

Unmittelbar geltendes Recht    Grundrechte         Vor Gericht einklagbar

Pflicht der Beachtung
Gestaltungsauftrag für         Staatszielbestimmungen   Realisierung erwartbar
den Gesetzgeber

Keine konkrete
Verpflichtungs-                Politische Ziele    Als Politikziel wählbar
wirkung

                    VERWIRKLICHUNG UNWAHRSCHEINLICH
```

Einschränkungen sind nicht nur hinsichtlich der Verpflichtungswirkung für die Staatsgewalt zu konstatieren. Auch die Chancen der Durchsetzung grundgesetzlicher Ansprüche Einzelner sind nicht unbegrenzt – und zwar sowohl in objektiver als auch in subjektiver Hinsicht, wenn man die Verfahrenskosten und die von den Bürgern wahrgenommenen Aussichten auf Erfolg berücksichtigt.[3]

Im Gegensatz zu den Grundrechten ergeben sich aus den Staatszielbestimmungen keine direkten Verpflichtungen für die Staatsgewalt im Sinne unmittelbar geltenden Rechts, sondern allenfalls die mit einem weiten politischen Gestaltungsspielraum versehene Auflage, die Verwirklichung dieser Ziele anzustreben. Auch die Durchsetzungschancen für den einzelnen Bürger sind im Vergleich zu den Grundrechten erheblich geringer. Eine Verwirklichung der Staatszielbestimmungen lässt sich nicht einklagen, sondern allenfalls erwarten. Nur wenn Initiativen des Gesetz-

---

3 Im Rahmen einer Bevölkerungsumfrage zum Rechtswesen in der Bundesrepublik Deutschland wurden die Teilnehmer mit der Frage konfrontiert: „Wenn ein Bürger gegen den Staat klagt: Hat der einzelne Bürger eine gerechte Chance, den Prozess zu gewinnen oder wird der Staat vor Gericht bevorzugt?" Dass der Einzelne gerechte Chancen hat, meinten lediglich 28 Prozent der Befragten, dass der Staat bevorzugt wird, glaubten 49 Prozent, und nicht entscheiden konnten sich 23 Prozent (Noelle-Neumann/Köcher 1997: 749).

gebers den Staatszielbestimmungen offensichtlich widersprechen, kann im Rahmen eines Normenkontrollverfahrens eine Überprüfung der entsprechenden Gesetzesvorlage auf Verfassungswidrigkeit eingeleitet werden (vgl. Sommermann 1999b: 868). Die Chancen, dass Staatszielbestimmungen verwirklicht werden, sind deshalb im Vergleich zu den Realisierungschancen von Grundrechten wesentlich kleiner.

Die Verpflichtungswirkung, die sich für die Staatsgewalt aus politischen Zielen ergibt, ist geringer als die von Grundrechten und Staatszielbestimmungen. In einer Konkurrenzdemokratie zwingt der Wettbewerb um die Wählergunst die im Parlament vertretenen Parteien dazu, im Rahmen der Gesetzgebung die eigenen politischen Ziele zu verwirklichen bzw. die Verwirklichung der Ziele des politischen Gegners zu verhindern. Die Verpflichtungswirkung politischer Ziele beruht also letztlich auf dem Streben der Parteien nach Erfolg.

Auch für die Bürger sind die Chancen auf Durchsetzung politischer Ziele relativ gering. Die Mehrheit beschränkt diese Möglichkeiten auf die Teilnahme an entsprechenden Wahlen, und nur wenige engagieren sich auch aktiv für die Verwirklichung politischer Vorstellungen. In Anbetracht der schwachen Verpflichtungswirkung und der marginalen Durchsetzungschancen ist die Wahrscheinlichkeit vergleichsweise gering, dass Vorstellungen von Freiheit, Sicherheit und Gerechtigkeit verwirklicht werden, solange sie lediglich den Status politischer Ziele innehaben.

Ausgehend vom Niveau der verfassungsrechtlichen Verankerung lassen sich konkrete Hypothesen über die Erfolgschancen gesellschaftlicher Zielgrößen formulieren. Für alle Freiheitsrechte, für den Schutz des Eigentums, die Chancengleichheit und die Gleichstellung der Geschlechter ist die Wahrscheinlichkeit der Realisierung als groß einzustufen. Für die Staatszielbestimmungen – Schutz vor Kriminalität, Umweltschutz, soziale Sicherheit und Recht auf Arbeit – ist dagegen von durchschnittlichen Chancen auszugehen. Für die politischen Ziele – Solidarität mit Hilfebedürftigen und gerechte Verteilung des Wohlstands – sind die Aussichten auf Verwirklichung vergleichsweise gering (vgl. Tabelle 4.2, Spalte 1).

4.3.2 Politischer und sozioökonomischer Kontext

In welchem Maße die im Grundgesetz verankerten Grundrechte und Staatszielbestimmungen soziale Wirklichkeit werden, ist von politischen Rahmenbedingungen abhängig, insbesondere davon, ob und in welcher Weise der Gesetzgeber seinen Gestaltungsauftrag erfüllt. In den beiden Legislaturperioden von 1990 bis 1998, die hier zu betrachten sind, wurde eine Vielzahl von Gesetzeswerken verabschiedet. Für den Bereich Schutz und Sicherheit sind vor allem drei Initiativen zu nennen: (1) Die Rentenreformgesetze zur Anpassung der gesetzlichen Altersvorsorge an die veränderten demographischen Rahmenbedingungen: Das Rentenreformgesetz von 1991 und das Rentenreformgesetz von 1998; (2) Die Verabschiedung einer Vielzahl von Gesetzen zum Schutz der Umwelt: das Umwelthaftungsgesetz von 1990, das Bundesimmissionsschutzgesetz von 1990, das Gentechnikgesetz von 1993; das Abwasserabgabengesetz von 1994, das Abfallverbringungsgesetz von 1994, das Bundesnaturschutzgesetz von 1998, die Verpackungsverordnung von 1998 und die Aufnahme einer entsprechenden Staatszielbestimmung in das Grundgesetz (vgl. Batt 1996); (3)

die Weiterentwicklung des Strafrechts im Rahmen der Sechsten großen Strafrechtsreform (vgl. Kreß 1998).

Für den Bereich Chancengleichheit und Gerechtigkeit ist das 1994 verabschiedete Zweite Gleichberechtigungsgesetz zu nennen. Auch wenn einzelne Regelungen, wie beispielsweise die des Zweiten Gleichberechtigungsgesetzes, in ihren Auswirkungen nicht unumstritten geblieben sind oder die Erwartungen einiger Beobachter sich nicht vollständig erfüllt haben sollten (vgl. Worzalla 1994; Mauer 1994; Gutsche 1996), so kann doch im Folgenden von der Annahme ausgegangen werden, dass diese Gesetze alles in allem zur Verwirklichung der entsprechenden gesellschaftlichen Zielgrößen – soziale Sicherheit, Umweltschutz, Schutz vor Kriminalität bzw. Gleichstellung von Mann und Frau – beigetragen haben (vgl. Tabelle 4.2, Spalte 2).

Das größte ‚politische Projekt' in der jüngeren Geschichte der Bundesrepublik ist zweifellos die Herstellung der deutschen Einheit. Mit dem am 3. Oktober 1990 vollzogenen Beitritt der DDR zur Bundesrepublik Deutschland nach Art. 23 des Grundgesetzes wurde der Geltungsbereich des Grundgesetzes auf die neuen Bundesländer ausgedehnt (vgl. Gros/Wagner 1996). Damit wurden auch im Osten Deutschlands die verfassungsrechtlichen Grundlagen für die Verwirklichung einer Vielzahl von legalen, politischen und sozialen Rechten gelegt.

Positive Effekte sind vor allem hinsichtlich der meisten Freiheitsrechte zu konstatieren. Eindeutig positive Auswirkungen hatten auch die Übertragung des westdeutschen Umweltrechts und die beträchtlichen Investitionen zur Bewältigung der ökologischen Altlasten auf dem Gebiet der ehemaligen DDR (vgl. Tabelle 4.2, Spalte 3).

Auf der anderen Seite haben sich im Verlauf der Transformation eine Reihe von sozialen Problemen ergeben, die den Ostdeutschen zumindest in diesem Ausmaß unbekannt waren: Arbeitslosigkeit, Armut, Kriminalität. Zudem sind einige der wenigen Modernisierungsvorsprünge der früheren DDR verlorengegangen. Rainer Geißler verweist in seiner Transformationsbilanz neben einer Vielzahl von „schnellen Modernisierungsschüben" auch auf Momente der „Demodernisierung", insbesondere habe ein „partieller Abbau des Gleichstellungsvorsprungs" stattgefunden (Geißler 2000: 28). Alles in allem ist für die Bereiche Recht auf Arbeit, Schutz vor Kriminalität, soziale Sicherheit, Chancengleichheit, Verteilungsgerechtigkeit und Gleichstellung von Mann und Frau von negativen Effekten auszugehen (vgl. Tabelle 4.2, Spalte 3).[4]

---

[4] Diese Annahmen werden von empirischen Untersuchungen zumindest insofern gestützt, als sie zeigen, dass die Mehrheit der Ostdeutschen die deutsche Einheit in der Tat als einen Gewinn an Freiheit - an Konsumfreiheit, Reisefreiheit und persönlicher Freiheit - bewertet, während in den Bereichen persönliche Sicherheit, öffentliche Sicherheit und Arbeit die Verlusterfahrungen überwiegen (vgl. Winkler 1999: 62).

Tabelle 4.2: Hypothesen zur Bewertung durch die Bevölkerung insgesamt

	(1) Verwirklichungschancen durch das Verfassungsrecht	(2) Wirkungen von politischen Initiativen	(3) Folgen der deutschen Einheit	(4) Konsequenzen der Arbeitslosigkeit	(5) Auswirkungen der Medienberichte	(6) Hypothesen zur Bewertung durch die Bevölkerung insgesamt[1]
Grundrechte						
Glaubensfreiheit	groß		+			verwirklicht
Politische Freiheit	groß		+			verwirklicht
Meinungsfreiheit	groß		+			verwirklicht
Freie Lebensführung	groß		+	–		verwirklicht
Schutz d. Eigentums	groß	+		–		verwirklicht
Freie Berufswahl	groß		+	–	–	eher verwirklicht
Gleichstellung	groß	+	–	–		eher verwirklicht
Chancengleichheit	groß	+	–	–	–	eher nicht verwirklicht
Staatsziele						
Umweltschutz	mittel	+	+		–	eher verwirklicht
Schutz v. Kriminalität	mittel	+	–		–	eher nicht verwirklicht
Soziale Sicherheit	mittel	+	–		–	eher nicht verwirklicht
Recht auf Arbeit	mittel		–	–	–	nicht verwirklicht
Politische Ziele						
Solidarität	gering					eher nicht verwirklicht
Gerechter Wohlstand	gering		–		–	nicht verwirklicht

Anmerkungen: (1) Die Hypothesen ergeben sich aus den Prämissen in den vorstehenden Spalten; (+) positiver Effekt; (–) negativer Effekt.

Wirtschaftliche und soziale Kontextfaktoren haben einen eigenständigen Effekt auf die Realisierungschancen von Freiheit, Sicherheit und Gerechtigkeit. Ende der 1990er Jahre ist die Arbeitslosigkeit von mehr als vier Millionen Menschen zweifellos das folgenreichste soziale Problem der Bundesrepublik Deutschland. Ein generelles Recht auf Arbeit ist angesichts der Lage auf dem Arbeitsmarkt nicht zu verwirklichen. Der sich verschärfende Wettbewerb um die vorhandenen Arbeitsplätze verringert die Chancengleichheit und schränkt zugleich die Freiheit der Berufswahl und damit verbunden auch die Freiheit der Lebensgestaltung ein (vgl. Tabelle 4.2, Spalte 4).

4.3.3 Darstellung der gesellschaftlichen Realität in den Medien

In den Wochen und Monaten vor der Erhebung der hier verwendeten Daten wurde vor allem über die Arbeitslosigkeit, die Lage der Wirtschaft und die Reform des Sozialsystems berichtet. Wie eine Inhaltsanalyse für den Zeitraum von März 1998 bis August 1998 ergab, standen zehn Politikfelder im Mittelpunkt der Fernsehnachrichten (vgl. Kepplinger et al. 1999). In der Reihenfolge der Häufigkeit, mit der über das jeweilige Thema berichtet wurde, waren das: (1) Bekämpfung der Arbeitslosigkeit, (2) Belebung des Wirtschaftswachstums, (3) Begrenzung von Steuern und Sozialabgaben, (4) Schaffung von sozialer Gerechtigkeit, (5) Außenpolitik, (6) Sicherung der Renten, (7) Begrenzung der Staatsschulden, (8) Schutz der Bürger vor Kriminalität, (9) Durchsetzung des Umweltschutzes und (10) Begrenzung der Inflation (ebenda: 223).

Weitergehende Analysen haben gezeigt, dass die negativen Meldungen in der Berichterstattung jener Monate deutlich überwogen, dass insbesondere die wirtschaftliche Lage in der Bundesrepublik und mehr noch die Lage auf dem Arbeitsmarkt erheblich schlechter dargestellt wurden, als sie es tatsächlich waren. Der Kommunikationswissenschaftler Wolfgang Donsbach kommt in seiner Untersuchung zur Medienberichterstattung während des Bundestagswahlkampfes 1998 zu dem Schluss, dass die Medien „nur bedingt" den realen Zustand der Wirtschaft widergespiegelt haben, und spricht mit Blick auf das Wahlergebnis von einem „Sieg der Illusion" (Donsbach et al. 1999: 40, 73).

Alles in allem ist davon auszugehen, dass die Medien die Wahrnehmung und Bewertung gesellschaftlicher Phänomene im Beobachtungszeitraum nachhaltig beeinflusst haben. Negative Effekte sind für die meisten Sicherheits- und Gerechtigkeitsaspekte, aber auch für einige Freiheitsrechte anzunehmen: für das Recht auf Arbeit und die Freiheit der Berufswahl (Thema: Arbeitslosigkeit), für die soziale Sicherheit (Thema: Senkung der Steuer- und Beitragsbelastung, Umbau des Sozialstaates als Rahmenthema), für die Chancengleichheit, die Gleichstellung und die gerechte Verteilung des Wohlstands (Thema: Schaffung von sozialer Gerechtigkeit), für den Schutz vor Kriminalität und den Schutz des Eigentums (Thema: Schutz der Bürger vor Kriminalität), für den Schutz der Umwelt (Thema: Durchsetzung des Umweltschutzes) (vgl. Tabelle 4.2, Spalte 5).

4.3.4 Hypothesen

Geht man von der verfassungsrechtlichen Verankerung gesellschaftlicher Zielgrößen aus und berücksichtigt zudem den Einfluss aller hier genannten Faktoren – die Auswirkungen der neuen Gesetzeswerke, die Sondereffekte, die sich aus dem Beitritt Ostdeutschlands ergeben haben, die Konsequenzen der Arbeitslosigkeit und die Wirkung der Medienberichte im Bundestagswahlkampf 1998 – dann ergeben sich folgende Hypothesen zur Bewertung von Freiheit, Sicherheit und Gerechtigkeit: (1) Die Glaubensfreiheit, die Meinungsfreiheit, die politische Freiheit, die Freiheit der Lebensgestaltung und der Schutz des Eigentums werden von der Mehrheit der Bevölkerung vermutlich als „verwirklicht" betrachtet. (2) Die Freiheit der Berufswahl, der Schutz der Umwelt und die Gleichstellung von Mann und Frau werden voraussichtlich als „eher verwirklicht" gelten. (3) Die Chancengleichheit, der Schutz vor Kriminalität, die soziale Sicherheit und die Solidarität mit Bedürftigen werden von den Bürgern wahrscheinlich als „eher nicht verwirklicht" beurteilt. (4) Das Recht auf Arbeit und die gerechte Verteilung des Wohlstandes werden von der Mehrheit höchstwahrscheinlich als „nicht verwirklicht" angesehen (vgl. Tabelle 4.2, Spalte 6).

4.4 Freiheit, Sicherheit und Gerechtigkeit auf dem Prüfstand

Im Rahmen der folgenden Analysen soll überprüft werden, inwieweit die im letzten Abschnitt formulierten Hypothesen mit den tatsächlichen Bewertungen der Bürger übereinstimmen.

4.4.1 Freiheitsrechte

Inwieweit die Freiheitsrechte verwirklicht sind, wird von den Bürgern ganz unterschiedlich bewertet (vgl. Abbildung 4.2).

Abbildung 4.2: Freiheitsrechte im Urteil der Bürger

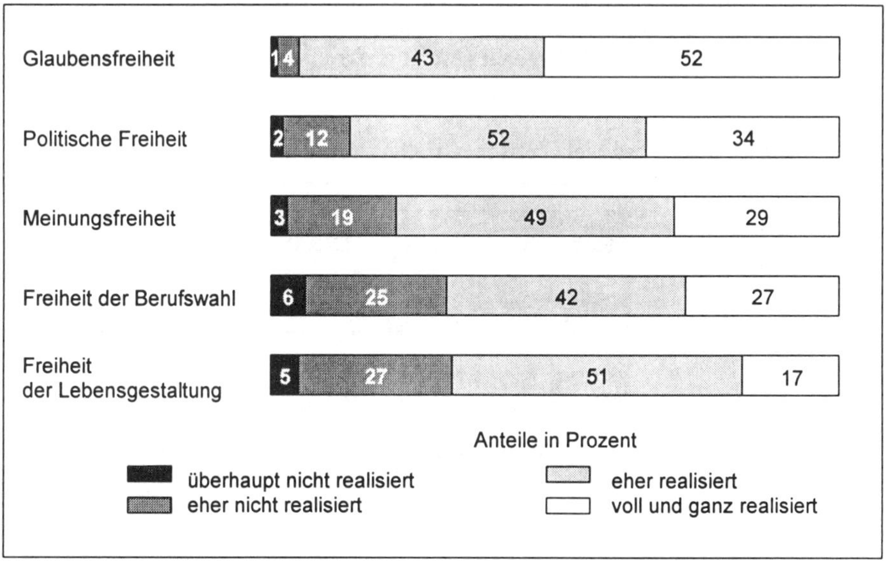

Freiheitsrecht	überhaupt nicht realisiert	eher nicht realisiert	eher realisiert	voll und ganz realisiert
Glaubensfreiheit	1	4	43	52
Politische Freiheit	2	12	52	34
Meinungsfreiheit	3	19	49	29
Freiheit der Berufswahl	6	25	42	27
Freiheit der Lebensgestaltung	5	27	51	17

Anteile in Prozent

Datenbasis: Wohlfahrtssurvey 1998.

Die überwiegende Mehrheit der Bevölkerung ist der Meinung, dass die Glaubensfreiheit in der Bundesrepublik verwirklicht ist;[5] für fünf von zehn Bürgern ist sie „voll und ganz realisiert"; vier von zehn betrachten sie als „eher realisiert", und nur

---

5   Vgl. den Wortlaut der Frage F113 im Anhang A.2.

eine kleine Minderheit sieht dieses Grundrecht als „eher nicht" oder „überhaupt nicht" verwirklicht an. Auch die politische Freiheit und die Meinungsfreiheit werden von den meisten als gegeben angesehen. Jeweils etwa vier Fünftel der Bevölkerung meinen, dass man sich in der Bundesrepublik politisch frei betätigen kann bzw. seine Meinung frei äußern kann.

Deutlich kritischer werden dagegen die Freiheit der Lebensgestaltung und die Freiheit der Berufswahl beurteilt. Hier meint bereits ein Drittel der Bevölkerung, dass diese Rechte „eher nicht realisiert" bzw. „überhaupt nicht realisiert" sind. Wie weitergehende Untersuchungen zeigen, sind diese wahrgenommenen Defizite in großen Teilen auf wirtschaftliche und soziale Probleme zurückzuführen: In Bundesländern mit einer hohen Arbeitslosenquote etwa fällt die Bewertung der Freiheit der Lebensgestaltung und der Freiheit der Berufswahl signifikant schlechter aus als in Regionen mit einer geringen Arbeitslosenquote (vgl. Kapitel 5).

4.4.2 Schutz- und Sicherheitsaspekte

Wie lebenswert eine Gesellschaft ist, bemisst sich nicht allein am Umfang der garantierten Freiheiten, sondern auch daran, ob der Schutz vor Kriminalität gewährleistet ist, inwieweit die Bürger bei Arbeitslosigkeit, Krankheit und im Alter gesichert sind und in welchem Maße die Umwelt geschützt wird (vgl. Abbildung 4.3).

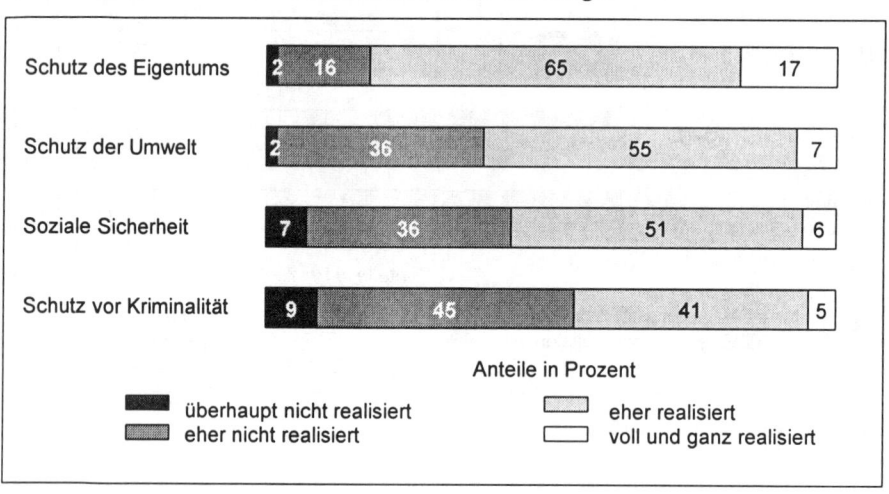

Abbildung 4.3: Schutz und Sicherheit im Urteil der Bürger

	überhaupt nicht realisiert	eher nicht realisiert	eher realisiert	voll und ganz realisiert
Schutz des Eigentums	2	16	65	17
Schutz der Umwelt	2	36	55	7
Soziale Sicherheit	7	36	51	6
Schutz vor Kriminalität	9	45	41	5

Anteile in Prozent

Datenbasis: Wohlfahrtssurvey 1998.

Die Bewertung durch die Bürger zeigt, dass zum Teil erhebliche Sicherheitslücken wahrgenommen werden. Vier von zehn Befragten meinen, dass der Schutz der Umwelt bzw. die soziale Sicherheit „eher nicht realisiert" oder „überhaupt nicht realisiert" sind. Noch schlechter wird der Schutz vor Kriminalität beurteilt. Hier sind diejenigen in der Minderheit, die glauben, dass der Schutz vor Kriminalität gewährleistet ist. Lediglich der Schutz des Eigentums wird von einer deutlichen Mehrheit der Bevölkerung positiv bewertet.

4.4.3 Gleichstellung, Recht auf Arbeit, Solidarität und Gerechtigkeit

Die Gleichstellung der Geschlechter, das Recht auf Arbeit, die Solidarität mit Hilfebedürftigen und die gerechte Verteilung des Wohlstandes sind weitere Merkmale, welche die Lebenschancen in einer Gesellschaft prägen. Die Bewertung durch die Bevölkerung verweist auf erhebliche Defizite in diesen Bereichen und deckt Diskrepanzen zwischen Verfassungstext und wahrgenommener Verfassungswirklichkeit auf (vgl. Abbildung 4.4).

Abbildung 4.4: Gerechtigkeitsaspekte im Urteil der Bürger

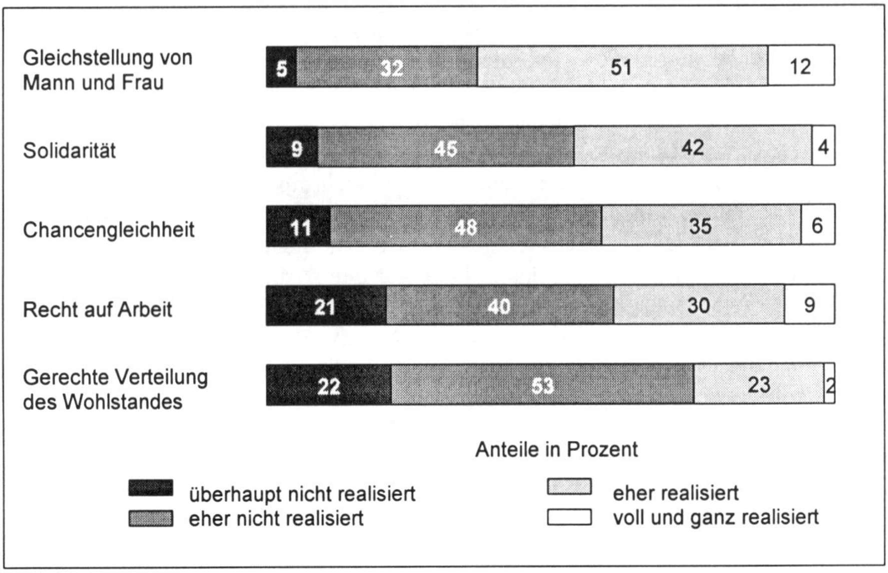

	überhaupt nicht realisiert	eher nicht realisiert	eher realisiert	voll und ganz realisiert
Gleichstellung von Mann und Frau	5	32	51	12
Solidarität	9	45	42	4
Chancengleichheit	11	48	35	6
Recht auf Arbeit	21	40	30	9
Gerechte Verteilung des Wohlstandes	22	53	23	2

Anteile in Prozent

Datenbasis: Wohlfahrtssurvey 1998.

Ein großer Teil der Bevölkerung meint, dass die Gleichstellung der Geschlechter nicht verwirklicht ist. Die ebenfalls im Grundgesetz garantierte Chancengleichheit wird noch kritischer beurteilt. Hier kommt bereits die Mehrheit der Bürger zu dem Ergebnis, dass dieses Grundrecht „eher nicht" bzw. „überhaupt nicht" verwirklicht ist.

Auch bei den politischen Zielen, wie der Frage nach der Solidarität mit Hilfebedürftigen, kommt die Mehrheit zu einem eher negativen Urteil. Ein Recht auf Arbeit, wie auch immer dies im betreffenden Bundesland ausgestaltet sein mag, sehen lediglich zwei von fünf Befragten als gegeben an. Nur eine kleine Minderheit glaubt, dass in dieser Gesellschaft der Wohlstand gerecht verteilt wird.

4.5 Zusammenfassender Vergleich der Bewertungen

Vergleicht man die Mittelwerte[6] der Beurteilung von Freiheitsrechten, Sicherheitsfragen und Gerechtigkeitsaspekten miteinander, dann wird deutlich, dass vor allem die Aspekte als verwirklicht gelten, die wie die Glaubensfreiheit, die politische Freiheit, die Meinungsfreiheit bzw. der Schutz des Eigentums als Grundrechte festgeschrieben sind und somit für die Staatsgewalt die umfassendste Verpflichtungswirkung haben und den Bürgern die größten Durchsetzungschancen bieten (vgl. Abbildung 4.5).

Dagegen werden die Staatszielbestimmungen, wie das Recht auf Arbeit, der Schutz der Umwelt bzw. der Schutz vor Kriminalität, seltener als verwirklicht angesehen. Politische Ziele, wie die soziale Gerechtigkeit bzw. die Solidarität mit Hilfebedürftigen, werden von den Bürgern als nicht realisiert betrachtet. Damit hat sich Frage, in welcher Form die Grundsätze von Freiheit, Sicherheit und Gerechtigkeit jeweils institutionalisiert sind, zumindest auf der Ebene der Bewertung durch die Gesamtbevölkerung als entscheidend erwiesen.

Die Bewertungsunterschiede innerhalb der drei Gruppen – Grundrechte, Staatszielbestimmungen und politische Ziele – lassen sich zumindest teilweise auf die gesellschaftlichen Rahmenbedingungen zurückführen. Von allen Staatszielbestimmungen wird beispielsweise das Recht auf Arbeit am seltensten als verwirklicht angesehen. In Anbetracht der prekären Lage auf dem Arbeitsmarkt und der Tatsache, dass die Arbeitslosigkeit zum Befragungszeitpunkt im Mittelpunkt der Medienberichterstattung stand, angesichts also des objektiven und subjektiven Problemdrucks, war dieses Ergebnis zu erwarten. Auch die Prognose, dass die Freiheit der Berufswahl aus den eben genannten Gründen kritischer bewertet wird als die meisten übrigen Freiheitsrechte, hat sich bestätigt. Alles in allem wird deutlich, dass die ermittelte Rangfolge der Bewertung von Freiheits-, Sicherheits- und Gerechtigkeitsaspekten durch die Bürger weitgehend den eingangs formulierten Hypothesen entspricht (vgl. Abbildung 4.5).

---

6 Ausgangspunkt für die folgenden Analysen ist eine Metrisierung der ursprünglich ordinal skalierten Daten. Dabei werden den einzelnen Antwortvorgaben folgende Werte zugewiesen: „voll und ganz realisiert" = 10,0; „eher realisiert" = 6,66, „eher nicht realisiert" = 3,33 und „überhaupt nicht realisiert" = 0,0. Es wird also davon ausgegangen, dass der Abstand zwischen den einzelnen Ausprägungen in etwa gleich groß ist.

Abbildung 4.5: Bewertung von Freiheit, Sicherheit und Gerechtigkeit

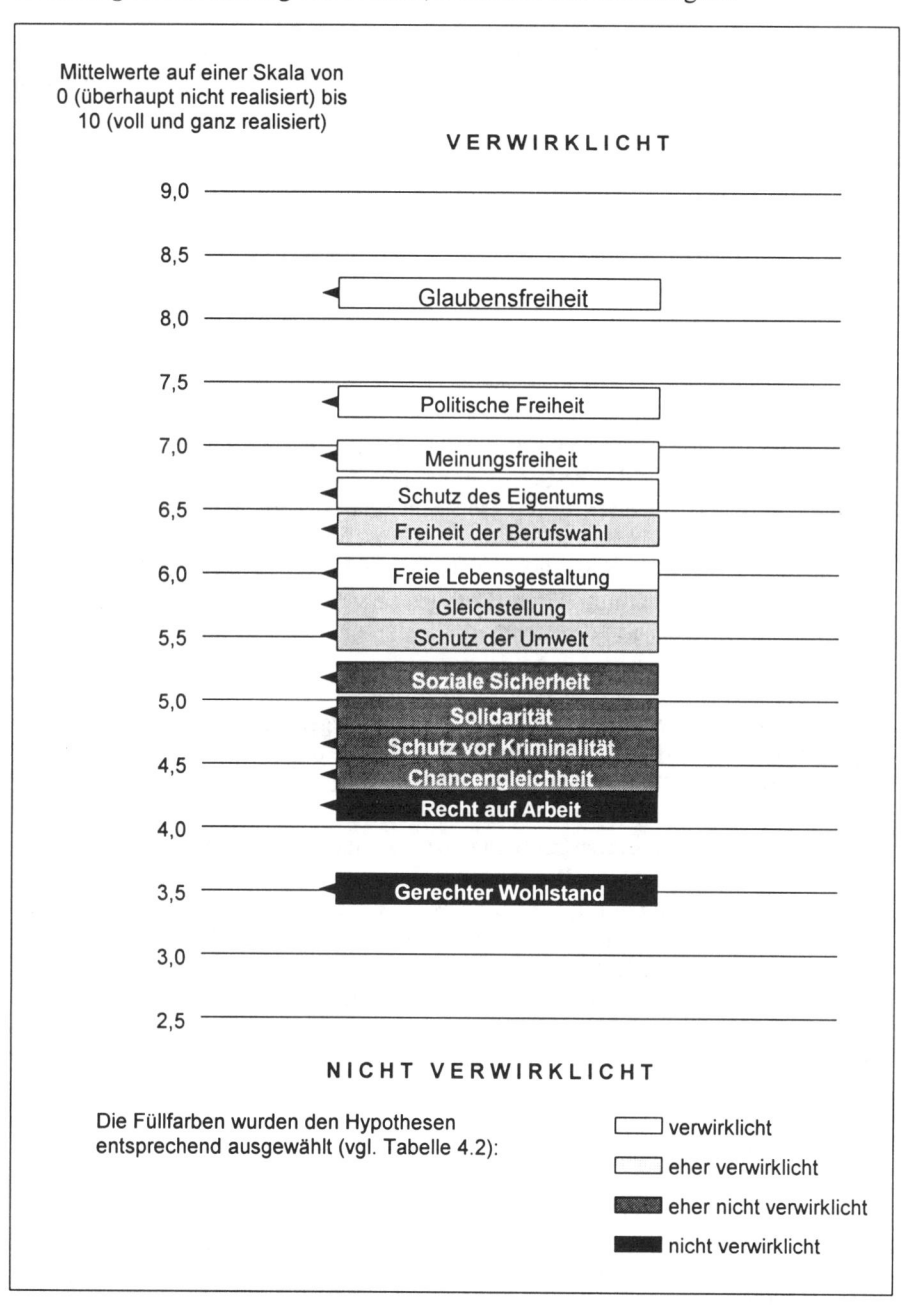

Mittelwerte auf einer Skala von 0 (überhaupt nicht realisiert) bis 10 (voll und ganz realisiert)

VERWIRKLICHT

~8,2	Glaubensfreiheit
~7,4	Politische Freiheit
~7,0	Meinungsfreiheit
~6,7	Schutz des Eigentums
~6,5	Freiheit der Berufswahl
~6,1	Freie Lebensgestaltung
~5,8	Gleichstellung
~5,6	Schutz der Umwelt
~5,1	Soziale Sicherheit
~4,9	Solidarität
~4,8	Schutz vor Kriminalität
~4,6	Chancengleichheit
~4,4	Recht auf Arbeit
~3,6	Gerechter Wohlstand

NICHT VERWIRKLICHT

Die Füllfarben wurden den Hypothesen entsprechend ausgewählt (vgl. Tabelle 4.2):

☐ verwirklicht
☐ eher verwirklicht
▨ eher nicht verwirklicht
■ nicht verwirklicht

Datenbasis: Wohlfahrtssurvey 1998.

4.6 Resümee

Im Rahmen dieses Kapitels sollte die Frage beantwortet werden, inwieweit die Bürger verschiedene Attribute einer lebenswerten Gesellschaft als verwirklicht betrachten. Konkret ging es hierbei um eine Vielzahl unterschiedlichster Freiheitsrechte, Sicherheitsaspekte und Gerechtigkeitsfragen. Die Ergebnisse der empirischen Analysen lassen sich in sieben Thesen zusammenfassen.

1. Die Glaubensfreiheit, die politische Freiheit, die Meinungsfreiheit und der Schutz des Eigentums werden von der großen Mehrheit der Bevölkerung als verwirklicht betrachtet. Mehr als drei Viertel der Bürger meinen, dass diese Attribute einer lebenswerten Gesellschaft „voll und ganz realisiert" bzw. „eher realisiert" sind.

2. In der Rangfolge der wahrgenommenen Verwirklichung folgen die Freiheit der Berufswahl, die Freiheit der Lebensgestaltung, die Gleichstellung von Mann und Frau, der Schutz der Umwelt und die soziale Sicherheit. Die Bewertung dieser Bereiche durch die Bürger deckte bereits erhebliche Lücken auf. Doch überwiegt der Anteil derjenigen, die meinen, dass diese Rechte und Sicherheiten verwirklicht sind.

3. Größere Defizite werden bei der Bewertung des Rechts auf Arbeit, der Chancengleichheit, der Solidarität mit Hilfebedürftigen und der öffentlichen Sicherheit deutlich. Hier sind diejenigen in der Mehrheit, die diese gesellschaftlichen Ziele als nicht erreicht ansehen.

4. Die Verteilungsgerechtigkeit wird von der überwiegenden Mehrheit der Bevölkerung als nicht verwirklicht angesehen. Drei Viertel der Bürger meinen, dass der Wohlstand in dieser Gesellschaft nicht gerecht verteilt ist.

5. Anhand der Verteilungen ist deutlich geworden, dass es durchaus unterschiedliche Auffassungen hinsichtlich der Bewertung eines gesellschaftlichen Phänomens in der Bevölkerung gibt. Während die einen beispielsweise zu dem Schluss kommen, der Schutz der Umwelt sei mehr oder weniger verwirklicht, meinen die anderen, dies sei nicht der Fall. Doch sind diese Differenzen nicht dergestalt, dass von einer Polarisierung der Bevölkerung ausgegangen werden müsste. Die moderaten Urteile „eher realisiert" bzw. „eher nicht realisiert" überwiegen, und die Extrempositionen sind vergleichsweise selten. In keinem Fall entfallen auf beide Extrempositionen jeweils mehr als zehn Prozent der Nennungen.

6. Vor allem die Aspekte, die wie die Glaubensfreiheit, die politische Freiheit oder die Meinungsfreiheit als Grundrechte festgeschrieben sind, werden von den Bürgern als verwirklicht angesehen. Dagegen werden Staatszielbestimmungen wie das Recht auf Arbeit, der Schutz der Umwelt oder der Schutz vor Kriminalität weitaus seltener als realisiert angesehen. Die als politische Ziele kontrovers diskutierten Vorstellungen von Solidarität und Gerechtigkeit schließlich werden von der Mehrheit der Bevölkerung als nicht verwirklicht betrachtet. In welcher Form Bestandteile der objek-

tiven Werteordnung institutionalisiert sind – ob als Grundrecht, Staatszielbestimmung oder als politisches Ziel – hat sich als eine wesentliche Größe erwiesen.

7. Die empirisch ermittelte Rangfolge der wahrgenommenen Verwirklichung von Freiheitsrechten, Sicherheits- und Gerechtigkeitsaspekten entspricht weitgehend der Reihenfolge der theoretisch abgeleiteten Verwirklichungschancen. Insoweit hat sich das Modell bewährt, das von vier wesentlichen Einflussgrößen – verfassungsrechtliche Faktoren, Initiativen des Gesetzgebers, wirtschaftliche und soziale Rahmenbedingungen und Präsenz relevanter Themen in der Medienöffentlichkeit – ausging.

5. Determinanten der wahrgenommenen Qualität der Gesellschaft

5.1 Einleitung

Moderne Wohlfahrtsstaaten wie die Bundesrepublik Deutschland ermöglichen den meisten Bürgern ein Leben in Wohlstand und eine umfassende gesellschaftliche Teilhabe. Sozialstaatliche Regelungen gewährleisten darüber hinaus ein hohes Maß an sozialer Sicherheit, die Umverteilung des gesellschaftlichen Reichtums sorgt für mehr Gerechtigkeit, und die Verfassung garantiert eine Vielzahl von Freiheitsrechten. Doch nicht allen kommt das Erreichte gleichermaßen zugute. Einige Bevölkerungsgruppen werden sozial benachteiligt. Die Betroffenen leben in unsicheren Verhältnissen und können die gegebenen Freiheiten nur eingeschränkt nutzen. Andere sind vom gesellschaftlichen Leben ganz ausgeschlossen. Ihnen bleiben Freiheitsrechte, soziale Sicherheit und Chancengleichheit weitgehend verwehrt.

Ob Freiheit, Sicherheit und Gerechtigkeit verwirklicht sind, lässt sich deshalb nicht allein anhand gesetzlicher Bestimmungen und institutioneller Regelungen ermessen, sondern ist auch von einer Vielzahl sozioökonomischer Rahmenbedingungen und individueller Partizipationschancen abhängig. Die subjektive Wahrnehmung von Freiheit, Sicherheit und Gerechtigkeit durch die Bürger kann helfen, Diskrepanzen zwischen gesellschaftlichen Leitbildern und gesellschaftlicher Wirklichkeit aufzudecken und deren Ursachen zu erkennen. Zudem lassen diese Bewertungen Rückschlüsse auf Probleme der sozialen Benachteiligung und des sozialen Ausschlusses zu. Diese sind grundsätzlich immer dann anzunehmen, wenn die Ungleichheit der Bewertung von Freiheit, Sicherheit und Gerechtigkeit mit der Ungleichheit von materiellen und moralischen Ressourcen einhergeht.

Im folgenden Kapitel wird untersucht, inwieweit sich eine Reihe politischer, wirtschaftlicher und sozialer Faktoren auf die Bewertung von Freiheit, Sicherheit und Gerechtigkeit auswirkt. Ausgangspunkt der Analysen ist das im dritten Kapitel dieser Arbeit vorgestellte Modell (vgl. Abbildung 3.3). Dieses theoretische Fundament soll mit dem folgenden Rekurs auf die sozialwissenschaftliche Debatte um „Bürgerrechte und soziale Ungleichheit" weiter ausgebaut werden.

5.2 Bürgerrechte und soziale Ungleichheit

5.2.1 Erosion des Klassensystems durch Bürgerrechte

Einen der wohl einflussreichsten Beiträge zum Thema „Bürgerrechte und soziale Ungleichheit" hat der britische Soziologe Thomas H. Marshall verfasst (Marshall

1992 [1949]). Ausgangspunkt seiner Studie ist die analytische Unterscheidung von liberalen, politischen und sozialen Bürgerrechten. Die Entwicklung des Staatsbürgerstatus wird am Beispiel Englands als ein evolutionärer Prozess sozialen Fortschritts beschrieben. Demnach wurden zuerst die Rechte zur Sicherung der individuellen Freiheit durchgesetzt. Die Gewährung dieser bürgerlichen Freiheitsrechte begünstigte in der Folgezeit die Entwicklung von Rechten, die eine Teilnahme am Gebrauch politischer Macht ermöglichten.

Am Ende des 19. Jahrhunderts waren die legalen und die politischen Bürgerrechte weitgehend entwickelt. Doch noch immer wurden große Teile der Bevölkerung aufgrund von Klassenvorurteilen oder fehlenden wirtschaftlichen Mitteln bei der Geltendmachung ihrer Staatsbürgerrechte erheblich benachteiligt (ebenda: 65-66). Erst die Durchsetzung von sozialen Rechten im Verlauf des 20. Jahrhunderts habe schließlich zur umfassenden Verwirklichung von liberalen und politischen Rechten geführt. Mittlerweile seien alle, die den Staatsbürgerschaftsstatus innehaben, „hinsichtlich der Rechte und Pflichten, mit denen dieser Status verknüpft ist, gleich" (ebenda: 53).[1]

Im Zentrum der Argumentation steht die These, dass sich der Staatsbürgerschaftsstatus in zweifacher, scheinbar widersprüchlicher Weise auf das System der sozialen Ungleichheit auswirke: Auf der einen Seite habe der Staatsbürgerstatus stark egalisierende Wirkungen. Diese würden sich in erster Linie aus der Tatsache ergeben, dass soziale Rechte in ihrer modernen Form die Prinzipien des freien Tausches außer Kraft setzen (vgl. ebenda: 82). Der Staatsbürgerstatus stehe deshalb im Widerspruch zum bestehenden Klassensystem (ebenda: 53-54).

Differenzierende Wirkungen resultierten dagegen aus dem Umstand, dass durch die enge Verflechtung von Bildungs- und Erwerbschancen neue soziale Ungleichheiten entstehen. Diese würden als legitime soziale Unterschiede wahrgenommen, weil sie, wie das Recht auf Bildung, auf dem Staatsbürgerstatus basierten (ebenda: 81). Insgesamt würden die egalisierenden Tendenzen des Staatsbürgerstatus jedoch überwiegen. Das alte Klassensystem, das Marshall einmal mit einem „Wolkenkratzer" verglich, werde sich durch die Gewährung der Staatsbürgerrechte vollkommen verändern: Das Hochhaus entwickle sich zum „Bungalow [...], der durch ein architektonisch unbedeutendes Türmchen gekrönt werde" (ebenda: 74-75).

Zunächst schien die gesellschaftliche Entwicklung in den meisten westlichen Industrienationen Marshalls Thesen zu bestätigen. Mit der Ausweitung sozialer Rechte und mit dem damit einhergehenden Anstieg des Wohlstands- und Sicherheitsniveaus verloren die klassischen Ungleichheiten immer mehr an Bedeutung. Ralf Dahrendorf konstatierte Mitte der 1970er Jahre: „Tatsächlich war die Macht seines eigenen Grundgedankens größer, als er [Marshall, T. B.] annahm; denn heute hat es den Anschein, dass es eben keine Ungleichheiten gibt, die durch Staatsbürgerrechte gestattet, geschweige denn geprägt werden" (Dahrendorf 1975: 73).

---

1 Zur Frage der Universalisierbarkeit sozialer Rechte durch die Kopplung an den Bürgerstatus bzw. durch kontraktförmige Verankerung vgl. Ganßmann 1993.

5.2.2 Staatsbürgerrechte als Ursache für neue soziale Ungleichheiten

Wenige Jahre später kamen Zweifel an der Leistungsfähigkeit des Sozialstaates auf. In Anbetracht von wirtschaftlicher Rezession und Massenarbeitslosigkeit erschien es vielen fraglich, ob das erreichte Niveau der sozialen Rechte zu halten sei. Diese Bedenken führten auch zu einer Neubewertung von Marshalls Thesen. Anthony Giddens kritisierte im Rahmen einer umfassenden Bilanz der westlichen Nachkriegssoziologie, dass Marshall die Entwicklung des Staatsbürgerstatus als einen natürlichen Evolutionsprozess beschrieben habe. Die Bürgerrechte seien jedoch im Zuge harter Auseinandersetzungen erkämpft worden (vgl. Giddens 1983: 19). Nicht zuletzt deshalb sei die Auffassung fraglich, dass die Entwicklung der Bürgerrechte ein unumkehrbarer Vorgang sei (ebenda). Noch immer würden Klassenzugehörigkeiten die Wirkung von Bürgerrechten beeinträchtigen, und zwar in einem weit höheren Maße, als Marshall dies angenommen habe (ebenda: 29).

Anders als Marshall formulierte Giddens eine eher pessimistische Prognose: „Wir können seine [Marshalls, T. B.] Annahme nicht einfach übernehmen, dass der Kampf um legale und politische Bürgerrechte bereits endgültig gewonnen ist. (...) Es besteht Grund zu der Annahme, dass die legalen Bürgerrechte in westlichen Gesellschaften in den kommenden Jahren unter zunehmenden Druck geraten werden" (ebenda).

Wenige Jahre später unternahm David Lockwood den Versuch, den Zusammenhang von Staatsbürgerrechten und ungleicher Verteilung von Ressourcen systematisch zu erfassen (Lockwood 1987). Lockwood unterscheidet vier Konstellationen: Staatsbürgerschaftsausschluss (civic exclusion), Staatsbürgerschaftsdefizit (civic deficit), Staatsbürgerschaftsgewinn (civic gain) und Staatsbürgerschaftsaktivismus (civic activism) (vgl. ebenda: 33-40).

„Staatsbürgerschaftsausschluss" liegt immer dann vor, wenn Gruppen, die nach askriptiven Merkmalen definiert sind, die vollen Staatsbürgerrechte verweigert werden (ebenda: 33). Zumeist handelt es sich um gesellschaftliche Minderheiten, die nicht über ausreichende materielle und moralische Ressourcen verfügen, um die entsprechenden Rechte durchzusetzen. Mit „moralischen Ressourcen" ist die Fähigkeit gemeint, „Ziele durch die Aktivierung gemeinsamer moralischer Empfindungen zu erreichen" (ebenda).

„Staatsbürgerschaftsdefizit" beschreibt dagegen eine Situation, in der „ein Ressourcenmangel die Geltendmachung von Rechten, die irgendeine Gruppe formal besitzt, verhindert" (ebenda: 35). Lockwood führt das Beispiel eines Lohnempfängers an, der zwar formal das Recht hat, einen freien und gleichen Vertrag abzuschließen, der dazu aber aufgrund der überlegenen Verhandlungsmacht des Arbeitgebers faktisch nicht in der Lage ist. Defizitäre Staatsbürgerschaft ist auch dann gegeben, wenn die Praxis der Staatsbürgerschaft selbst herabsetzenden Charakter hat. Vor allem sogenannte „Staatsabhängige" – damit sind Personen gemeint, die vom „Markt entfernt" und „in eine mehr oder weniger disprivilegierte und stigmatisierte Statusposition gestellt sind" (ebenda: 36) – würden unter defizitärer Staatsbürgerschaft leiden.

Im Kontrast hierzu steht der „Staatsbürgerschaftsgewinn". Zu denen, die aufgrund ihrer materiellen und moralischen Ressourcen die Staatsbürgerrechte gewinnbringend nutzen können, werden vor allem die Mittelschichten gerechnet. Sie nehmen vorhandene Steuervergünstigungen oder die Leistungen des Wohlfahrtsstaates in besonderem Maße wahr. Staatsbürgerschaftsgewinner sind auch die Inhaber beruflicher Positionen, die ihnen besondere „Rechte und Vorteile gewähren und solchermaßen Statusprivilegien konstituieren" (ebenda: 38-39). Mit „Staatsbürgerschaftsaktivismus" bezeichnet Lockwood schließlich eine Konstellation, in der Gruppen, die über ausreichende materielle und moralische Ressourcen verfügen, für die schrittweise Ausweitung des Staatsbürgerstatus, durch die Etablierung neuer Rechte oder die Einbeziehung von bisher ausgeschlossenen sozialen Gruppen kämpfen (ebenda: 39-40).

Die von Lockwood und Giddens vertretenen Positionen unterscheiden sich in zweifacher Hinsicht fundamental von der Auffassung Marshalls: Zum einen gehen beide davon aus, dass der Staatsbürgerstatus auch in seiner modernen, um soziale Rechte erweiterten Form die bestehenden Klassengegensätze nicht verringern wird – zumindest nicht in dem Maße, wie dies von Marshall noch erwartet wurde. Denn die volle Geltendmachung der Staatsbürgerrechte, das hat vor allem Lockwood deutlich gemacht, setzt materielle und moralische Ressourcen voraus, die ungleich verteilt sind. Eine gute Ressourcenausstattung ermöglicht eine vorteilhafte Nutzung von Staatsbürgerrechten. Eine defizitäre Ausstattung führt dagegen zu einer mangelhaften Geltendmachung von Bürgerrechten. Zum anderen wird nicht das System der sozialen Ungleichheit durch die Staatsbürgerrechte unterminiert, sondern die legalen Bürgerrechte werden durch die Konflikte im Rahmen des Klassensystems immer wieder gefährdet bzw. durch die zunehmenden Überwachungsaktivitäten des Staates bedroht.

5.2.3 Verlagerung des Forschungsschwerpunktes

Wie sich der Zusammenhang zwischen sozialer Ungleichheit und Staatsbürgerrechten in der gesellschaftlichen Wirklichkeit tatsächlich darstellt, ist eine empirisch zu beantwortende Frage, die bis heute offen ist. Dieses Defizit ist meines Erachtens in erster Linie auf die Verlagerung des Forschungsschwerpunktes von den Staatsbürgerrechten (civil rights) hin zur Staatsbürgerschaft (citizenship) zurückzuführen. Der Begriff „Staatsbürgerschaft" wird in der deutschsprachigen Forschungslandschaft noch immer vorwiegend im Sinne von „Staatsangehörigkeit" gebraucht, d. h. als ein Konzept der Zugehörigkeit zum Staat.

Das wird nicht zuletzt an den beiden Themen deutlich, die im Zentrum der aktuellen Debatten stehen. Während sich eine Gruppe von Autoren mit dem Zusammenhang von Staatsbürgerschaft und nationaler Identität beschäftigt (vgl. Giesen/Junge 1998; Gosewinkel 1998; Somers 1998; Weil 2001), befassen sich andere mit den Inklusions- bzw. Exklusionseffekten der Staatsbürgerschaft (vgl. Mackert 1998; Stichweh 1998; Halfmann 1998). Die Entwicklungsdynamik der Staatsbürgerrechte und der Zusammenhang zwischen Staatsbürgerrechten und sozialer Ungleichheit werden nur noch selten thematisiert. Entsprechende Beiträge, wie der von Colin Crouch (1998) zu den Konsequenzen der Einführung von Marktprinzipien im britischen Bildungswesen oder von Giovanna Procacci (1998) zur Erosion sozialer Rechte im Zuge der Individualisierung von Wohlfahrt, sind vergleichsweise selten.

Um die bestehenden Lücken zumindest teilweise zu füllen, soll im Folgenden die Frage behandelt werden, inwiefern sich die Ausstattung mit materiellen und nichtmateriellen Ressourcen auf die individuelle Wahrnehmung und Bewertung von Freiheit, Sicherheit und Gerechtigkeit auswirkt. Neben den naheliegenden Einflussfaktoren, wie Bildung, Erwerbslage und Einkommen, werden auch Größen berücksichtigt, die geeignet sind, die gesellschaftlichen Rahmenbedingungen in verfassungsrechtlicher, zivilgesellschaftlicher und sozioökonomischer Hinsicht zu charakterisieren.

Es wird also nicht nur danach gefragt, wie relevant beispielsweise die individuelle Einkommenslage für die Wahrnehmung von Gerechtigkeitsaspekten ist, sondern auch danach, ob sich die Aufnahme von sozialen Grundrechten in die Verfassung positiv auf die wahrgenommene Verwirklichung des entsprechenden Staatsziels auswirkt bzw. in welchem Maße die Lage auf dem Arbeitsmarkt die individuelle Wahrnehmung von Freiheitsrechten beeinflusst. Die empirischen Erkenntnisse sollen nicht nur der Debatte über den Zusammenhang von Bürgerrechten und sozialer Ungleichheit neue Impulse geben, sondern sie dürften darüber hinaus auch in sozialpolitischer und verfassungsrechtlicher Hinsicht von Interesse sein.

5.3 Hypothesen und Operationalisierung

Bei den folgenden Analysen soll eine Vielzahl unterschiedlicher Faktoren berücksichtigt werden, von denen anzunehmen ist, dass sie die Bewertung der Freiheits-, Sicherheits- und Gerechtigkeitsaspekte durch die Bürger beeinflussen. Die Position dieser Einflussgrößen im theoretischen Rahmenmodell und der Gesamtzusammenhang werden in der folgenden Übersicht veranschaulicht (vgl. Abbildung 5.1).

5.3.1 Staatszielbestimmungen in den Landesverfassungen

Die soziale Wirklichkeit von Freiheit, Sicherheit und Gerechtigkeit ist von einer Vielzahl verfassungsrechtlich, politischer und sozioökonomischer Faktoren abhängig. In verfassungsrechtlicher Hinsicht handelt es sich vor allem um die Frage, ob und in welcher Gestalt die Freiheits-, Sicherheits- und Gerechtigkeitsaspekte im Grundgesetz verankert sind. In den meisten Landesverfassungen der Bundesländer finden sich darüber hinausgehende Bestimmungen, die den Grundrechtskatalog des Grundgesetzes ergänzen.

Welchen Einfluss diese verfassungsrechtlichen Besonderheiten auf der Landesebene haben, soll am Beispiel des Rechts auf Arbeit bzw. der sozialen Sicherheit untersucht werden. Ausgangspunkt ist die Formulierung von Staatszielbestimmungen in den Verfassungen der Bundesländer.

Abbildung 5.1: Operationalisierung des Untersuchungsmodells

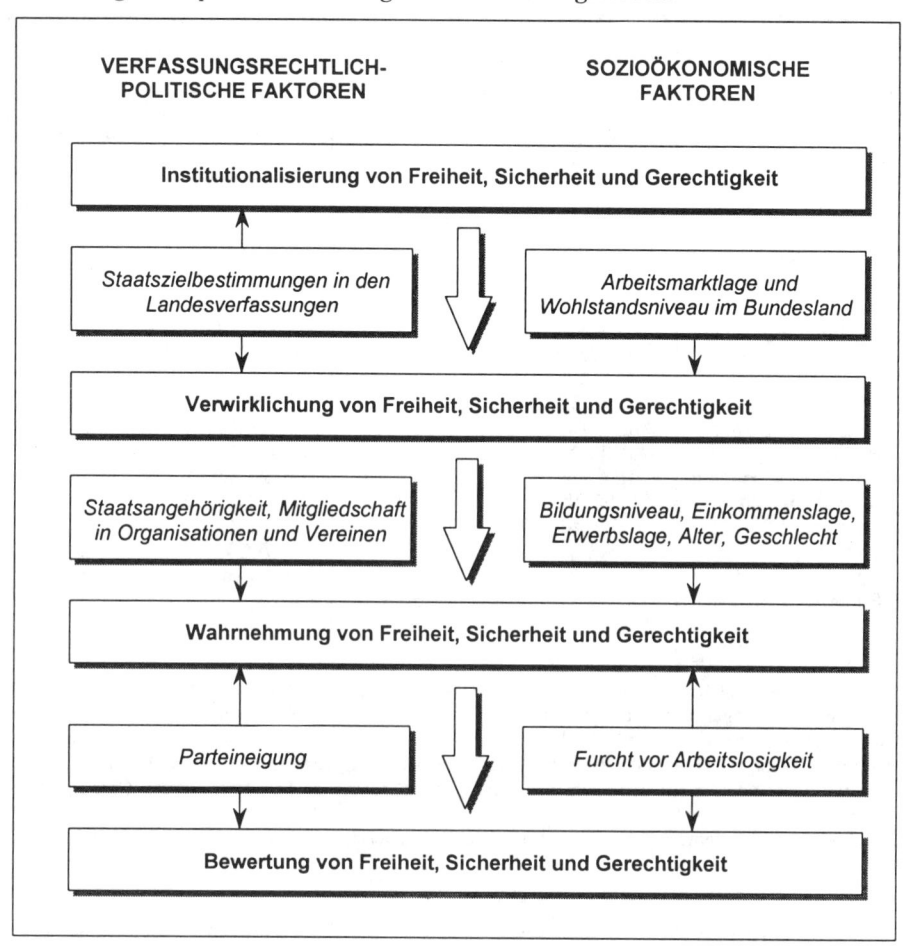

VERFASSUNGSRECHTLICH-POLITISCHE FAKTOREN	SOZIOÖKONOMISCHE FAKTOREN
	Institutionalisierung von Freiheit, Sicherheit und Gerechtigkeit
Staatszielbestimmungen in den Landesverfassungen	*Arbeitsmarktlage und Wohlstandsniveau im Bundesland*
	Verwirklichung von Freiheit, Sicherheit und Gerechtigkeit
Staatsangehörigkeit, Mitgliedschaft in Organisationen und Vereinen	*Bildungsniveau, Einkommenslage, Erwerbslage, Alter, Geschlecht*
	Wahrnehmung von Freiheit, Sicherheit und Gerechtigkeit
Parteineigung	*Furcht vor Arbeitslosigkeit*
	Bewertung von Freiheit, Sicherheit und Gerechtigkeit

Es werden drei Aussage-Kategorien unterschieden: (1) Spezifische Aussagen, in denen eine besondere Verantwortung des Landes und der Kommunen festgeschrieben wird und die weit über die entsprechenden Bestimmungen des Grundgesetzes hinausgehen (vgl. Tabelle 5.1).[2]

---

2 Ein typisches Beispiel ist der Artikel 48 der Brandenburger Verfassung. Hier heißt es zum Recht auf Arbeit: „(1) Das Land ist verpflichtet, im Rahmen seiner Kräfte durch eine Politik der Vollbeschäftigung und Arbeitsförderung für die Verwirklichung des Rechts auf Arbeit zu sorgen, welches das Recht jedes Einzelnen umfasst, seinen Lebensunterhalt durch freigewählte Arbeit zu verdienen. (2) Unentgeltliche Berufsberatung und Arbeitsvermittlung werden gewährleistet. Soweit eine angemessene Arbeitsgelegenheit nicht nachgewiesen werden kann, besteht Anspruch auf Umschulung, berufliche Weiterbildung und Unterhalt" (Art. 48 Abs. 1, 2 Verfassung des Landes Brandenburg).

Tabelle 5.1: Staatszielbestimmungen in den Landesverfassungen

	Soziale Sicherheit		Recht auf Arbeit	
	Artikel der Landesverfassung	Klassifikation	Artikel der Landesverfassung	Klassifikation
Baden-Württemberg	Art. 23	3	/	3
Bayern	Art. 171	2	Art. 166	2
Berlin	Art. 22	1	Art. 18	1
Brandenburg	45	1	Art. 48	1
Bremen	Art. 57, 49	1	Art. 8, 49 Abs. 2	1
Hamburg	Art. 3 Abs. 1	3	/	3
Hessen	Art. 35	1	Art. 28	2
Mecklenburg-Vorp.	Art. 17 Abs. 2	2	Art. 17 Abs. 1	2
Niedersachsen	Art. 1 Abs. 2	3	Art. 6a	2
Nordrhein-Westfalen	Art. 4 Abs. 1	3	Art. 24 Abs. 1	2
Rheinland-Pfalz	Art. 53 Abs. 3	1	Art. 53 Abs. 2	1
Saarland	Art. 46	1	Art. 45	2
Sachsen	Art. 7	2	Art. 7	2
Sachsen-Anhalt	Art. 2 Abs. 1	3	Art. 39	1
Schleswig-Holstein	/	3	/	3
Thüringen	Art. 44 Abs. 1	3	Art. 36	1

Erläuterungen zur Klassifikation: (1) spezifische Aussagen, die weit über die entsprechenden Bestimmungen des Grundgesetzes hinausgehen und in denen eine besondere Verantwortung des Landes und der Kommunen festgeschrieben wird; (2) allgemeine Aussage, die teilweise über die entsprechende Formulierung des GG hinausgeht und die keine besondere Verantwortung des Landes festschreibt; (3) nicht vorhanden (Recht auf Arbeit) bzw. geht nicht über die entsprechende Formulierung des Grundgesetzes hinaus (Soziale Sicherheit).
Quelle: Eigene Zusammenstellung auf der Basis der Landesverfassungen der deutschen Bundesländer.

(2) Allgemeine Aussagen, in denen keine besondere Verantwortung des Landes festgeschrieben wird und die nur geringfügig über die entsprechende Formulierung des Grundgesetzes hinausgehen.[3] (3) Abstrakte Aussagen, die nicht über die entsprechende Formulierung des Grundgesetzes hinausgehen (Soziale Sicherheit)[4] bzw. die nicht in der Landesverfassung enthalten sind (Recht auf Arbeit).

In Anbetracht der bisherigen Erkenntnisse ist davon auszugehen, dass sich die Aufnahme von Staatszielbestimmungen in den Grundrechtskatalog der Bundesländer, ihre präzise Formulierung und die Festschreibung einer besonderen staatlichen Verantwortung positiv auf die Verwirklichung der entsprechenden Zielstellungen

---

[3] In der Bayerischen Verfassung heißt es zum Recht auf Arbeit lediglich: „Jedermann hat das Recht, sich durch Arbeit eine auskömmliche Existenz zu schaffen" (Art. 166 Abs. 2 Bayerische Verfassung).

[4] Als Beispiel sei der Artikel 23 der Verfassung von Baden-Württemberg zitiert: „Das Land Baden-Württemberg ist ein republikanischer, demokratischer und sozialer Rechtsstaat" (Art. 23 Abs. 1 Verfassung von Baden-Württemberg).

auswirkt und dass sich dieser Umstand auch in der Bewertung durch die Bürger zeigt.

5.3.2 Arbeitsmarktlage und Wohlstandsniveau in den Bundesländern

Zur Modellierung der sozioökonomischen Rahmenbedingungen werden zwei Indikatoren auf Bundesländerebene herangezogen, die je nach inhaltlicher Eignung alternativ eingesetzt werden: die Arbeitslosenquote und die Spareinlagen je Einwohner.

Tabelle 5.2: Arbeitsmarktlage und Wohlstandsniveau in den Bundesländern 1998

	Arbeitsmarktlage		Wohlstandsniveau	
	Arbeitslosenquote[1] im Jahresdurchschnitt (in %)	Klassifikation nach der Arbeitsmarktlage	Sämtliche Spareinlagen[2] im Jahresdurchschnitt (in TDM je EW)	Klassifikation nach dem Wohlstandsniveau
Baden-Württemberg	8,0	1	21,8	1
Bayern	8,1	1	21,2	1
Berlin	17,9	3	10,9	3
Brandenburg	18,8	3	9,3	4
Bremen	16,6	3	17,2	2
Hamburg	12,7	2	14,8	3
Hessen	10,0	2	18,9	2
Mecklenburg-Vorp.	20,5	4	8,3	4
Niedersachsen	12,3	2	15,2	2
Nordrhein-Westfalen	11,7	2	15,6	2
Rheinland-Pfalz/Saarland[3]	10,3	2	18,0	2
Sachsen	18,8	3	11,4	3
Sachsen-Anhalt	21,7	4	9,3	4
Schleswig-Holstein	11,2	2	13,3	3
Thüringen	18,3	3	9,9	4

Anmerkungen: (1) Die Arbeitslosenquote wird definiert als der Anteil der Arbeitslosen gemessen an der Gesamtzahl der abhängigen zivilen Erwerbspersonen. (2) Hierzu zählen die Spareinlagen im engeren Sinne (d. h. die auf Sparkonten angelegten Spargelder von Nichtbanken) und die Bauspareinlagen. Der Jahresdurchschnitt 1998 wurde als Mittelwert aus den Angaben für das Jahresende 1997 und das Jahresende 1998 berechnet. (3) Aus datentechnischen Gründen müssen die Länder Rheinland-Pfalz (Arbeitslosenquote 1998: 9,7%) und Saarland (Arbeitslosenquote 1998: 12,6%) zusammengefasst werden. Für die Region Rheinland-Pfalz/Saarland ergibt sich eine Arbeitslosenquote von 10,3%. Demnach ist diese Region der zweiten Gruppe zuzuordnen.
Quelle: Statistisches Bundesamt 1999: 32 (Arbeitslosenquoten); Statistisches Bundesamt 2000a: 118-120 (Spareinlagen).

Die Arbeitslosenquote im Bundesland beschreibt die Lage auf dem Arbeitsmarkt und die damit einhergehenden sozialen Probleme und finanziellen Belastungen im Land. Im Folgenden werden vier Gruppen unterschieden: In der Spitzengruppe befinden sich Bundesländer, in denen die Arbeitslosenquote unter 10% liegt (Baden-Württemberg, Bayern). In der zweiten Gruppe liegt die Arbeitslosenquote zwischen 10% und 15% (Niedersachsen, Hamburg, Nordrhein-Westfalen u. a.), in der dritten Gruppe beträgt die Quote 15% bis 20% (Bremen, Berlin, Sachsen, Thüringen u. a.) und in der vierten Gruppe 20% und mehr (Mecklenburg-Vorpommern, Sachsen-Anhalt) (vgl. Tabelle 5.2).

Als Indikator für das Wohlstandsniveau in einem Bundesland wird die durchschnittliche Höhe der Spareinlagen je Einwohner verwendet. Hier werden ebenfalls vier Gruppen unterschieden: In der untersten Kategorie befinden sich die Länder mit dem geringsten Wohlstandsniveau, in diesem Fall mit Spareinlagen von weniger als 10 TDM je Einwohner (Mecklenburg-Vorpommern, Sachsen-Anhalt, Brandenburg, Thüringen u. a.).

Danach folgen Bundesländer, in denen die durchschnittliche Sparleistung 10 bis unter 15 TDM je Einwohner beträgt (Hamburg, Schleswig-Holstein, Sachsen u. a.). In der nächsten Gruppe liegt die entsprechende Summe bei 15 bis unter 20 TDM (Hessen, Rheinland-Pfalz, Saarland, Nordrhein-Westfalen u. a.) und in der Spitzengruppe mit dem höchsten Wohlstandsniveau bei 20 TDM je Einwohner und mehr (Baden-Württemberg und Bayern).

Wie ein Vergleich zeigt, besteht zwischen beiden Rangfolgen ein enger Zusammenhang: Je größer die Arbeitslosigkeit ist, desto geringer ist das Wohlstandsniveau und umgekehrt. Verantwortlich hierfür ist die Tatsache, dass die Arbeitsmarktlage und das Wohlstandsniveau von einer dritten Größe maßgeblich beeinflusst werden – von der Leistungsfähigkeit der Wirtschaft. Um Fehlspezifikationen bei den folgenden multivariaten Analysen zu vermeiden, werden beide Faktoren je nach inhaltlicher Eignung alternativ eingesetzt.

5.3.3 Soziale Position und Partizipation

Der verfassungsrechtliche Status des Einzelnen lässt sich am besten durch die Staatsangehörigkeit beschreiben. Hierbei werden zwei Gruppen unterschieden: deutsche Staatsbürger und ausländische Staatsangehörige.[5] Diejenigen, die nicht die deutsche Staatsangehörigkeit besitzen, sind von wesentlichen staatsbürgerlichen Rechten und Pflichten, wie dem Wahlrecht bzw. der Wehrpflicht, ausgeschlossen. Es ist anzunehmen, dass sich dieser partielle Staatsbürgerschaftsausschluss negativ auf die Bewertung der jeweils vorenthaltenen Rechte auswirken wird. Fraglich ist, wie groß dieser Effekt ist und ob auch andere Aspekte, wie beispielsweise die soziale Sicherheit, kritischer betrachtet werden.

Die Mitgliedschaft in Parteien, Gewerkschaften, Vereinen und Bürgerinitiativen ist ein Standardindikator bei der Operationalisierung der gesellschaftlichen Teilha-

---

5 Vgl. den Wortlaut der Frage F031 im Anhang A.2.

be.[6] Die Mitgliedschaft wird sich vermutlich in zweifacher Weise auf die Bewertung gesellschaftlicher Phänomene auswirken: Positive Effekte dürften sich für die Beurteilung der politischen Freiheit ergeben, die von Mitgliedern politischer Organisationen unmittelbarer als von anderen Bürgern erlebt wird. Negativ könnte sich hingegen bemerkbar machen, dass sich zumindest ein Teil der Parteimitglieder politisch engagiert, um liberale, politische bzw. soziale Bürgerrechte auszuweiten. Es ist zu erwarten, dass diese „Staatsbürgerschaftsaktivisten" größere Defizite hinsichtlich der Verwirklichung von Freiheit, Sicherheit und Gerechtigkeit beklagen werden, weil sie sich der jeweiligen sozialen Probleme bewusster sind als andere.

Zur Beschreibung der sozialen Lage werden auch das Geschlecht und das Alter der Befragten herangezogen. Beide Größen sind vermutlich immer dann relevant, wenn alters- bzw. geschlechtsspezifische Erfahrungen die Wahrnehmung und Beurteilung gesellschaftlicher Phänomene beeinflussen. Das dürfte beispielsweise bei Fragen der Erwerbsbeteiligung der Fall sein.

Das Bildungsniveau sollte sich ebenfalls auf die wahrgenommene Qualität der Gesellschaft auswirken. Folgt man der Argumentation Lockwoods, dann ist Bildung eine wesentliche Voraussetzung, um die gegebenen Leistungen des Sozialstaates besonders vorteilhaft zu nutzen (Lockwood 1987: 38). Wenn höher Gebildete tatsächlich die „Staatsbürgerschaftsgewinner" sind, dann müssten sie auch zu positiveren Urteilen über die Verwirklichung von Freiheit, Sicherheit und Gerechtigkeit kommen als die weniger Gebildeten, die ihre Rechte nur eingeschränkt realisieren können. Ausgehend vom höchsten beruflichen Ausbildungsabschluss werden vier Gruppen unterschieden.[7]

Auch die Besserverdienenden und die Inhaber bestimmter beruflicher Positionen sind nach Lockwood zu den „Staatsbürgerschaftsgewinnern" zu zählen (vgl. ebenda). Wie groß der Einfluss des Einkommens ist, soll auf der Basis des Haushaltseinkommens untersucht werden. Hierzu werden die Haushalte nach der Höhe des bedarfsgewichteten Haushaltseinkommens sortiert und in zehn gleich große Gruppen (Dezile) unterteilt.[8]

Die Konstruktion der Erwerbslagen basiert auf dem Erwerbsstatus[9] und der Stellung im Beruf.[10] Es werden fünf Gruppen betrachtet: Selbständige, Beamte,

---

6 Dieser Indikator weist ein Problem auf, das hier nicht unerwähnt bleiben soll: Die Mehrheit der Mitglieder von Organisationen und Vereinen engagiert sich eher selten, so dass nur bei einem kleineren Teil von einer aktiven Teilhabe ausgegangen werden kann (vgl. Rosenbladt 2000). Der Effekt einer aktiven politischen Teilhabe wird bei der Verwendung des Indikators Mitgliedschaft in Organisationen und Vereinen vermutlich erheblich unterschätzt. Das ist bei der Interpretation der Ergebnisse zu berücksichtigen. Vgl. den Wortlaut der Frage F037 im Anhang A.2.

7 Im Einzelnen sind das: 1. Abschluss einer Hochschule, Fachhochschule bzw. Ingenieurschule, 2. Abschluss einer Fachschule, einer Meister- oder Technikerausbildung, 3. Abschluss einer Lehre und 4. Teilfacharbeiterabschluss bzw. kein Abschluss einer berufsbildenden Ausbildung. Vgl. den Wortlaut der Frage F034 im Anhang A.2.

8 Das äquivalenzgewichtete Haushaltseinkommen (Y) wurde wie folgt auf der Basis des Haushaltsnettoeinkommens (X) und der Zahl der im Haushalt lebenden Personen (N) berechnet: $Y = X / N^{0.7}$. Vgl. hierzu auch den Wortlaut der Frage F087 im Anhang A.2.

9 Vgl. den Wortlaut der Fragen F056 und F058 im Anhang A.2.

10 Vgl. den Wortlaut der Frage F070 im Anhang A.2.

Angestellte, Arbeiter und Arbeitslose. Der Fall des Staatsbürgerschaftsgewinns ist immer dann wahrscheinlich, wenn Beamte bzw. Selbständige Freiheit, Sicherheit und Gerechtigkeit deutlich positiver bewerten als andere. Umgekehrt ist immer dann von einem Fall „defizitärer Staatsbürgerschaft" auszugehen, wenn „Staatsabhängige" (Lockwood 1987: 36), wie beispielsweise die Arbeitslosen, ihre legalen, politischen und sozialen Rechte nur mangelhaft geltend machen können und infolgedessen die Verwirklichung von Freiheit, Sicherheit und Gerechtigkeit kritischer beurteilen.

5.3.4 Einstellungen und Ängste

Dass die Wahrnehmung und Bewertung der Bürger auch von kognitiven und emotionalen Faktoren – von ihrem Wissen, ihren Einstellungen, Neigungen und Interessen – beeinflusst werden, ist bereits erörtert worden (vgl. Abschnitt 3.3). Diese Priming-Effekte sollen so weit wie möglich berücksichtigt werden, um den Einfluss der anderen Faktoren exakter bestimmen zu können. Grundsätzlich ist davon auszugehen, dass die Sympathisanten von Oppositionsparteien die gesellschaftlichen Gegebenheiten kritischer beurteilen als die Anhänger von Regierungsparteien.[11] Die Aufgabe der Opposition besteht letztlich darin, auf Fehler und Versäumnisse der Regierung hinzuweisen, auf soziale Probleme aufmerksam zu machen und Reformen anzumahnen. Die tendenziell problemorientierte Beschreibung der sozialen Wirklichkeit durch die Opposition wird bei den eigenen Anhängern zu einer kritischen Wahrnehmung und Bewertung der gesellschaftlichen Realität führen. Zudem werden sich die von den Parteien vertretenen Solidaritäts- und Gerechtigkeitsauffassungen auf die Ansichten derjenigen auswirken, die diesen Parteien zuneigen (vgl. Abschnitt 3.3). Neben diesen kognitiven Faktoren dürften auch Emotionen, wie beispielsweise vorhandene Ängste und Sorgen, den Blick auf die gesellschaftlichen Gegebenheiten beeinflussen. Dieser Effekt soll durch eine weitere Einstellungsvariable kontrolliert werden: die Furcht, den eigenen Arbeitsplatz zu verlieren.[12] Alle, die diese Befürchtung äußern, werden die gesellschaftlichen Gegebenheiten vermutlich kritischer beurteilen als diejenigen, die frei von derartigen Ängsten sind.

Im Rahmen der folgenden Analysen werden alles in allem zwölf Faktoren berücksichtigt, von denen angenommen wird, dass sie sich mehr oder weniger stark auf die Bewertung von Grundrechten, Staatszielen und politischen Zielen auswirken. Dabei wird mit Hilfe von Varianzanalysen untersucht, ob der jeweilige Haupteffekt signifikant ist (ANOVA) und wie groß dieser Effekt ist (MCA). Dieses Verfahren ist meines Erachtens am besten geeignet, die aufgeworfenen Forschungsfragen mit Hilfe eines transparenten und effizienten Verfahrens zu beantworten. Im Sinne der Effizienz sollen hier auch nicht alle Ergebnisse sämtlicher Modellrechnungen präsentiert werden, sondern lediglich eine repräsentative Auswahl.[13]

---

11 Vgl. den Wortlaut der Frage F111 im Anhang A.2.
12 Vgl. den Wortlaut der Frage F079 im Anhang A.2.
13 „Repräsentativ" ist die Auswahl in dem Sinne, dass durch die Präsentation weiterer Modelle keine wesentlichen Erkenntnisse hinzugewonnen würden.

5.4 Einflussfaktoren der Bewertung von Grundrechten

5.4.1 Politische Freiheit

Einen relativ großen Einfluss auf die Bewertung der politischen Freiheit haben die Erwerbslage und die Einkommenslage (vgl. Tabelle 5.3, Eta-Koeffizienten). Je nach Zugehörigkeit zu den einzelnen Erwerbslagen wird die Verwirklichung der politischen Freiheit unterschiedlich positiv bewertet: Während die Selbständigen und die Beamten zu einem sehr positiven Urteil kommen, fällt die Bewertung durch Arbeiter und Arbeitslose weniger günstig aus (vgl. vorhergesagtes Mittel, nicht angepasst).

Ähnliche Bewertungsunterschiede wie zwischen Selbständigen und Arbeitslosen finden sich zwischen höchstem und niedrigstem Bildungsniveau sowie zwischen oberster und unterster Einkommenslage. Grundsätzlich gilt: Je höher der Bildungsabschluss bzw. je höher das Einkommen, desto positiver wird die Verwirklichung der politischen Freiheit beurteilt. Kontrolliert man den wechselseitigen Einfluss aller Faktoren, dann verringert sich der Effekt der drei Faktoren leicht (vgl. Beta-Koeffizienten bzw. vorhergesagtes Mittel, korrigiert nach Faktoren).

Die Erwerbsposition, das Einkommen und die Bildung sind relevante Faktoren, die sich auf die Teilhabe am politischen Geschehen auswirken und somit auch die Bewertung der politischen Freiheit beeinflussen. Diese Interpretation wird von Untersuchungen zum bürgerschaftlichen Engagement gestützt, die zeigen, dass höher Gebildete bzw. besser Verdienende häufiger in Vereinen und Verbänden organisiert sind und sich dort auch öfter freiwillig engagieren (Brömme/Strasser 2001; Gensikke 2000; Rosenbladt 2000). In dieses Bild passt auch der Befund, dass sich die Mitgliedschaft in politischen Organisationen positiv auswirkt: Mitglieder politischer Parteien meinen häufiger als andere, dass die politische Freiheit verwirklicht sei.

Am kritischsten von allen hier betrachteten Bevölkerungsgruppen äußern sich ausländische Staatsbürger. Das entspricht den Erwartungen, sind doch Ausländer von wesentlichen Rechten der politischen Teilhabe ausgeschlossen (vgl. vorhergesagtes Mittel). Im Vergleich hierzu sind die Bewertungsunterschiede zwischen Männern und Frauen eher marginal. Einen größeren Einfluss hat hingegen das Alter: In der Gruppe der 18- bis unter 30-Jährigen wird die politische Freiheit seltener als verwirklicht angesehen.

Die Beurteilung der politischen Freiheit wird auch von der Parteineigung beeinflusst. Am kritischsten von allen Befragten sind die Sympathisanten der PDS und am zufriedensten zeigen sich die Anhänger der FDP. Die Bewertungsunterschiede zwischen den Anhängern der Regierungsparteien und den Sympathisanten der Oppositionsparteien werden hier noch nicht so deutlich, wie anzunehmen war. Die positiven Urteile der Anhängerschaft von SPD und Grünen könnten darauf zurückzuführen sein, dass die Verwirklichung von politischen Freiheitsrechten kein zentrales Thema dieser Parteien ist. Bei den Themen Schutz der Umwelt bzw. Solidarität und Soziale Gerechtigkeit werden die Unterschiede zwischen den Anhängern der Oppositions- und denen der Regierungsparteien vermutlich deutlicher ausfallen. Als statistisch nicht signifikant haben sich die sozioökonomische Lage in den Bundesländern und die Furcht vor Arbeitslosigkeit erwiesen.

Tabelle 5.3: Determinanten der Bewertung – Politische Freiheit

	Varianzanalyse[1]				N
	Vorhergesagtes Mittel		Faktorauswertung		
	Nicht angepasst	Korrigiert nach Faktoren	Eta	Beta	
Staatsangehörigkeit			,10	,06	
Deutsche	73	73			1849
Ausländer	61	65			72
Mitgliedschaft			,12	,05	
Partei	82	77			75
Gewerkschaft	74	73			236
Vereine	74	73			719
Keine Mitgliedschaft	70	71			890
Erwerbslage[2]			,19	,12	
Selbständige	82	78			78
Beamte	78	73			67
Angestellte	75	74			475
Arbeiter	66	67			305
Arbeitslose	67	70			128
Höchster Ausbildungsabschluss			,15	,11	
Hochschulabschluss	79	77			299
Fachschulabschluss	74	72			261
Abschluss einer Lehre	72	73			952
Kein bzw. Teilabschluss	67	69			408
Einkommenslage[2]			,19	,14	
Oberstes Quintil	78	74			363
Mittleres Quintil	73	73			395
Unterstes Quintil	67	71			358
Geschlecht			,06	,07	
Männer	74	74			942
Frauen	71	71			978
Altersgruppen[2]			,17	,13	
18 bis unter 30 Jahre	67	69			352
30 bis unter 45 Jahre	72	72			599
45 bis unter 60 Jahre	75	75			462
60 bis unter 75 Jahre	75	72			377
75 Jahre und älter	76	75			131
Parteineigung[2]			,18	,15	
SPD	75	75			537
CDU/CSU	76	75			468
FDP	79	76			47
Bündnis'90/Die Grünen	72	72			135
PDS	66	66			66
Modell			R^2 = ,12		1921

Anmerkungen: (1) Analysen basieren auf folgender Metrisierung: „überhaupt nicht verwirklicht" = 0, „eher nicht verwirklicht" = 33.33, „eher verwirklicht" = 66.66, „ganz und gar verwirklicht" = 100; Es werden nur Koeffizienten für Haupteffekte ausgewiesen, die mindestens auf dem 95%-Niveau signifikant sind (p < 0.05). (2) Auswahl aus bzw. Zusammenfassung von mehreren Untergruppen. Bei den Einkommenslagen wurden die Dezile zum Beispiel zu Quintilen zusammengefasst, von denen hier drei ausgewiesen werden.
Datenbasis: Wohlfahrtssurvey 1998.

5.4.2 Freiheit der Berufswahl

Die wahrgenommene Verwirklichung der Berufsfreiheit ist in erster Linie von der Arbeitsmarktlage abhängig: Je höher die Arbeitslosigkeit im Bundesland ist, desto seltener wird die Berufsfreiheit als realisiert betrachtet (vgl. Tabelle 5.4). Der Zusammenhang ist sehr deutlich: Bei einem Anstieg der Arbeitslosigkeit um einen Prozentpunkt verringert sich die wahrgenommene Verwirklichung der Berufsfreiheit um 2,2 Skalenpunkte – vorausgesetzt, man geht von einem linearen Modell aus.[14] Mit steigender Arbeitslosigkeit verschlechtert sich die Angebotssituation auf dem Arbeitsmarkt offensichtlich derart, dass das vom Grundgesetz garantierte Recht, Beruf und Arbeitsplatz frei zu wählen, in der Wahrnehmung der Betroffenen an Substanz verliert.

Weitergehende Untersuchungen zeigen, dass die Stärke dieses Effektes deutlich mit dem Alter variiert: Bei den Jüngeren (18 bis unter 30 Jahre) ist der Zusammenhang schwächer ausgeprägt als bei den anderen Altersgruppen.[15] In Regionen mit hoher Arbeitslosigkeit ist die individuelle Mobilität offenbar eine entscheidende Voraussetzung, um die Berufsfreiheit zu verwirklichen. Weil jüngere Menschen in der Regel weniger stark familiär gebunden sind, können sie die sich bietenden Chancen besser nutzen als ältere. Folglich beurteilen die Jüngeren die Freiheit der Berufswahl auch positiver. Das in diesem Zusammenhang überraschend wohlwollende Urteil der Hochbetagten (75 Jahre und älter) ist als Ausdruck einer grundsätzlich positiven Bewertung gesellschaftlicher Phänomene durch die alten Menschen anzusehen.

Bemerkenswert ist in diesem Zusammenhang auch, dass die Bewertung der Berufsfreiheit mit dem Bildungsniveau zunächst ansteigt und dann wieder leicht abfällt (vgl. vorhergesagtes Mittel, korrigiert nach Faktoren). Verständlich wird dieser Befund, wenn man sich vergegenwärtigt, dass eine höhere Ausbildung auch eine erhebliche Investition darstellt. Je größer die hiermit verbundenen Kosten sind, desto größer wären die Verluste, wenn ein anderer als der erlernte Beruf ausgeübt würde. Während mit steigendem Alter die familiären Bindungen zunehmen und die Mobilitätsbereitschaft schwindet, verstärken sich mit dem Erreichen eines höheren Bildungsniveaus die Bindungen an den gewählten Beruf und die Bereitschaft, eine andere Tätigkeit auszuüben, nimmt ab. Individuelle Mobilität und Flexibilität sind relevante Voraussetzungen, um das Recht der freien Berufswahl in Anspruch nehmen zu können. Sie sind offensichtlich wichtiger als materielle Ressourcen und der verfassungsrechtliche Status. Denn weder das Haushaltseinkommen noch die Staatsangehörigkeit haben einen signifikanten Einfluss auf die wahrgenommene Verwirklichung der Berufsfreiheit.

---

14 Die Regressionsgleichung für den linearen Zusammenhang zwischen der individuellen Bewertung der Freiheit der Berufswahl (y) und der Arbeitslosenquote im Bundesland (x) lautet: y = 90,8 − 2,24x (N = 2939; R-Quadrat = ,10; Signifikanz = ,000). *Datenbasis:* Wohlfahrtssurvey 1998.

15 Der Korrelationskoeffizient (Pearson) zwischen der Höhe der Arbeitslosigkeit im Bundesland und der wahrgenommenen Verwirklichung der Berufsfreiheit beträgt bei den 18- bis unter 30-Jährigen -0,16, bei den 30- bis unter 45-Jährigen -0,31, bei den 45- bis unter 60-Jährigen -0,32 und bei den 60- bis unter 75-Jährigen -0,38. *Anmerkungen:* Korrelationen auf Individualebene; alle Korrelationskoeffizienten sind auf dem Niveau von 0,01 (1-seitig) signifikant. *Datenbasis:* Wohlfahrtssurvey 1998.

Tabelle 5.4: Determinanten der Bewertung – Freiheit der Berufswahl

	Varianzanalyse[1]				
	Vorhergesagtes Mittel		Faktorauswertung		N
	Nicht angepasst	Korrigiert nach Faktoren	Eta	Beta	
Arbeitslosigkeit im Bundesland			,34	,31	
Unter 10%	69	69			652
10% bis unter 15%	69	68			1187
15% bis unter 20%	48	50			409
20% und mehr	39	41			137
Erwerbslage[2]			,11	,07	
Selbständige	70	69			124
Beamte	67	65			82
Angestellte	65	64			581
Arbeiter	62	63			368
Arbeitslose	58	64			146
Höchster Ausbildungsabschluss			,02	,07	
Hochschulabschluss	63	63			377
Fachschulabschluss	64	66			327
Abschluss einer Lehre	64	65			1165
Kein bzw. Teilabschluss	63	60			515
Geschlecht			,06	,07	
Männer	65	66			1174
Frauen	62	62			1210
Altersgruppen[2]			,13	,14	
18 bis unter 30 Jahre	67	67			446
30 bis unter 45 Jahre	64	63			721
45 bis unter 60 Jahre	62	62			592
60 bis unter 75 Jahre	62	63			468
75 Jahre und älter	65	67			158
Befürchtungen			,12	,09	
Befürchtung Arbeitslosigkeit	48	52			112
Befürchtung Stellenwechsel	62	61			60
Keine Befürchtungen	64	64			2213
Parteineigung[2]			,22	,13	
SPD	64	63			657
CDU/CSU	69	66			573
FDP	76	74			56
Bündnis'90/Die Grünen	67	64			149
PDS	36	49			80
Modell				$R^2 = ,17$	2384

Anmerkungen: (1) und (2) vgl. Tabelle 5.3.
Datenbasis: Wohlfahrtssurvey 1998.

Hinsichtlich der Parteineigung treten die bekannten Muster immer deutlicher hervor: Am positivsten äußern sich die Anhänger der FDP und besonders kritisch sind die Sympathisanten der PDS (vgl. vorhergesagtes Mittel, korrigiert nach Faktoren).[16]

---

16 Weitergehende Analysen haben gezeigt, dass die Kontrolle von Priming-Faktoren wichtig ist. Bliebe beispielsweise im vorliegenden Modell die Parteineigung unberücksichtigt, würde man den Einfluss der

Neben der politischen Einstellung ist ein weiterer Priming-Faktor relevant. Die Befürchtung, arbeitslos zu werden und dann möglicherweise nicht nur den Arbeitsort, sondern auch den Beruf wechseln zu müssen, wirkt sich negativ auf die wahrgenommene Verwirklichung der Berufsfreiheit aus.

5.5 Determinanten der Bewertung von Staatszielbestimmungen

5.5.1 Soziale Sicherheit

Von allen hier betrachteten Faktoren wirkt sich das Wohlstandsniveau im Bundesland am stärksten auf die Bewertung der sozialen Sicherheit aus (vgl. Tabelle 5.5). Je größer die Spareinlagen je Einwohner im Landesdurchschnitt sind, desto häufiger wird die soziale Sicherheit von den Bürgern als verwirklicht angesehen. Dieses Ergebnis ist insofern plausibel, als individueller Wohlstand noch immer eine der wirksamsten Absicherungen gegen die Wechselfälle des Lebens ist.

Überraschend ist dagegen die Tatsache, dass die verfassungsrechtliche Verankerung des Staatsziels Soziale Sicherheit keinen Einfluss auf das Urteil der Bürger hat. Das kann mehrere Ursachen haben: Am naheliegendsten ist jedoch, dass Staatszielbestimmungen den Staat nicht zu konkreten Maßnahmen verpflichten, sondern dass dem Gesetzgeber ein großer Gestaltungsspielraum zugebilligt wird. Zwischen der Ausgestaltung der Staatszielbestimmungen zur sozialen Sicherheit in den Bundesländern und den länderspezifischen Sozialleistungen besteht, wie weitergehende Untersuchungen zeigen, auch kein nennenswerter Zusammenhang.[17]

Größeres Gewicht haben dagegen die Erwerbslage und die Einkommenslage. Während die Gruppe der Beamten aufgrund der eigenen privilegierten sozialen Absicherung zu einem eher positiven Urteil gelangt, fallen die Bewertungen durch Arbeitslose und Einkommensschwache deutlich schlechter aus. Bemerkenswert ist, dass ausgerechnet diejenigen, die auf die Hilfe des Sozialstaates angewiesen sind, besonders große Defizite bei der sozialen Sicherung beklagen. Verständlich wird in diesem Zusammenhang auch das kritische Urteil derjenigen, die befürchten, ihren Arbeitsplatz zu verlieren.

Nicht bestätigt hat sich Vermutung, dass ausländische Staatsangehörige die soziale Wirklichkeit in der Bundesrepublik generell kritischer beurteilen, weil ihnen wesentliche Bürgerrechte vorenthalten werden.

Erwerbslage deutlich überschätzen: Für die Selbständigen ergäbe sich ein vorhergesagtes Mittel (korrigiert nach Faktoren) von 71 statt 69, und für die Arbeitslosen läge der Wert bei 61 statt 64. Die Differenz zwischen beiden Gruppen wäre mit zehn Skalenpunkten doppelt so groß wie dies bei Berücksichtigung der Parteineigung der Fall ist.

17 Als Beispiel sei hier das Landeserziehungsgeld genannt. Es handelt sich dabei um eine freiwillige Leistung des Landes im Anschluss an das Bundeserziehungsgeld in Höhe von 400 bis 600 Mark monatlich und gilt für die Dauer von zwölf Monaten. Es ist – wie das Erziehungsgeld – abhängig vom jeweiligen Einkommen. Landeserziehungsgeld gibt es nur in den Bundesländern Baden-Württemberg, Bayern, Mecklenburg-Vorpommern, Sachsen und Thüringen – also nicht in den Ländern, die besonders weitgehende Staatszielbestimmungen zur sozialen Sicherheit aufweisen (vgl. Tabelle 5.1).

Tabelle 5.5: Determinanten der Bewertung – Soziale Sicherheit

	Varianzanalyse[1]			
	Vorhergesagtes Mittel		Faktorauswertung	N
	Nicht angepasst	Korrigiert nach Faktoren	Eta　　Beta	
Spareinlagen im Bundesland			,28　　,19	
20 TDM je EW und mehr	56	55		276
15 bis unter 20 TDM je EW	56	54		290
10 bis unter 15 TDM je EW	44	46		934
Weniger als 10 TDM je EW	39	44		601
Staatsangehörigkeit			,05　　,07	
Deutsche	52	52		2016
Ausländer	58	60		84
Erwerbslage[2]			,18　　,12	
Selbständige	54	51		89
Beamte	63	58		79
Angestellte	53	52		520
Arbeiter	51	52		329
Arbeitslose	39	44		134
Einkommenslage[2]			,19　　,13	
Oberstes Quintil	57	54		398
Mittleres Quintil	54	54		430
Unterstes Quintil	46	49		397
Geschlecht			,07　　,07	
Männer	54	54		1011
Frauen	51	50		1089
Befürchtungen			,11　　,08	
Befürchtung Arbeitslosigkeit	41	45		97
Befürchtung Stellenwechsel	46	47		57
Keine Befürchtungen	53	53		1947
Parteineigung[2]			,24　　,16	
SPD	54	54		594
CDU/CSU	57	55		510
FDP	61	59		51
Bündnis'90/Die Grünen	53	52		147
PDS	33	40		71
Modell			R^2 = ,15	2101

Anmerkungen: (1) und (2) vgl. Tabelle 5.3.
Datenbasis: Wohlfahrtssurvey 1998.

An dieser Stelle sei bereits erwähnt, dass Ausländer nicht nur die soziale Sicherheit positiver bewerten, sondern auch die Gleichstellung von Mann und Frau, den Schutz vor Kriminalität und, wie sich noch zeigen wird, das Recht auf Arbeit. Mehr Defizite als Deutsche beklagen sie dagegen bei der Glaubensfreiheit und der politischen Freiheit.

Die überwiegend positiven Einschätzungen dürften auch das Ergebnis von Abwägungen sein, bei denen die Situation in der Bundesrepublik mit der Lage im jeweiligen Heimatland verglichen wird. Wie sonst lässt sich die Tatsache erklären, dass Ausländer die soziale Sicherheit in der Bundesrepublik eher verwirklicht sehen als die in dieser Hinsicht besonders privilegierten Beamten?

5.5.2 Recht auf Arbeit

Die Verankerung eines Grundrechts auf Arbeit in einigen Landesverfassungen wirkt sich anders als erwartet aus: In den Ländern, in denen der Staat eine besondere Verantwortung für die Verwirklichung dieses Rechts übernommen hat, wird es am seltensten als verwirklicht betrachtet (vgl. Tabelle 5.6, vorhergesagtes Mittel, nicht angepasst).

Wie lässt sich dieser erstaunliche Befund erklären? Werden mit der Festschreibung eines Rechts auf Arbeit vielleicht Erwartungen geweckt, die der Staat letztlich nicht erfüllen kann? Oder wirken sich die Instrumente der staatlichen Beschäftigungsförderung, die in diesen Ländern verstärkt eingesetzt werden, möglicherweise sogar kontraproduktiv aus, indem sie zu Wettbewerbsverzerrungen führen, die den Arbeitsmarkt belasten?

Um zu einer angemessenen Interpretation zu kommen, sollten drei Tatsachen nicht außer Acht gelassen werden: (1) In den meisten Bundesländern, die ein umfassendes Recht auf Arbeit garantieren, ist die Arbeitslosigkeit sehr hoch. Das trifft nicht nur auf die drei ostdeutschen Länder Brandenburg, Sachsen-Anhalt und Thüringen zu, sondern auch auf die Stadtstaaten Bremen und Berlin. (2) Die Arbeitslosigkeit war in diesen Bundesländern bereits sehr hoch, als ein Recht auf Arbeit in die jeweilige Verfassungen aufgenommen wurde.

Insofern ist diese verfassungsrechtliche Initiative nicht als Ursache für die Arbeitslosigkeit anzusehen, sondern als ein Versuch, dem Problem Arbeitslosigkeit mehr staatliche Aufmerksamkeit zu widmen. (3) Schließlich zeigt sich im multivariaten Teil der Analyse, dass dieser Schritt durchaus erfolgversprechend ist. Denn kontrolliert man die Höhe der Arbeitslosigkeit, dann wird das Recht auf Arbeit in den Ländern besonders positiv bewertet, in denen dieses Recht Bestandteil der Verfassung ist (vgl. Tabelle 5.6, vorhergesagtes Mittel, korrigiert nach Faktoren; siehe auch Tabelle 5.1).

Den größten Einfluss hat jedoch die Höhe der Arbeitslosigkeit im Bundesland. Je schlechter die Lage auf dem Arbeitsmarkt ist, desto seltener wird das Recht auf Arbeit als verwirklicht angesehen. Der Effekt ist noch etwas stärker als bei der Freiheit der Berufswahl: Bei einem Anstieg der Arbeitslosigkeit um einen Prozentpunkt verringert sich die wahrgenommene Verwirklichung des Rechts auf Arbeit um 2,5 Skalenpunkte – vorausgesetzt, man geht wieder von einem linearen Modell aus.[18]

Dass die 18- bis unter 30-Jährigen das Recht auf Arbeit positiver bewerten als die meisten anderen Altersgruppen, lässt sich auf die relativ schwachen familiären und beruflichen Bindungen der Jüngeren zurückführen, die es ihnen erlauben,

---

18 Die Regressionsgleichung für den linearen Zusammenhang zwischen der individuellen Bewertung des Rechts auf Arbeit (Y) und der Arbeitslosenquote im Bundesland (X) lautet $Y = 73{,}0 - 2{,}51 X$ (N = 2956; R-Quadrat = ,12; Signifikanz = ,000).

mobiler und flexibler als andere zu sein. Die Befürchtung, den Arbeitsplatz zu verlieren, wirkt sich in der bereits bekannten Art und Weise aus.

Tabelle 5.6: Determinanten der Bewertung – Recht auf Arbeit

	Varianzanalyse[1]				N
	Vorhergesagtes Mittel		Faktorauswertung		
	Nicht angepasst	Korrigiert nach Faktoren	Eta	Beta	
Artikel in der Landesverfassung			,17	,11	
Konkrete Aussagen	33	48			498
Unverbindliche Aussagen	45	42			1607
Keine Aussagen	46	37			463
Arbeitslosigkeit im Bundesland			,34	,36	
Unter 10%	51	52			695
10% bis unter 15%	47	46			1285
15% bis unter 20%	25	24			441
20% und mehr	24	23			147
Staatsangehörigkeit			,06	,06	
Deutsche	42	42			2476
Ausländer	52	52			92
Erwerbslage[2]					
Selbständige	45	47	,10	,08	135
Beamte	39	38			96
Angestellte	43	44			628
Arbeiter	42	45			379
Arbeitslose	32	38			152
Altersgruppen[2]			,12	,14	
18 bis unter 30 Jahre	46	47			482
30 bis unter 45 Jahre	41	41			772
45 bis unter 60 Jahre	41	41			627
60 bis unter 75 Jahre	43	41			514
75 Jahre und älter	49	48			172
Befürchtungen			,13	,10	
Befürchtung Arbeitslosigkeit	25	29			118
Befürchtung Stellenwechsel	43	42			65
Keine Befürchtungen	44	43			2385
Parteineigung[2]			,22	,12	
SPD	43	43			715
CDU/CSU	51	48			612
FDP	39	38			62
Bündnis'90/Die Grünen	41	40			162
PDS	17	32			85
Modell			R^2 = ,17		2568

Anmerkungen: (1) und (2) vgl. Tabelle 5.3.
Datenbasis: Wohlfahrtssurvey 1998.

5.6 Bestimmungsgrößen der Bewertung von politischen Zielen

5.6.1 Solidarität mit Hilfebedürftigen

Die Solidarität mit Hilfebedürftigen ist ebenso wie die gerechte Verteilung des Wohlstands weder ein Grundrecht noch eine Staatszielbestimmung. Vielmehr handelt es sich hierbei um eine politische Zielvorstellung, über deren grundsätzliche Bedeutung für das gesellschaftliche Zusammenleben zwar Konsens herrscht, über deren konkrete Gestalt und Umsetzung jedoch kontrovers debattiert wird (vgl. Abschnitt 4.2.3). Bei den Debatten um die jeweils „richtigen" Solidaritäts- und Gerechtigkeitsvorstellungen handelt es sich um politische Auseinandersetzungen, die vor allem zwischen den Parteien geführt werden. Es ist deshalb naheliegend, dass die Parteieigung einen vergleichsweise großen Einfluss auf die Bewertungen von politischen Zielen hat.

Von allen hier betrachteten Faktoren wirkt sich die Parteieigung am stärksten auf die wahrgenommene Verwirklichung der Solidarität mit Hilfebedürftigen aus (vgl. Tabelle 5.7). Die Bewertungsmuster entsprechen im Wesentlichen den bisherigen Befunden, wonach die positivsten Urteile von den Anhängern der FDP kommen und die kritischsten Stimmen aus den Reihen der PDS. Der Zusammenhang mit den Auffassungen von Solidarität, die in den Parteien jeweils vertreten werden, liegt auf der Hand (vgl. Abschnitt 4.2.3). Offensichtlich entsprechen die Vorstellungen der FDP eher den gesellschaftlichen Realitäten in der Bundesrepublik, als dies bei den Idealen der PDS der Fall ist – das legen zumindest die Bewertungen der Anhängerschaften nahe.

Sozioökonomische Faktoren, wie beispielsweise die Lage auf dem regionalen Arbeitsmarkt, beeinflussen die Urteile der Bürger weniger stark. In Bundesländern mit einer geringen Arbeitslosigkeit wird die Solidarität eher als verwirklicht angesehen als in Ländern, die eine hohe Arbeitslosenquote aufweisen. Überraschend ist ebenfalls, dass sich die Erwerbslage und die Einkommenslage nicht stärker bemerkbar machen. Hier war damit zu rechnen, dass Arbeitslose und Einkommensschwache sich selbst als Hilfebedürftige wahrnehmen, mehr Solidarität von anderen einfordern und deshalb zu betont kritischen Bewertungen kommen. Doch das ist offensichtlich nicht der Fall.

Die Urteile von Männern und Frauen unterscheiden sich nur wenig, dennoch ist der Effekt statistisch signifikant. Dabei fällt auf, dass Frauen die gesellschaftlichen Gegebenheiten generell kritischer betrachten als Männer. Mögliche Ursachen hierfür ließen sich einige benennen, in erster Linie wohl die, dass Frauen im Erwerbsleben noch immer benachteiligt werden.

Ungeachtet aller Frauenfördermaßnahmen, so könnte man argumentieren, gehören Frauen noch immer weitaus häufiger als Männer zur Randbelegschaft der Unternehmen; sie verdienen in der Regel weniger als Männer, haben geringere Aufstiegschancen und ein größeres Risiko, arbeitslos zu werden. So plausibel diese Interpretation ist – sie trifft zumindest an dieser Stelle nicht zu. Denn sowohl das Einkommen als auch die Erwerbslage wurden im multivariaten Ansatz kontrolliert, so dass diese Ursachen hier nicht in Betracht kommen.

Tabelle 5.7: Determinanten der Bewertung – Solidarität mit Hilfebedürftigen

	Varianzanalyse[1]				
	Vorhergesagtes Mittel		Faktorauswertung		N
	Nicht angepasst	Korrigiert nach Faktoren	Eta	Beta	
Arbeitslosigkeit im Bundesland			,12	,08	
Unter 10%	49	48			599
10% bis unter 15%	49	49			1017
15% bis unter 20%	43	45			363
20% und mehr	40	41			118
Erwerbslage[2]			,11	,07	
Selbständige	50	50			89
Beamte	47	45			79
Angestellte	46	47			520
Arbeiter	47	47			327
Arbeitslose	40	42			134
Einkommenslage[2]			,13	,12	
Oberstes Quintil	48	47			396
Mittleres Quintil	49	50			429
Unterstes Quintil	44	46			396
Geschlecht			,08	,10	
Männer	49	50			1006
Frauen	46	45			1091
Altersgruppen[2]			,13	,12	
18 bis unter 30 Jahre	48	50			385
30 bis unter 45 Jahre	45	45			655
45 bis unter 60 Jahre	47	48			500
60 bis unter 75 Jahre	49	46			414
75 Jahre und älter	55	52			143
Befürchtungen			,10	,08	
Befürchtung Arbeitslosigkeit	37	39			97
Befürchtung Stellenwechsel	43	43			57
Keine Befürchtungen	48	48			1942
Parteineigung[2]			,17	,14	
SPD	48	47			593
CDU/CSU	52	51			507
FDP	56	55			52
Bündnis'90/Die Grünen	40	40			147
PDS	38	41			70
Modell				$R^2 = ,08$	2097

Anmerkungen: (1) und (2) vgl. Tabelle 5.3.
Datenbasis: Wohlfahrtssurvey 1998.

5.6.2 Gerechte Verteilung des Wohlstands

Das Urteil der Bürger, ob der Wohlstand in dieser Gesellschaft gerecht verteilt wird oder nicht, ist vor allem von zwei Größen abhängig: In objektiver Hinsicht handelt es sich dabei um das allgemeine Wohlstandsniveau, das durch die Höhe der Spareinlagen im Bundesland abgebildet wird. In subjektiver Hinsicht sind es die Gerechtigkeitsvorstellungen der Bürger, über welche die Parteineigung indirekt Aufschluss gibt (vgl. Tabelle 5.8).

Der Einfluss des allgemeinen Wohlstandsniveaus ist beachtlich. Generell gilt, dass mit der Höhe der Spareinlagen im Bundesland der Anteil derjenigen zunimmt, die meinen, der Wohlstand werde insgesamt gerecht verteilt. Umgekehrt lösen Wohlstandslücken, zumal wenn sie in der Öffentlichkeit problematisiert werden, Gefühle der persönlichen Benachteiligung aus, die von vielen Betroffenen zu dem Urteil verallgemeinert werden, die Gesellschaft sei ungerecht. In den neuen Bundesländern ist dieser Mechanismus besonders deutlich zu beobachten. Ausgehend von den noch immer bestehenden Vermögensunterschieden zwischen Ost und West,[19] gelangt ein Großteil der Ostdeutschen zu der Überzeugung, dass der Wohlstand in dieser Gesellschaft nicht gerecht verteilt ist (vgl. Kapitel 8).

Im Vergleich dazu wirken sich die Einkommensunterschiede auf der Ebene der Privathaushalte weniger stark aus. Zwar beurteilen besser Verdienende die Verteilungsgerechtigkeit in der Bundesrepublik positiver als Einkommensschwache (vgl. vorhergesagtes Mittel, nicht angepasst), doch wenn man die übrigen Faktoren kontrolliert, dann schwächt sich der zunächst beachtliche Einfluss der Einkommenslage merklich ab (vgl. Eta- und Beta-Koeffizienten). Möglicherweise ist der geringere Effekt der Einkommensunterschiede auf die Tatsache zurückzuführen, dass die Einkommensunterschiede in der Bundesrepublik generell geringer sind als die bestehenden Vermögensunterschiede (vgl. Tabelle 8.1).

Die Bewertungsdifferenzen zwischen den einzelnen Erwerbslagen, die zu beobachten sind, lassen sich in großen Teilen auf Einkommenseffekte zurückführen. Wenn man die Einkommenslage kontrolliert, dann unterscheiden sich die Urteile von Angestellten, Arbeitern und Arbeitslosen nicht mehr voneinander. Lediglich die Selbständigen weichen mit positiveren Einschätzungen vom Durchschnitt ab (vgl. Tabelle 5.8, vorhergesagtes Mittel, nicht angepasst bzw. korrigiert nach Faktoren).

Die Parteineigung hat einen beachtlichen Einfluss auf die Bewertung der gerechten Verteilung des Wohlstands. Diese Tatsache dürfte im Wesentlichen auf die unterschiedlichen Auffassungen von sozialer Gerechtigkeit zurückzuführen sein, die von den Parteien vertreten und von den jeweiligen Anhängern mehr oder weniger deutlich geteilt werden. Die von der CDU vorgetragene Auffassung, wonach soziale Gerechtigkeit vor allem eine Frage der Leistungsgerechtigkeit sei, entspricht offenbar am ehesten der gesellschaftlichen Wirklichkeit, denn CDU-Anhänger kommen zu den positivsten Urteilen. Am weitesten von der sozialen Wirklichkeit entfernt sind anscheinend die Vorstellungen der PDS, die Gerechtigkeit als Verteilungsgleichheit definiert (vgl. Abschnitt 4.2.3). Denn deren Sympathisanten geben die negativsten Bewertungen ab. Weitergehende Untersuchungen zeigen, dass die Intensität der Parteineigung eine entscheidende Rolle spielt: Je stärker jemand einer Partei zuneigt und damit offenbar auch deren Auffassung von sozialer Gerechtigkeit teilt, desto deutlicher weicht sein Urteil von dem der anderen ab – bei den CDU-Sympathisanten in positiver und bei den PDS-Anhängern in negativer Richtung.

---

19 Im Jahr 1998 erreichte die Summe der Spargelder und Spareinlagen je Einwohner in den neuen Bundesländern 36 Prozent des westdeutschen Niveaus (vgl. Tabelle 8.1).

Tabelle 5.8: Determinanten der Bewertung – Gerechte Verteilung des Wohlstands

	Varianzanalyse[1]				N
	Vorhergesagtes Mittel		Faktorauswertung		
	Nicht angepasst	Korrigiert nach Faktoren	Eta	Beta	
Spareinlagen im Bundesland			,28	,20	
20 TDM je EW und mehr	39	38			258
15 bis unter 20 TDM je EW	38	37			279
10 bis unter 15 TDM je EW	27	29			897
Weniger als 10 TDM je EW	20	25			580
Erwerbslage[2]			,15	,10	
Selbständige	43	39			84
Beamte	42	37			69
Angestellte	36	34			501
Arbeiter	31	33			326
Arbeitslose	27	32			126
Einkommenslage[2]			,21	,12	
Oberstes Quintil	42	37			377
Mittleres Quintil	34	35			418
Unterstes Quintil	28	32			370
Geschlecht			,05	,04	
Männer	36	36			978
Frauen	34	34			1036
Altersgruppen[2]			,12	,16	
18 bis unter 30 Jahre	35	38			366
30 bis unter 45 Jahre	35	36			641
45 bis unter 60 Jahre	35	34			476
60 bis unter 75 Jahre	35	31			398
75 Jahre und älter	35	32			133
Befürchtungen			,12	,08	
Befürchtung Arbeitslosigkeit	22	27			96
Befürchtung Stellenwechsel	31	30			56
Keine Befürchtungen	36	35			1862
Parteineigung[2]			,28	,22	
SPD	33	33			576
CDU/CSU	44	42			491
FDP	43	40			51
Bündnis'90/Die Grünen	29	22			142
PDS	13	23			67
Modell				R^2 = ,18	2015

Anmerkungen: (1) und (2) vgl. Tabelle 5.3.
Datenbasis: Wohlfahrtssurvey 1998.

5.7 Resümee

Die Analysen zu den Determinanten der Bewertung von Freiheit, Sicherheit und Gerechtigkeit haben eine Vielzahl von empirischen Befunden erbracht, die in ihrer Fülle möglicherweise schwer zu überschauen sind. Das Bild gewinnt jedoch an Konturen, wenn man die Details hinsichtlich der Bewertungsdifferenzen zwischen einzelnen Bevölkerungsgruppen ausblendet und lediglich die Stärke der Einflussfaktoren betrachtet (vgl. Tabelle 5.9).

Tabelle 5.9: Determinanten im Überblick

	Grundrechte		Staatsziele		Politische Ziele	
	Politische Freiheit	Freiheit der Berufswahl	Soziale Sicherheit	Recht auf Arbeit	Gerechte Verteilung des Wohlstands	Solidarität
	Beta-Koeffizienten					
Gesellschaftliche Rahmenbedingungen						
Staatsziel in der Landesverfassung	/	/	o	++	/	/
Arbeitslosenquote im Bundesland	/	++++	/	++++	/	+
Spareinlagen im Bundesland	o	/	++	/	+++	/
Individuelle Position/Partizipation						
Staatsangehörigkeit	+	o	+	+	o	o
Mitgliedschaft in Organisationen	+	o	o	o	o	o
Bildungsniveau	++	+	o	o	o	o
Erwerbslage	++	+	++	+	++	+
Einkommenslage	++	o	++	o	++	++
Geschlecht	+	+	+	o	+	++
Alter	++	++	o	++	++	++
Priming-Faktoren						
Parteineigung	++	++	++	++	+++	++
Furcht vor Arbeitslosigkeit	o	+	+	++	+	+

Erläuterungen: (o) Beta < ,05 bzw. Haupteffekt nicht signifikant und Variable aus dem ursprünglichen Modell entfernt; (+) Beta >= ,05; (++) Beta >= ,10; (+++) Beta >= ,20; (++++) Beta >= ,30; (/) aus konzeptionellen Gründen nicht berücksichtigt.

Ausgehend von dem zusammenfassenden Vergleich lassen sich fünf grundlegende Thesen formulieren. Aus diesen Kernthesen ergibt sich eine Reihe von Schlussfolgerungen, die sowohl in sozialwissenschaftlicher Hinsicht als auch unter gesellschaftspolitischen und verfassungsrechtlichen Gesichtspunkten relevant sind.

1. Herausragende Bedeutung der sozioökonomischen Rahmenbedingungen

Die regionale Arbeitsmarktlage und das Wohlstandsniveau in den Bundesländern wirken sich von allen hier betrachteten Faktoren am stärksten auf die Bewertung von Freiheit, Sicherheit und Gerechtigkeit aus. Das betrifft vor allem die Aspekte, bei denen ein unmittelbarer Bezug zum Arbeitsmarkt gegeben ist (Freiheit der Berufswahl, Recht auf Arbeit) bzw. die eng mit dem Wohlstandsniveau verknüpft sind (soziale Sicherheit, gerechte Verteilung des Wohlstands).

Bei der Beurteilung nicht-ökonomischer Gegebenheiten, wie beispielsweise der politischen Freiheit, spielen sozioökonomische Größen dagegen keine Rolle. Andererseits bleibt der Einfluss der wirtschaftlichen und sozialen Rahmenbedingungen nicht auf wirtschaftsnahe Aspekte beschränkt, sondern erstreckt sich, wie weitergehende Untersuchungen zeigen, auch auf eine Reihe weiterer Grundrechte: auf die Freiheit der Lebensgestaltung, auf die Chancengleichheit und auf die Gleichstellung von Mann und Frau. Die Wirkungsrichtung ist dabei immer gleich: Je besser die Lage auf dem Arbeitsmarkt bzw. je größer der Wohlstand im Bundesland, desto häufiger werden die jeweiligen Grundrechte von den Bürgern als verwirklicht angesehen.

Die Schlussfolgerungen, die man in wirtschafts- und sozialpolitischer Hinsicht aus dieser Erkenntnis ziehen kann, liegen auf der Hand: Ein hohes Beschäftigungsniveau und individueller Wohlstand sind wesentliche Voraussetzungen für die Verwirklichung von Freiheit, Sicherheit und Gerechtigkeit – zumindest unter den in der Bundesrepublik gegebenen verfassungsrechtlichen und sozialpolitischen Umständen. Eine wachstumsorientierte Politik, die Wohlstand und Beschäftigung fördert, trägt demnach auch dazu bei, diese Gesellschaft freier, sicherer und gerechter zu machen.

In theoretischer Hinsicht folgt hieraus, dass die radikale Kritik am Wachstumskurs westlich-moderner Gesellschaften, wie sie in den späten 1960er Jahren aufkam, von einseitigen Annahmen ausging. Wirtschaftliches Wachstum bringt nicht nur soziale Folgekosten hervor, wie dies unterstellt wurde. Mit der Schaffung von Erwerbschancen und Wohlstand ergibt sich zugleich ein sozialer Zusatznutzen. Wie groß dieser Mehrwert ist, hängt von den verfassungsrechtlichen und sozialpolitischen Rahmenbedingungen ab (vgl. Kapitel 3).

Doch die wirtschaftliche Leistungsfähigkeit einer Gesellschaft ist mindestens ebenso wichtig für den Umfang an öffentlichen Gütern, die vom Staat bereitgestellt werden kann. „Mehr oder besser?" – diese von Leontief (1968) formulierte Frage impliziert eine Alternative, vor der moderne Demokratien wie die Bundesrepublik nicht mehr stehen. „Mehr und damit für alle besser" könnte heute die Erfolgsformel lauten. Zu fragen bleibt, wie die verfassungsrechtlichen, politischen und wirtschaftlichen Weichen jeweils zu stellen sind, damit dieses Ziel erreicht werden kann.

Für die Lebensqualitätsforschung ergeben sich aus der Tatsache, dass sich die wirtschaftliche und soziale Lage einer Region als besonders relevante Größe herausgestellt hat, folgende Konsequenzen: Sozioökonomische Kontextfaktoren sollten bei der Untersuchung der Lebensqualität öfter als bisher berücksichtigt werden. Es ist naheliegend, dass die Arbeitsmarktlage und das Wohlstandsniveau in einer Region auch die persönlichen Lebensbedingungen nachhaltig beeinflussen. Sie haben möglicherweise eine größere Bedeutung als die individuelle Ausstattung mit Ressourcen, die zur Zeit im Mittelpunkt des Forschungsinteresses steht. Denn ob und in welchem Maße diese Ressourcen zur Verbesserung der individuellen Lebensqualität eingesetzt werden können, ist nicht zuletzt von Kontextfaktoren, wie beispielsweise der Lage auf dem regionalen Arbeitsmarkt, abhängig.

2. Unterschiedliche Wirkungen durch Staatszielbestimmungen

Die Verankerung von Staatszielbestimmungen in den Landesverfassungen beeinflusst die Bewertung der entsprechenden Staatsziele durch die Bürger überhaupt nicht bzw. nur marginal. In den Bundesländern, in denen die soziale Sicherheit verfassungsrechtlich garantiertes Staatsziel ist, wird sie nicht häufiger als in den anderen Ländern als verwirklicht angesehen. Beim Recht auf Arbeit war dagegen ein positiver Effekt zu beobachten – jedoch erst nach Kontrolle der Arbeitslosenquote. Deutlich geworden ist dabei, dass die Unterschiede eher gering sind. Von einer herausragenden Bedeutung, wie sie die sozioökonomischen Faktoren haben, kann bei den Staatszielbestimmungen keine Rede sein.

Es wäre falsch, wenn man von den empirischen Erkenntnissen ausgehend dafür plädieren wollte, das Grundrecht auf Arbeit in alle Landesverfassungen aufzunehmen. Hierfür sind die Effekte zu widersprüchlich und zu gering. Es ist jedoch nicht auszuschließen, dass die Staatszielbestimmungen, die teilweise erst Mitte der 1990er Jahre in die Landesverfassungen integriert wurden, mit der Zeit bzw. unter günstigeren sozioökonomischen Bedingungen ihre Wirkung entfalten. Das zu beurteilen bleibt späteren Untersuchungen vorbehalten.

3. Begrenzte Folgen des partiellen Staatsbürgerschaftsausschlusses

Der teilweise Ausschluss von Staatsbürgerrechten wirkt sich weniger stark auf die Bewertung von Freiheit, Sicherheit und Gerechtigkeit aus, als zu erwarten war. Zwar beurteilen in Deutschland lebende Ausländer die politische Freiheit und die Glaubensfreiheit kritischer als Deutsche. Doch hält sich diese Kritik in Grenzen. Alles in allem überwiegen sogar die positiven Einschätzungen.

Weitergehende Untersuchungen haben gezeigt, dass vor allem Schutz- und Sicherheitsaspekte, wie beispielsweise die soziale Sicherheit, der Schutz vor Kriminalität und der Schutz der Umwelt, von Ausländern häufiger als verwirklicht angesehen werden. Bei der Frage, inwieweit politische Ziele (Solidarität mit Hilfebedürftigen, gerechte Verteilung des Wohlstands) erreicht sind, kommen beide Bevölkerungsteile zu dem gleichen Ergebnis.

4. Signifikante Auswirkungen der sozialen Lage

Die individuellen Ressourcen und Teilhabechancen jenseits der Staatsbürgerschaft wirken sich ganz unterschiedlich aus. Politische und soziale Aspekte, wie das

Bildungsniveau und die Mitgliedschaft in Organisationen und Vereinen, machen sich nur bei der Bewertung von Grundrechten bemerkbar. Ökonomische Größen, wie die Einkommenslage und die Erwerbslage, sind dagegen sowohl für die Beurteilung der politischen Freiheit als auch für die Bewertung der sozialen Sicherheit und der gerechten Verteilung des Wohlstands relevant. Die Zusammenhänge zwischen der individuellen Position im Gefüge der sozialen Ungleichheit und der wahrgenommenen Qualität der Gesellschaft sind dabei immer gleich: Besser Verdienende kommen wesentlich öfter als Geringverdiener zu dem Schluss, dass Freiheit, Sicherheit und Gerechtigkeit verwirklicht sind. Bestätigt haben sich auch die Erwartungen, dass die Beamten überdurchschnittlich positive Einschätzungen abgeben, während die Arbeitslosen zu eher unterdurchschnittlichen Bewertungen kommen.

Die von Lockwood geprägten Begriffe „Staatsbürgerschaftsgewinner" bzw. „Staatsbürgerschaftsverlierer" sind demnach keine wirklichkeitsfremden Kategorien, sondern sie beschreiben Momente der sozialen Privilegierung bzw. Benachteiligung. Anders als von T. H. Marshall prophezeit, sind nicht alle, die den Staatsbürgerschaftsstatus innehaben, hinsichtlich der damit verbundenen Rechte gleich. Die bestehenden Strukturen sozialer Ungleichheit – vor allem die eng miteinander verwobenen Ungleichheiten von Bildung, Erwerbsstatus, beruflicher Position und Einkommen – führen zu einer Differenzierung der Teilhabechancen, die sich in den Urteilen über Freiheit, Sicherheit und Gerechtigkeit deutlich widerspiegeln.

5. Unterschiedliche Effekte durch Priming-Faktoren

Nicht bestätigt hat sich die Erwartung, dass persönliche Ängste, wie beispielsweise die Befürchtung, den eigenen Arbeitsplatz zu verlieren, die Wahrnehmung und Bewertung gesellschaftlicher Phänomene stark beeinflussen. Größere Auswirkungen sind lediglich bei nahe liegenden Aspekten, hier vor allem beim Recht auf Arbeit zu beobachten.

Die Werte, Einstellungen und Interessen, die sich hinter der Parteineigung verbergen, verzerren dagegen die Urteile über die Gesellschaft stärker als angenommen. Besonders deutlich wird dieser Priming-Effekt bei der Bewertung von politischen Zielen. Hier wirkt sich offensichtlich verstärkend aus, dass von den Parteien ganz unterschiedliche Gerechtigkeitsvorstellungen und Solidaritätskonzepte vertreten werden und dass diejenigen, die als Anhänger dieser Parteien die entsprechenden Auffassungen teilen, die gesellschaftliche Realität auf eine spezifische Art und Weise wahrnehmen und bewerten. Weitergehende Analysen haben ergeben, dass man den Einfluss der Erwerbslage überschätzen würde, ließe man die Parteineigung unberücksichtigt. Methodisch ergibt sich hieraus die Notwendigkeit, im Rahmen vergleichbarer Untersuchungen derartige Effekte zu kontrollieren.

6. Lebenswerte Gesellschaft und subjektives Wohlbefinden

6.1 Einführung

Die vernunftgemäße Gestaltung der gesellschaftlichen Verhältnisse werde allen Bürgern mehr Wohlstand, mehr Sicherheit und mehr Glück bringen – so hoffte man im Zeitalter der Aufklärung. Von diesem Fortschrittsoptimismus ist am Ende des 20. Jahrhunderts wenig geblieben. Zeitgenössische Anomietheorien blenden die Erfolge der Modernisierung weitgehend aus und entwerfen fragwürdige Krisenszenarien. Zerfalls- und Auflösungstendenzen werden als wesentliche Merkmale moderner Gesellschaften proklamiert, deren zerstörerische Folgen an wachsender Unzufriedenheit, zunehmendem Unglück und steigenden Selbstmordraten ablesbar seien.

Im folgenden Kapitel wird der Frage nachgegangen, inwieweit diese Thesen der gesellschaftlichen Realität in der Bundesrepublik Deutschland gerecht werden. Anhand von Zeitreihen zum subjektiven Wohlbefinden, die bis in die 1970er Jahre zurückreichen, wird zunächst untersucht, wie sich die Lebenszufriedenheit, das Glücksempfinden, die Besorgnis- und Anomiesymptome sowie die Selbstmordraten entwickelt haben. Daran anschließend wird analysiert, in welchem Maße sich die Attribute einer lebenswerten Gesellschaft – Freiheit, Sicherheit, Gerechtigkeit und Wohlstand – auf das Wohlbefinden auswirken.

6.2 Sozialer Fortschritt und Glück – Forschungstraditionen

6.2.1 Licht- und Schattenseiten der Modernisierung

Die Frage, wie sich die Veränderung gesellschaftlicher Verhältnisse auf das Handeln, Denken und Fühlen der Menschen auswirkt, steht am Anfang der soziologischen Forschungstradition. Es war Emile Durkheim, der gegen die zu seiner Zeit vorherrschende ökonomisch-utilitaristische Sozialtheorie den Grundsatz formulierte, dass die Gesellschaft ein normativ integriertes Gebilde und damit eine Realität eigenen Ursprungs sei. Menschliches Handeln könne deshalb nicht aus individuellen Bedürfnissen, Nutzenerwartungen oder Präferenzen abgeleitet werden; es werde vielmehr von kollektiven Regeln bestimmt: von Sitten, Gebräuchen, Kulten und Rechtsnormen. Diese kollektiven Regeln seien das Band, das den Einzelnen mit der Gesellschaft verbinde. „Das kollektive Leben wird nicht aus dem individuellen Leben geboren, sondern es verhält sich vielmehr umgekehrt" (Durkheim 1988 [1893]: 339).

Die sozialen Umbrüche, die mit der industriellen Revolution des 19. Jahrhunderts einhergingen, mussten deshalb zwangsläufig zu erheblichen Konsequenzen für den gesellschaftlichen Zusammenhalt führen. Ausgehend von den Studien zur gesellschaftlichen Arbeitsteilung beschrieb Durkheim diese Umwälzungen als Wechselspiel von Desintegrations- und Integrationsprozessen. Auf der einen Seite führe die Arbeitsteilung zu mehr Ungleichheit unter den Menschen. Die auf sozialer Ähnlichkeit basierende mechanische Solidarität würde deshalb zurückgehen. Auf der anderen Seite bringe die Arbeitsteilung eine neue Form des sozialen Zusammenhalts hervor. Hierbei handle es sich um die organische Solidarität, die auf der Verschiedenartigkeit der Individuen basiere.

Durkheim befürchtete, dass beide Prozesse nicht synchron verlaufen würden und sah den gesellschaftlichen Zusammenhalt als gefährdet an. Die enorme Dynamik der wirtschaftlichen Entwicklung, der Kampf zwischen Kapital und Arbeit und die schwindende Einheit der Wissenschaften würden zu einer „anormalen Form der Arbeitsteilung" führen, die keine organische Solidarität hervorbringen werde (ebenda: 421). Die Bindungen zwischen der Gesellschaft und dem Individuum würden immer schwächer werden. Die Folgen der gestörten sozialen Integration seien soziale Entwurzelung, Einsamkeit und ein Anstieg der Selbstmordneigung (Durkheim 1997 [1897]). „Aber ist es überhaupt wahr, dass das Glück des Einzelnen in dem Maße wächst, wie der Mensch fortschreitet? – Nichts ist zweifelhafter" konstatierte er in seiner Studie über soziale Arbeitsteilung (Durkheim 1988 [1893]).

Das Bewusstsein für die Widersprüchlichkeit der Moderne war um die Jahrhundertwende weit verbreitet. Für Max Weber war die fortschreitende Rationalisierung, die „Entzauberung der Welt" auf der einen Seite gleichbedeutend mit gesellschaftlichem Fortschritt. Das Musterbeispiel für Rationalisierung sah er in der bürokratischen Organisation, die jeder anderen Organisationsform überlegen sei: „Präzision, Schnelligkeit, Eindeutigkeit, Aktenkundigkeit, Kontinuierlichkeit, Diskretion [...] sind auf das Optimum gesteigert" (Weber 1972 [1919]: 562). Andererseits warnte Weber vor einer totalen Herrschaft der Zweckrationalität. In einer vollkommen bürokratisierten Gesellschaft würden die Menschen in ein „Gehäuse der Hörigkeit" geraten (Weber 1989 [1917/18]: 282).

Zeitgenossen Max Webers, wie Ferdinand Tönnies und Georg Simmel, beschrieben die gesellschaftlichen Entwicklungen ebenso dialektisch. In seiner „Philosophie des Geldes" setzte sich Georg Simmel mit den ambivalenten Folgen der modernen Geldwirtschaft auseinander. Zum einen, so Simmel, führen die Geldbeziehungen zu einer größeren individuellen Freiheit und Sicherheit. Zum anderen ergäben sich aus ihnen erhebliche soziale und psychische Probleme, wie Egoismus und Individualismus (Simmel 1994 [1900]).

Ferdinand Tönnies beschrieb die gesellschaftliche Realität in ebenso komplexer Art und Weise als eine Doppelerscheinung von Gemeinschaft und Gesellschaft. Die fortschreitende Kommerzialisierung und Verwissenschaftlichung, so Tönnies, führten einerseits zu neuen „künstlichen" gesellschaftlichen Verbindungen, andererseits bedrohten sie die „natürlichen" gemeinschaftlichen Beziehungen, weil Tradition, Glauben und Gemeinschaftssinn verdrängt würden (Tönnies 1991 [1887]).

6.2.2 Anomietheorie als Kapitalismuskritik bei Merton und Sennett

Mitte der 1960er Jahre stellte der amerikanische Soziologe Robert Merton sein Anomie-Konzept vor, das in wesentlichen Punkten von Durkheims Ansatz abweicht. Merton geht von der Unterscheidung zwischen kultureller Struktur und sozialer Struktur aus (Merton 1968). In der kulturellen Struktur einer Gesellschaft sind seiner Auffassung nach die allgemein akzeptierten Vorstellungen über den Sinn des menschlichen Lebens verankert (ebenda: 186-193). Zu den dominanten Lebenszielen der amerikanischen Gesellschaft zählt Merton Erfolg und Wohlstand. Neben den „cultural goals" seien in der kulturellen Struktur aber auch die Wege vorgezeichnet, wie diese Ziele zu erreichen sind – und zwar als „institutional norms". Die soziale Struktur beschreibe dagegen die tatsächlich vorhandenen Möglichkeiten, die vorgegebenen Ziele auf legalem Wege zu erreichen.

Sind die legalen Möglichkeiten unzureichend, komme es in zunehmendem Maße zu abweichendem Verhalten. Das Unterlaufen der vorhandenen Normen führe letztendlich zum Zusammenbruch der gesamten kulturellen Struktur. Diesen Zustand bezeichnet Merton mit dem Begriff „Anomie" (ebenda: 216). Weil die unteren Schichten über weniger legale Mittel verfügen, sei hier abweichendes Verhalten besonders häufig, wie die Kriminalitätsstatistik belege (ebenda: 198).

Die Unterschiede zwischen Durkheims Anomie-Begriff und Mertons Ansatz liegen auf der Hand: Während Durkheim die durch zu geringe soziale Kohäsion drohende Regellosigkeit in den Mittelpunkt seines Anomie-Ansatzes stellte, betont Merton die Ungleichheit der Möglichkeiten, legitime Ziele auf legalen Wegen zu erreichen. Besonders anomiegefährdet sind bei Durkheim Gesellschaften, in denen das Tempo der Differenzierung die Geschwindigkeit der sozialen Integration übersteigt; bei Merton sind es soziale Gruppen, die nur über unzureichende Mittel verfügen, um die Ziele zu verfolgen, die ihnen von der Gesellschaft vorgegeben werden.

In jüngster Zeit wird wieder ein stärker subjektbezogenes Anomie-Konzept vertreten. Die These Rousseaus, dass die moderne Gesellschaft den Menschen deformiere, ihn unfrei, abhängig und unglücklich mache, erfährt an der Schwelle zum 21. Jahrhundert offensichtlich eine Renaissance. Mit „The Corrosion of Character" hat Richard Sennett eine viel beachtete Arbeit in diesem Bereich vorgelegt (Sennett 1998). Gegenstand der Untersuchung sind die psychosozialen Folgen des neuen, globalen Kapitalismus. Dieses neue Wirtschaftssystem ist Sennett zufolge ganz auf Flexibilität und Kurzfristigkeit ausgerichtet. „Nichts Langfristiges" lautet das Motto. Mit einer Vielzahl von empirischen Beobachtungen plausibilisiert Sennett seine These von der neuen Struktur der Zeit. Er verweist auf den Kult des Re-engineering, auf die fortschreitende Umwandlung von festen Stellen in befristete Projekte und flexible Arbeitsfelder und auf die Expansion des Marktes für Zeitarbeit (ebenda: 46-50).

Wichtiger als die Beschreibung der Kultur des neuen Kapitalismus sind Sennett die Konsequenzen, die eine auf Flexibilität hin organisierte Arbeitswelt für die Menschen hat. Wie lassen sich noch langfristige Ziele verfolgen? Wie dauerhafte soziale Beziehungen aufbauen? Wie können noch Identitäten zustande kommen? Sind Verlässlichkeit, Zielstrebigkeit und Loyalität noch zeitgemäße Eigenschaften? – Das sind die zentralen Fragen der Studie (ebenda: 26). Die menschlichen Bedürfnisse nach Kontinuität, Sicherheit, Sinn, Identität und sozialer Einbindung, so behauptet Sennett, lassen sich mit der Flexibilität des neuen Kapitalismus immer weniger in Einklang bringen. „The conditions of time in the new capitalism have created a conflict between character and experience" (ebenda 31). Die aufgezwungene Flexibilität und Mobilität, diese Drift von einem Job zum nächsten und von einem Ort zum anderen, macht die Menschen, so Sennetts Überzeugung, unsicher, einsam und unglücklich.

Durkheim, Merton und Sennett haben jeweils auf ganz unterschiedliche Krisenphänomene moderner Gesellschaften aufmerksam gemacht: Durkheim auf den schleichenden Zerfall der Gesellschaft und die damit einhergehende Regellosigkeit, Merton auf die Diskrepanz zwischen kulturellen Zielen und legalen Mitteln, die abweichendes Verhalten hervorruft, Sennett auf den Konflikt zwischen den Bedürfnissen nach Stabilität und Sicherheit und einer weitgehend flexibilisierten Arbeitswelt. Gemeinsam ist diesen Autoren der Zweifel, dass der gesellschaftliche Fortschritt die Menschen zufriedener und glücklicher werden lässt.

6.2.3 Anomie als „strukturelles Merkmal moderner Gesellschaften"

Ein Anomiekonzept, das die bisherigen Ansätze offenbar integrieren soll, wurde Ende der 1990er Jahre von Bohle, Heitmeyer, Kühnel und Sander entworfen (Bohle et al. 1997). Die Modernisierungsprozesse in gesellschaftlichen Teilbereichen vollziehen sich, so die Autoren, „in Form schneller, ungerichteter, ungleichzeitiger und widersprüchlicher Entwicklungen" (ebenda: 59). Diese Entwicklungen führen in verschiedenen gesellschaftlichen Bereichen zu „Spannungen", die sich zu Krisen verdichten. Bohle et al. unterscheiden drei Arten von Krisen der modernen Gesellschaft: „Strukturkrise", „Regulationskrise" und „Kohäsionskrise" (ebenda).

Merkmale für eine Strukturkrise sehen sie in sozialstrukturellen Brüchen, insbesondere in der Zunahme von sozialer Ungleichheit, dem Ausschluss von Teilen der Bevölkerung (Heitmeyer 1997) und in dem Phänomen der „Armut im Wohlstand" (Bohle 1997). Indizien für die Regulationskrise seien dagegen die „Fehlanpassungen von Aspirationen an faktische Gegebenheiten" und die „Schwächung der Wirksamkeit von Normen" (Bohle et al. 1997: 59). Als Zeichen der Kohäsionskrise wird die „Auflösung oder Schwächung von Bindungen" benannt (ebenda).

An dieser Stelle wird die Absicht der Autoren erkennbar, mit ihrem Ansatz die Anomie-Konzepte von Merton (hier als Struktur- bzw. Regulationskrise) und Durkheim (hier als Kohäsionskrise) zu vereinen. Noch deutlicher wird dieses Vorhaben, wenn Bohle et al. den Zusammenhang zwischen den Modernisierungsprozessen in gesellschaftlichen Teilbereichen und den individuellen Verarbeitungsformen auf der Einstellungs- und Handlungsebene herstellen. Die Strukturkrise, so ihre These, führt zu „Innovation, Ritualisierung, Rückzug, Protest, Kriminalität" (ebenda: 59) – Verhaltensmuster, die weitgehend Mertons Typologie entsprechen (Merton 1968: 194). Die Regulationskrise verursacht nach Auffassung der Autoren „Orientierungsverlust, Plausibilitätsverlust und Verunsicherung" (Bohle et al. 1997: 59). Die Kohäsionskrise, das sehen sie nicht anders als Durkheim, führt zu „Entfremdung, Identitätsstörungen, Isolation und Suizid" (ebenda).

Die Krisen der Moderne schlagen nach Bohle et al. nicht unmittelbar auf das individuelle Verhalten durch. Vielmehr komme es auf der intermediären Ebene zu einer Verstärkung oder Abschwächung. Anomiesymptome würden sich deshalb weder in allen gesellschaftlichen Sphären zugleich ausbreiten, noch würden sie in eine Richtung weisen (ebenda: 62). Doch vieles spricht dafür, so Heitmeyer, dass Anomie kein „episodenhaft wiederkehrendes Übergangsphänomen" ist, sondern ein „strukturelles Merkmal moderner Gesellschaften" (Heitmeyer 1997: 16).

Das gilt seiner Ansicht nach in besonderem Maße für die Bundesrepublik Deutschland, denn hier haben „die Wiedervereinigung, der Zusammenbruch des politischen Systems im Osten, die Globalisierung von Kapital und Kommunikation, die Massenarbeitslosigkeit sowie die kulturellen, religiösen und ethnischen Auseinandersetzungen [...] zu einer grundlegenden Verunsicherung und Ratlosigkeit geführt, die alle Bereiche der Gesellschaft durchdringen und deren individuell wie kollektiv zerstörerische Folgen bislang kaum angemessen wahrgenommen und diskutiert werden" (ebenda: 10). Zu den „zerstörerischen Folgen" zählt Heitmeyer u. a. die Zunahme von Sinnlosigkeitsempfindungen, Machtlosigkeit, Apathie und Selbstmordneigung (ebenda: 16).

6.3 Entwicklung von Zufriedenheit, Glück und Anomie in Deutschland

Im folgenden Abschnitt wird die Entwicklung der Lebenszufriedenheit, des Glücksempfindens, der Besorgnis- und Anomiesymptome sowie der Suizidmortalität in der Bundesrepublik Deutschland untersucht. Im Mittelpunkt stehen vier Fragen: Nimmt das Ausmaß von Unzufriedenheit und Besorgnis wirklich zu? Werden die Menschen immer unglücklicher? Inwieweit wächst das Ausmaß anomischer Reaktionen wie Machtlosigkeit, Einsamkeit, Sinnlosigkeit, Orientierungslosigkeit und Pessimismus? Wie hat sich die Selbstmordrate entwickelt?

6.3.1 Zufriedenheit mit dem eigenen Leben

Die Zufriedenheit mit dem eigenen Leben ist Ausdruck einer umfassenden Bewertung der persönlichen Lebensverhältnisse. Im Rahmen dieser kognitiven Gesamtbilanz werden die eigenen Lebensumstände mit dem verglichen, was man sich wünscht, was man früher einmal hatte, was man in Zukunft für sich erhofft oder was relevante Bezugspersonen haben (vgl. Michalos 1985; Michalos 1991; Headey/Wearing 1988). Neben diesen vielschichtigen Vergleichen spielt die Wichtigkeit, die verschiedenen Lebensbereichen beigemessen wird, eine entscheidende Rolle (vgl. Campbell et al. 1976). Aspekte, die in der gegenwärtigen Lebensphase besonders wichtig sind, gehen stärker in das Urteil ein als Bereiche, die noch nicht oder nicht mehr so bedeutsam sind. Aussagen über die Lebenszufriedenheit der Bürger setzen deshalb immer repräsentative Bevölkerungsumfragen voraus. In den Erhebungen, die den folgenden Analysen zugrunde liegen, wird die Lebenszufriedenheit mit Hilfe einer Zufriedenheitsskala gemessen, die von 0 (ganz und gar unzufrieden) bis 10 (ganz und gar zufrieden) reicht.[1]

Tabelle 6.1: Zufriedenheit mit dem Leben in West- und Ostdeutschland 1978-1999

	Unzufrieden	Allgemeine Lebenszufriedenheit					Ganz und gar zufrieden	Durchschnitt
	0 - 4	5	6	7	8	9	10	
				in %				
Westdeutschland								
1978	4	6	7	15	32	18	18	7,8
1980	4	8	8	18	30	13	18	7,7
1984	6	7	6	14	32	17	17	7,7
1988	3	5	7	15	34	19	17	7,9
1993	3	5	7	16	33	22	14	7,9
1998	4	5	8	18	35	19	12	7,7
1999	4	6	6	18	31	22	13	7,8
Ostdeutschland								
1990	11	17	14	21	24	8	6	6,6
1993	9	12	13	24	27	9	6	6,9
1998	6	9	11	22	35	11	8	7,3
1999	11	8	10	21	29	12	9	7,1

Datenbasis: Wohlfahrtssurvey 1978, 1980, 1984, 1990-Ost, 1993, 1998, 1999.

Im früheren Bundesgebiet ordnet sich die Mehrheit der Bevölkerung im oberen Bereich der Zufriedenheitsskala ein (vgl. Tabelle 6.1). Jeder zweite Westdeutsche ist sehr zufrieden (Skalenwerte 8 und 9), und etwa jeder Zehnte ist „ganz und gar zufrieden" (Skalenwert 10). Nur ein sehr kleiner Teil ist mit dem eigenen Leben mehr oder weniger unzufrieden (Skalenwerte 0-4). In den neuen Bundesländern sieht die Verteilung der Zufriedenheitswerte ganz ähnlich aus: Ein Großteil der Ostdeutschen ist sehr zufrieden mit dem Leben, und nur wenige sind unzufrieden. Von einer Spaltung der Bevölkerung in zufriedene Westdeutsche und unzufriedene Ostdeutsche, wie sie zuweilen behauptet wird, kann demnach keine Rede sein.

Ein Zeitvergleich für Westdeutschland macht deutlich, dass sich die Verteilung der Zufriedenheitswerte seit der ersten Messung im Jahr 1978 kaum verändert hat. Lediglich der Anteil derjenigen, die mit ihrem Leben „ganz und gar zufrieden" sind (Skalenwert 10), hat sich leicht verringert. Diese Umschichtung ist jedoch so gering, dass sie sich auf den Mittelwert der Zufriedenheit nur unwesentlich auswirkt. Der durchschnittliche Zufriedenheitswert blieb während der gesamten Beobachtungszeit mit Werten von 7,7 bis 7,9 nahezu konstant.

---

[1] Vgl. den Wortlaut der Frage F118 im Anhang A.2.

In den neuen Bundesländern stieg die Lebenszufriedenheit zumindest bis in die zweite Hälfte der 1990er Jahre deutlich an. Der Anteil derjenigen, die mit ihrem Leben zufrieden waren, erhöhte sich und spiegelbildlich dazu verringerte sich der Anteil der eher Unzufriedenen. Unterschiede gibt es vor allem an der Spitze der Zufriedenheitsskala: Noch immer ist der Anteil der sehr Zufriedenen kleiner als im Westen. Die ab Mitte der 1990er Jahre nachlassende Dynamik der wirtschaftlichen Entwicklung in den neuen Bundesländern wirkt sich mittlerweile auch auf das subjektive Wohlbefinden der Ostdeutschen aus. Die Annäherung an das westdeutsche Zufriedenheitsniveau, die sich zunächst in einem beachtlichen Tempo vollzog, ist zum Stillstand gekommen.

6.3.2 Persönliches Glücksempfinden

Das Glücksempfinden ist ein weiterer Indikator zur Beschreibung des subjektiven Wohlbefindens.[2] Anders als die Zufriedenheit mit dem eigenen Leben ist es vor allem als ein Ausdruck emotionalen Wohlergehens anzusehen. Vergleiche und Gewichtungen der Lebensbedingungen wie bei der Bilanzierung der Lebenszufriedenheit spielen hier keine entscheidende Rolle.

Tabelle 6.2: Persönliches Glücksempfinden 1978-1998

	Das eigene Leben ist im Augenblick ...			
	sehr unglücklich	ziemlich unglücklich	ziemlich glücklich	sehr glücklich
	in %			
Westdeutschland				
1978	1	4	74	22
1980	1	5	69	26
1984	1	8	72	20
1988	1	4	72	23
1993	1	5	70	24
1998	1	8	72	20
Ostdeutschland				
1990	1	14	74	10
1993	1	12	75	12
1998	1	11	72	16

Datenbasis: Wohlfahrtssurvey 1978, 1980, 1984, 1988, 1990-Ost, 1993, 1998.

Etwa ein Fünftel der westdeutschen Bevölkerung bezeichnet sich als „sehr glücklich", drei Viertel sagen, sie seien „ziemlich glücklich", und nur eine Minderheit ist im Augenblick „ziemlich unglücklich" oder „sehr unglücklich" (vgl. Tabelle 6.2). Ebenso wie die Lebenszufriedenheit veränderte sich auch das Glücksempfinden der

---

2   Vgl. den Wortlaut der Frage F038 im Anhang A.2.

Westdeutschen in den letzten beiden Jahrzehnten nur unwesentlich. Bei allen seit 1978 durchgeführten Erhebungen lag der Anteil derjenigen, die sich als sehr glücklich bezeichneten, zwischen 20 und 26 Prozent. Hinter dieser bemerkenswerten Stabilität des Glücksempfindens können sich freilich individuelle Schwankungen verbergen, die sich auf der Ebene der Gesamtbevölkerung aber offensichtlich ausgleichen.

In den neuen Bundesländern sind die Menschen seit 1990 nicht nur zufriedener mit ihrem Leben geworden, sondern auch glücklicher. Im Jahr 1990 meinten zehn Prozent der Ostdeutschen, dass ihr Leben im Augenblick sehr glücklich sei, 1998 waren es bereits 16 Prozent. Der Abstand zum westdeutschen Niveau hat sich in diesem Zeitraum verringert.

6.3.3 Besorgnissymptome

Die bisher präsentierten Befunde vermitteln das Bild einer mehrheitlich zufriedenen und glücklichen Bevölkerung. Bei der Analyse von Besorgnissymptomen zeigt sich jedoch, dass die Menschen nicht vollkommen frei von Ängsten und Sorgen sind.[3]

Tabelle 6.3: Besorgnissymptome 1978-1999

	Öfter erschöpft oder erschlagen	Immer wieder Ängste oder Sorgen	Ständig aufgeregt oder nervös	Gewöhnlich unglücklich oder niedergeschlagen	Öfter Zittern oder Schütteln	Keines dieser Symptome
	in %					
Westdeutschland						
1978	54	19	16	14	9	41
1984	47	21	16	15	8	44
1988	44	19	12	10	6	47
1993	39	17	10	10	6	53
1998	39	20	9	12	4	54
1999	33	15	9	9	3	60
Ostdeutschland						
1990	50	27	18	17	7	37
1993	43	26	14	16	6	44
1998	45	25	12	15	5	43
1999	39	23	10	9	4	50

Datenbasis: Wohlfahrtssurvey 1978, 1984, 1988, 1990-Ost, 1993, 1998, 1999.

Etwa 40 Prozent der Menschen in Deutschland leiden unter mentalen Belastungen. Ein Drittel der Bevölkerung fühlt sich öfter erschöpft (vgl. Tabelle 6.3). Über immer

---

3 Vgl. den Wortlaut der Frage F099 im Anhang A.2.

wiederkehrende Ängste und Sorgen klagen im Westen ein Sechstel und im Osten ein Viertel der Bürger. Von permanenten Beeinträchtigungen berichten dagegen nur wenige: Etwa jeder Zehnte ist ständig aufgeregt und nervös oder fühlt sich gewöhnlich unglücklich oder niedergeschlagen.

Doch der in diesem Zusammenhang entscheidende empirische Befund ist darin zu sehen, dass sich das Ausmaß der mentalen Belastung im Verlauf der letzten 20 Jahre in bemerkenswertem Maße verringert hat. Immer weniger Westdeutsche berichten von Erschöpfungszuständen, Depressionen, Ängsten, Aufregung und Nervosität. Im Jahr 1999 wiesen 60 Prozent keines der untersuchten Besorgnissymptome auf, 1978 waren es lediglich 41 Prozent. Auch in den neuen Bundesländern hat sich die Situation eindeutig verbessert, und der Anteil derjenigen, die frei von den Besorgnissymptomen sind, hat sich von 37 Prozent auf 50 Prozent erhöht.

6.3.4 Anomiesymptome

Zur Messung anomischer Reaktionen wird ein mehrdimensionales Konzept verwendet.[4] Die fünf Dimensionen wurden folgendermaßen operationalisiert: (1) Machtlosigkeit: Zustimmung zu der Aussage „Ich kann an den meisten unserer heutigen Schwierigkeiten nicht viel ändern." (2) Einsamkeit: Zustimmung zu der Aussage „Ich fühle mich oft einsam." (3) Entfremdung: Zustimmung zu der Aussage „Meine Arbeit macht mir eigentlich keine Freude." (4) Orientierungslosigkeit: Zustimmung zu der Aussage „Das Leben ist heute so kompliziert geworden, dass ich mich fast nicht mehr zurechtfinde." (5) Pessimismus: Ablehnung der Aussage „Wenn ich an die Zukunft denke, bin ich eigentlich sehr zuversichtlich."

Die Daten zeigen, dass das Ausmaß anomischer Reaktionen in den einzelnen Dimensionen unterschiedlich ausfällt (vgl. Tabelle 6.4). Die Mehrheit der Westdeutschen meint, an den meisten unserer heutigen Schwierigkeiten nicht viel ändern zu können. Ein Drittel der Bevölkerung blickt eher pessimistisch in die Zukunft. Über soziale Isolation, Entfremdung und Orientierungslosigkeit klagen dagegen relativ wenige Menschen. Der Zeitvergleich macht deutlich, dass das Ausmaß anomischer Reaktionen nicht zugenommen hat, sondern auf einem verhältnismäßig moderaten Niveau nahezu stabil geblieben ist. Das Ausmaß von Entfremdung und Pessimismus ist sogar zurückgegangen. Die These von einer zunehmenden anomischen Zersetzung der Gesellschaft ist in Anbetracht dieser empirischen Tatsachen nicht länger aufrechtzuhalten.

Dass die im Rahmen des Wohlfahrtssurveys verwendeten Indikatoren geeignet sind, anomische Belastungen zu erfassen, hat sich Anfang der 1990er Jahre gezeigt. In dieser Zeit der beschleunigten Modernisierung traten anomische Reaktionen in den neuen Bundesländern relativ häufig auf. Die große Mehrheit der Menschen fühlte sich den sozialen Umwälzungen und den sich daraus ergebenden Schwierigkeiten machtlos ausgeliefert. Viele litten unter Orientierungslosigkeit: Vier von zehn Bürgern meinten, die Verhältnisse seien so kompliziert geworden, dass sie sich nicht mehr zurechtfänden. Inzwischen hat das Tempo der nachholenden Modernisierung

---

4 Vgl. den Wortlaut der Frage F023 im Anhang A.2.

nachgelassen, und das Ausmaß der Anomie hat sich dem westdeutschen Niveau angenähert.[5]

Tabelle 6.4: Anomiesymptome 1978-1999

	Anomiesymptome				
	Macht-losigkeit	Einsamkeit	Entfrem-dung	Orientie-rungslosig-keit	Pessimismus
	Zustimmung in %				
Westdeutschland					
1978	69	17	-	-	-
1980	-	18	15	15	-
1984	-	17	15	14	-
1988	-	14	14	11	-
1993	74	13	11	13	43
1998	67	15	12	14	33
1999	69	13	15	16	33
Ostdeutschland					
1990	75	22	22	40	-
1993	86	16	17	32	46
1998	76	16	13	21	46
1999	80	13	17	23	43

Datenbasis: Wohlfahrtssurvey 1978, 1980, 1984, 1988, 1990-Ost, 1993, 1998, 1999.

6.3.5 Suizidmortalität

Die Suizidmortalität ist ein klassisches Instrument zur Erfassung von Anomie. Im Gegensatz zu den bisher betrachteten Indikatoren handelt es sich hierbei um ein im weitesten Sinne objektives Maß. Grundlage für die Registrierung von Suiziden ist die „Internationale Statistische Klassifikation der Krankheiten, Verletzungen und Todesursachen" (ICD). Im Jahr 1968 wurde die ICD in beiden Teilen Deutschlands eingeführt. Erst seit diesem Zeitpunkt sind die statistischen Angaben in West und Ost uneingeschränkt miteinander vergleichbar (Bergmann et al. 1993: 8).

Wie die Daten zeigen, veränderte sich die Suizidmortalität in Westdeutschland zunächst kaum (vgl. Abbildung 6.1). Mitte der 1970er Jahre nahm die Zahl der Selbstmorde je 100 000 Einwohner leicht zu. Hierbei handelte es sich jedoch um eine relativ geringfügige und kurzfristige Schwankung. Ende der 1970er Jahre setzte ein bemerkenswerter Abwärtstrend ein. In den folgenden beiden Jahrzehnten ging die Suizidrate um etwa die Hälfte zurück.[6] Noch nie seit dem Beginn der statisti-

---

5 Zum Ausmaß von Anomie in unterschiedlichen sozialen Gruppen in Deutschland vgl. Glatzer/Bös 1997.

6 Dies trifft jedoch nicht für alle Bevölkerungsgruppen gleichermaßen zu. So hat bei älteren Männern, insbesondere bei denen, die das 75. Lebensjahr überschritten haben, die Suizidmortalität zugenommen (vgl. Wiesner et al. 1992).

schen Aufzeichnungen im Jahr 1892 wurde in Deutschland eine niedrigere Rate registriert als Mitte der 1990er Jahre.

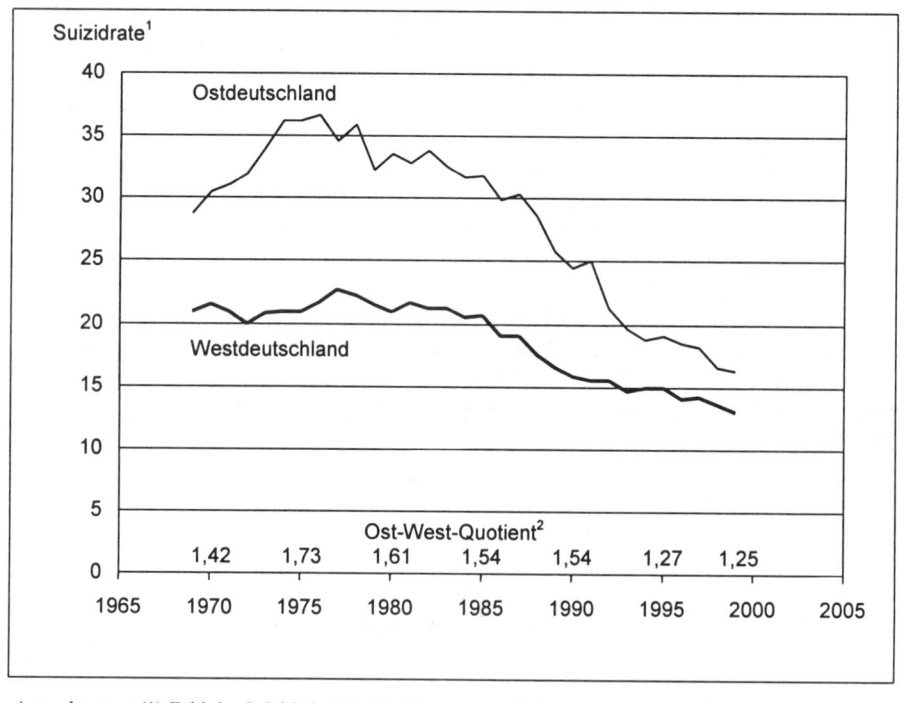

Abbildung 6.1: Suizidmortalität in West- und Ostdeutschland

Anmerkungen: (1) Zahl der Suizide je 100 000 Einwohner; (2) Verhältnis der Suizidraten von Ost- und Westdeutschland (Westdeutschland = 1); erster Wert: 1970, letzter Wert: 1999.
Datenbasis: Bergmann et al. 1993; Statistisches Bundesamt 1999, 2000b.

Im Osten Deutschlands stieg die Selbstmordrate bis Mitte der 1970er Jahre stark an. Dass diese Entwicklung auch auf die damals herrschenden politischen und sozialen Gegebenheiten zurückzuführen ist, wurde immer wieder vermutet (vgl. Belau 1991; Müller 1992; Kneißle 1996). Peter Müller verweist beispielsweise auf eine Reihe von Phänomenen, wie beispielsweise „politische Entmündigung, sozialpolitische ‚Wickeltechnologie', Anpassungspädagogik und räumliche Abschottung", die zur „Schließung des sozialen Systems" und zur Beschädigung der „individuellen Konfliktfähigkeit" geführt hätten (Müller 1992: 1314).

Inwieweit staatliche Bevormundung und Unterdrückung tatsächlich für die höhere Selbstmordhäufigkeit in der DDR verantwortlich waren, lässt sich aufgrund der lückenhaften Datenlage nicht bestimmen. Fest steht, dass in den 1980er Jahren die Zahl der Selbstmorde leicht zurückging – in einer Zeit, in der tausenden DDR-Bürgern die Ausreise in die Bundesrepublik gestattet wurde und es in der Sowjetunion zu grundlegenden Reformen kam. Beide Entwicklungen ließen offensichtlich Hoffnungen aufkommen: bei den einen auf eine Demokratisierung der Gesellschaft, bei den anderen darauf, das Land verlassen zu können.[7]

Diese Hoffnungen haben möglicherweise zu dem Rückgang der Suizidmortalität beigetragen – zumindest ist die Abnahme der Selbstmordhäufigkeit vor diesem Hintergrund zu sehen. Ende der 1980er Jahre lag die Rate wieder auf dem Niveau der späten 1960er Jahre. Dass die höhere Suizidsterblichkeit in der DDR auch gesellschaftliche Ursachen hatte, darauf deutet nicht zuletzt die Tatsache hin, dass sich die Selbstmordrate seit Anfang der 1990er Jahre dem geringeren westdeutschen Niveau angenähert hat.

Dieser Befund ist insofern bemerkenswert, als man in der Suizidforschung bisher von folgender These ausging: „Die Selbstmordrate einer Nation bleibt trotz periodischer Schwankungen und vor allem zu den anderen Ländern relativ konstant" (Lindner-Braun 1990: 378). Für die beiden „deutschen Länder" trifft das offensichtlich nicht zu. Im Jahr 1970 lag die Selbstmordrate in Ostdeutschland 42 Prozent über dem westdeutschen Niveau, 1975 betrug der Abstand 73 Prozent. Mit anderen Worten: auf 100 Selbstmorde in der Bundesrepublik kamen 173 Suizide in der DDR. Im Jahr 1990 lag die ostdeutsche Suizidrate um 54 Prozent über der Westdeutschen; Ende der 1990er Jahre waren es 25 Prozent (vgl. Abbildung 6.1, Quotient der Suizidraten).

Im europäischen Vergleich liegt Deutschland im mittleren Bereich. Deutlich geringere Suizidraten weisen Griechenland, Italien, Portugal, Spanien und Irland auf – mithin Länder, die wesentlich stärker katholisch bzw. christlich orthodox als die Bundesrepublik geprägt sind. Besonders hohe Raten werden in Lettland, Litauen, Estland und Russland registriert – also in den weniger erfolgreichen Transformationsgesellschaften Osteuropas (United Nations 1998: 765-854).

6.4 Resümee – Teil 1

Alles in allem haben die Untersuchungen gezeigt, dass auf den hier betrachteten Einstellungs- und Handlungsebenen von zunehmender Anomie keine Rede sein kann. Die wichtigsten empirischen Erkenntnisse und theoretischen Schlussfolgerungen lassen sich in fünf Thesen zusammenfassen:

1. In der Bundesrepublik Deutschland ist es in den letzten zwei Jahrzehnten nicht zu der von einigen Modernisierungsskeptikern behaupteten Zunahme anomischer Wahrnehmungs- und Verhaltensweisen gekommen. Die Lebenszufriedenheit und das Glücksempfinden der Westdeutschen sind seit dem Ende der 1970er Jahre auf hohem Niveau stabil geblieben. Gefühle wie Machtlosigkeit, Einsamkeit, Entfremdung, Orientierungslosigkeit und Pessimismus haben sich nicht wie prophezeit weiter ausgebreitet. Mehr noch: Der Anteil derjenigen, die frei von Besorgnissymptomen sind, ist größer geworden und die Suizidmortalität hat sich verringert.

---

7 Zur Bedeutung von „Widerspruch" und „Abwanderung" für das „Schicksal" der DDR vgl. Hirschman 1992.

2. Am Beispiel Ostdeutschlands ist deutlich geworden, dass selbst stark beschleunigte Modernisierungsprozesse nicht zu einem dauerhaften Anstieg anomischer Reaktionen führen müssen. Es ist unbestritten, dass das Ende der DDR und der Transformationsprozess in Ostdeutschland zu erheblichen Strukturbrüchen geführt haben: zu einem enormen Anstieg der Arbeitslosigkeit, zu mehr sozialer Ungleichheit, zu Desintegrationsprozessen und zu Spannungen zwischen der tradierten ostdeutschen Lebenswelt und der übertragenen westdeutschen Systemwelt. Zweifellos ist es in gesellschaftlichen Teilbereichen zu Entwicklungen gekommen, die man als „Strukturkrise", „Regulationskrise" bzw. „Kohäsionskrise" (Bohle et al. 1997: 59) deuten könnte. Nicht zu bestreiten ist aber auch, dass die Ostdeutschen im Verlauf der 1990er Jahre zufriedener und glücklicher geworden sind, dass Anomie- und Besorgnissymptome überraschend schnell zurückgegangen sind und die Suizidmortalität in einem bemerkenswerten Ausmaß abgenommen hat.

3. Angesichts dieser empirischen Tatsachen ist die These Heitmeyers, dass die Wiedervereinigung und der Zusammenbruch des politischen Systems im Osten zu einer „grundlegenden Verunsicherung und Ratlosigkeit" und zu „individuell wie kollektiv zerstörerischen Folgen" geführt hätten (Heitmeyer 1997: 10), nicht länger aufrechtzuerhalten.

4. Theorien, die Modernisierung nur als Auslöser für Krisen betrachten, gehen offensichtlich an der gesellschaftlichen Realität vorbei. Denn offensichtlich schließen gesellschaftliche Modernisierung und individuelles Glück einander nicht aus. Eine Korrektur der für den gesellschaftlichen Fortschritt blinden Anomiemodelle ist meines Erachtens unumgänglich. Ausgangspunkt muss die Einsicht sein, dass Modernisierung ein ambivalenter Prozess ist, der zu Desintegration und Exklusion führen, der aber zugleich auch neue Mechanismen der gesellschaftlichen Integration und Inklusion hervorbringen kann.

5. Die Ambivalenz der Moderne, die Gleichzeitigkeit von Erfolgen und Krisen, wirkt sich in komplexer Weise auf das subjektive Wohlbefinden und das Ausmaß von Anomie aus. Es ist davon auszugehen, dass sich die positiven und negativen Effekte überlagern und dass es dabei zu einer partiellen Kompensation kommt. Wohlstand, Staatsbürgerstatus und autonome Lebensführung sind Potentiale, die dazu beitragen können, die sozialen Folgen von Exklusion und Desintegration zu begrenzen. Eine spezifische Konstellation dieser drei Potentiale stellt der moderne Sozialstaat dar – die Gesamtheit der staatlichen Institutionen, die um sozialen Ausgleich und soziale Sicherung bemüht sind.

6.5 Determinanten des Wohlbefindens

Auf die Ambivalenz der Moderne hinzuweisen, hieß zu Zeiten Durkheims und Webers, die Schattenseiten der Moderne zu problematisieren. Heute muss offensichtlich wieder an die Erfolge der Moderne erinnert werden. Zu diesen Erfolgen gehören in den neuen Bundesländern unter anderem die Gewährung von grundlegenden Bürger- und Menschenrechten, die Befreiung der Menschen von staatlicher Bevormundung und Zwang und nicht zuletzt die enormen Wohlstandsgewinne.[8]

Im Folgenden soll untersucht werden, inwieweit die Erfolge gesellschaftlicher Modernisierungsprozesse das subjektive Wohlbefinden positiv beeinflussen. Konkret geht es um die Fragen, in welchem Maße mehr Freiheit, Sicherheit, Gerechtigkeit und Wohlstand zu mehr Lebenszufriedenheit und Glück führen, und inwieweit hierdurch Anomie- und Besorgnissymptome reduziert werden.

Die Hypothese, dass zwischen der Qualität der Gesellschaft und dem subjektiven Wohlbefinden ein sehr enger Zusammenhang besteht, mag plausibel sein – empirisch gesichert ist sie nicht. Zum einen werden wesentliche Attribute einer lebenswerten Gesellschaft wie Freiheit, Sicherheit und Gerechtigkeit von den allermeisten Autoren entsprechender Studien überhaupt nicht als Determinanten des subjektiven Wohlbefindens in Betracht gezogen (vgl. u. a. die Beiträge in: Andrews/Withey 1976; Andrews 1986; Argyle 1989; Strack et al. 1991; Abele/Becker 1991; Headey/Wearing 1992; Kahnemann et al. 1999). Zum anderen widersprechen die wenigen theoretischen Betrachtungen und empirischen Erkenntnisse zu diesem Problembereich einander in wesentlichen Punkten. Von den einzelnen Positionen ausgehend lassen sich drei alternative Hypothesen zum Zusammenhang zwischen der Qualität der Gesellschaft und dem subjektiven Wohlbefinden formulieren.

6.5.1 Wohlbefinden als Ertrag einer lebenswerten Gesellschaft

Ruut Veenhoven vertritt in seinem Ansatz „Lebbarkeit von Gesellschaften" die Auffassung, dass sich die Qualität der Gesellschaft in einem sehr umfassenden Sinn und unmittelbar auf das subjektive Wohlbefinden auswirkt (Veenhoven 1995, 1997, 2001). Die Qualität einer Gesellschaft bzw. deren ‚Lebbarkeit' bemesse sich, so Veenhoven, „an dem Grad, in dem ihre Angebote und Anforderungen mit den Bedürfnissen und Fähigkeiten ihrer Bürger übereinstimmen" (Veenhoven 1997: 268).

Neben den grundlegenden „biophysiologischen Bedürfnissen" nach Nahrung und Schutz seien auch „biopsychologische Bedürfnisse" nach Sicherheit, Identität und Sinngebung zu befriedigen (ebenda). Inwieweit die Angebote und Anforderungen der Gesellschaft mit den Bedürfnissen und Fähigkeiten der Bürger übereinstimmen, sei nicht direkt zu beobachten (ebenda: 269). Ein „guter Indikator für die Lebbarkeit der Gesellschaft" stelle jedoch die Lebenszufriedenheit der Bevölkerung insgesamt dar (ebenda: 277). Denn, so das Argument, je besser die Bedürfnisse der Menschen befriedigt werden, desto zufriedener werden diese mit ihrem Leben sein.

---

8 Bleiben wie in einigen osteuropäischen Transformationsländern die Erfolge der Modernisierung aus, und fehlen Mechanismen, mit denen die sozialen Folgen von Desintegration und Exklusion bekämpft werden könnten, dann kommt es zu einem Anstieg von anomischen Reaktionen; Glück und Zufriedenheit nehmen ab (vgl. u. a. Rose 1993: 36-37). Die Unzufriedenheit der Bevölkerung kann ein solches Ausmaß erreichen, dass es zu erheblichen Rückwirkungen auf den Modernisierungsprozess kommt. Bei Parlamentswahlen in Polen (September 1993) und in Russland (Dezember 1993) profitierten postkommunistische Parteien von der allgemeinen Enttäuschung über die wirtschaftlichen und sozialen Kosten des Übergangs zur Marktwirtschaft (vgl. Meyer 1997).

Die meisten Attribute einer lebenswerten Gesellschaft, die im Rahmen dieser Arbeit thematisiert werden, sind zweifellos Ausdruck elementarer Bedürfnisse der Bürger nach Freiheit, Sicherheit und Gerechtigkeit. Aus dem von Veenhoven formulierten Ansatz folgt unmittelbar, dass zwischen der wahrgenommenen Qualität der Gesellschaft und dem subjektiven Wohlbefinden vermutlich ein sehr enger Zusammenhang besteht. Denn je mehr die Freiheits-, Sicherheits- und Gerechtigkeitsaspekte als verwirklicht gelten, desto mehr stimmen die „Angebote der Gesellschaft" mit den „Bedürfnissen der Bürger" überein, und desto zufriedener werden die Bürger folglich sein.

International vergleichende Untersuchungen, die Ruut Veenhoven auf der Basis der Studie „Happiness in Nations" (vgl. Veenhoven 1992) durchführen konnte, haben ergeben, dass ein gewisser Zusammenhang zwischen den Merkmalen einer lebenswerten Gesellschaft und dem Glücksempfinden besteht. In den Ländern, in denen Pressefreiheit, Demokratie, Medienzugang und Gleichstellung der Geschlechter als verwirklicht gelten, sind die Menschen in der Regel auch glücklicher als in anderen Ländern (Veenhoven 1997: 290, 2001: 1290-1292). Doch dieselbe Untersuchung hat auch gezeigt, dass die Effekte von Pressefreiheit, Demokratie und Medienzugang nicht mehr signifikant sind, wenn man das nationale Wohlstandsniveau kontrolliert (vgl. ebenda).

In dieselbe Richtung weisen Untersuchungen auf der Mikroebene. Hierbei hat sich gezeigt, dass der Lebensstandard und das Einkommen zu den wichtigsten Determinanten der Lebenszufriedenheit zählen und dass öffentliche Lebensbereiche, wie der Schutz der Umwelt oder die soziale Sicherheit, nur eine untergeordnete Rolle spielen (vgl. Campbell et al. 1976: 85; Glatzer 1984: 237; Bulmahn 1996: 92).

6.5.2 Wohlbefinden als Resultat des individuellen Wohlstands

Ausgehend von diesen empirischen Erfahrungen lässt sich vermuten, dass sich die Erfolge von Modernisierungsprozessen in unterschiedlicher Intensität auf die Lebenszufriedenheit, das Glücksempfinden sowie die Anomie- und Besorgnissymptome auswirken werden. Es ist anzunehmen, dass das subjektive Wohlbefinden in erster Linie vom Wohlstand abhängig ist, d. h. vom Einkommen und vom Lebensstandard der Privathaushalte, und dass die Verwirklichung von Freiheit, Sicherheit und Gerechtigkeit möglicherweise weniger relevant ist. Sollte sich diese Annahme bestätigen, dann dürfte die Tatsache, dass die Menschen in den neuen Bundesländern im Verlauf der 1990er Jahre zufriedener und glücklicher geworden sind, vor allem auf die erheblichen Wohlstandsgewinne und weniger auf die Etablierung von bürgerlichen, politischen und sozialen Rechten zurückzuführen sein.

Wolfgang Zapf und Roland Habich haben bereits Mitte der 1990er Jahre die Auffassung vertreten, dass die Einkommenssteigerungen, die Ausweitung der Konsumchancen, die Verbesserung der Wohnbedingungen und der Rückgang der Umweltbelastung wesentlich dazu beigetragen haben, dass die Schocks und Belastungen des Transformationsprozesses verarbeitet werden konnten (vgl. Zapf/Habich 1996a: 341). Diese „eindeutige Wohlfahrtssteigerung" sei eine Ursache dafür, dass die

Ostdeutschen den Wandel der Lebensverhältnisse seit der Wiedervereinigung mehrheitlich als Verbesserung bewerteten (ebenda).

Es liegen empirische Erkenntnisse vor, die darauf hindeuten, dass sich der Wohlstand in der Tat stabilisierend auf das subjektive Wohlbefinden auswirkt. Ein Zeitvergleich für die Jahre 1988 und 1998 zeigt beispielsweise, dass die durchschnittliche Lebenszufriedenheit der besser Verdienenden auf hohem Niveau stabil blieb (Mittelwert für beide Zeitpunkte: 8,2), während die Zufriedenheit der gering Verdienenden deutlich abnahm (Mittelwert 1988: 7,6; Mittelwert 1998: 7,0) (Bulmahn 1999: 423).

6.5.3 Wohlbefinden als Ausdruck der Persönlichkeit

Andere Autoren ziehen die These, dass sich die objektiven Lebensbedingungen nachhaltig auf das subjektive Wohlbefinden auswirken, grundsätzlich in Zweifel. Wie glücklich und zufrieden bzw. wie besorgt und pessimistisch Menschen sind, sei vor allem von Persönlichkeitsmerkmalen abhängig: vom Ausmaß der Dominanz, der kognitiven Vermeidung, des Neurotizismus, der Extraversion, der Offenheit usw. (vgl. Bradburn 1969; Costa/McCrae 1980; Lynn 1982).

Die Lebensbedingungen spielten keine entscheidende Rolle. Ihr Einfluss auf das Wohlbefinden wird als vernachlässigbar gering angenommen. Verbesserungen oder Verschlechterungen der Lebensbedingungen wirkten sich lediglich kurzfristig auf das Gleichgewicht des subjektiven Wohlbefindens aus. Da die Persönlichkeitsmerkmale sich im Lebensverlauf nicht veränderten, sei das individuelle Niveau subjektiven Wohlbefindens weitgehend stabil (Costa/McCrae 1985). Jeder Mensch habe sein individuelles Gleichgewicht der Zufriedenheit, des Glücks, der Sorgen und Ängste.

Das von Bruce Headey und Alex Wearing (1992) entwickelte „dynamische Gleichgewichtsmodell" ist eine der meistbeachteten Theorien des subjektiven Wohlbefindens. Im Mittelpunkt steht die These, dass die Effekte von Lebensereignissen wesentlich vom Persönlichkeitstyp der Betroffenen abhängig sind. Das „dynamische Gleichgewichtsmodell" lässt sich anhand von vier Thesen darstellen.

(1) Je nach Ausprägung der beiden Persönlichkeitsmerkmale „neuroticism" und „extraversion" lassen sich vier Persönlichkeitstypen unterscheiden: Stabil-Extravertierte, Stabil-Introvertierte, Neurotisch-Extravertierte und Neurotisch-Introvertierte (ebenda: 119-120). Da sich diese Persönlichkeitsmerkmale im Laufe des Lebens nicht verändern, bleibt der Persönlichkeitstyp konstant.

(2) Für die vier Persönlichkeitstypen sind spezifische Muster von Lebensereignissen charakteristisch. Stabil-Extravertierte sind beispielsweise ihr Leben lang von vielen positiven und wenigen negativen Ereignissen betroffen. Für Neurotisch-Introvertierte sind dagegen wenige positive Ereignisse und viele negative Ereignisse typisch. Die persönlichkeitsspezifischen Muster von Lebensereignissen sind zeitlich stabil. Es existieren individuelle Gleichgewichte von positiven und negativen Lebensereignissen (ebenda: 134).

(3) Jeder der vier Persönlichkeitstypen weist ein spezifisches Muster subjektiven Wohlbefindens auf. Stabil-Extravertierte sind überdurchschnittlich zufrieden

und machen sich nur wenige Sorgen. Neurotisch-Extravertierte sind ebenfalls außergewöhnlich zufrieden; sie machen sich aber überdurchschnittlich viele Sorgen. Für alle vier Persönlichkeitstypen existiert ein typisches Gleichgewicht subjektiven Wohlbefindens. Diese charakteristischen Gleichgewichte sind stabil (ebenda: 133).

(4) Persönlichkeitstyp, Lebensereignismuster und das Niveau subjektiven Wohlbefindens bilden gemeinsam ein dynamisches Gleichgewicht. Dieses Gleichgewicht wird nur durch ungewöhnliche, d. h. ungleichgewichtige Lebensereignisse gestört. Ungewöhnlich positive Lebensereignisse erhöhen das subjektive Wohlbefinden, ungewöhnlich negative Ereignisse erhöhen das Ausmaß der Sorgen (ebenda: 145). Die ungleichgewichtigen Lebensereignisse beeinflussen das Wohlbefinden, weil sie die Lücke zwischen der Beurteilung des gegenwärtigen Lebens und den Erwartungen für die Zukunft verändern. Positive Ereignisse verkleinern den Abstand, negative Ereignisse vergrößern ihn (ebenda: 146). Der Persönlichkeitstypus stellt die Kraft dar, die das Gleichgewichtssystem stabilisiert. Die individuelle Ausprägung von „neuroticism" und „extraversion" sorgt dafür, dass Ereignismuster und Wohlbefinden zum charakteristischen Gleichgewichtslevel zurückkehren (ebenda).

Die bemerkenswerte Stabilität des subjektiven Wohlbefindens im früheren Bundesgebiet scheint ein empirischer Beleg für diese Theorie zu sein. Auch der Anstieg der Lebenszufriedenheit in den neuen Bundesländern lässt sich mit dem Modell vereinbaren, wenn man das Ende der DDR und die deutsche Einheit als extreme Ereignisse interpretiert, die das Gleichgewicht aus Persönlichkeitstyp, Lebensereignismuster und Niveau subjektiven Wohlbefindens nachhaltig verschoben haben. Sollte diese Theorie zutreffen, dann werden sich die Attribute einer lebenswerten Gesellschaft – Freiheit, Sicherheit, Gerechtigkeit und Wohlstand – nur marginal oder möglicherweise überhaupt nicht auf das subjektive Wohlbefinden auswirken.

Empirische Untersuchungen lassen jedoch Zweifel an dem „dynamischen Gleichgewichtsmodell" aufkommen. Denn ein langfristig stabiles Gleichgewicht subjektiven Wohlbefindens scheint nicht zu existieren. Vorausgesetzt, es gäbe ein solches Gleichgewicht, dann müssten die individuellen Zufriedenheitswerte um einen Gleichgewichtswert pendeln. Bei Längsschnittuntersuchungen einer bestimmten Bevölkerungsgruppe müssten die Korrelationen zwischen den Zufriedenheitswerten zu zwei Zeitpunkten immer gleich bleiben, egal wie weit diese Zeitpunkte auseinander liegen (vgl. Veenhoven 1993b). Doch entsprechende Analysen haben ergeben, dass die Korrelationen der Lebenszufriedenheiten zwischen zwei Zeitpunkten mit der Länge der Zeitspanne eindeutig abnehmen (vgl. ebenda: 9-12).

Bereits diese kurzen Ausführungen dürften deutlich gemacht haben, dass die Antwort auf die Frage, inwieweit sich die Attribute einer lebenswerten Gesellschaft auf die Lebenszufriedenheit, das Glücksempfinden sowie auf Anomie- und Besorgnissymptome auswirken, noch offen ist.

6.6 Operationalisierung von positiven und negativen Einflussfaktoren

6.6.1 Positive Einflussfaktoren

Ausgangspunkt der folgenden Analysen sind die bisher präsentierten Merkmale einer lebenswerten Gesellschaft. Aus inhaltlichen und methodischen Gründen wurden aus dem Geflecht der vielen, teilweise miteinander korrelierenden Variablen im Rahmen einer Faktorenanalyse drei unabhängige Komponenten extrahiert. Jede dieser Komponenten bündelt eine Reihe von inhaltlich zusammengehörenden Aspekten. Um diese drei ermittelten Faktoren inhaltlich näher zu bestimmen, wird eine Faktorladungsmatrix als Interpretationshilfe herangezogen (vgl. Tabelle 6.5).

Tabelle 6.5: Dimensionen einer lebenswerten Gesellschaft

	Komponente 1 „Freiheit"	Komponente 2 „Sicherheit"	Komponente 3 „Gerechtigkeit"
	Faktorladungen		
Glaubensfreiheit	,73	,09	,02
Meinungsfreiheit	,69	,07	,28
Politische Freiheit	,66	,20	,05
Freiheit der Lebensgestaltung	,60	,11	,45
Freie Berufswahl	,40	,08	,44
Schutz des Eigentums	,29	,71	,03
Schutz vor Kriminalität	,02	,67	,31
Umweltschutz	,12	,64	,16
Soziale Sicherheit	,17	,53	,48
Chancengleichheit	,17	,10	,78
Recht auf Arbeit	,09	,20	,67
Gleichstellung Mann und Frau	,07	,08	,66
Gerechter Wohlstand	,05	,32	,63
Solidarität	,01	,42	,57
Anteil der erklärten Varianz (in %)	15,4	14,7	21,8

Anmerkung: Zur leichteren Orientierung wurden alle „hohen" Faktorladungen > ,50 hervorgehoben (vgl. zur Konvention „hohe Faktorladungen": Backhaus et al. 1990: 92).
Statistische Angaben zur Faktorenanalyse: Extraktionsmethode: Hauptkomponentenanalyse; Kriterium zur Bestimmung der Faktorenzahl: Eigenwerte größer als 1; Rotationsmethode: Varimax mit Kaiser-Normalisierung (orthogonale Rotation); Maß der Stichprobeneignung (KMO-Test) = ,879; Bartlett-Test auf Sphärizität, Signifikanz = ,000; erklärte Gesamtvarianz = 51,9%.
Datenbasis: Wohlfahrtssurvey 1998.

Aus der Faktorladungsmatrix geht hervor, dass der Faktor 1 eng mit der Glaubensfreiheit, der Meinungsfreiheit, der politischen Freiheit und der Freiheit der Lebensgestaltung verbunden ist. Die Faktorladungen liegen für diese Variablen zwischen ,60 und ,73. Dieser Faktor repräsentiert ganz offensichtlich die Dimension „Freiheit".

Der zweite Faktor steht in besonders deutlichem Zusammenhang zu dem Schutz des Eigentums, dem Schutz vor Kriminalität, dem Umweltschutz und der sozialen

Sicherheit. Die Faktorladungen liegen in einem Bereich von ,53 bis ,71. Dieser Faktor steht zweifellos für die Dimension „Sicherheit".

Der dritte Faktor lädt besonders stark auf die Chancengleichheit, das Recht auf Arbeit, die Gleichstellung von Mann und Frau, die gerechte Verteilung des Wohlstands und die Solidarität mit Hilfebedürftigen. Die Koeffizienten erreichen Werte zwischen ,57 und ,78. Geht man von einem sehr weiten Gerechtigkeitsbegriff aus, dann wird man der Interpretation folgen, dass dieser Faktor die Dimension „Gerechtigkeit" verkörpert.[9]

Um das Wohlstandsniveau abzubilden, wird vom Nettoeinkommen der privaten Haushalte ausgegangen.[10] Die Einkommen werden auf der Basis der jeweiligen Haushaltsgröße gewichtet. Dabei wird von der Annahme ausgegangen, dass sich durch die gemeinsame Haushaltsführung Ersparnisse ergeben. Das bedarfsgewichtete Haushaltseinkommen wurde wie folgt berechnet:

$$Y = X / N^{0,7}$$

mit Y als bedarfsgewichtetes Haushaltseinkommen, X als Haushaltsnettoeinkommen und N als Zahl der im Haushalt lebenden Personen.[11]

6.6.2 Negative Einflussfaktoren

Neben Freiheit, Sicherheit, Gerechtigkeit und Wohlstand werden vier weitere Einflussfaktoren berücksichtigt. Diese werden das subjektive Wohlbefinden jedoch nicht positiv, sondern wenn überhaupt, dann negativ beeinflussen, indem sie Glück und Zufriedenheit vermindern bzw. das Ausmaß von Anomie und Besorgnis vergrößern. Alle vier Faktoren beschreiben Momente des sozialen Ausschlusses bzw. der Einschränkung des persönlichen Lebens.

Mit dem Index „Konsumdefizite" wird der soziale Ausschluss bzw. die Einschränkung des Lebens in materieller Hinsicht operationalisiert. Ausgangspunkt sind Angaben über Güter und Freizeitaktivitäten, die von den Betroffenen als „wünschenswert" oder „unbedingt notwendig" erachtet werden, die sie sich aber nicht leisten können. Das Spektrum des Wünschenswerten ist relativ breit. Es werden sowohl Konsumartikel (Computer, neue Möbel, neue Kleidung) als auch Freizeitak-

---

9 Die Tatsache, dass die Faktorladungen einiger Variablen für mehrere Komponenten relativ groß sind, verweist auf deren „doppelte Bedeutung". Ein Beispiel: Soziale Sicherheit ist erwartungsgemäß in erster Linie für die Komponente „Sicherheit" relevant. Doch weil soziale Sicherheit wesentlich durch Umverteilung hergestellt wird, sollte dieser Faktor auch für die Dimension „Gerechtigkeit" eine Rolle spielen - und genau das wird in der Faktorladungsmatrix deutlich. Bei komplexen Sachverhalten dürften einfach strukturierte Ladungsmatrizen, bei denen die Faktorladung einer Variablen nur bei einem Faktor hoch, bei allen anderen dagegen niedrig ist, ohnehin die Ausnahme sein (vgl. hierzu auch Backhaus et al. 1990: 92).

10 Vgl. den Wortlaut der Frage F087 im Anhang A.2.

11 Der Exponent bewirkt, dass die Einspareffekte durch das gemeinsame Wirtschaften im Hauhaltskontext mit einbezogen werden. Der hier zugrunde gelegte Exponent von 0,7 führt zu folgenden Gewichtungen: erste Person = 1, zweite Person = 0,62, dritte Person = 0,54, vierte Person = 0,48, fünfte Person = 0,45 usw. Je kleiner der Exponent gewählt wird, desto größer ist der unterstellte Einspareffekt.

tivitäten (Urlaubsreise, Freunde zum Essen einladen, Restaurantbesuch mit der Familie) und Vorsorgemaßnahmen (zusätzliche private Krankenversicherung, private Altersvorsorge) berücksichtigt.[12] Bei der Berechnung wird davon ausgegangen, dass das „Konsumdefizit" um so größer ist, je mehr Dinge aus finanziellen Gründen nicht vorhanden sind.

Inwieweit der Verzicht auf diese Güter, Freizeitaktivitäten und Vorsorgemaßnahmen als Defizit zu betrachten ist, wird davon abhängig gemacht, für wie relevant sie die Betroffenen selbst halten. Auf Güter verzichten zu müssen, die man als „wünschenswert, aber nicht unbedingt notwendig" ansieht, ist weniger gravierend, als wenn diese Dinge für „unbedingt notwendig" gehalten werden. Die Bedeutung, die den Gütern und Leistungen jeweils beigemessen wird, dient im Folgenden der Gewichtung.[13] Der Indexwert ergibt sich nach folgender Berechnungsvorschrift:

$$K = R_1 * V_1 + R_2 * V_2 + \ldots + R_n * V_n$$

mit K als Konsumdefizit, R als Relevanz (mit den Ausprägungen: 0 = „verzichtbar", 1= „wünschenswert, aber nicht unbedingt notwendig", 2 = „unbedingt notwendig") und V als Verzicht auf ein Gut bzw. eine Freizeitaktivität aus finanziellen Gründen (mit den Ausprägungen: 0 = „habe ich" bzw. „habe ich aus anderen Gründen nicht", 1 = „kann ich mir nicht leisten"). Bei 22 Items ergibt sich ein Wertebereich von 0 (wenn auf keines der Güter bzw. Aktivitäten, die für wünschenswert bzw. für unbedingt notwendig gehalten werden, aus finanziellen Gründen verzichtet werden muss) bis 44 (wenn alle 22 Dinge für unbedingt notwendig erachtet werden und sie aus finanziellen Gründen nicht vorhanden sind).[14]

Der Index „Konsumdefizite" und das bedarfsgewichtete Haushaltsnettoeinkommen sind erwartungsgemäß nicht unabhängig voneinander.[15] Der Zusammenhang fällt mit einem Korrelationskoeffizienten von r = -0,31 allerdings gering aus. Hierfür lassen sich drei Gründe benennen: (1) Der Lebensstandard ist nicht allein vom laufenden Einkommen der Haushalte abhängig, sondern auch von Kapitalerträgen, Erbschaften usw. (2) Nur ein Teil des Einkommens steht nach Abzug laufender Kosten zur freien Verfügung. (3) Der Lebensstandard wird über einen längeren Zeitraum aufgebaut. Weitergehende Analysen bestätigen, dass mit dem Alter der

---

12 Vgl. den Wortlaut der Fragen F091 und F092 im Anhang A.2.

13 Vergleichbare Indizes werden in der Armutsforschung verwendet (vgl. Böhnke/Delhey 1999). Bei der Berechnung der Deprivationsindizes wird allerdings von der Einschätzung der Bevölkerung insgesamt ausgegangen, wie wünschenswert bzw. notwendig ein Gut oder eine Dienstleistung ist (vgl. ebenda: 19-21, 36-37). Bei dem hier verfolgten Ansatz wird dagegen die jeweils individuelle Einschätzung als Gewicht verwendet. Um diesen Unterschied deutlich zu machen, wird deshalb nicht der übliche Begriff „Deprivation" verwendet, sondern es soll von „Konsumdefiziten" die Rede sein.

14 Mehr als die Hälfte der Bevölkerung (54 Prozent) hat kein „Konsumdefizit" im oben definierten Sinn, und nur eine kleine Minderheit (fünf Prozent) weist einen Defizitwert von 10 und größer auf. Das Maximum liegt bei einem Wert von 22.

15 Zum Zusammenhang zwischen Deprivation und Einkommensarmut vgl. Böhnke/Delhey 1999.

Zusammenhang zwischen dem aktuellen Einkommen und dem erreichten Lebensstandard immer geringer wird.[16]

Der Faktor „Arbeitslosigkeit" beschreibt den Ausschluss vom Arbeitsmarkt und die damit verbundenen Einschränkungen und Belastungen. Es werden drei Kategorien unterschieden: Zur ersten Gruppe gehören diejenigen, die nicht arbeitslos gemeldet sind – ganz gleich, welchen Erwerbsstatus sie haben; zur zweiten Kategorie zählen diejenigen, die seit weniger als einem Jahr arbeitslos sind, und zur dritten jene, die seit mindestens einem Jahr arbeitslos sind und eine Umschulung absolvieren.[17]

Der Faktor „Einsamkeit" beschreibt eine weitere Dimension des gesellschaftlichen Ausschlusses: die soziale Isolation. Von sozialer Isolation wird im Folgenden immer dann ausgegangen, wenn die Betroffenen allein leben und keine engen Freunde haben.[18]

Krankheiten und Behinderungen können den persönlichen Alltag in erheblichem Maße beeinträchtigen und die Teilhabe am gesellschaftlichen Leben einschränken. Bei den folgenden Analysen werden drei Items zu einem Index zusammengefasst. Die Gewichtung erfolgt nach den Belastungen, die sich jeweils ergeben. Die regelmäßige Einnahme von Medikamenten ist als relativ geringe Belastung anzusehen (Belastungsgrad = 1). Eine weitaus gravierendere Belastung ergibt sich vermutlich für diejenigen, die dauerhaft behindert oder pflegebedürftig sind (Belastungsgrad = 2). Am größten dürften die Einschränkungen jedoch für diejenigen sein, die eine andauernde Krankheit oder Behinderung gezwungen hat, den Beruf zu wechseln oder das Leben ganz umzustellen (Belastungsgrad = 3).[19] Der Indexwert ergibt sich durch Addition der Belastungsgrade dieser drei Items. Der Wertebereich reicht von 0 (wenn keine der drei Einschränkungen vorliegt) bis 6 (wenn alle drei gegeben sind).

6.7 Einfluss der Faktoren auf Aspekte des subjektiven Wohlbefindens

In diesem Abschnitt wird der Frage nachgegangen, inwieweit die definierten Faktoren das subjektive Wohlbefinden beeinflussen. Die Analysen beziehen sich auf vier Aspekte des Wohlbefindens: (1) die Zufriedenheit mit dem eigenen Leben, (2) das Glücksempfinden, (3) das Ausmaß des Pessimismus und (4) das Ausmaß der Besorgnissymptome.

---

16 Ausgewiesen ist der Korrelationskoeffizient für den Zusammenhang zwischen dem bedarfsgewichteten Haushaltsnettoeinkommen und dem Index „Konsumverzicht" für einzelne Altersgruppen:
  18-29 Jahre: Korrelationskoeffizient = -,39, Sig. = ,000, N = 427;
  30-44 Jahre: Korrelationskoeffizient = -,35, Sig. = ,000, N = 735;
  45-59 Jahre: Korrelationskoeffizient = -,30, Sig. = ,000, N = 553;
  60 Jahre und älter: Korrelationskoeffizient = -,21, Sig. = ,000, N = 625.
17 Vgl. den Wortlaut der Frage F058 im Anhang A.2.
18 Vgl. den Wortlaut der Fragen F041 und F053 im Anhang A.2.
19 Vgl. den Wortlaut der Fragen F096, F097 und F098 im Anhang A.2.

6.7.1 Auswirkungen auf die Zufriedenheit mit dem eigenen Leben

Die empirische Analyse hat die Hypothese bestätigt, dass die wahrgenommene Qualität der Gesellschaft die Zufriedenheit mit dem eigenen Leben in beachtlichem Ausmaß beeinflusst. Je mehr die Bürger die Freiheits-, Sicherheits- und Gerechtigkeitsaspekte als verwirklicht ansehen, desto zufriedener sind sie mit ihrem Leben (vgl. Tabelle 6.6).

Tabelle 6.6: Determinanten der Zufriedenheit mit dem Leben

	Multiple Regression		
	Standardisierte Koeffizienten (Beta)	t-value	Signifikanz
Positive Einflussfaktoren			
Freiheit	,16	8,8	,000
Sicherheit	,10	5,3	,000
Gerechtigkeit	,16	8,6	,000
Wohlstand	,08	4,0	,000
Negative Einflussfaktoren			
Konsumdefizite	-,29	-14,4	,000
Arbeitslosigkeit	-,14	-7,5	,000
Einsamkeit	-,13	-7,1	,000
Krankheit	-,10	-5,3	,000
N			2122
R^2			,31

Anmerkungen: Abhängige Variable ist die Zufriedenheit mit dem Leben, gemessen mit einer Skala von 0 (ganz und gar unzufrieden) bis 10 (ganz und gar zufrieden).
Datenbasis: Wohlfahrtssurvey 1998.

Das Wohlstandsniveau, hier operationalisiert als bedarfsgewichtetes Haushaltseinkommen, wirkt sich, wie zu erwarten war, ebenfalls positiv aus – wenn auch in etwas geringerem Maße als das wahrgenommene Niveau von Freiheit und Gerechtigkeit. Auch die anderen Faktoren beeinflussen die Zufriedenheit mit dem eigenen Leben so, wie dies eingangs erwartet wurde. Arbeitslosigkeit, Einsamkeit und Krankheit vermindern die Lebenszufriedenheit der Betroffenen.

Die Effekte sind hinsichtlich der Größenordnung mit den Wirkungen von Freiheit, Sicherheit, Gerechtigkeit und Wohlstand durchaus zu vergleichen. Wesentlich größere Auswirkungen haben jedoch die Einschränkungen in materieller Hinsicht. Sich Dinge nicht leisten können, die man für wünschenswert bzw. als unbedingt notwendig erachtet, vermindert die Lebenszufriedenheit weitaus mehr als Krankheit, Einsamkeit oder Arbeitslosigkeit.

6.7.2 Folgen für das persönliche Glücksempfinden

Während die Lebenszufriedenheit die kognitive Seite des Wohlbefindens widerspiegelt, reflektiert das Glücksempfinden die emotionale Dimension. In Anbetracht dieser Tatsache ist zu vermuten, dass sich die Determinanten beider Größen mehr oder weniger stark voneinander unterscheiden. Tatsächlich ist das persönliche Glückserleben verglichen mit der Lebenszufriedenheit weniger von den Attributen einer lebenswerten Gesellschaft abhängig (vgl. Tabelle 6.7).

Tabelle 6.7: Determinanten des Glücksempfindens

	Multiple Regression		
	Standardisierte Koeffizienten (Beta)	t-value	Signifikanz
Positive Einflussfaktoren			
Freiheit	,10	4,5	,000
Sicherheit	,04	2,0	,042
Gerechtigkeit	,09	4,4	,000
Wohlstand	,05	2,0	,041
Negative Einflussfaktoren			
Konsumdefizite	-,10	-4,6	,000
Arbeitslosigkeit	-,13	-6,0	,000
Einsamkeit	-,18	-8,6	,000
Krankheit	-,12	-5,8	,000
N			2075
R^2			,13

Anmerkungen: Abhängige Variable ist das persönliche Glücksempfinden, gemessen mit folgender Skala (metrisierte Werte): „sehr unglücklich" (0,00), „ziemlich unglücklich" (3,33), „ziemlich glücklich" (6,66), „sehr glücklich" (10,00).
Datenbasis: Wohlfahrtssurvey 1998.

Die Bewertung der Bürger, wie frei, sicher und gerecht diese Gesellschaft ist, wirkt sich insgesamt nur wenig auf das Glück der Bürger aus. Das Wohlstandsniveau hat ebenfalls nur eine geringe Bedeutung. Offensichtlich ist die Vorstellung zu einfach, dass eine gute Gesellschaft, in der ein Maximum an Freiheit, Sicherheit, Wohlstand und Gerechtigkeit verwirklicht ist, der Garant für das Lebensglück der Menschen sei. Wichtiger für das persönliche Glücksempfinden sind offensichtlich die zwischenmenschlichen Beziehungen, beispielsweise die elementare Frage, ob man allein lebt oder nicht. Keine engen Freunde zu haben und allein zu sein, beeinflusst das Glückserleben sogar in größerem Maße, als auf Konsumartikel oder Freizeitaktivitäten verzichten zu müssen bzw. als krank oder behindert zu sein.

6.7.3 Wirkungen auf den Pessimismus

Die persönlichen Zukunftsaussichten sind als Ausdruck der wahrgenommenen Lebenschancen vermutlich deutlicher von den gesellschaftlichen Rahmenbedingungen abhängig als Glück und Zufriedenheit.[20] Den theoretischen Hintergrund für diese Annahme liefern die Definitionen des Begriffs „Lebenschancen", die grundsätzlich den gesellschaftlichen Bezug dieser Kategorie betonen (vgl. Abschnitt 3.2.3).

Tabelle 6.8: Determinanten des Pessimismus

	Multiple Regression		
	Standardisierte Koeffizienten (Beta)	t-value	Signifikanz
Positive Einflussfaktoren			
Freiheit	-,10	-4,7	,000
Sicherheit	-,12	-5,9	,000
Gerechtigkeit	-,15	-7,3	,000
Wohlstand	-,07	-3,4	,001
Negative Einflussfaktoren			
Konsumdefizite	,16	7,1	,000
Arbeitslosigkeit	,12	5,9	,000
Einsamkeit	,07	3,3	,001
Krankheit	,11	5,2	,000
N			2112
R^2			,16

Anmerkungen: Abhängige Variable ist die Beurteilung der persönlichen Zukunft, gemessen mit folgender Skala (metrisierte Werte): „optimistisch" (0,00), „eher optimistisch als pessimistisch" (3,33), „eher pessimistisch als optimistisch" (6,66), „pessimistisch" (10,00).
Datenbasis: Wohlfahrtssurvey 1998.

Die Erwartung, dass die persönlichen Zukunftsaussichten ein besseres Globalmaß für die Qualität der Gesellschaft sind, hat sich nicht bestätigt (vgl. Tabelle 6.8). Die Erklärungskraft des Modells ist geringer, als zu vermuten war ($R^2 = 0,16$). Offensichtlich ist das Ausmaß des Pessimismus noch von einer Vielzahl weiterer Faktoren abhängig, die im Rahmen dieser Analysen jedoch nicht berücksichtigt wurden.

Der wichtigste Befund der Untersuchung besteht in der Tatsache, dass die Attribute einer lebenswerten Gesellschaft die Zukunftsperspektiven in statistisch hochsignifikantem Ausmaß beeinflussen. Je freier, sicherer und gerechter die Gesellschaft von den Bürgern wahrgenommen wird, desto optimistischer – oder: weniger pessimistisch – sind sie. In gleicher Weise nimmt der Pessimismus mit steigendem Wohlstandsniveau ab. Auf Konsumartikel oder Freizeitaktivitäten verzichten zu müssen, arbeitslos zu sein, keine engen Freunde zu haben, krank oder behindert zu

---

20 Vgl. den Wortlaut der Frage F105 im Anhang A.2.

sein – all diese Faktoren bewirken dagegen, dass man der eigenen Zukunft eher pessimistisch entgegensieht.

6.7.4 Auswirkungen auf die Besorgnishäufigkeit

Um einen Summenindex „Besorgnishäufigkeit" zu bilden, wurden die Angaben zu den einzelnen Besorgnissymptomen ohne Gewichtung zusammengefasst.[21] Der Wertebereich der Besorgnishäufigkeit erstreckt sich von 0 (wenn kein Symptom genannt wurde) bis 5 (wenn alle fünf Symptome genannt wurden).

Tabelle 6.9: Determinanten der Besorgnishäufigkeit

	Multiple Regression		
	Standardisierte Koeffizienten (Beta)	t-value	Signifikanz
Positive Einflussfaktoren			
Freiheit	-,08	-3,8	,000
Sicherheit	-,03	-1,7	,090
Gerechtigkeit	-,07	-3,6	,000
Wohlstand	-,04	-2,0	,045
Negative Einflussfaktoren			
Konsumdefizite	,16	7,3	,000
Arbeitslosigkeit	,04	2,0	,046
Einsamkeit	,15	7,4	,000
Krankheit	,31	15,7	,000
N			2100
R^2			,20

Anmerkungen: Abhängige Variable ist ein Index der Besorgnishäufigkeit (vgl. die Erläuterungen im Text).
Datenbasis: Wohlfahrtssurvey 1998.

Den größten Einfluss auf die Besorgnishäufigkeit hat der Gesundheitszustand. Je stärker die Betroffenen unter gesundheitlichen Problemen zu leiden haben, desto mehr Besorgnissymptome treten auf (vgl. Tabelle 6.9). Das Ausmaß der Besorgnis ist auch dann größer, wenn auf Konsumgüter und Freizeitaktivitäten aus finanziellen Gründen verzichtet werden muss, oder wenn die Betroffenen allein leben und keine engen Freunde vorhanden sind. Beides führt offensichtlich dazu, dass persönliche Probleme und Sorgen nicht mit anderen gemeinsam bewältigt werden können bzw. dass man sich einen höheren Lebensstandard, der ansonsten offensichtlich zur Kompensation dieser Probleme beiträgt, nicht leisten kann.

Die Attribute einer lebenswerten Gesellschaft wirken sich unterschiedlich stark auf das Ausmaß der Besorgnisse aus. Freiheit und Gerechtigkeit reduzieren die Be-

---

21 Vgl. den Wortlaut der Frage F099 im Anhang A.2.

sorgnishäufigkeit leicht. Die Effekte von Wohlstand und Sicherheit sind überraschenderweise nur auf einem geringeren Niveau bzw. überhaupt nicht mehr signifikant. Dieser Befund ist darauf zurückzuführen, dass mit dem verwendeten Index „Besorgnishäufigkeit" nicht nur Ängste und Sorgen im hergebrachten Sinne erfasst werden, sondern vor allem auch physische und psychische Symptome.

6.8 Resümee – Teil 2

Die Untersuchungen zum Zusammenhang zwischen der wahrgenommenen Qualität der Gesellschaft und dem subjektiven Wohlbefinden der Bürger haben eine Reihe neuer und zum Teil überraschender Befunde erbracht. Die wichtigsten Erkenntnisse und Schlussfolgerungen lassen sich in fünf Thesen zusammenfassen:

1. Die Attribute einer lebenswerten Gesellschaft – Freiheit, Sicherheit, Gerechtigkeit und Wohlstand – wirken sich wie erwartet positiv auf das subjektive Wohlbefinden aus. Je mehr die Gesellschaft von den Bürgern als frei, sicher und gerecht erlebt wird bzw. je größer das eigene Wohlstandsniveau ist, desto zufriedener, glücklicher, optimistischer und unbesorgter sind sie.

2. Einschränkungen des persönlichen Alltags und der teilweise Ausschluss vom gesellschaftlichen Leben wirken sich dagegen negativ auf das subjektive Wohlbefinden aus. Konsumdefizite, Arbeitslosigkeit, Einsamkeit und Krankheit führen zu mehr Unzufriedenheit, Unglück, Pessimismus und Besorgnis. Dabei haben die Faktoren einen unterschiedlichen Stellenwert. Besonders deutlich sind die Beziehungen zwischen Konsumdefiziten und Lebenszufriedenheit, zwischen Einsamkeit und Glückserleben sowie zwischen Krankheit und Besorgnishäufigkeit.

3. Die acht Determinanten, die im Rahmen der Analysen berücksichtigt wurden, tragen alles in allem nur zum Teil zur Erklärung des subjektiven Wohlbefindens bei. Beim persönlichen Glücksempfinden können mit dem Modell lediglich 13 Prozent der Varianz erklärt werden, beim Pessimismus sind es 16 Prozent, bei der Besorgnishäufigkeit 20 Prozent und bei der Lebenszufriedenheit immerhin 31 Prozent. Dennoch ist die These anzuzweifeln, dass die „Lebenszufriedenheit der Bürger ein guter Indikator der ‚Lebbarkeit' einer Gesellschaft ist" (vgl. Veenhoven 1997: 277). Die Zufriedenheit mit dem Leben ist offensichtlich auch Ergebnis einer Reihe von Lebensbedingungen, die von der Qualität der Gesellschaft weitgehend unabhängig sind.

4. Die Gegenthese, dass die objektiven Lebensbedingungen und damit auch die Qualität der Gesellschaft keinen Einfluss auf das subjektive Wohlbefinden haben, ist in Anbetracht der vorliegenden Befunde nicht aufrechtzuerhalten. Mehr Freiheit, mehr Sicherheit, mehr Gerechtigkeit, mehr Wohlstand auf der einen Seite und weniger Konsumverzicht, weniger Arbeitslosigkeit, weniger Einsamkeit und weniger Arbeitslosigkeit auf der anderen Seite führen ganz eindeutig zu mehr Glück und

Zufriedenheit – wenn auch in einem geringeren Ausmaß, als zuweilen vermutet wird.

5. Die Ergebnisse dieser Untersuchungen stützen eine wesentliche Annahme dieser Arbeit: Neben der privaten Dimension existiert eine soziale Dimension der Lebensqualität. Wie lebenswert die Gesellschaft ist, d. h. wie frei, sicher, wohlhabend und gerecht, hat einerseits einen eigenständigen Effekt auf das subjektive Wohlbefinden. Andererseits ist dieser Einfluss nicht so groß, als dass Zufriedenheit oder Glück als Globalmaße für die Qualität der Gesellschaft in Frage kämen.

7. Präferenzen der Bürger für Freiheit, Sicherheit, Gerechtigkeit und Wohlstand

7.1 Einleitung

Im folgenden Kapitel geht es um die Frage, wie groß die Wertschätzung der Bürger für öffentliche Leistungen, wie beispielsweise die soziale Sicherheit, den Schutz der Umwelt, die gerechte Verteilung des Wohlstands oder die Garantie der Glaubensfreiheit, ist. Hierzu wird der Zusammenhang zwischen der wahrgenommenen Verwirklichung von Freiheitsrechten, Sicherheits- und Gerechtigkeitsaspekten einerseits und der Globalbewertung der Gesellschaft andererseits untersucht.

Wie wichtig konkrete Erkenntnisse über die Bürgerpräferenzen sind, erweist sich spätestens immer dann, wenn staatliche Vorhaben, wie beispielsweise Reformen der Steuergesetzgebung, am Widerstand der Bevölkerung scheitern. Dass man die Gunst der Wähler schnell verlieren kann, wenn man unpopuläre Forderungen vertritt, mussten vermutlich alle politischen Akteure einmal erfahren. An einen Fall aus der jüngeren Vergangenheit sei im Folgenden erinnert.

7.1.1 Vom Scheitern eines politischen Projektes

Im Dezember 1997 präsentierten die Vorstandssprecher von Bündnis'90/Die Grünen, Gunda Röstel und Jürgen Trittin, den Entwurf des Wahlprogramms für die Bundestagswahl 1998 vor der Presse. Dabei stellten sie das Vorhaben, den Benzinpreis in den nächsten zehn Jahren schrittweise auf fünf D-Mark anzuheben, als ein wesentliches Element der geplanten ökologischen Steuerreform dar. Die sogenannte „Ökosteuer" sollte im ersten Jahr 50 Pfennige je Liter Benzin betragen und in den folgenden Jahren um jeweils 30 Pfennige angehoben werden. Mit diesem Ökosteuerprojekt, so hofften die Grünen, würde man im Wahlkampf erfolgreich um die Stimmen neuer Wählerschichten werben können.

Doch diese Hoffnung sollte sich nicht erfüllen. Das Vorhaben stieß in der Bevölkerung auf massive Ablehnung. Neun von zehn Bürgern wiesen die Benzinpreis-Forderung zurück, so das Ergebnis einer Politbarometer-Umfrage vom März 1998 (vgl. Forschungsgruppe Wahlen 1998: 03/98). Die Auswirkungen auf die politische Stimmung waren verheerend. Innerhalb von nur drei Monaten, von Januar bis April 1998, ging die Wahlbereitschaft zugunsten von Bündnis'90/Die Grünen um etwa die Hälfte zurück (Arzheimer/Klein 1999: 32). Die Zustimmungswerte sanken im selben Zeitraum von 13 auf sieben Prozent (Forschungsgruppe Wahlen 1998: 01/98-04/98). „Das grüne Kind liegt im Brunnen voll fünf Mark teuren Benzins„ lautete das Fazit der Frankfurter Allgemeinen Zeitung (FAZ vom 19.03.1998, Seite 5). Völlig verunsichert von diesen Gegenreaktionen zog die Partei die Forderung schließlich wieder zurück. In der überarbeiteten Kurzfassung des Wahlprogramms, die im Mai 1998 der Öffentlichkeit vorgestellt wurde, war der 5-Mark-Beschluss nicht mehr enthalten. Doch diese Korrektur kam offensichtlich zu spät. Denn die Zustimmungswerte blieben schlecht: Bis zum Ende des Jahres schwankten sie zwischen sechs und acht Prozent (Forschungsgruppe Wahlen 1998: 08/98-12/98). Bei der Bundestagswahl im Herbst 1998 erreichten Bündnis'90/Die Grünen lediglich 6,7 Prozent der Stimmen und verfehlten damit deutlich die eigene Zielmarke von zehn Prozent.

Die Frage, wie es zu diesem Debakel kommen konnte, wurde seither des Öfteren erörtert. Politikwissenschaftliche Erklärungsversuche verweisen vor allem auf Fehler bei der Präsentation des Ökosteuerprojekts in der Öffentlichkeit. So kommen Kai Arzheimer und Markus Klein zu dem Schluss, dass sich „die Grünen durch ihren unprofessionellen Umgang mit den Medien um die Möglichkeit gebracht haben, ihr Wählerreservoir über den Kreis ihrer politisch interessierten und gut informierten Kernwählerschaft hinaus auszudehnen" (Arzheimer/Klein 1999: 42). Diese These vom „ungeschickten Umgang mit den Medien" (ebenda: 40) liegt auf einer Linie mit der Diagnose, die von Vertretern der Grünen erstellt wurde: Bereits im März 1998 räumten Vorstandssprecherin Gunda Röstel und Fraktionssprecher Joschka Fischer ein, „Fehler bei der Vermittlung von Parteitagsbeschlüssen" gemacht zu haben (FAZ vom 24.03.1998, Seite 2), und auch die Grünen-Politikerin Antje Vollmer meinte, dass man mit dem Ökosteuer-Vorhaben grundsätzlich „die richtige Richtung" eingeschlagen habe, in der Debatte aber „die falsche Sprache" gewählt wurde (Die Welt online vom 04.05.1998).

Wenn man bedenkt, dass es selbst unter den Anhängern von Bündnis'90/Die Grünen keine Mehrheit für die Benzinpreispläne gab, dann sind diese Erklärungen wenig überzeugend (vgl. Forschungsgruppe Wahlen 1998: 03/98). Wesentlich plausibler erscheint dagegen die Vermutung, dass bereits bei der Formulierung der Ökosteuerpläne von falschen Prämissen ausgegangen wurde. Den Stellenwert, den die Bürger dem Schutz der Umwelt beimessen, hat man dabei offenbar erheblich überschätzt und zugleich die Bedeutung der individuellen Mobilität im Besonderen und der Freiheit der Lebensgestaltung im Allgemeinen unterbewertet. Die falsche Abwägung der Wählerpräferenzen könnte meines Erachtens eine wesentliche Ursache für den enormen Rückgang an politischer Unterstützung sein, den Bündnis'90/Die Grünen hinnehmen mussten. Für eine stringente Überprüfung dieser Hypothese ist es in Anbetracht der Datenlage freilich zu spät. Doch dürften sich bei den folgenden Analysen zur Wertschätzung öffentlicher Leistungen empirische Hinweise ergeben, die für oder möglicherweise auch gegen diese Deutung sprechen.

7.1.2 Bedeutung der Präferenzerfassung

Das Wissen um die Präferenzen für öffentliche Güter ist eine entscheidende Voraussetzung, um in demokratischen Gemeinwesen politisch erfolgreich zu sein. Parteien müssen die Präferenzen der Bürger kennen und berücksichtigen, wenn sie gewählt werden wollen. In gleicher Weise müssen Regierungen ihre Entscheidungen an den Wünschen der Wähler ausrichten, wenn sie im Amt bleiben wollen; zumindest können sie nicht dauerhaft gegen die Interessen der Bevölkerungsmehrheit regieren. Selbst die Zustimmung zu politischen, wirtschaftlichen und sozialen Institutionen ist davon abhängig, inwieweit diese dazu beitragen, die grundlegenden Bedürfnisse der Bürger nach Freiheit, Wohlstand, Sicherheit und Gerechtigkeit zu erfüllen. Werden die Erwartungen der Bevölkerung enttäuscht, nehmen Mißtrauen und Unzufriedenheit zu. Welches Ausmaß der Unmut und die Frustration der Bürger selbst in modernen westlichen Gesellschaften erreichen können, ist beispielsweise bei den Steuerzahlerrevolten (‚tax revolts') in amerikanischen Bundesstaaten deutlich geworden (vgl. Sears/Citrin 1982).

Die Fehlallokation öffentlicher Güter bzw. die Verschwendung von Steuergeldern ist ein immer wieder zitiertes Beispiel für das „Versagen des Staates". Dieses Versagen ist in vielen Fällen auf ein Informationsdefizit zurückzuführen, weil „die Politik weder über die nötige Kenntnis der Bürgerpräferenzen noch über angemessene Instrumente ihrer Erfassung" verfügt (Becker et al. 1992: 18). Die Absicht, die Wertschätzung der Bürger für öffentliche Güter genau zu ermitteln, wird deshalb auch mit großen Erwartungen verbunden. Man hofft, mit diesem Wissen die laufenden Prozesse der politischen Willensbildung so optimieren zu können, dass die Systemakzeptanz und das Systemvertrauen der Bürger zunehmen (vgl. Pommerehne 1987: 3).

So bedeutsam die Präferenzen für öffentliche Leistungen sind, so problematisch ist deren empirische Erfassung. Die Schwierigkeiten ergeben sich aus dem Wesen der öffentlichen Güter selbst. Öffentliche Güter, auch „Kollektivgüter" genannt, unterscheiden sich von privaten Gütern durch zwei Eigenschaften: „Nichtrivalität im Konsum" und „Unwirksamkeit des Ausschlussprinzips" (vgl. u. a. Arnold 1992; Geyer 1980).

(1) „Nichtrivalität im Konsum" bedeutet, dass öffentliche Güter grundsätzlich gemeinschaftlich nutzbar sind. Die Nutzung eines Gutes durch ein Individuum schließt andere nicht von der Nutzung aus. Mit anderen Worten: Was A in Anspruch nimmt, können auch B und C in Anspruch nehmen.

(2) Mit „Unwirksamkeit des Ausschlussprinzips" ist gemeint, dass Zahlungsunwillige nicht vom Konsum ausgeschlossen werden können (Arnold 1992: 1). Einmal bereitgestellte Kollektivgüter können anders als private Güter immer auch von „Trittbrettfahrern" genutzt werden (ebenda).

Aus beiden Eigenschaften folgt, dass öffentliche Güter letztlich nicht über Marktmechanismen bereitgestellt werden können. An Stelle von privaten Anbietern muss der Staat dafür sorgen, dass diese Güter bereitgestellt werden, wenn es eine Nachfrage gibt. Weil potentielle Nutzer hoffen können, das bestehende Angebot unentgeltlich nutzen zu können, werden sie ihre wahren Präferenzen freiwillig nicht bekannt geben. Die Wertschätzung für Kollektivgüter muss deshalb mit speziellen Verfahren ermittelt werden (ebenda).

7.2 Direkte und indirekte Verfahren der Präferenzerfassung

Um die Präferenzen für öffentliche Güter erfassen zu können, wurde eine Reihe unterschiedlichster Methoden entwickelt. Generell lassen sich zwei Vorgehensweisen unterscheiden: indirekte und direkte Verfahren (Pommerehne 1987: 10-17). Bei den indirekten Verfahren geht man in der Regel vom beobachtbaren Verhalten der Individuen aus und schließt daraus auf deren Wünsche und Bedürfnisse. Untersucht werden zu diesem Zweck beispielsweise die Einflussfaktoren der Wohnortwahl, die Ergebnisse von Volksabstimmungen bzw. das Nachfrageverhalten nach solchen privaten Gütern, die mit öffentlichen Gütern vergleichbar sind.

Bei den direkten Verfahren versucht man dagegen, die Wertschätzung für öffentliche Güter direkt abzufragen. Eine weit verbreitete Methode ist die Erfassung der individuellen Zahlungsbereitschaft für öffentliche Güter im Rahmen von repräsentativen Bevölkerungsumfragen. Ein anderer Weg wird beschritten, wenn die Wünsche der Bürger nach Ausweitung bzw. nach Einschränkung staatlicher Ausgabenprogramme ermittelt werden. Eine dritte Möglichkeit besteht darin, ausgehend von Umfragedaten individuelle Wohlfahrtsfunktionen zu berechnen. Um einen Überblick über den Stand der Forschung auf diesem Gebiet zu geben, sollen im Folgenden die wichtigsten Verfahren mit ihren jeweiligen Vorzügen und Nachteilen skizziert werden.[1]

7.2.1 Analyse von Wanderungsbewegungen

Bei dieser Methode wird versucht, von der individuellen Wohnortwahl, die sich im Aggregat als Wanderungsbewegung statistisch beobachten lässt, auf die Präferenzen für öffentliche Güter zu schließen (vgl. Becker et al. 1992: 48-55; Pommerehne 1987: 76-93). Ausgangspunkt ist die sogenannte Tiebout-Hypothese, wonach private Haushalte generell die Möglichkeit haben, zwischen einer Vielzahl von Wohnorten zu wählen, die sich durch ein unterschiedliches Angebot an öffentlichen Gütern und durch unterschiedliche Steuerniveaus voneinander unterscheiden (Tiebout 1956). Zudem wird unterstellt, dass bei rationaler Wahl immer der Wohnort bevorzugt wird, der eine optimale, den individuellen Präferenzen am nächsten kommende Kombination aus öffentlichem Güterangebot und Steuerbelastung verspricht (ebenda).

Untersuchungen zum Wanderungsverhalten haben gezeigt, dass sich sowohl die Ausgaben für öffentliche Güter, wie für Schulen oder für Parkanlagen, als auch die Steuerbelastung auf die individuelle Wohnortwahl auswirken (vgl. Pommerehne 1987: 87). Deutlich geworden ist aber ebenfalls, dass andere Faktoren, wie beispielsweise das Wohnungsangebot, eine weitaus größere Bedeutung haben (vgl. ebenda).

---

[1] Eine umfassende Darstellung der vorhandenen Ansätze ist im Rahmen dieses Kapitels weder beabsichtigt noch möglich. Für eine detaillierte Beschreibung der einzelnen Verfahren vgl. Becker et al. 1992 und Pommerehne 1987, auf deren Ausführungen die folgende Übersicht im Wesentlichen basiert.

Die Vielzahl der Größen, die sich auf die Wohnortwahl auswirken, stellt eine der größten methodischen und datentechnischen Schwierigkeiten dieses Verfahrens dar. Die Anwendbarkeit dieser Methode wird erheblich durch die Tatsache eingeschränkt, dass hiermit lediglich die Präferenzen derjenigen erfasst werden können, die ihren Wohnort gewechselt haben, und das sind erfahrungsgemäß nur Teile der Bevölkerung. Schließlich ist auch aus theoretischen Erwägungen heraus die Ableitung von Präferenzen für öffentliche Güter aus den Wanderungsbewegungen nicht unproblematisch. Wie bei allen Rational-Choice-Modellen, ist auch hier nicht eindeutig geklärt, inwieweit sich Informationsdefizite auf die Entscheidungen der Wohnortsuchenden auswirken und welche Rolle emotionale oder ästhetische Faktoren – Heimatverbundenheit oder Schönheit der Wohnumgebung – spielen. Mit anderen Worten, es ist fraglich, in welchem Maße die Wohnortwahl überhaupt als rationale Wahl aufgefasst werden kann.

Ein mit der Wanderungsanalyse verwandter Ansatz ist die sogenannte Marktpreismethode (vgl. Pommerehne 1987: 45-75) bzw. die Methode der Schätzung impliziter Preise (vgl. Becker et al. 1992: 25-30). Bei diesem Verfahren wird der Preis für Grundstücke oder für Eigentumswohnungen als Indikator für die Attraktivität einer Wohngegend verwendet, und davon ausgehend wird auf die Präferenzen für die öffentlichen Güter geschlossen, die jeweils vorhanden sind. Die Probleme, die sich aus dieser Herangehensweise ergeben, entsprechen im Wesentlichen denen der Analyse von Wanderungsbewegungen.

7.2.2 Rückschlüsse aus den Ergebnissen von Volksabstimmungen

Die Analyse von Volksabstimmungen ist eine plausible Methode der Präferenzerfassung (vgl. Pommerehne 1987: 118-139), denn hierbei sind die Zustimmung bzw. die Ablehnung der Bevölkerung zu konkreten politischen Vorhaben unmittelbar abzulesen. Vor allem für demokratische Gesellschaften, in denen regelmäßig Volksabstimmungen stattfinden, scheint dieses Verfahren geeignet zu sein.

Die Plausibilität und Einfachheit dieses Ansatzes ist zweifellos ein besonderer Vorteil. Problematische Annahmen wie die Rational-Choice-Prämisse bei der Analyse von Wanderungsbewegungen sind hier unnötig. Entsprechend gering ist auf der anderen Seite aber auch der Erkenntnisgewinn, der mit dieser Methode zu erzielen ist. Wenn im Rahmen einer Volksbefragung beispielsweise die Erhöhung der Ausgaben für den Schutz vor Kriminalität zur Abstimmung steht und die entsprechende Vorlage von der Bevölkerungsmehrheit befürwortet wird, dann kann daraus lediglich geschlossen werden, dass die Präferenzen der Bürger für öffentliche Sicherheit größer sind, als ausgehend von den bisherigen Ausgaben zu vermuten war. Selbst diese einfache Erkenntnis könnte fehlerhaft sein, wenn etwa die Wahlbeteiligung sehr gering ist und dennoch auf die Präferenzen der Gesamtbevölkerung geschlossen wird oder wenn es sich um komplizierte Abstimmungsvorlagen handelt und dennoch davon ausgegangen wird, dass alle Wähler genau wissen, worüber sie abstimmen.

7.2.3 Untersuchungen zum Nachfrageverhalten

Eine verhältnismäßig einfache Methode der Präferenzerfassung basiert auf der Substituierbarkeit von privaten und öffentlichen Gütern (vgl. Pommerehne 1987: 22-34). Eine solche Substitutionsbeziehung wird immer dann unterstellt, wenn Leistungen privater Anbieter denen des Staates weitgehend entsprechen. Aus der beobachtbaren Nachfrage nach dem privaten Gut lässt sich dann die Wertschätzung ableiten, die dem öffentlichen Gut entgegengebracht wird. So ist die Nachfrage nach den Leistungen privater Wachschutzunternehmen ein Indiz für die Präferenz für den Schutz vor Kriminalität; die Nachfrage nach den Angeboten privater Universitäten ist ein Beleg für die Wertschätzung einer guten Hochschulbildung und die Nachfrage nach den Angeboten privater Rentenversicherungen ist ein Hinweis auf die Bedeutung der Altersvorsorge.

Die Nachteile dieses Verfahrens ergeben sich in erster Linie aus der Tatsache, dass echte Substitute relativ selten sind. Nur wenige Güter privater Anbieter sind mit den entsprechenden öffentlichen Gütern vollständig vergleichbar (vgl. ebenda: 25-26). Die Leistungen privater Wachschützer sind kein Ersatz für die Arbeit der Polizei. Auch die Bildungsangebote privater Hochschulen sind mit denen der öffentlichen Universitäten nicht identisch. Die größten Einschränkungen ergeben sich jedoch aus dem Umstand, dass es für viele öffentliche Güter überhaupt keine vergleichbaren Angebote von privater Seite gibt. Nur der Staat kann beispielsweise auf der Grundlage der Verfassung die bürgerlichen Freiheitsrechte garantieren.

7.2.4 Experimente zur Erfassung der Zahlungsbereitschaft

Mit Experimenten zur Erfassung der Zahlungsbereitschaft wird versucht, die individuellen Präferenzen für öffentliche Güter auf direktem Wege zu ermitteln (vgl. Pommerehne 1987: 142-164). Dabei werden die beteiligten Personen gefragt, welchen Geldbetrag sie für ein bestimmtes öffentliches Gut zu zahlen bereit wären. Aus der ermittelten Zahlungsbereitschaft kann unmittelbar auf die Wertschätzung für das entsprechende Gut geschlossen werden. Mehr noch: Wenn der Betrag, den die Betroffenen zu zahlen bereit sind, größer als die zur Bereitstellung des Gutes benötigte Summe ist, kann von einem „öffentlichen Mehrwert" dieses Vorhabens ausgegangen werden.

Der besondere Vorteil des Verfahrens wird darin gesehen, dass sich hiermit die Präferenzen sowohl für fiktive Güter als auch für ubiquitäre Güter ermitteln lassen: Die Wertschätzung für eine geplante öffentliche Grünanlage lässt sich hiermit ebenso abschätzen wie die Präferenzen für die landesweit geltenden Maßnahmen zum Schutz der Umwelt. Beides wäre mit den indirekten Verfahren der Präferenzerfassung nicht möglich, weil diese sowohl die Existenz der Güter als auch ihre ungleiche Verteilung voraussetzen (vgl. Pommerehne 1987: 142).

Ein gravierender Nachteil dieser Methode wird darin gesehen, dass die Befragten nur selten ihre wahre Zahlungsbereitschaft äußern (Becker et al. 1992: 55-56). Entsprechende Untersuchungen haben ergeben, dass hierfür vor allem strategische Überlegungen der Teilnehmer verantwortlich sind (vgl. Pommerehne 1987: 144).

Wenn die Befragten von der Bereitstellung des öffentlichen Gutes einen persönlichen Nutzen erwarten, dann nennen sie in der Regel eine höhere als ihre wahre Zahlungsbereitschaft; befürchten sie dagegen einen Verlust, geben sie eine geringere als ihre wahre Zahlungsbereitschaft an (vgl. ebenda: 146).

In Laborexperimenten wurde deshalb versucht, die Erwartungen der Befragten zu kontrollieren, um ein strategisches Antwortverhalten zu vermeiden. Doch die künstlichen Entscheidungssituationen, die zu diesem Zweck konstruiert wurden, erbrachten eher wirklichkeitsferne Präferenzen. Realistischere Einschätzungen versprach man sich von Feldexperimenten, bei denen die Teilnehmer konkrete Maßnahmen zur Verbesserung ihrer unmittelbaren Lebensbedingungen zu bewerten hatten. Als größtes Problem stellte sich hierbei die erforderliche Genauigkeit heraus, mit der die aktuelle Situation, die in Aussicht gestellten Verbesserungen und die sich hieraus ergebenden Kosten beschrieben werden mussten. Das Verfahren eignet sich daher nur für solche Güter, die in dieser dreifachen Hinsicht vollständig quantifizierbar sind.

7.2.5 Interpretation von Meinungsumfragen

Die Interpretation von Meinungsumfragen ist ein sehr häufig verwendetes Verfahren der Präferenzerfassung (vgl. u. a. Pommerehne 1987: 205-223; Ferris 1985; Sanders 1988; Becker et al. 1992; Jacoby 1994; Roller 1996). Die Teilnehmer werden dabei mit einer Reihe von staatlichen Aufgaben konfrontiert und danach gefragt, ob der Staat für diese Dinge mehr oder weniger Geld ausgegeben sollte. Der Wunsch nach Mehrausgaben des Staates wird als Präferenz für das entsprechende Gut gewertet, der Wunsch nach Minderausgaben als Abneigung.

Im Rahmen vergleichbarer Umfragen ist beispielsweise ermittelt worden, dass die Präferenz für soziale Sicherheit in der Bundesrepublik so groß ist, dass Einsparungen in diesem Bereich nur schwer durchzusetzen wären (vgl. Roller 1996). Im Einzelnen zeigte sich, dass in Westdeutschland 28 Prozent der Bevölkerung für eine Ausweitung der Sozialleistungen plädieren, 60 Prozent für den Erhalt des Status quo eintreten und lediglich 12 Prozent einer Kürzung zustimmen würden. Für Ostdeutschland ergab sich, dass 71 Prozent eine Ausweitung wünschen, 28 Prozent keine Veränderung wollen und lediglich ein Prozent für Kürzungen wären (vgl. Roller 1996: 7).[2] Wenn Einsparungen nicht zu vermeiden wären, zögen die Bürger Kürzungen in anderen Aufgabenbereichen vor: bei der öffentlichen Verwaltung oder der Verteidigung (ebenda: 11).

Der besondere Vorzug der Umfragetechnik liegt in der Möglichkeit begründet, neben den individuellen Präferenzen für staatliche Ausgabenprogramme eine Fülle von weiteren Informationen zu erfassen und auf dieser Datengrundlage nach den Determinanten der Präferenzen für öffentliche Güter zu forschen bzw. die Präfe-

---

2 Die der Untersuchung zugrundeliegende Frage lautet: „Wie ist Ihre Meinung: Sollten die Sozialleistungen in Zukunft gekürzt werden oder sollte es so bleiben, wie es ist, oder sollte man die Sozialleistungen ausweiten?" (ALLBUS-Fragebogen; vgl. Infratest Burke Sozialforschung 1994).

renzordnungen für verschiedene soziale Gruppen zu dokumentieren (vgl. u. a. Becker et al. 1992: 85).

Eine Schwäche des Verfahrens wird darin gesehen, dass die Befragten von bestimmten Aufgabenbereichen keine oder nur sehr vage Vorstellungen haben und dass deshalb die entsprechenden Wünsche nach Ausweitung oder Einschränkung staatlicher Leistungen jeder rationalen Bewertungsgrundlage entbehren (vgl. Pommerehne 1987: 222). Wenn bei der weiter oben zitierten Untersuchung (Roller 1996) das Aufgabengebiet „Europäische Gemeinschaft" mehrheitlich als ein Bereich genannt wurde, in dem am ehesten gespart werden könnte, dann ist dieser Befund vermutlich auch auf die Tatsache zurückzuführen, dass ein großer Teil der Bevölkerung keine konkreten Kenntnisse über diese Institution hat.

Ein weiteres Problem besteht darin, dass die Befragten in den meisten Fällen nicht auf die entstehenden finanziellen Konsequenzen einer Ausgabenausweitung bzw. einer unterlassenen Ausgabeneinschränkung hingewiesen werden. Hier haben vergleichende Untersuchungen gezeigt, dass der Anteil derjenigen, die eine Ausweitung der Staatsausgaben wünschen, erheblich abnimmt, wenn darauf hingewiesen wird, dass zusätzliche Staatsausgaben höhere Steuerlasten verursachen (Pommerehne 1987: 206). Dieses Ergebnis macht deutlich, dass mit der Technik der direkten Befragung nur dann die wahren Präferenzen der Bürger annähernd genau ermittelt werden können, wenn auf die finanziellen Belastungen bzw. Entlastungen, die sich aus den Ausgabeveränderungen für den Einzelnen ergeben, auch aufmerksam gemacht wird.[3]

7.2.6 Berechnung individueller Wohlfahrtsfunktionen

Die Schätzung von individuellen Wohlfahrtsfunktionen ist ein ökonometrisches Standardverfahren, das darauf abzielt, den Einfluss relevanter Faktoren auf die subjektiv wahrgenommene Wohlfahrt zu ermitteln (vgl. Pommerehne 1987: 223-336). Ausgangspunkt der Präferenzerfassung für öffentliche Güter ist die Schätzung der individuellen Wohlfahrtsfunktion in Bezug auf das Einkommen. Hierbei werden die Befragten aufgefordert, einer ihnen vorgelegten Liste von Wohlfahrtsniveaus konkrete Einkommensbeträge zuzuordnen. Ausgehend von der eigenen Lebenssituation sollen sie beispielsweise festlegen, welcher Einkommensbetrag ihrer Meinung nach als „sehr gut", „gut", „schlecht" oder „sehr schlecht" zu bezeichnen wäre. Aus dem

---

3   Bei der oben erwähnten Studie (Roller 1996) wäre der Anteil derjenigen, die für eine Ausweitung der Sozialleistungen sind, vermutlich deutlich geringer ausgefallen, wenn man die finanziellen Konsequenzen, die sich für den Einzelnen daraus ergeben, angesprochen hätte. Zum Vergleich bietet sich hier eine im Jahr 1996 durchgeführte repräsentative Umfrage des Instituts für Demoskopie Allensbach an. Auf die Frage „Wären Sie dafür oder dagegen, dass in Deutschland die soziale Sicherheit weiter ausgedehnt wird, auch wenn dafür mehr Vorschriften und höhere Steuern kämen?" antworteten 27 Prozent der Westdeutschen mit „Für mehr soziale Sicherheit", 28 Prozent mit „Unentschieden" und 45 Prozent mit „Gegen mehr soziale Sicherheit". Von den Ostdeutschen stimmten 49 Prozent „Für mehr soziale Sicherheit", 24 Prozent äußerten sich „Unentschieden" und 27 Prozent waren „Gegen mehr soziale Sicherheit" (Noelle-Neumann/Köcher 1997: 692). Zumindest für Ostdeutschland ergibt sich bei dieser Fragestellung also ein deutlich geringerer Anteil derer, die für einen Ausbau der sozialen Sicherungssysteme sind. Der Unterschied zu dem von Roller (1996: 7) vorgelegten Ergebnis beträgt immerhin 22 Prozentpunkte.

auf diese Weise ermittelten Zusammenhang zwischen den einzelnen Wohlfahrtsniveaus und der jeweiligen Einkommenshöhe lässt sich eine individuelle Nutzenfunktion ableiten, deren Verlauf Rückschlüsse auf die Wohlfahrtseffekte von Einkommensveränderungen zulässt. Typische Fragen in diesem Zusammenhang lauten: Wie wirkt sich eine Erhöhung der Einkommen um einen gewissen Betrag auf das wahrgenommene Wohlstandsniveau in unterschiedlichen Bevölkerungsgruppen aus bzw. um welchen Betrag ist das Einkommen eines Haushaltes anzuheben, um die zusätzlichen Ausgaben, die sich beispielsweise durch ein Kind ergeben, wohlfahrtsneutral auszugleichen?

Eine Anwendungsmöglichkeit für die Präferenzerfassung ergibt sich, wenn man neben dem Einkommen auch öffentliche Güter als wohlfahrtsrelevante Faktoren berücksichtigt. Untersucht wurden vor allem die Wohlfahrtseffekte von Umweltgütern, wie beispielsweise der Luftqualität. Dabei zeigte sich, dass Einkommen und Luftqualität in substitutiver Beziehung zueinander stehen. Von dieser Erkenntnis ausgehend ließe sich die Wertschätzung für eine Verbesserung der Luftqualität – gemessen in Einkommensbeträgen – berechnen (vgl. Pommerehne 1987: 232).

Als ein besonderer Vorzug dieser Methode wird die Möglichkeit angesehen, die in Einkommensanteilen gemessene Wertschätzung für ein öffentliches Gut exakt zu bestimmen. Denn anders als bei der direkten Erfassung der Zahlungsbereitschaft ist ein strategisches Antwortverhalten unwahrscheinlich. Doch auch dieses Verfahren ist nicht problemlos zu handhaben. Kritisiert wurde unter anderem die komplizierte Entscheidungssituation, bei der die Beteiligten beispielsweise Kombinationen aus Einkommenshöhe und Luftqualität einem bestimmten Nutzenniveau zuzuordnen hatten. Zudem ergeben sich aus dem Umstand, dass unterschiedlich stark aggregierte Größen zusammengefasst werden, erhebliche methodische Probleme (vgl. Pommerehne 1987: 234-235).

7.2.7 Offene Fragen

Im Anschluss an das eingangs geschilderte Beispiel, das Ökosteuer-Projekt der Grünen mit seinen nicht intendierten politischen Folgen, lassen sich zwei Fragen formulieren: (1) Wie wichtig ist den Menschen in der Bundesrepublik der Schutz der Umwelt wirklich? (2) Welche Bedeutung wird im Vergleich hierzu der Freiheit der Lebensgestaltung beigemessen, für die die individuelle Mobilität eine entscheidende Voraussetzung ist? Erstaunlicherweise ist keines der vorgestellten Verfahren der Präferenzmessung geeignet, diese Fragen zu beantworten.

Die Analyse von Wanderungsbewegungen ergäbe zwar relevante Informationen zu den Präferenzen der Bürger für eine intakte natürliche Umwelt. Doch ließen sich hiermit lediglich die Wertschätzungen einer räumlich mobilen Teilpopulation ermitteln, nicht aber die der gesamten Bevölkerung. Letztlich scheidet diese Methode aus, weil die regionalen Differenzen hinsichtlich der Freiheit der Lebensgestaltung in der Bundesrepublik so gering sind, dass sich aus der Wohnortwahl keine Informationen zur Wertschätzung für dieses Freiheitsrecht ableiten ließen. Die Untersuchung von Volksabstimmungen kommt nicht in Betracht, weil es in der Bundesrepublik, in der Volksabstimmungen ohnehin ein seltener Sonderfall sind, keine vergleichbaren

Abstimmungen gegeben hat, von denen man ausgehen könnte. Die Analyse des Nachfrageverhaltens ist ebenfalls nicht geeignet, weil es weder für den Schutz der Umwelt noch für die Freiheit der Lebensgestaltung vergleichbare Angebote privater Anbieter gibt.

Geeigneter erscheinen die direkten Verfahren, wie die Experimente zur Erfassung der Zahlungsbereitschaft. Doch auch diese Methode ist aufgrund des strategischen Antwortverhaltens der Teilnehmer sehr fehleranfällig. Zudem ist der Einfluss sozialer Normen kaum zu kontrollieren. Vermutlich würde man mit dieser Methode die Präferenz für den Schutz der Umwelt erheblich überschätzen. Die gleichen Einwände richten sich gegen den Einsatz einer direkten Befragung. Die Auffassung der Befragten, ob der Staat mehr oder weniger Mittel für den Schutz der Umwelt einsetzen sollte, sagt nur wenig über ihre wahren Präferenzen aus, solange ihnen nicht deutlich gemacht wird, welche finanziellen Konsequenzen diese Maßnahmen für sie hätten. Die Berechnung individueller Wohlfahrtsfunktionen böte dagegen zumindest formal die Möglichkeit, die in Einkommensanteilen quantifizierte Wertschätzung für bestimmte Umweltgüter, wie saubere Luft oder sauberes Wasser, zu ermitteln. Doch die Präferenz für die Freiheit der Lebensgestaltung ließe sich mit Wohlfahrtsfunktionen nicht ermitteln, weil dieses Verfahren für kostenneutrale Güter grundsätzlich ungeeignet ist.

Wie das Beispiel zeigt, lassen sich mit den bekannten Verfahren der Präferenzerfassung wichtige Fragen nicht oder nur lückenhaft beantworten (vgl. Pommerehne 1987: 238-252). Alles in allem ist zu bilanzieren, dass die bisher bekannten Methoden der Präferenzerfassung zwar für eine Vielzahl von Anwendungen geeignet sind, dass diese Techniken jedoch immer dann an ihre Grenzen stoßen, wenn die Wertschätzung für öffentliche Güter zu ermitteln ist, die kostenneutral und ubiquitär zugleich sind.

Zu dieser Gruppe öffentlicher Güter zählen unter den verfassungsrechtlichen Bedingungen der Bundesrepublik alle Freiheitsrechte. Die Bereitstellung und der Schutz dieser Güter verursacht vergleichsweise geringe Kosten und sie sind überall nahezu gleichermaßen gegeben. Im folgenden Abschnitt wird ein alternatives Verfahren der Präferenzerfassung vorgestellt, das von den Urteilen der Bürger zur Qualität der Gesellschaft ausgeht und mit dem sich die bisher offenen Fragen möglicherweise besser beantworten lassen.

7.3 Ein alternatives Verfahren zur Erfassung von Bürgerpräferenzen

7.3.1 Grundgedanke und zentrale Annahmen

Bei dem Verfahren, das hier zur Präferenzerfassung vorgeschlagen wird, handelt es sich um eine indirekte Methode, bei der Umfragedaten zur Qualität der Gesellschaft analysiert werden. Der grundlegende Gedanke besteht darin, vom Zusammenhang zwischen der Beurteilung von Freiheits-, Sicherheits- und Gerechtigkeitsaspekten durch die Bürger einerseits und den Globalbewertungen der Gesellschaft andererseits auf die Präferenzen für Freiheit, Sicherheit und Gerechtigkeit zu schließen.

Dieser Ansatz beruht auf folgenden vier Grundannahmen: (1) Freiheits-, Sicherheits- und Gerechtigkeitsaspekte sind relevante Attribute einer lebenswerten Gesellschaft. Je freier, sicherer und gerechter eine Gesellschaft ist, desto größer ist die Qualität dieser Gesellschaft. (2) Die Bewertungen von Freiheits-, Sicherheits- und Gerechtigkeitsaspekten durch die Bürger stellen bereichsspezifische Urteile über die Qualität der Gesellschaft dar. (3) Die bereichsspezifischen Urteile wirken sich unterschiedlich stark auf die Bewertung der Gesellschaft insgesamt aus. (4) Die jeweilige Stärke des Zusammenhangs von Bereichsurteil und Globalbewertung ist ein Maß für die Wertschätzung des einzelnen Teilbereichs. Ausgangspunkt ist eine einfache Funktion folgender Art:

$$Y = f(X_1, X_2, X_3, ..., X_i)$$

mit Y als Qualität der Gesellschaft insgesamt und X_i als Bereiche einer lebenswerten Gesellschaft. Auf der Ebene der subjektiven Bewertung durch die Bürger lautet die entsprechende Funktion folgendermaßen:

$$y = f(b_1x_1, b_2x_2, b_3x_3, ..., b_ix_i)$$

mit y als Globalbewertung der Gesellschaft, x_i als bereichsspezifische Urteile; b_1 bis b_i als zu schätzende Gewichte der bereichsspezifischen Urteile. Wie groß der Zusammenhang zwischen der Wertschätzung der Bürger für die Freiheitsrechte, Sicherheits- und Gerechtigkeitsaspekte einerseits und der Globalbewertung der Gesellschaft andererseits ist, wird im Folgenden anhand von bivariaten Korrelationen untersucht.

7.3.2 Erfahrungen aus der Lebensqualitätsforschung

In der Lebensqualitätsforschung ist eine ähnliche Vorgehensweise seit längerem gebräuchlich (vgl. u. a. Campbell et al. 1976; Glatzer 1984). Deren Zielsetzung besteht darin, auf indirektem Wege zu ermitteln, wie wichtig bestimmte Lebensbereiche, wie beispielsweise Familie, Arbeit und Freizeit, für das Leben der Bürger sind. Hierzu wird untersucht, inwieweit sich die Zufriedenheit mit einzelnen Lebensbereichen auf die Lebenszufriedenheit insgesamt auswirkt. Zwei empirische Erfahrungen, die bei den zahlreichen Untersuchungen zur Wichtigkeit von Lebensbereichen gewonnen wurden, sind besonders zu erwähnen:

(1) Die auf dem indirekten Weg der Regressionsanalyse ermittelte Präferenzordnung der Lebensbereiche entspricht im Wesentlichen der Präferenzordnung, die sich aus der direkten Befragung ergibt. Bei einer Reihe von Lebensbereichen werden jedoch immer wieder erhebliche Abweichungen registriert. Die eigene finanzielle Situation beispielsweise wird bei direkter Befragung als relativ unwichtig eingestuft, bei indirekter Messung zeigt sich jedoch, dass dieser Bereich offensichtlich eine viel größere Bedeutung hat (vgl. u. a. Campbell/Converse/Rodgers 1976: 85). Vermutet wurde, dass bei direkter Befragung soziale Normen das Antwortverhalten der Beteiligten erheblich beeinflussen, was zu dem Schluss führte, dass indirekte Verfahren

der Wichtigkeitsmessung zuverlässiger sind als die Technik der direkten Befragung: „When these deviant cases are put together, we begin to form the impression that the direct ratings of domain importance contain some admixture of the ideal and hypothetical, whereas the indirect assessments lie a little closer to the underlying reality" (ebenda: 86).

(2) Wie wichtig die Lebensbereiche sind, darüber gibt es in den einzelnen Bevölkerungsgruppen unterschiedliche Auffassungen (vgl. Glatzer 1984; Bulmahn 1996). Geht man vom Einfluss der Bereichszufriedenheiten auf die Zufriedenheit mit dem Leben insgesamt aus, dann erweisen sich das Einkommen und der Lebensstandard zwar generell als die wichtigsten Lebensbereiche; das gilt sowohl für Männer als auch für Frauen, sowohl für Jüngere als auch für Ältere (vgl. Bulmahn 1996: 92). An dritter und vierter Stelle der Rangordnung folgen jedoch in der Regel solche Bereiche, die in der entsprechenden Lebensphase im Vordergrund stehen: Jungen Leuten ist beispielsweise neben dem Lebensstandard und dem Einkommen die Freizeit besonders wichtig; bei den mittleren Altersgruppen haben das Familienleben und der Arbeitsplatz eine relativ große Bedeutung; bei den Älteren sind es die Gesundheit und die Freizeit (ebenda). Für die Suche nach den Präferenzen für öffentliche Güter folgt hieraus, dass es neben der Präferenzordnung der Gesamtbevölkerung auch unterschiedliche Präferenzordnungen einzelner Bevölkerungsgruppen geben kann. Die Frage ist, wie stark sich diese Muster jeweils unterscheiden.

7.3.3 Globalmaß der Qualität der Gesellschaft

Um die vorgeschlagene Methode der Präferenzerfassung anwenden zu können, muss das Globalmaß der Qualität der Gesellschaft zwei Voraussetzungen erfüllen: (1) Es muss sich um einen subjektiven Indikator auf der Mikroebene handeln. (2) Dieser Indikator muss sich deutlich auf die Qualität der Gesellschaft insgesamt beziehen. Damit scheiden Indizes auf der Aggregatebene, wie beispielsweise der Human Development Index (HDI), von vornherein aus. Auch die Zufriedenheit mit dem eigenen Leben ist kein geeigneter Indikator, weil er, wie entsprechende Analysen ergeben haben, die zweite Bedingung nicht erfüllt: Zwar besteht ein signifikanter Zusammenhang zwischen den Attributen einer lebenswerten Gesellschaft und der Zufriedenheit mit dem eigenen Leben. Er ist jedoch zu gering, um die Lebenszufriedenheit als Globalmaß für die Qualität der Gesellschaft verwenden zu können (vgl. Abschnitt 6.7.1).

Im Folgenden soll ein Indikator verwendet werden, der stärker auf die Aspekte einer lebenswerten Gesellschaft abzielt. Es handelt sich hierbei um die Zustimmung zu der Aussage „In einem Land wie Deutschland kann man sehr gut leben".[4] Dieser Indikator ist vom Abstraktionsniveau in etwa mit der Frage nach der Lebenszufriedenheit zu vergleichen. Denn wie bei der Zufriedenheitsfrage soll eine individuelle Gesamtbilanz erstellt werden, die sich in diesem Fall jedoch nicht auf das eigene Leben, sondern auf die Qualität der Gesellschaft bezieht. Als dieser Indikator im Jahr 1976 zum ersten Mal in der Bundesrepublik erhoben wurde, stimmten der Aus-

---

4   Vgl. den Wortlaut der Frage F116 im Anhang A.2.

sage 56 Prozent voll zu, 37 Prozent stimmten eher zu, fünf Prozent stimmten eher nicht zu und zwei Prozent stimmten überhaupt nicht zu (vgl. Zentralarchiv für empirische Sozialforschung 1976: 28). Fast ein Vierteljahrhundert später, im Jahr 1998, war die Zustimmung im Westen Deutschlands noch immer erstaunlich groß.[5] Für die gesamte Bevölkerung in der Bundesrepublik ergab sich folgende Verteilung: 32 Prozent stimmten voll zu, 58 Prozent stimmten eher zu, neun Prozent stimmten eher nicht zu und ein Prozent stimmte überhaupt nicht zu (Datenbasis: Wohlfahrtssurvey 1998). Ungeachtet aller wahrgenommenen Probleme meint die überwiegende Mehrheit der Bevölkerung, dass die Bundesrepublik ein Land ist, in dem man sehr gut leben kann.

7.4 Allgemeine Hypothesen zur Wertschätzung öffentlicher Leistungen

7.4.1 Präferenzen als Ausdruck der Knappheit eines Gutes

Die Wertschätzung, die einem Gut entgegengebracht wird, könnte man als Ausdruck für seine Knappheit ansehen. Grundsätzlich ist zu vermuten: Je mehr die Nachfrage das vorhandene Angebot übersteigt, desto größer ist die Präferenz für das entsprechende Gut. Aus ökonomischer Perspektive handelt es sich bei der Wertschätzung gewissermaßen um den subjektiven Preis, den man angesichts der begrenzten Verfügbarkeit zu zahlen bereit ist. Kurz: Geschätzt wird, was knapp ist. Diese Hypothese lässt sich aus grundlegenden motivationstheoretischen Erkenntnissen ableiten. Folgt man der sogenannten Bedürfnisspannungstheorie, wie sie von Maslow (1954) formuliert und später von Richards und Greenlaw (1966) sowie von Alderfer (1972) weiterentwickelt wurde, dann wirken sich nur solche Bedürfnisse motivierend auf das menschliche Verhalten aus, die weitgehend unbefriedigt sind. Erfüllte Bedürfnisse verlieren dagegen an Motivationskraft. Übertragen auf die Wertschätzung für öffentliche Güter ergibt sich daraus die Erwartung, dass den Bürgern vor allem jene Sicherheits- und Gerechtigkeitsaspekte wichtig sind, die sie als nicht verwirklicht ansehen, wie beispielsweise die gerechte Verteilung des Wohlstands, das Recht auf Arbeit, die Chancengleichheit bzw. den Schutz vor Kriminalität. Weniger wichtig dürften dagegen die Freiheitsrechte sein, wie zum Beispiel die Glaubensfreiheit oder die politische Freiheit, die von der überwiegenden Mehrheit der Bevölkerung als realisiert betrachtet werden (vgl. Abbildung 4.5).

7.4.2 Präferenzen als Ausdruck von Werten

Doch begegnet man allem, was erreicht wurde, mit Gleichgültigkeit? Werden alle Dinge wertlos, wenn man sie erst einmal besitzt? Die Präferenzen für öffentliche Güter dürften immer auch Ausdruck von Werten sein. Diese Hypothese geht von der Vorstellung aus, dass Werte kollektiv geteilte und relativ stabile Vorstellungen vom

---

5 In Westdeutschland stimmten 37 Prozent voll zu, 55 Prozent stimmten eher zu, sechs Prozent stimmten eher nicht zu und ein Prozent stimmte überhaupt nicht zu (*Datenbasis:* Wohlfahrtssurvey 1998).

Wünschbaren sind (vgl. Kluckhohn 1951). Diese Vorstellungen, beispielsweise von der generellen Bedeutung von Freiheit, Sicherheit und Gerechtigkeit, gewinnen ihre normative Kraft im Zuge ihrer Internalisierung. Werte als verinnerlichte kollektive Ideale prägen und stabilisieren die jeweils individuellen Präferenzen für öffentliche Güter, und das unabhängig davon, ob das entsprechende Gut nun gegeben ist oder nicht. Mit anderen Worten: Der Einzelne schätzt, was den von ihm geteilten Idealen am ehesten entspricht. Wenn beispielsweise Freiheit als bedeutendes Attribut einer lebenswerten Gesellschaft Bestandteil der Werteordnung ist, dann wird die Wertschätzung für ein spezifisches Freiheitsrecht auch dann erhalten bleiben, wenn dieses Recht vollkommen verwirklicht ist.

7.4.3 Präferenzen als Ausdruck öffentlicher Aufmerksamkeit

Wie wichtig die einzelnen öffentlichen Güter den Bürgern sind, ist in westlich-modernen Gesellschaften möglicherweise nur noch in beschränktem Maße von Werten abhängig, weil deren normative Kraft im Zuge von Pluralisierung und Individualisierung nachgelassen hat. Einen größeren Einfluss auf die Wertschätzung für öffentliche Güter dürften dagegen die Medien haben (vgl. Abschnitt 3.3.4). Denn mit den Themen, die in der Berichterstattung dominieren, werden den Bürgern immer wieder bestimmte soziale Probleme als bedeutsam vor Augen geführt. In der Medienwirkungsforschung wurde hierfür der Begriff „Agenda Setting" geprägt (McCombs/Shaw 1972).

In empirischen Studien konnte gezeigt werden, dass sich die Häufigkeit, mit der die Medien über bestimmte Themen berichten, nicht nur auf die Problemwahrnehmung durch die Bürger auswirkt, sondern darüber hinaus auch deren politische Einstellungen und Wahlabsichten beeinflusst (Iyengar/Kinder 1987; Kepplinger et al. 1999). Es soll im Folgenden davon ausgegangen werden, dass mit der Präsenz eines politischen Themas in den Medien auch die Wertschätzung damit verbundener, d.h. für die Problembewältigung relevanter, öffentlicher Güter zunimmt. Kurz gesagt: Geschätzt wird, was die sozialen Probleme bewältigen hilft, über die in den Medien besonders häufig berichtet wird und die auf diesem Wege als besonders relevant definiert werden.

In den Wochen und Monaten vor der Erhebung der hier verwendeten Daten stand ein Problem im Mittelpunkt des öffentlichen Interesses: die Bekämpfung der Arbeitslosigkeit (vgl. Politbarometer 1998). In den Nachrichtensendungen des Fernsehens wurde über dieses Thema am häufigsten berichtet, ergab eine Inhaltsanalyse für den Zeitraum von März 1998 bis August 1998 (Kepplinger et al. 1999: 223).[6] In der Rangfolge der Medienpräsenz folgten: die Belebung des Wirtschaftwachstums (Rang 2), die Begrenzung von Steuern und Sozialabgaben (Rang 3) und die Schaffung von sozialer Gerechtigkeit (Rang 4).

Am unteren Ende dieser Liste von insgesamt zehn Themen standen: Der bessere Schutz der Bürger vor Kriminalität (Rang 8), die entschiedene Durchsetzung des Umweltschutzes (Rang 9) und die Begrenzung der Inflation (Rang 10) (ebenda).

---

6 Zur Durchführung dieser Inhaltsanalyse vgl.: Donsbach/Petersen 1999.

Aus diesem konkreten Agenda Setting lassen sich zumindest einige Annahmen über die Rangfolge der Bürgerpräferenzen ableiten: Die größte Wertschätzung wird vermutlich der sozialen Sicherheit entgegengebracht, gefolgt von der gerechten Verteilung des Wohlstands bzw. der Chancengleichheit. Der Schutz vor Kriminalität und der Schutz der Umwelt werden dagegen eher am unteren Ende der Präferenzskala rangieren.

7.4.4 Präferenzen als Ausdruck persönlicher Bedürfnisse

Man mag bezweifeln, dass die Medien einen so großen Einfluss auf die Präferenzen der Bürger haben und die These dagegenhalten, dass nur die öffentlichen Güter besonders geschätzt werden, die dazu beitragen, die persönlichen Bedürfnisse der Bürger in ihrer konkreten Lebenssituation am besten zu befriedigen. Mit anderen Worten: Der Einzelne schätzt, was ihm persönlich nützt.

Weil die Lebenssituationen in den einzelnen Lebensphasen, aber auch in einzelnen Landesteilen erheblich voneinander abweichen, werden sich die Präferenzordnungen einzelner Bevölkerungsgruppen deutlich unterscheiden. Mit jeder einzelnen Lebensphase treten bestimmte Lebensbereiche in den Vordergrund, und mit diesen Bereichen gewinnen bestimmte öffentliche Güter eine größere Bedeutung, während andere an Wichtigkeit verlieren. Ältere, im Ruhestand befindliche Personen, werden beispielsweise das Recht auf Arbeit und die Berufsfreiheit weniger schätzen als die Jüngeren. In diesem Sinne werden sich auch die Lebensbedingungen in der Region auf die Präferenzen für öffentliche Güter auswirken. In Problemregionen mit hoher Arbeitslosigkeit wird die soziale Sicherheit vermutlich einen größeren Stellenwert haben als in prosperierenden Regionen.

7.5 Präferenzordnung für die Bevölkerung insgesamt

Wenn man die einzelnen Korrelationskoeffizienten im Zusammenhang betrachtet, dann ergibt sich eine detaillierte Rangfolge der Wertschätzung für öffentliche Leistungen (vgl. Abbildung 7.1).[7]

An der Spitze dieser Präferenzordnung steht die soziale Sicherheit. Als Attribut einer lebenswerten Gesellschaft ist sie den Bürgern wichtiger als alle Freiheitsrechte; sie ist relevanter als der Schutz vor Kriminalität und sie wird weit mehr geschätzt als die Gleichstellung von Mann und Frau oder der Schutz der Umwelt. Die besondere Bedeutung der sozialen Sicherheit hat meines Erachtens mehrere Ursachen. Hier ist zunächst auf einen objektiven Problemdruck zu verweisen, der sich vor allem aus der seit Mitte der 1980er Jahre steigenden Arbeitslosigkeit ergibt. Hinzu kommt ein subjektiver Problemdruck, verursacht durch die anhaltenden Debatten

---

7 Ausgangspunkt für die folgenden Analysen ist eine Quasi-Metrisierung der ursprünglich ordinal skalierten Daten. Dabei werden den einzelnen Antwortvorgaben folgende Werte zugewiesen: „voll und ganz realisiert" = 10,0; „eher realisiert" = 6,66, „eher nicht realisiert" = 3,33 und „überhaupt nicht realisiert" = 0,0.

um die Zukunft des Sozialsystems und die damit in Aussicht stehenden Kürzungen von Sozialleistungen (vgl. Bulmahn 1997).

Abbildung 7.1: Präferenzordnung der Bevölkerung in der Bundesrepublik im Jahr 1998

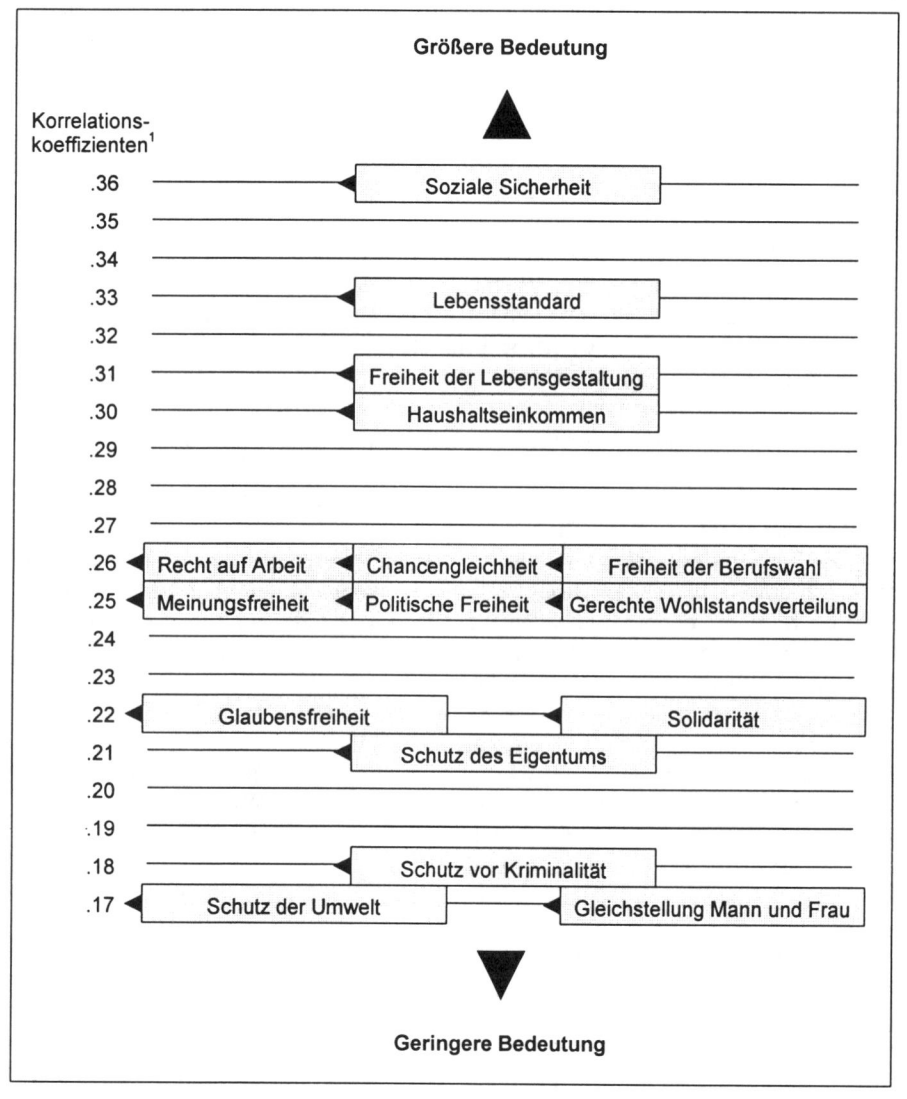

```
                              Größere Bedeutung
                                     ▲
Korrelations-
koeffizienten¹
    .36  ──────────────◄ Soziale Sicherheit ──────────────
    .35  ───────────────────────────────────────────────
    .34  ───────────────────────────────────────────────
    .33  ──────────────◄ Lebensstandard ────────────────
    .32  ───────────────────────────────────────────────
    .31  ──────────────◄ Freiheit der Lebensgestaltung ──
    .30  ──────────────◄ Haushaltseinkommen ────────────
    .29  ───────────────────────────────────────────────
    .28  ───────────────────────────────────────────────
    .27  ───────────────────────────────────────────────
    .26 ◄ Recht auf Arbeit ◄ Chancengleichheit ◄ Freiheit der Berufswahl
    .25 ◄ Meinungsfreiheit  ◄ Politische Freiheit ◄ Gerechte Wohlstandsverteilung
    .24  ───────────────────────────────────────────────
    .23  ───────────────────────────────────────────────
    .22 ◄ Glaubensfreiheit ─────────◄ Solidarität
    .21  ──────────────◄ Schutz des Eigentums ──────────
    .20  ───────────────────────────────────────────────
    .19  ───────────────────────────────────────────────
    .18  ──────────────◄ Schutz vor Kriminalität ───────
    .17 ◄ Schutz der Umwelt ──────◄ Gleichstellung Mann und Frau
                                     ▼
                              Geringere Bedeutung
```

Anmerkungen: (1) Ausgewiesen sind die Korrelationskoeffizienten für den Zusammenhang zwischen der Bewertung der jeweiligen Einzelaspekte und der Bewertung der Gesellschaft insgesamt. Alle Koeffizienten sind auf dem Niveau von 0,01 (1-seitig) signifikant.
Datenbasis: Wohlfahrtssurvey 1998.

Verstärkt werden beide Effekte durch die Medien, die im Beobachtungszeitraum besonders häufig über sozialpolitische Themen, wie den Anstieg der Arbeitslosigkeit oder die Unsicherheit der Renten, berichtet haben. Zusammenfassend lässt sich die besondere Wertschätzung der sozialen Sicherheit sowohl als Ausdruck eines großen Bedürfnisses nach Absicherung von Lebensrisiken deuten, als auch als Resultat der besonderen Medienpräsenz entsprechender Themen verstehen.

Um die Wertschätzung der Bürger für öffentliche Leistungen besser beurteilen zu können, werden zwei Aspekte des individuellen Wohlstands berücksichtigt. Es handelt sich hierbei um die Zufriedenheit mit dem Haushaltseinkommen und die Zufriedenheit mit dem eigenen Lebensstandard. Beide Größen finden sich ebenfalls im oberen Bereich der Präferenzordnung wieder. Die These, dass sich in entwickelten westlichen Industriegesellschaften wie der Bundesrepublik seit Ende der 1970er Jahre ein umfassender Einstellungswandel von der Betonung des materiellen Wohlergehens und der individuellen Sicherheit hin zu post-materialistischen Werten vollzogen hat, muss in Anbetracht der vorliegenden Befunde bezweifelt werden (vgl. Inglehart 1977; Inglehart 1989). Vielmehr zeigt die große Bedeutung des Lebensstandards und des Hauhaltseinkommens, verglichen etwa mit der geringen Wertschätzung der Solidarität mit Hilfebedürftigen, wie dominant materialistische Einstellungsmuster tatsächlich noch immer sind. Auf der anderen Seite wird aber auch deutlich, dass die materiellen Aspekte nicht allein stehen, sondern dass sie zwischen Sicherheitsaspekten und Freiheitsrechten gewissermaßen ‚eingebettet' sind. Individueller Wohlstand gilt also nicht als die einzige, herausragende Eigenschaft einer lebenswerten Gesellschaft, sondern dazu gehören nach Ansicht der Bürger auch Freiheit, Sicherheit und Gerechtigkeit.

Die Freiheit der Lebensgestaltung ist das am meisten geschätzte Freiheitsrecht. Vom Stellenwert, den es als Attribut einer lebenswerten Gesellschaft besitzt, steht es auf einer Stufe mit dem individuellen Wohlstand. Die anderen Freiheitsrechte folgen mit einigem Abstand in der Mitte der Präferenzordnung. Eine Ausnahme stellt die Freiheit des Glaubens dar; von allen betrachteten Freiheitsrechten ist sie den Bürgern am wenigsten wichtig. Möglicherweise, weil die Glaubensfreiheit als am weitesten verwirklicht gilt und angesichts der noch ungelösten sozialen Probleme als relativ unwichtig erscheint. Vielleicht auch, weil Glaubensfragen von den Medien kaum noch thematisiert werden und dieses Freiheitsrecht deshalb in Vergessenheit geraten ist. Vermutlich aber auch, weil das Glaubensbekenntnis für einen großen Teil der Bevölkerung kein herausragendes Bedürfnis mehr darstellt und deshalb die Freiheit des Glaubens in der konkreten Lebenssituation der meisten Bundesbürger nur noch eine untergeordnete Rolle spielt.

Ein ebenso großer Stellenwert wie den meisten Freiheitsrechten wird der Chancengleichheit, der gerechten Verteilung des Wohlstands und dem Recht auf Arbeit beigemessen. Im Vergleich der verschiedenen Gerechtigkeitsaspekte wird die Gleichstellung von Mann und Frau als am wenigsten wichtig angesehen. Das gilt zumindest für die Bevölkerung insgesamt. Es ist jedoch anzunehmen, dass Männer und Frauen in dieser Frage unterschiedlicher Meinung sind.

Am unteren Ende der Präferenzskala steht neben der Gleichstellung von Mann und Frau und neben der öffentlichen Sicherheit der Schutz der Umwelt. Vergleicht man die geringe Bedeutung, die dem Schutz der Umwelt beigemessen wird, mit der großen Wertschätzung der Bürger für die Freiheit der Lebensgestaltung, dann wird deutlich, dass das von den Grünen verfolgte Ökosteuer-Vorhaben keine Aussicht auf Erfolg hatte. Denn der geforderte Verzicht auf individuelle Mobilität und die damit verbundenen Einschränkungen der Freiheit der Lebensgestaltung zugunsten des Umweltschutzes widersprechen den Präferenzen der Bürger.

Noch vor wenigen Jahren dürfte die Akzeptanz für eine Ökosteuer wesentlich größer gewesen sein. Ausgehend von den Wünschen der Bürger nach Mehrausgaben bzw. nach Kürzungen in öffentlichen Aufgabenbereichen kann man – auch in Anbetracht der möglichen Ungenauigkeiten dieser Methode – schließen, dass die Wertschätzung für den Umweltschutz Anfang der 1980er Jahre sehr hoch war: Von insgesamt 15 Bereichen, darunter auch einige Teilbereiche der sozialen Sicherheit, nahm der Schutz der Umwelt den ersten Rang ein (Becker et al. 1992: 189). Noch im Jahr 1990 votierten die Westdeutschen nahezu einhellig für Mehrausgaben beim Umweltschutz; der Prozentsatz der Befürworter lag bei 90 Prozent (vgl. Roller 1996: 13). Seitdem hat offensichtlich ein erstaunlicher Einstellungswandel stattgefunden. Denn bis Mitte der 1990er Jahre verringerte sich der Anteil derer, die für Mehrausgaben in diesem Aufgabenbereich stimmten, um etwa 30 Prozentpunkte (ebenda).

Zu diesem Relevanzverlust dürften paradoxerweise vor allem die Erfolge der Umweltbewegung beigetragen haben: die Ausbreitung des Umweltbewusstseins in alle Bereiche der Gesellschaft, die Institutionalisierung des Umweltschutzes und die faktische Verminderung von Umweltbelastungen. All das hat nach Ansicht von Beobachtern erst zur Stagnation und später zum Verblassen der Umweltbewegung geführt (Huber 1998: 672). Begleitet und möglicherweise beschleunigt wurde dieser Abwärtstrend von einem Rückgang der Medienpräsenz umweltschutzrelevanter Themen (vgl. Kepplinger et al. 1999: 221).

Zusammenfassend lässt sich festhalten, dass die Präferenzordnung für öffentliche Leistungen in erstaunlicher Weise den Voraussagen entspricht, die ausgehend vom Agenda-Setting-Ansatz formuliert wurden (vgl. Abschnitt 7.4.3). Damit hat sich Annahme, dass die Präsenz eines Themas in der Medienöffentlichkeit, die Problemwahrnehmung durch die Bürger und die Wertschätzung der damit verbundenen öffentlichen Leistungen in einem positiven Zusammenhang stehen, empirisch bestätigt. Dieser Zusammenhang sollte jedoch nicht im Sinne einer monokausalen Einwirkung der Medien auf die Bürgerpräferenzen missverstanden werden. Vielmehr ist hier von einer wechselseitigen Abhängigkeit auszugehen. Denn nur solche Themen finden letztlich die notwendige Aufmerksamkeit, die den Bedürfnissen, Interessen und Neigungen der Zuschauer und Leser entsprechen.

Dagegen hat sich die Vermutung, Präferenzen für öffentliche Leistungen seien Ausdruck ihrer Knappheit, eher nicht bestätigt. Vergleicht man die Präferenzordnung (Abbildung 7.1) mit der Rangfolge der Verwirklichung (Abbildung 4.5), dann findet man keinen klaren Zusammenhang. Die Korrelation zwischen den beiden Rangordnungen hat sich als nicht signifikant erwiesen.

7.6 Präferenzprofile einzelner Bevölkerungsgruppen im Vergleich

7.6.1 Präferenzordnungen nach Geschlecht und Alter

Männer und Frauen unterscheiden sich im Hinblick auf die Wertschätzung öffentlicher Leistungen nur wenig voneinander (vgl. Tabelle 7.1). Bei beiden Geschlechtern stehen die soziale Sicherheit, der Lebensstandard und die Freiheit der Lebensgestaltung an der Spitze der Präferenzordnung. In den Bereichen Freiheit und Wohlstand sind zwar einige Abweichungen zu beobachten – die Frauen messen dem Lebensstandard und dem Haushaltseinkommen eine etwas größere Bedeutung bei, und die Männer schätzen die Meinungsfreiheit mehr – doch sind diese Differenzen eher marginal.

Größere Unterschiede gibt es nur in einem Punkt: Frauen ist die Gleichstellung als Attribut einer lebenswerten Gesellschaft viel wichtiger als Männern. Dieses Ergebnis war aus mehreren Gründen zu erwarten. Zum einen, weil sich mit der fortschreitenden Durchsetzung des Grundrechts auf Gleichstellung der Geschlechter die Lebenschancen für Frauen, insbesondere die Ausbildungs- und Berufschancen, erheblich verbessert haben. Zum anderen aber auch, weil, wie im Folgenden noch deutlich werden wird, Frauen das Ideal der Gleichberechtigung offenbar stärker verinnerlicht haben als Männer. Die besondere Präferenz der Frauen für die Gleichstellung ist also einerseits als Ausdruck ihrer spezifischen Lebenssituation und der sich daraus ergebenden Bedürfnisse und Interessen anzusehen und sie ist andererseits als Spätfolge einer nachhaltigen Internalisierung emanzipatorischer Wertmuster zu deuten.

Die Präferenzordnungen der angeführten drei Altersgruppen sind sich ebenfalls recht ähnlich, zumindest hinsichtlich der Wertschätzung für soziale Sicherheit, individuellen Wohlstand und die Freiheit der Lebensgestaltung. Größere Unterschiede sind wiederum bei der Gleichstellung von Mann und Frau erkennbar. Für die Jüngeren ist dieses Thema kaum noch relevant; in der Rangfolge der Präferenzen rangiert die Gleichberechtigung an letzter Stelle. Für die Älteren besitzt die Gleichberechtigung dagegen noch eine gewisse Bedeutung. Die Gleichstellung von Mann und Frau scheint ein gesellschaftspolitisches Projekt zu sein, das mit seiner weitgehenden Verwirklichung erheblich an Bedeutung verloren hat. Weitergehende Untersuchungen zeigen, dass die Wertschätzung für die Gleichstellung bei beiden Geschlechtern mit dem Alter variiert.[8] Jüngeren Frauen ist die Gleichstellung noch immer wichtig, wenn auch nicht mehr im selben Maße wie den älteren Frauen. Für jüngere Männer hat die Gleichstellung dagegen überhaupt keine Bedeutung mehr, während sie für ältere Männer noch immer ein Attribut einer lebenswerten Gesellschaft darstellt.

---

8 Ausgewiesen wird der Korrelationskoeffizient für den Zusammenhang zwischen der wahrgenommenen Verwirklichung der Gleichstellung von Mann und Frau und der Globalbewertung der Gesellschaft:
Frauen, 18-29 Jahre: Korrelationskoeffizient = ,16, Sig. (1-seitig) = ,004, N = 269;
30-59 Jahre: Korrelationskoeffizient = ,20, Sig. (1-seitig) = ,000, N = 786;
60 Jahre und älter: Korrelationskoeffizient = ,25, Sig. (1-seitig) = ,000, N = 453.
Männer, 18-29 Jahre: Korrelationskoeffizient = ,00, Sig. (1-seitig) = ,471, N = 278;
30-59 Jahre: Korrelationskoeffizient = ,12, Sig. (1-seitig) = ,000, N = 827;
60 Jahre und älter: Korrelationskoeffizient = ,15, Sig. (1-seitig) = ,004, N = 321.

Tabelle 7.1: Präferenzordnungen nach Geschlecht und Alter

	Insgesamt	Geschlecht		Altersgruppen		
		Männer	Frauen	unter 30 Jahre	30 bis unter 60 Jahre	60 Jahre und älter
	Korrelationskoeffizienten					
Freiheit						
Glaubensfreiheit	,22	,23	,20	,23	,20	,21
Politische Freiheit	,25	,25	,26	,24	,23	,29
Meinungsfreiheit	,25	,29	,21	,24	,24	,23
Freie Berufswahl	,26	,25	,26	,29	,27	,23
Freiheit der Lebensgestaltung	,31	,33	,29	,31	,30	,30
Sicherheit						
Schutz des Eigentums	,21	,22	,20	,22	,24	,14
Umweltschutz	,17	,15	,18	,14	,18	,14
Soziale Sicherheit	,36	,33	,37	,37	,36	,35
Schutz vor Kriminalität	,18	,17	,18	,15	,21	,20
Gerechtigkeit						
Gleichstellung von Mann und Frau	,17	,10	,21	,11	,16	,21
Solidarität	,22	,19	,24	,24	,22	,18
Chancengleichheit	,26	,24	,28	,23	,24	,31
Recht auf Arbeit	,26	,28	,25	,29	,29	,20
Gerechte Verteilung des Wohlstands	,25	,24	,26	,22	,27	,23
Wohlstand						
Zufriedenheit mit HH-Einkommen	,30	,27	,33	,33	,28	,29
Zufriedenheit mit Lebensstandard	,33	,30	,36	,32	,33	,31
Mittelwert der Globalbewertung	7,4	7,5	7,2	7,2	7,3	7,7
Standardabweichung	2,1	2,1	2,2	2,2	2,2	2,1
Fallzahl	3014	1454	1560	560	1639	815

Anmerkungen: Alle Korrelationen sind auf dem Niveau von 0,01 signifikant (1-seitig).
Datenbasis: Wohlfahrtssurvey 1998.

Andere Abweichungen zwischen den Präferenzordnungen der drei Altersgruppen ergeben sich aus der besonderen Bedeutung, die einzelne Lebensbereiche und mit ihnen bestimmte öffentliche Leistungen in der jeweiligen Lebensphase haben. Den beiden jüngeren Altersgruppen, die größtenteils am Erwerbsleben teilnehmen, sind die Freiheit der Berufswahl und das Recht auf Arbeit weitaus wichtiger als den Älteren, die sich mehrheitlich im Ruhestand befinden.

7.6.2 Präferenzmuster nach Einkommenslage und Bildungsniveau

Die Präferenzmuster für die einzelnen Einkommenslagen weichen in mehreren Punkten deutlich voneinander ab (vgl. Tabelle 7.2). Die soziale Sicherheit, die Solidarität mit Hilfebedürftigen, der Schutz vor Kriminalität und die gerechte Verteilung des Wohlstands werden von einkommensschwachen Personen, also von denen, die zum untersten Fünftel der Einkommensschichtung zählen, weit mehr geschätzt, als von besserverdienenden Personen. Diese Differenzen spiegeln die Unterschiede zwischen den Lebensbedingungen wider, die sich aus dem jeweils zur Verfügung stehenden Einkommen ergeben, insbesondere die Unterschiede in Bezug auf den Lebensstandard, die Wohngegend und die Abhängigkeit von Sozialleistungen. Die herausgehobene Wertschätzung, die einkommensschwache Personen der sozialen Sicherheit, der Solidarität und der öffentlichen Sicherheit beimessen, ist Ausdruck ihrer prekären Lebenssituation, ihrer gesellschaftlichen Benachteiligung und ihrer faktischen Hilfebedürftigkeit.

Mit der Höhe des Haushaltseinkommens nimmt die Wichtigkeit von öffentlichen Schutz- und Unterstützungsleistungen deutlich ab. Auch das Bedürfnis nach materiellem Wohlstand verliert mit seiner Befriedigung erheblich an Relevanz. Aspekte, die wie die Glaubensfreiheit, die politische Freiheit oder der Schutz der Umwelt auf eine stärkere Betonung individueller Selbstentfaltung und gesellschaftlichen Engagements hindeuten, gewinnen dagegen an Bedeutung – zumindest bis in die obere Mitte der Einkommensschichtung.

Ab einem bestimmten Wohlstandsniveau lässt die Wertschätzung für die meisten Attribute einer lebenswerten Gesellschaft sehr stark nach. Für die Wohlhabenden, d.h. für diejenigen, die zum obersten Fünftel der Einkommenspyramide gehören, haben die meisten der hier aufgeführten Freiheitsrechte, Sicherheitsfragen und Gerechtigkeitsaspekte keine große Bedeutung mehr. Die Präferenzen für die Meinungsfreiheit, den Schutz des Eigentums und den Schutz vor Kriminalität tendieren gegen Null. An der Spitze der Präferenzordnung stehen nicht die soziale Sicherheit, die Freiheit der Lebensgestaltung und der individuelle Wohlstand, sondern das Recht auf Arbeit, die Glaubensfreiheit und der Schutz der Umwelt.

Diese Tatsache ist meines Erachtens vor allem darauf zurückzuführen, dass privater Wohlstand ab einer bestimmten Stufe ein Leben ermöglicht, das von öffentlichen Leistungen partiell unabhängig ist. Diese Unabhängigkeit kommt auf zwei Wegen zustande: Erstens kann privater Wohlstand öffentliche Leistungen unmittelbar ersetzen, und zweitens kann zumindest ein Teil der öffentlichen Güter durch private Güter substituiert werden. Wer über ein größeres Vermögen verfügt, ist auf die Leistungen des Sozialstaates nicht angewiesen, und wer sein Eigentum von privaten Wachdiensten schützen lassen kann, braucht dazu die Polizei nicht mehr. Darüber hinaus zeigt sich, dass Gerechtigkeitsaspekte, wie Solidarität, Gleichstellung und Chancengleichheit, für wohlhabende Personen einen relativ geringen Stellenwert haben. Wer selbst nicht auf die Unterstützung anderer angewiesen ist, sieht in der Solidarität mit Hilfebedürftigen offensichtlich auch keine wesentliche Eigenschaft einer guten Gesellschaft.

Die Präferenzordnungen der einzelnen Bildungsschichten weisen mehr Gemeinsamkeiten als Unterschiede auf. So wird die soziale Sicherheit in allen drei Gruppen nahezu gleichermaßen hoch geschätzt. Auch die Bedeutung der meisten Freiheitsrechte ist in etwa gleich groß, mit Ausnahme der Freiheit der Berufswahl. Denn dieses Freiheitsrecht ist den Höhergebildeten wichtiger als den übrigen Bildungsschichten. Nennenswerte Unterschiede werden hinsichtlich der Präferenzen für den privaten Wohlstand erkennbar: Mit steigendem Bildungsgrad nimmt die Wichtigkeit des Haushaltseinkommens und des Lebensstandards ab, während Fragen des Umweltschutzes und der Gleichstellung an Bedeutung gewinnen.

Tabelle 7.2: Präferenzordnungen nach Einkommen und Bildung

	Einkommenslage[1]			Bildungsniveau[2]		
	Unterstes Quintil	Mittleres Quintil	Oberstes Quintil	Unteres Niveau	Mittleres Niveau	Höheres Niveau
	Korrelationskoeffizienten					
Freiheit						
Glaubensfreiheit	,13	,20	,23	,19	,24	,18
Politische Freiheit	,19	,29	,18	,23	,27	,23
Meinungsfreiheit	,29	,22	(,10)	,23	,26	,22
Freie Berufswahl	,24	,24	,19	,24	,24	,32
Freiheit der Lebensgestaltung	,38	,36	,16	,29	,34	,27
Sicherheit						
Schutz des Eigentums	,25	,25	(,09)	,16	,26	,14
Umweltschutz	,17	,25	,22	,15	,15	,21
Soziale Sicherheit	,44	,34	,19	,37	,37	,32
Schutz vor Kriminalität	,26	,13	[,06]	,16	,19	,19
Gerechtigkeit						
Gleichstellung von Mann und Frau	,19	,20	,13	,13	,19	,16
Solidarität	,33	,24	,14	,28	,20	,22
Chancengleichheit	,28	,25	,20	,22	,29	,24
Recht auf Arbeit	,31	,24	,24	,19	,29	,29
Gerechte Verteilung des Wohlstands	,25	,21	,18	,23	,27	,23
Wohlstand						
Zufriedenheit mit HH-Einkommen	,36	,17	,15	,38	,29	,25
Zufriedenheit mit Lebensstandard	,46	,22	,18	,38	,34	,26
Mittelwert der Globalbewertung	6,7	7,5	8,0	7,3	7,3	7,6
Standardabweichung	2,3	2,0	2,0	2,2	2,1	2,1
Fallzahl	462	452	476	636	1565	801

Anmerkungen: (1) Einkommensschichtung auf der Basis des äquivalenzgewichteten Haushaltseinkommens (vgl. Abschnitt 5.3.3). (2) Unteres Niveau: Teilfacharbeiterabschluss bzw. kein Abschluss einer Berufsausbildung; Mittleres Niveau: Abschluss einer Lehre; Höheres Niveau: Abschluss einer Hochschule, Fachhochschule, Ingenieurschule, Fachschule, bzw. einer Meister- oder Technikerausbildung. Zur Signifikanz der Koeffizienten: [ ] Korrelation ist nicht signifikant; ( ) Korrelation ist auf dem Niveau von 0,05 signifikant (1-seitig); alle anderen Korrelationen sind auf dem Niveau von 0,01 signifikant (1-seitig).
Datenbasis: Wohlfahrtssurvey 1998.

7.6.3 Präferenzprofile nach Landesteil, Arbeitslosigkeit und Wohlstand

Die Ostdeutschen und die Westdeutschen sind sich hinsichtlich der Wichtigkeit, die sie öffentlichen Leistungen beimessen, in einigen Punkten recht ähnlich (vgl. Tabelle 7.3). Weitgehende Übereinstimmung besteht zum Beispiel bei der Wertschätzung für die politische Freiheit, die Freiheit der Berufswahl, den Umweltschutz, das Recht auf Arbeit und den individuellen Wohlstand. Alles in allem überwiegen jedoch die Unterschiede zwischen den beiden Landesteilen. In den neuen Bundesländern wird eine Vielzahl öffentlicher Leistungen höher geschätzt. Hierzu gehören nicht nur die soziale Sicherheit und die gerechte Verteilung des Wohlstands, sondern auch die Freiheit der Lebensgestaltung, der Schutz vor Kriminalität und die Solidarität mit Hilfebedürftigen. Im früheren Bundesgebiet sind dagegen die Glaubensfreiheit und die Gleichstellung von Mann und Frau wichtiger.

Tabelle 7.3: Präferenzordnungen nach Landesteil, Wohlstandsniveau und Arbeitslosigkeit

	Landesteil		Nur Westdeutschland			
			Arbeitslosenquote im Bundesland[1]		Spareinlagen im Bundesland[1]	
	West	Ost	Bis 10%	12% und mehr	Bis 15 TDM je Einwohner	20 TDM je Einwohner und mehr
	Korrelationskoeffizienten					
Freiheit						
Glaubensfreiheit	,22	,15	,23	,21	,20	,23
Politische Freiheit	,25	,21	,29	,21	,25	,26
Meinungsfreiheit	,21	,27	,23	,24	,20	,19
Freie Berufswahl	,17	,21	,20	,11	[,09]	,17
Freiheit der Lebensgestaltung	,26	,35	,26	,32	,27	,21
Sicherheit						
Schutz des Eigentums	,17	,22	,13	,25	,31	,15
Umweltschutz	,17	,15	,11	,29	,33	,12
Soziale Sicherheit	,29	,36	,27	,42	,50	,29
Schutz vor Kriminalität	,12	,23	,12	,12	,17	,19
Gerechtigkeit						
Gleichstellung von Mann und Frau	,15	,09	,17	,18	,21	,17
Solidarität	,17	,30	,11	,25	,21	,14
Chancengleichheit	,21	,26	,20	,30	,32	,20
Recht auf Arbeit	,19	,23	,22	,13	,21	,18
Gerechte Verteilung des Wohlstands	,17	,29	,14	,26	,35	,13
Wohlstand						
Zufriedenheit mit HH-Einkommen	,27	,28	,29	,28	,41	,26
Zufriedenheit mit Lebensstandard	,32	,29	,35	,32	,42	,34
Mittelwert der Globalbewertung	7,6	6,3	7,6	7,6	7,4	7,6
Standardabweichung	2,1	2,2	2,1	2,2	2,3	2,1
Fallzahl	1889[2]	1024[2]	1048	462	248	823

Anmerkungen: (1) Vgl. Tabelle 5.2; (2) Fallzahl ergibt sich aus der Verwendung eines nichtproportionalen Personengewichts; [ ] Korrelation ist nicht signifikant; alle anderen Korrelationen sind auf dem Niveau von 0,01 signifikant (1-seitig).
Datenbasis: Wohlfahrtssurvey 1998.

Vergleichbare Einstellungsdifferenzen, wie beispielsweise die unterschiedlichen Auffassungen zu Demokratie und Marktwirtschaft (vgl. Kapitel 8), werden in der

Regel als ostdeutsche Abweichung vom westdeutschen „Normalfall" angesehen. Von dieser Prämisse ausgehend wird der ostdeutsche „Sonderfall" auf zwei Ursachen zurückgeführt. Während die einen darin grundsätzlich die Spätfolgen der DDR-Sozialisation sehen, interpretieren andere sie ausschließlich als Resultat der aktuellen wirtschaftlichen und sozialen Probleme. Die Annahme, dass es einen westdeutschen „Normalfall" im Sinne eines Konsenses gibt, ist meines Erachtens zu bezweifeln. In Anbetracht der wirtschaftlichen, sozialen und nicht zuletzt auch kulturellen Differenzen innerhalb Westdeutschlands ist die Annahme plausibler, dass es unter den Westdeutschen ganz unterschiedliche Bedürfnisse und Interessen gibt, die sich in den Präferenzordnungen widerspiegeln dürften.

Ein auf das frühere Bundesgebiet beschränkter Vergleich zwischen prosperierenden Bundesländern auf der einen und Problemregionen auf der anderen Seite zeigt, wie berechtigt die Zweifel sind. In Regionen, die eine relativ hohe Arbeitslosigkeit bzw. ein vergleichsweise geringes Wohlstandsniveau aufweisen, werden die soziale Sicherheit, die Solidarität, die gerechte Verteilung des Wohlstands und die Freiheit der Lebensgestaltung weitaus mehr geschätzt als in bessergestellten Bundesländern. Je mehr die wirtschaftlichen und sozialen Bedingungen in den westdeutschen Regionen den ostdeutschen Verhältnissen ähneln, desto mehr gleichen sich auch die jeweiligen Präferenzen für Solidarität, Gerechtigkeit und soziale Sicherheit. Die größere Wertschätzung, die in Ostdeutschland der sozialen Sicherheit, der Solidarität und der Gerechtigkeit entgegengebracht wird, ist offensichtlich keine „ostdeutsche Eigenart" bzw. „Sondermentalität" – was immer wieder behauptet wird. Sie ist vielmehr Ausdruck der aus den wirtschaftlichen und sozialen Problemen resultierenden Bedürfnisse und Interessen. In ihrem Ruf nach der Hilfe des Sozialstaates, nach Solidarität und Gerechtigkeit sind sich die Menschen in Ost und West gleich – zumindest dann, wenn die wirtschaftlichen und sozialen Gegebenheiten ähnlich problematisch sind.

Auf die Wertschätzung, die der Glaubensfreiheit bzw. der Gleichstellung von Mann und Frau entgegengebracht wird, wirken sich die Arbeitslosigkeit und das Wohlstandsniveau dagegen nicht aus. Denn die entsprechenden Präferenzen sind in beiden betrachteten Regionen des früheren Bundesgebietes annähernd gleich groß. Dass den Ostdeutschen die Glaubensfreiheit und die Gleichstellung weniger wichtiger sind als den Westdeutschen, muss deshalb auf andere Faktoren zurückgeführt werden. Weitergehende Untersuchungen zeigen, dass hier offenbar gesellschaftliche Erfahrungen aus der DDR-Ära nachwirken. Die relativ geringe Wertschätzung der Glaubensfreiheit scheint eine Spätfolge der Säkularisierungspolitik zu sein, d.h. der „mit allen Mitteln staatlicher Macht betriebenen Zurückdrängung und Verbannung der Kirche aus der gesellschaftlichen Öffentlichkeit" (Gabriel: 1998: 376).

7.7 Resümee

In diesem Kapitel sollte die Frage beantwortet werden, wie groß die Wertschätzung der Bundesbürger für die hier betrachteten Freiheitsrechte, Sicherheitsfragen und Gerechtigkeitsaspekte ist. Die wichtigsten Ergebnisse und Schlussfolgerungen der umfangreichen Analysen lassen sich in acht Thesen zusammenfassen.

1. Die soziale Sicherheit, die Freiheit der Lebensgestaltung und der individuelle Wohlstand sind den Bürgern am wichtigsten. Diese Attribute einer lebenswerten Gesellschaft stehen an der Spitze der Präferenzordnung. In der Rangfolge der Wertschätzung folgt eine Reihe von Gerechtigkeitsaspekten, wie die Chancengleichheit und die gerechte Verteilung des Wohlstands, sowie einige Freiheitsrechte, wie die Freiheit der Berufswahl, die Meinungsfreiheit und die politische Freiheit. Die geringste Bedeutung wird dem Schutz der Umwelt, der öffentlichen Sicherheit und der Gleichstellung von Mann und Frau beigemessen.

2. Das für die Gesamtbevölkerung ermittelte Präferenzmuster entspricht, soweit ein Vergleich möglich ist, den Erwartungen, die ausgehend vom Agenda-Setting-Konzept formuliert wurden. Die Häufigkeit, mit der in den Wochen und Monaten vor der Erhebung der hier verwendeten Daten in den Medien über bestimmte gesellschaftliche Probleme berichtet wurde, korrespondiert mit der Rangfolge der Wertschätzung für öffentliche Leistungen, die zur Bewältigung dieser Probleme geeignet scheinen. Die öffentliche Aufmerksamkeit für das Thema ‚Bekämpfung der Arbeitslosigkeit' entspricht der großen Wertschätzung für die soziale Sicherheit, und die geringe Präsenz umweltbezogener Themen geht mit einer relativ geringen Wichtigkeit des Umweltschutzes einher.

3. Die ausgehend von motivationstheoretischen Erwägungen formulierte Annahme, dass vor allem die Güter von den Bürgern geschätzt werden, die besonders knapp sind, hat sich dagegen nicht bestätigt, denn zwischen der Präferenzordnung für öffentliche Leistungen und der Rangfolge der wahrgenommenen Verwirklichung der jeweiligen Leistungen besteht kein signifikanter Zusammenhang.

4. Männer und Frauen sind sich hinsichtlich der Bedeutung, die sie jeweils den Attributen einer lebenswerten Gesellschaft beimessen, weitgehend ähnlich. Die wenigen Differenzen, wie beispielsweise hinsichtlich der Gleichstellung von Mann und Frau, sind das Ergebnis geschlechtsspezifischer Lebenssituationen und Lebenschancen, die zu unterschiedlichen Bedürfnissen und Interessenlagen führen.

5. Die Präferenzmuster der verschiedenen Altersgruppen unterscheiden sich ebenfalls nur in wenigen Punkten voneinander. Weiterführende Analysen legen die Schlussfolgerung nahe, dass zumindest ein Teil der Differenzen auf generationsspezifische Prägungen zurückzuführen ist. Demnach sind Präferenzen für öffentliche Leistungen nicht ausschließlich als Ausdruck persönlicher Bedürfnisse oder als temporärer Reflex auf die Berichterstattung der Medien anzusehen, sondern immer auch als Resultat verinnerlichter Werte im Sinne kollektiv geteilter Vorstellungen vom Wünschbaren.

6. Das Einkommen wirkt sich sehr deutlich auf die Wertschätzung für öffentliche Güter aus. Einkommensschwachen Personen sind die soziale Sicherheit, die Solidarität und die Freiheit der Lebensgestaltung viel wichtiger als anderen Bevölkerungsgruppen. Von einem bestimmten Wohlstandsniveau an verlieren die meisten öffent-

lichen Leistungen erheblich an Bedeutung, weil privater Wohlstand offenbar ein von öffentlichen Leistungen weitgehend unabhängiges Leben ermöglicht.

7. Vergleicht man die Präferenzmuster von Westdeutschen und Ostdeutschen miteinander, dann überwiegen trotz einer Reihe von Gemeinsamkeiten die Unterschiede. Wichtiger als den Westdeutschen sind den Menschen in den neuen Bundesländern die soziale Sicherheit, die gerechte Verteilung des Wohlstands, die Freiheit der Lebensgestaltung, der Schutz vor Kriminalität und die Solidarität mit Hilfebedürftigen. Weniger geschätzt werden von den Ostdeutschen dagegen die Glaubensfreiheit und die Gleichstellung von Mann und Frau.

8. In den Regionen des früheren Bundesgebietes, in denen die Arbeitslosigkeit überdurchschnittlich hoch bzw. das Wohlstandsniveau relativ niedrig ist, fällt die Wertschätzung für soziale Sicherheit und gerechte Verteilung des Wohlstands sowie für Solidarität mit Hilfebedürftigen sowie Chancengleichheit gleich hoch bzw. zum Teil noch höher aus als in Ostdeutschland. Je mehr sich die Regionen hinsichtlich ihrer wirtschaftlichen und sozialen Probleme ähneln, desto mehr gleichen sich die Präferenzmuster für die entsprechenden öffentlichen Güter.

8. Systemoutput und Demokratiezufriedenheit im vereinten Deutschland

8.1 Einleitung und Fragestellung

Die Frage, ob es durch den Beitritt der DDR zur Bundesrepublik und durch den damit verbundenen West-Ost-Transfer von Institutionen, Wissen und Kapital gelungen ist, die Einheit Deutschlands herzustellen oder ob gravierende Unterschiede zwischen den beiden Landesteilen fortbestehen, beschäftigt die Sozialwissenschaftler in West und Ost bis heute. Die vorliegenden Vereinigungsbilanzen widersprechen einander in einigen zentralen Punkten. In einer Vielzahl von Untersuchungen wird gezeigt, dass sich die Lebensverhältnisse der Menschen in den neuen Bundesländern deutlich verbessert und dem westdeutschen Niveau weitgehend angeglichen haben (vgl. u. a. die Beiträge in Zapf/Habich 1996b; Glatzer/Ostner 1999; Zapf/Habich 1999; Habich/Noll 2000b; Noll/Habich 2000). Dagegen verweisen andere Beobachter des Vereinigungsprozesses vor allem darauf, dass die West-Ost-Unterschiede nicht nur in einigen Bereichen fortbestehen, sondern dass sich auch neue Ungleichheiten herausgebildet hätten (vgl. u. a. die Beiträge in Winkler 1997; Pickel et al. 1998; Richter 1998; Luft 1998; Berger et al. 1999; Winkler 1999b; Vilmar 2000).

Diese Kontroverse ist aus vielerlei Gründen interessant – in sozialwissenschaftlicher Hinsicht unter anderem deshalb, weil die Angleichung der Lebensverhältnisse als eine wesentliche Voraussetzung für die Schaffung der „inneren Einheit" angesehen wird und dieser Prozess nach Meinung vieler Experten länger dauert als erwartet oder gar zu scheitern droht (vgl. u. a. Bundesregierung 1997; Kaase/Bauer-Kaase 1998; Gensicke 1998; Fuchs 1998; Misselwitz 1999).

Der Begriff „innere Einheit" wurde Anfang der 1990er Jahre eingeführt. Mit diesem Konzept sollte die Annäherung der Ost- und Westdeutschen in Bezug auf ihre Mentalitäten, Lebensweisen und politischen Orientierungen begleitend erforscht werden (vgl. Kaase 1993). Die von vielen gehegte Hoffnung auf eine schnelle „mentale Wiedervereinigung" wurde jedoch enttäuscht. Empirische Untersuchungen zeigen beispielsweise, dass die Zustimmung der Ostdeutschen zu pauschalen Anti-West-Statements nicht abnimmt, sondern auf hohem Niveau stabil bleibt (Kaase/Bauer-Kaase 1998), dass sich die Mehrheit der Menschen in den neuen Bundesländern nach wie vor als „Bürger zweiter Klasse" fühlt (Walz/Brunner 1997) und dass sich Milieus und Lebensstile in Ost und West noch immer deutlich voneinander unterscheiden (vgl. Vester 1995; Spellerberg 1996; Spellerberg/Berger-Schmitt 1998). Auch die politischen Orientierungen liegen Umfragen zufolge noch immer weit auseinander (vgl. u. a. Köcher 1997; Zelle 1998; Gensicke 1998; Pollack 1998b; Limbach 1999). Alles in allem lassen diese Studien den Schluss zu, dass es im vereinten Deutschland bisher nicht zur Herausbildung einer gemeinsamen politischen Kultur gekommen ist (vgl. Fuchs 1998).

In diesem Kapitel wird untersucht, warum die politischen Einstellungen in beiden Teilen Deutschlands noch immer so weit auseinander liegen. Konkret geht es um die Frage, warum die Ostdeutschen unzufriedener mit der Demokratie sind als die Westdeutschen. Sind die Einstellungsunterschiede auf die primäre Sozialisation der DDR-Bürger zurückzuführen, wie immer wieder behauptet wird? Sind sie das Resultat der wirtschaftlichen und sozialen Probleme, die sich im Verlauf der Transformation der ostdeutschen Wirtschaft ergeben haben? Oder greifen beide Erklärungen zu kurz, weil sie den wahrgenommenen Output des demokratischen Systems – d. h. das Ausmaß an Freiheit, Sicherheit und Gerechtigkeit, den es nach Meinung der Bürger hervorbringt – vollkommen vernachlässigen? Im Mittelpunkt der folgenden Analysen steht der Zusammenhang zwischen der wahrgenommenen Verwirklichung von Freiheits-, Sicherheits- und Gerechtigkeitsaspekten und der Demokratiezufriedenheit.

8.2 Entwicklung der Lebensverhältnisse im vereinten Deutschland

Bevor die zentralen Fragen dieses Kapitels beantwortet werden können, ist zunächst zu klären, ob eine wichtige Voraussetzung für die „innere Einheit" – die Angleichung der Lebensverhältnisse in Ost und West – überhaupt gegeben ist. Hierzu werden, wie eingangs erwähnt wurde, einander widersprechende Auffassungen vertreten. Zugespitzt lassen sich die beiden Positionen wie folgt formulieren:
These 1: Die persönlichen Lebensbedingungen der Menschen in den neuen Bundesländern haben sich seit 1990 grundlegend verbessert, und es ist zu einer Angleichung an das westdeutsche Niveau gekommen. – Folgerung: Diese Entwicklung würde eine wesentliche Voraussetzung für die Annäherung der Einstellungen, Interessen und Mentalitäten darstellen.
These 2: Die Lebensverhältnisse in den neuen Bundesländern haben sich seit 1990 nicht verbessert. Die Wohlstandskluft zwischen dem früheren Bundesgebiet und den neuen Bundesländern besteht weiter fort. – Konsequenz: Hierin wäre eine zentrale Ursache für unterschiedliche Einstellungen und Interessen zu sehen.
Mit den folgenden Analysen sollen diese Thesen empirisch überprüft werden. Im Unterschied zu den vorliegenden Untersuchungen zu diesem Thema wird dabei von einer klassischen Systematik menschlicher Grundbedürfnisse nach physischem Wohlergehen, nach Einbettung in soziale Beziehungen und nach persönlichem Wachstum ausgegangen (vgl. Allardt 1973, 1993; vgl. hierzu auch Abschnitt 3.2.3).

8.2.1 Befriedigung existentieller Bedürfnisse

Zu den wichtigsten materiellen Ressourcen, die der Befriedigung physischer Bedürfnisse dienen, gehören das Einkommen, das Vermögen, die Wohnung und die Ausstattung des Haushalts mit Gebrauchsgütern. In all diesen Bereichen hat es im Osten Deutschlands seit 1990 erhebliche Fortschritte gegeben (vgl. Tabelle 8.1).

Tabelle 8.1: Einkommen, Lebensstandard und Wohnbedingungen

	Westdeutschland		Ostdeutschland	
	1990	1998	1990	1998
Erwerbseinkommen und Altersrenten				
Durchschnittlicher Nettomonatsverdienst (in DM)[1]	2.500	2.820	1.370	2.470
Durchschnittliche monatliche Eckrente (in DM)[1,2]	1.667	2.008	672	1.741
Zufriedenheit mit dem Einkommen (Mittelwert)[3]	7,1	7,0	4,8	6,1
Einkommenszufriedenheit nach Erwerbsstatus				
Erwerbstätige	7,2	7,1	5,0	6,1
Arbeitslose	5,2	4,9	3,2	4,2
Rentner	7,1	7,5	4,5	7,0
Sozialhilfequote (in Empfänger je 1.000 EW)[1,6]	28	38	8	25
Vermögen und Lebensstandard				
Spargelder und Spareinlagen (DM je EW)[1]	27.107	37.288	4.589	13.361
Ausstattung ausgewählter Haushalte (in %)[1,4]				
PKW, fabrikneu gekauft	52	43	32	43
Telefon	98	99	18	96
CD-Player	15	53	2	28
Computer	32	54	15	49
Geschirrspülmaschine	58	78	1	44
Mikrowelle	42	67	5	54
Zufriedenheit mit dem Lebensstandard (Mittelwert)[3]	7,5	7,4	6,0	6,7
Wohnbedingungen				
Wohnräume je Haushaltsmitglied (Mittelwert)[3]	1,8	1,8	1,2	1,6
IWC, Bad und Zentralheizung vorhanden[3]	78	95	49	86
Mietbelastungsquote (in %)[5]	20	26	4	21
Zufriedenheit mit der Wohnung (Mittelwert)[3]	8,2	8,3	6,6	7,6
Nach Eigentumsform				
Im eigenen Haus/in eigener Wohnung lebend	8,7	8,8	7,8	8,6
Zur Miete wohnend	7,7	7,6	6,3	7,0

Anmerkungen: (1) Quelle: Statistisches Bundesamt 1991, 1992, 1999, 2000a, 2000b; (2) letzte Angaben: 1999; (3) Datenbasis: Wohlfahrtssurvey 1988-West, 1990-Ost, 1998; (4) Angaben für Haushaltstyp 2 – Definition: „Haushalte, die aus Ehepaaren mit zwei Kindern (davon mindestens ein Kind unter 15 Jahren) bestehen und deren Haushaltsvorstand Arbeiter oder Angestellter und alleiniger Einkommensbezieher ist und ein mittleres Einkommen hat. In den neuen Ländern darf bei Haushalten dieses Typs neben der Bezugsperson des Haushalts als Hauptverdiener auch der Ehepartner in größerem Umfang mitverdienen"; erste Angabe Ostdeutschland: 1991; (5) Ausgaben für Kaltmiete in Prozent des Haushaltsnettoeinkommens; Quelle: Frick/Lahmann 1998; letzte Angaben für 1997; (6) Empfänger von laufender Hilfe zum Lebensunterhalt je 1.000 Einwohner; erste Angaben für Ostdeutschland: 2. Halbjahr 1990; letzte Angaben: 12/97.

Erwerbseinkommen und Altersrenten

Die Nettoverdienste der Arbeitnehmer in den neuen Bundesländern haben sich nahezu verdoppelt, und der Abstand zum westdeutschen Durchschnitt hat sich in bemerkenswerter Weise verringert: Im Jahr 1990 verdiente ein ostdeutscher Arbeitnehmer lediglich 55 Prozent seines westdeutschen Kollegen. Nach Berechnungen des Statistischen Bundesamtes waren es 1998 bereits 88 Prozent. Noch deutlicher haben sich die Einkommensverhältnisse für die Rentenempfänger verbessert. Seit der Einführung des westdeutschen Rentensystems sind die Renten in Ostdeutschland um 159 Prozent gestiegen, und der Abstand zum West-Niveau hat sich in dieser Zeit von 60 Prozent auf 13 Prozent verringert.[1]

Die Verbesserung der Einkommensverhältnisse in den neuen Bundesländern geht mit einem Anstieg der Einkommenszufriedenheit einher. Der Abstand zum Zufriedenheitsniveau in Westdeutschland hat sich von 2,3 Skalenpunkten auf 0,9 Skalenpunkte verringert. Am zufriedensten mit ihrem Einkommen sind die Rentner. Das war nicht anders zu erwarten, denn diese Bevölkerungsgruppe konnte die größten Einkommenszuwächse verbuchen. Vergleichsweise unzufrieden mit der Einkommenssituation sind die Arbeitslosen, die von der Einkommensentwicklung zumindest vorübergehend abgekoppelt sind.[2]

Vermögen und Lebensstandard

Nur wenige Ostdeutsche können dagegen auf ein größeres Sparguthaben zurückgreifen. Zwar hat es auch hier Fortschritte gegeben, doch der Aufbau eines eigenen Vermögens braucht längere Zeit. Bei den Spargeldern und Spareinlagen erreichten die Ostdeutschen im Jahr 1998 bereits 36 Prozent des westdeutschen Durchschnitts. Zum Vergleich: 1990 waren es lediglich 17 Prozent. Auch bei den Sach- und Immobilienvermögen sind die Unterschiede noch sehr deutlich.

Mit Gebrauchsgütern sind die privaten Haushalte in beiden Landesteilen mittlerweile annähernd gleich gut ausgestattet. Fast vollständig angeglichen ist die Ausstattung mit Gütern für Verkehrszwecke und Kommunikation (PKW, Telefon usw.) sowie für Bildung und Unterhaltung (Computer, CD-Player usw.). Nur im Hinblick auf Güter für die Haushaltsführung (Geschirrspülmaschinen, Mikrowellen usw.) gibt es noch größere Unterschiede.[3] Die Zufriedenheit mit dem Lebensstandard hat sich in den neuen Bundesländern deutlich verbessert.

Wohnbedingungen

Die weitgehende Privatisierung des Wohnungsbestandes hat sich auf die Wohnbedingungen der Ostdeutschen eindeutig positiv ausgewirkt. Ausbau und Sanierung der Wohnungen haben zu beachtlichen quantitativen und qualitativen Verbesserungen geführt: Die durchschnittliche Wohnungsgröße hat zugenommen und der Wohnstandard hat sich erhöht.[4] Doch diese Fortschritte hatten auch ihren Preis: Im Jahr 1990 gaben die ostdeutschen Haushalte im Durchschnitt vier Prozent ihres

---

1 Zur Entwicklung der Einkommen in West- und Ostdeutschland vgl. u. a. Headey et al. 1995; Priller 1999b; Krause/Habich 2000.
2 Zur Dynamik der Betroffenheit von Armut in der Bundesrepublik vgl. Habich et al. 1991; Habich 1996.
3 Für eine umfassendere Darstellung des Lebensstandards im Ost-West-Vergleich auf der Basis des Wohlfahrtssurveys 1998 vgl. Böhnke/Delhey 1999.
4 Vgl. hierzu auch Hinrichs 1996; Schneider/Spellerberg 1998; Hinrichs 2001.

Haushaltsnettoeinkommens für die Kaltmiete aus – sieben Jahre später waren es bereits 21 Prozent.

Die Verbesserung der objektiven Wohnbedingungen spiegelt sich in dem Anstieg der Zufriedenheit mit der Wohnung wider. Bemerkenswert ist hier, dass ostdeutsche Wohneigentümer mittlerweile genauso zufrieden mit ihrer Wohnung sind wie westdeutsche Wohneigentümer. Bei den Mietern hat sich die Anfang der 1990er Jahre zu beobachtende Zufriedenheitslücke zumindest halbiert.

Die bisher präsentierten Ergebnisse machen deutlich, wie weit sich die Lebensbedingungen der West- und Ostdeutschen in materieller Hinsicht bereits angeglichen haben. Doch nicht alle konnten an den Wohlfahrtsgewinnen in gleichem Maße teilhaben. Ein Zeitvergleich der Sozialhilfequoten zeigt, dass der Anteil der Menschen, die von der Unterstützung des Sozialstaates abhängig sind, größer geworden ist – nicht nur in den neuen Bundesländern, sondern auch im früheren Bundesgebiet.[5]

8.2.2 Befriedigung sozialer Bedürfnisse

Leben in Familie

Herausragende Bedeutung für die Befriedigung des Bedürfnisses nach sozialer Einbettung und Identität besitzt nach wie vor die Familie. Noch immer lebt die überwiegende Mehrheit der Deutschen in Familien. Doch der Stellenwert familiärer Bindungen schwindet. Anfang der 1990er Jahre kam es in den neuen Bundesländern zu einem Rückgang der Eheschließungen und Geburten, dessen Ausmaß selbst Experten überrascht hatte: Innerhalb von nur drei Jahren, von 1989 bis 1992, verringerte sich die Zahl der Eheschließungen um 63 Prozent und die der Geburten ging um 56 Prozent zurück (vgl. Statistisches Bundesamt 1999).

Die Ursache für diese „demographische Revolution" (Zapf/Mau 1993) wird in einem Zusammenspiel mehrerer Faktoren gesehen: dem Wegfall der DDR-eigenen Instrumente zur Familienförderung, den neuen Möglichkeiten der Lebensgestaltung in der Bundesrepublik und den bisher unbekannten existentiellen Unsicherheiten (vgl. u. a. Mau 1994; Beck-Gernsheim 1997).

Wenn man junge Menschen in den neuen Bundesländern nach den Gründen für den Geburtenrückgang fragt, dann spielen alle diese Aspekte auch eine Rolle; an erster Stelle stehen jedoch die Angst vor Arbeitslosigkeit sowie die finanziellen Belastungen und existentiellen Risiken, die eigene Kinder mit sich bringen (Winkler 1999b: 124). Diese Befürchtungen sind nicht unberechtigt, wenn man in Betracht zieht, dass sich die Armut von Alleinerziehenden und kinderreichen Familien im Verlauf der 1990er Jahre stark erhöht hat (vgl. Palentien et al. 1999: 34) und dass mehr als ein Fünftel der 1,5 Millionen Haushalte, die im Jahr 1997 in Deutschland Hilfe zum Lebensunterhalt bezogen, Haushalte allein erziehender Frauen waren (vgl. Statistisches Bundesamt 1999: 469).

---

5   Für weitergehende Analysen zu Armut und sozialer Exklusion im vereinten Deutschland vgl. u. a. Böhnke 2001; Böhnke/Delhey 2001; Habich 1996.

Anzumerken bleibt, dass die Zufriedenheit mit der Ehe bzw. mit der Partnerschaft sowie die Zufriedenheit mit dem Familienleben in beiden Landesteilen vergleichsweise hoch sind und dass sich die Zufriedenheitswerte in den letzten Jahren kaum verändert haben.

Tabelle 8.2: Familie, Partnerschaften und Freundschaften

	Westdeutschland		Ostdeutschland	
	1990	1998	1990	1998
Familie und Partnerschaft				
Eheschließungen je 1.000 Einwohner[1,2]	6,4	6,7	7,9	3,3
Lebendgeborene je 1.000 Einwohner[1,2]	10,9	9,3	12,0	6,4
Familienformen (in %)[1,3]				
Ehepaare ohne Kinder	38,1	42,4	33,4	40,5
Ehepaare mit Kindern	51,3	46,1	50,7	42,2
Alleinerziehende	10,6	11,5	15,9	17,3
Scheidungsquote[1,4]	29,2	37,9	35,2	29,4
Zufriedenheit mit Ehe/Partnerschaft (Mittelwert)[5,6]	8,9	8,8	8,8	8,9
Zufriedenheit mit Familienleben (Mittelwert)[5]	8,8	8,6	8,7	8,6
Soziale Beziehungen, Freundschaften[5]				
Gute Kontaktmöglichkeiten (in %)[7]	75	81	65	73
Enge Freunde vorhanden (in %)	82	86	75	85
Treffen mindestens einmal pro Woche (in %)	66	59	43	51
Allein lebend und ohne enge Freunde (in %)	6	4	7	4

Anmerkungen: (1) Quelle: Statistisches Bundesamt 1991, 1992, 1999, 2000a, 2000b; (2) erste Angaben: 1989, letzte Angaben: 1999; (3) Familien nach Familienzusammensetzung; (4) Summe der im jeweiligen Jahr geschiedenen Ehen bezogen auf jeweils 100 in diesem Jahr geschlossene Ehen; erste Angabe für Ostdeutschland: 1989; (5) Datenbasis: Wohlfahrtssurvey 1988, 1990-Ost, 1998; (6) nur Befragte mit Partner; (7) Frage: „Welche Möglichkeiten haben Sie, mit Menschen in Kontakt zu kommen, mit denen Sie Freundschaft schließen könnten? Haben Sie dazu gute Möglichkeiten, geringe Möglichkeiten oder keine Möglichkeiten?"; ausgewiesen ist der Anteil „gute Möglichkeiten".

Die demographischen Einschnitte haben inzwischen tiefe Spuren in der ostdeutschen Bevölkerungsstruktur hinterlassen: Der Anteil der Ehepaare ohne Kinder ist um sieben Prozentpunkte gestiegen, der Prozentsatz der Ehepaare mit Kindern hat um etwa acht Prozentpunkte abgenommen. Eine ähnliche Entwicklung ist auch für den Westen Deutschlands zu konstatieren – wenn auch nicht im selben Ausmaß (vgl. Tabelle 8.2).

Auch die Zahl der Scheidungen verringerte sich in Ostdeutschland zunächst stark. Dieser Rückgang dürfte zumindest teilweise auf die Einführung eines neuen Scheidungsrechts und die damit einhergehenden Unsicherheiten zurückzuführen sein. Denn anders als bei Eheschließungen und Geburten ist die Zahl der Scheidungen seit Mitte der 1990er Jahre wieder deutlich gestiegen – ohne jedoch das Niveau in den alten Bundesländern zu erreichen. Im Westen Deutschlands hat sich das Scheidungsrisiko enorm erhöht: Auf 100 Eheschließungen kommen inzwischen 38 Scheidungen. Zum Vergleich: 1990 lag die Zahl noch bei 29.

Freundschaften

Angesichts dieser Entwicklungen gewinnen andere Formen sozialer Beziehungen zunehmend an Bedeutung. Die Voraussetzungen hierfür scheinen gegeben zu sein. Denn der größte Teil der Menschen in Ost und West meint, dass sie gute Möglichkeiten haben, mit anderen in Kontakt zu kommen, mit denen sie Freundschaft schließen könnten. Die überwiegende Mehrheit hat enge Freunde, und die Intensität der sozialen Beziehungen ist gemessen an der Häufigkeit der Treffen relativ groß. Der Anteil derjenigen, die allein leben und auch keine engen Freunde haben, ist relativ gering.

8.2.3 Befriedigung von Bedürfnissen nach persönlichem Wachstum

Die Befriedigung von Bedürfnissen nach persönlichem Wachstum ist von vielen Faktoren abhängig: von der Möglichkeit, Bildung zu erwerben, von der Chance, eine befriedigende Tätigkeit auszuüben, und nicht zuletzt auch von der Gelegenheit, die freie Zeit für sich selbst oder für andere zu nutzen.

Aus- und Weiterbildung

Durch die Übernahme des westdeutschen Bildungssystems haben sich die Bildungschancen in den neuen Bundesländern grundlegend verbessert. Die Zunahme der Ausbildungs- und Studierendenquote ist ein Beleg für die umfassende Öffnung des Bildungssystems (vgl. Tabelle 8.3). Im Verlauf der 1990er Jahre hat sich die Zahl der an Universitäten eingeschriebenen Studenten, gemessen an der Zahl der 18- bis 25-Jährigen insgesamt, mehr als verdoppelt. Doch diese nachholende Bildungsexpansion hat auch ihre Schattenseiten: Die Ausbildungszeiten haben sich verlängert, und die Verwertbarkeit der Abschlüsse hat sich verringert – Letzteres vor allem wegen der angespannten Arbeitsmarktlage in den neuen Bundesländern. In den neuen Bundesländern arbeiteten 1998 nur sechs von zehn Hochschulabsolventen in ihrem erlernten Beruf – in Westdeutschland waren es zum gleichen Zeitpunkt immerhin acht von zehn (Statistisches Bundesamt 2000c: 474). Doch diese Probleme scheinen für die meisten Auszubildenden und Studenten zweitrangig zu sein. Denn die Zufriedenheit mit der Ausbildung hat sich seit 1990 erhöht.

In den 1990er Jahren ist es in beiden Teilen Deutschlands zu einem bemerkenswerten Anstieg der Weiterbildungsquoten gekommen. Diese Entwicklung ist die unmittelbare Folge eines umfassenden technologischen Wandels, der nahezu alle Bereiche der Arbeitswelt berührt. Für die neuen Bundesländer trifft dies in besonderem Maße zu: Im Verlauf des Jahres 1997 hat jeder dritte Ostdeutsche im Alter von 19 bis 64 Jahren mindestens eine berufliche Weiterbildung absolviert – 1991 dagegen nur jeder vierte. An erster Stelle steht dabei das „Anpassungslernen": Kurse zur Übernahme neuer Aufgaben im Beruf und Lehrgänge zur Einarbeitung in eine neue Tätigkeit im Betrieb wurden besonders oft besucht. Im Vergleich hierzu haben Qualifikationen für den beruflichen Aufstieg und Umschulungen auf einen anderen Beruf einen geringeren Stellenwert. Diese Relation entspricht im Wesentlichen dem Muster, das sich im Westen Deutschlands herausgebildet hat und das typisch für sich modernisierende Volkswirtschaften sein dürfte.

Tabelle 8.3: Aus- und Weiterbildung, Erwerbstätigkeit und Freizeit

	Westdeutschland		Ostdeutschland	
	1990	1998	1990	1998
Aus- und Weiterbildung				
Auszubildendenquote (in %)[1,2]	21,8	26,0	17,1	27,3
Studierendenquote (in %)[2,3]	23,4	31,5	8,9	18,0
Zufriedenheit mit der Ausbildung[4,5]	7,2	7,4	6,9	7,8
Weiterbildungsbeteiligung (in %)[2,6]				
Berufliche Weiterbildung insgesamt	20	29	25	37
Darunter:				
Kurse zur Einarbeitung in neue Aufgaben	13	18	18	22
Kurse für den beruflichen Aufstieg	3	3	3	3
Kurse zur Umschulung auf anderen Beruf	2	2	4	5
Allgemeine Weiterbildung insgesamt	23	32	20	28
Darunter:				
Gesundheit und Lebensführung	4	5	2	3
Sprachkurse	6	8	2	5
Politische Bildung	1	1	1	1
Erwerbsbeteiligung				
Erwerbstätige am Arbeitsort (in Tsd.)[2]	28.479	27.915	8.820	6.055
Arbeitslosenquote insgesamt (in %)[2]	7,2	10,5	2,8	19,5
Langzeitarbeitslose (in %)[2,7]	29,7	37,7	-	34,4
Zufriedenheit mit der Arbeit (Mittelwert)[4]	7,8	7,7	6,7	7,4
Nach Stellung im Beruf				
Leitende und hochqualifizierte Angestellte	7,9	8,0	7,2	7,9
Qualifizierte und einfache Angestellte	7,7	7,7	6,8	7,4
Facharbeiter, Meister	7,8	7,8	6,3	7,2
Un- und angelernte Arbeiter	7,6	6,6	6,7	6,5
Freizeit				
Urlaubsdauer 6 oder mehr Wochen (in %)[2,8]	70	80	25	55
Ausgaben für Freizeitgüter und Urlaub (in DM)[2,9]	640	850	440	680
Zufriedenheit mit der Freizeit (Mittelwert)[4]	7,8	7,6	6,7	6,8
Zufriedenheit nach Einkommensgruppen				
Oberstes Quintil	7,8	7,7	6,5	7,0
Unterstes Quintil	7,8	7,4	7,0	5,9

Anmerkungen: (1) Zahl der Auszubildenden bezogen auf die Zahl der 18- bis 25-Jährigen insgesamt; (2) Quelle: Statistisches Bundesamt 1991, 1992, 1999, 2000a, 2000b, 2000c; (3) Zahl der Studierenden im Wintersemester bezogen auf die Zahl der 18- bis 25-Jährigen insgesamt; (4) Datenbasis: Wohlfahrtssurvey 1988-West, 1990-Ost, 1998; (5) Nur Schüler, Auszubildende und Studenten; (6) Teilnahme in den letzten zwölf Monaten vor der Befragung; Ausgewiesen ist der Anteil an der Bevölkerung im Alter von 19 bis 64 Jahren; Quelle: Bundesministerium für Bildung und Forschung (Hrsg.): Berichtssystem Weiterbildung, diverse Jahrgänge; erste Angabe: 1991, letzte Angabe 1997; (7) Anteil der Arbeitslosen, die ein Jahr und länger arbeitslos gemeldet sind; (8) Tariflich vereinbarte Dauer des Jahresurlaubs; betroffene Arbeitnehmer in Prozent aller von Tarifverträgen erfassten Arbeitnehmer; erste Angabe für Westdeutschland: 1990; erste Angabe für Ostdeutschland: 1991; (9) monatliche Ausgaben für Güter des privaten Verbrauchs, die einen Bezug zur Freizeit und zum Urlaub aufweisen (gerundet); Wirtschaftsrechnung privater Haushalte; Ergebnisse für Haushaltstyp 2; erste Angabe für Ostdeutschland: 1991; letzte Angaben: 1997.

Über die Notwendigkeit hinaus, das Wissen den Erfordernissen einer sich fortlaufend verändernden Arbeitswelt anzupassen, ist Bildung ein grundlegendes Bedürfnis der Persönlichkeitsentwicklung. Mehr Freizeit und höhere Einkommen ermöglichen es immer mehr Menschen, dieses Bedürfnis zu befriedigen: Etwa ein Drittel der Menschen in Deutschland hat im Jahr 1997 an mindestens einem Kurs oder Vortrag im Rahmen der allgemeinen Weiterbildung teilgenommen. Das Spektrum ist dabei sehr groß: Es reicht von Fragen der Gesundheit und der Lebensführung über Themen wie Familie, Kindererziehung bis zu Sprachkenntnissen und Wissen auf den Gebieten Kunst, Literatur, Religion und politische Bildung.

Erwerbsbeteiligung

Im Vergleich zu den Bildungschancen haben sich die Erwerbschancen in den neuen Bundesländern erheblich verschlechtert. Mit der Währungs-, Wirtschafts- und Sozialunion begann ein radikaler Umgestaltungsprozess der Wirtschaft, in dessen Verlauf etwa ein Drittel der Arbeitsplätze verlorenging. Die Arbeitslosenquote in Ostdeutschland stieg zeitweise über die 20-Prozent-Marke. Für immer mehr Menschen wird die Arbeitslosigkeit zu einem Dauerproblem: Im Jahr 1998 war bereits ein Drittel der ostdeutschen Erwerbslosen länger als ein Jahr arbeitslos gemeldet. Auch im Westen Deutschlands hat sich das Problem der Langzeitarbeitslosigkeit in den letzten Jahren verschärft.

Die Zufriedenheit mit der Arbeit hat in den neuen Bundesländern zugenommen. Die Bewertungsunterschiede zwischen einzelnen Beschäftigtengruppen haben sich vergrößert und dem westdeutschen Muster angeglichen: Am zufriedensten mit ihrer Arbeit sind die leitenden und hoch qualifizierten Angestellten, am unzufriedensten sind die un- und angelernten Arbeiter.

Freizeit

Der Umfang der erwerbsfreien Zeit und die Möglichkeiten der Freizeitgestaltung haben sich grundlegend gewandelt. Der Anteil der Arbeitnehmer, die sechs und mehr Wochen Jahresurlaub haben, ist von 25 (1991) auf 55 Prozent (1998) gestiegen, und die Ausgaben für Freizeitgüter haben sich erhöht.[6]

An diesen Zuwächsen konnten jedoch nicht alle in gleichem Maße teilhaben. Denn während die Zufriedenheit mit der Freizeit bei den Besserverdienenden gestiegen ist, hat sie sich bei den Einkommensschwachen vermindert. Zudem sind die Ost-West-Abstände noch immer beträchtlich. Sowohl der Umfang der freien Zeit als auch die Menge der zur Verfügung stehenden finanziellen Mittel sind im Westen Deutschlands weitaus größer als im Osten.

---

6   Zur Entwicklung des sozialen Engagements vgl. u. a. Priller 1996, 1998, 1999a; Rosenbladt 2000.

8.2.4 Veränderung der Lebensverhältnisse im Urteil der Bürger

Während man am Anfang der Beschreibung der Lebensverhältnisse vor der Frage steht, welche Aspekte im Einzelnen zu berücksichtigen sind, steht man am Ende vor dem Problem, wie die Entwicklungen auf den verschiedenen Ebenen alles in allem zu bilanzieren sind. Eine überzeugende Lösung dieses Problems besteht darin, das Urteil den Betroffenen zu überlassen (vgl. Zapf/Habich 1996: 335). Die so gewonnene subjektive Gesamtbewertung zeichnet sich dadurch aus, dass die Befragten selbst, gewissermaßen als Experten in eigener Sache, die für sie relevanten Aspekte auswählen und diesen ein spezifisches Gewicht beimessen.

Im Folgenden sollen zwei Perspektiven einer solchen Bilanz unterschieden werden: (1) Zum einen geht es um die Frage, wie sich die Lebensbedingungen im Verlauf der letzten Jahre entwickelt haben. Die Antwort soll Aufschluss darüber geben, inwieweit die Veränderungen als Fortschritt oder möglicherweise auch als Rückschritt bewertet werden. (2) Der Vergleich der Bewertungen der Lebensbedingungen in Ost- und Westdeutschland soll dagegen zeigen, inwieweit sich die Lebensverhältnisse im vereinten Deutschland aus der Sicht der Bürger angeglichen haben.

Veränderung der persönlichen Lebensbedingungen seit 1990 im Urteil der Bürger

Wie werden die Veränderungen der Lebensverhältnisse im vereinten Deutschland von den Bürgern selbst beurteilt? Wie sieht die Bilanz der Ostdeutschen aus, die sich seit 1990 sowohl neuen Chancen als auch neuen Risiken ausgesetzt sehen? Wie haben sich die Lebensbedingungen der Westdeutschen verändert, die von der deutschen Einheit kaum betroffen zu sein scheinen?

In den neuen Bundesländern zieht die Mehrheit eine positive Bilanz: 59 Prozent der Ostdeutschen meinen, dass sich die persönlichen Lebensbedingungen seit 1990 eher verbessert haben, 25 Prozent sehen keinen großen Unterschied, und nur 16 Prozent klagen über Einbußen.[7] Im früheren Bundesgebiet nimmt der überwiegende Teil der Bevölkerung keine wesentlichen Veränderungen wahr: 60 Prozent der Westdeutschen sagen, dass sich ihre Lebensbedingungen kaum verändert hätten, 20 Prozent berichten über Verbesserungen und ebenfalls 20 Prozent über Verschlechterungen.

Ost-West-Abstand der Lebensbedingungen im Urteil der Bürger

Aufschluss über den wahrgenommenen Abstand der Lebensbedingungen in Ost und West gibt ein anderes Verfahren. Hierbei werden die Befragten zunächst dazu aufgefordert, sich die gesamten Lebensbedingungen vor Augen zu halten. Die Bewertung

---

7   Vgl. den Wortlaut der Frage F020 im Anhang A.2.

der Lebensbedingungen in beiden Landesteilen erfolgt dann auf einer Skala, die von 0 (sehr schlechte Lebensbedingungen) bis 10 (sehr gute Lebensbedingungen) reicht.[8] Von den Ostdeutschen werden die Lebensbedingungen in den neuen Bundesländern überwiegend positiv beurteilt. Der Mittelwert auf der eben erwähnten Skala liegt bei 5,9. Im Vergleich hierzu werden die Lebensbedingungen im früheren Bundesgebiet wesentlich besser eingeschätzt. Der Wert hierfür beträgt immerhin 8,2. Damit beziffert sich der von den Ostdeutschen wahrgenommene Unterschied der Lebensverhältnisse in West und Ost auf 2,3 Skalenpunkte. Der Vergleich mit früheren Erhebungen zeigt nun, dass sich diese Lücke verringert hat, denn im Jahr 1993 lag die Differenz noch bei drei Skalenpunkten (vgl. Mau 1996: 69).

Von den Westdeutschen werden die Lebensbedingungen im eigenen Landesteil nicht so hoch eingestuft wie von den Ostdeutschen. Der Mittelwert beträgt 7,7. Die Lebensbedingungen in den neuen Bundesländern werden als weniger gut bewertet. Der Durchschnitt liegt bei 6,1. Aus der Sicht der Westdeutschen sind die Unterschiede zwischen den Lebensbedingungen in West und Ost demnach weniger gravierend: Die Differenz beträgt 1,6 Skalenpunkte. Zum Vergleich: 1993 waren es noch 2,2 Skalenpunkte (vgl. ebenda).

Alles in allem wird deutlich, dass weder die Westdeutschen noch die Ostdeutschen meinen, das Ziel, einheitliche Lebensverhältnisse in Deutschland herzustellen, sei bereits erreicht. Es zeigt sich aber auch, dass bei der Annäherung der Lebensbedingungen substantielle Erfolge wahrgenommen werden. Mehr noch: In beiden Landesteilen werden die Fortschritte bei der Angleichung der Lebensverhältnisse in etwa gleich eingeschätzt: Für die Ostdeutschen hat sich die „Wohlstandskluft" im Zeitraum von 1993 bis 1998 um 0,7 Skalenpunkte vermindert und für die Westdeutschen um 0,6 Skalenpunkte.

In Anbetracht dieser Befunde ist die These, dass sich die Lebensverhältnisse in den neuen Bundesländern seit 1990 nicht verbessert hätten und die Wohlstandskluft zwischen dem früheren Bundesgebiet und den neuen Bundesländern weiter bestehe, nicht länger aufrechtzuerhalten. Die Untersuchung hat für die betrachteten Grundbedürfnisse nach physischem Wohlergehen, nach Einbettung in soziale Beziehungen und nach persönlichem Wachstum vielmehr gezeigt, dass es in den neuen Bundesländern seit 1990 zu einer signifikanten Verbesserung der Lebensverhältnisse gekommen ist und dass diese Tatsache von den Bürgern auch wahrgenommen wird.[9] Alles in allem spricht vieles für die These, dass „sich für die Mehrzahl der Ostdeutschen seit 1990 eine eindeutige Wohlfahrtssteigerung ergeben hat, sowohl was die objektiven Lebensbedingungen wie das subjektive Wohlbefinden angeht" (Zapf/Habich 1996a: 341).

---

8 Vgl. den Wortlaut der Frage F122 und F123 im Anhang A.2.
9 Diese Deutung wird auch von den empirischen Erkenntnissen über die Entwicklung des subjektiven Wohlbefindens gestützt (vgl. die entsprechenden Analysen im Abschnitt 6.3).

8.3 Entwicklung der Systemakzeptanz im vereinten Deutschland

Die Analysen zum Wandel der Lebensverhältnisse im vereinten Deutschland, die im letzten Abschnitt präsentiert wurden, lassen den Schluss zu, dass sich die objektiven Lebensbedingungen und das subjektive Wohlbefinden in den neuen Bundesländern seit dem Beitritt zur Bundesrepublik erheblich verbessert haben. Die überwiegende Mehrheit der Ostdeutschen konnte im Verlauf der 1990er Jahre signifikante Wohlstandsgewinne verbuchen, die sie selbst als Verbesserung der eigenen Lage wahrnehmen. Alles in allem hat sich die Erwartung bestätigt, dass es mit der nachholenden Modernisierung des politischen Systems und des Wirtschaftssystems zu einer nachholenden Wohlstandsentwicklung gekommen ist (vgl. Zapf 1991; Zapf 1994; Geißler 1992).

Im früheren Bundesgebiet hat es einen vergleichbaren kollektiven Wohlstandszuwachs gegeben. In den 1950er und 1960er Jahren – während des so genannten ‚Wirtschaftswunders' – hatten sich die Realeinkommen und der Lebensstandard für nahezu alle Bevölkerungsschichten deutlich erhöht. Dieser Wohlstandsschub hatte entscheidend dazu beigetragen, die Menschen von den Vorzügen der Demokratie und der sozialen Marktwirtschaft zu überzeugen (vgl. Gabriel 1987). Die Zustimmung zum demokratischen und zum marktwirtschaftlichen System basierte anfangs vor allem auf den erlebten Verbesserungen der eigenen Lebensverhältnisse, und erst Ende der 1960er Jahre beobachtete man eine Entkopplung von Demokratieakzeptanz und Wohlstandsentwicklung (vgl. Gabriel 1986; Lepsius 1993).

In Ostdeutschland ist ein vergleichbarer Effekt nicht zu beobachten. Die bemerkenswerten Wohlstandsgewinne – die Zuwächse bei den Erwerbs- und Sozialeinkommen, die Fortschritte bei den Konsummöglichkeiten und beim Lebensstandard – haben nicht zu einer größeren Akzeptanz des politischen Systems und des Wirtschaftssystems geführt. Im Verlauf der 1990er Jahre ist die Zustimmung zu Demokratie und Marktwirtschaft in den neuen Bundesländern nicht gestiegen, sondern gesunken. Der Unterschied zwischen den Einstellungen der Menschen in West und Ost ist nicht kleiner geworden, sondern in etwa gleich groß geblieben.

Der Anteil derjenigen, die das System der sozialen Marktwirtschaft befürworten, hat sich in den neuen Bundesländern von 73 Prozent im Jahr 1990 auf 35 Prozent im Jahr 2000 verringert (vgl. Abbildung 8.1).[10] Der niedrigste Wert wurde im Jahr 1997 registriert, als nur etwa ein Fünftel der Ostdeutschen angab, eine „gute Meinung von der sozialen Marktwirtschaft" zu haben. Seither ist die Zustimmung zwar wieder gestiegen, ohne jedoch das frühere Niveau zu erreichen. Wichtiger ist in diesem Zusammenhang die Tatsache, dass die Zustimmung der Ostdeutschen noch immer deutlich unter dem westdeutschen Wert liegt. Mehr noch: Der West-Ost-Abstand hat sich kaum verändert – zumindest seitdem ein Vergleich zwischen beiden Landesteilen möglich ist.

---

10 Wortlaut der Frage: „Haben Sie vom Wirtschaftssystem in der Bundesrepublik eine gute Meinung oder keine gute Meinung?" Ausgewiesen ist der Anteil derjenigen, die sagen, sie hätten eine „gute Meinung". Quelle: Noelle-Neumann/Köcher 1997: 670; Werte für 1998, 1999 und 2000. In einigen Jahren wurde die Frage mehrmals erhoben. In diesem Fall wurde aus den zur Verfügung stehenden Werten ein Jahresdurchschnitt ermittelt. Im früheren Bundesgebiet wurde die Frage nach der Zustimmung zum Wirtschaftssystem lt. Auskunft des Instituts für Demoskopie Allensbach erstmals im Jahr 1994 erhoben.

Abbildung 8.1: Zustimmung zur Marktwirtschaft in West- und Ostdeutschland

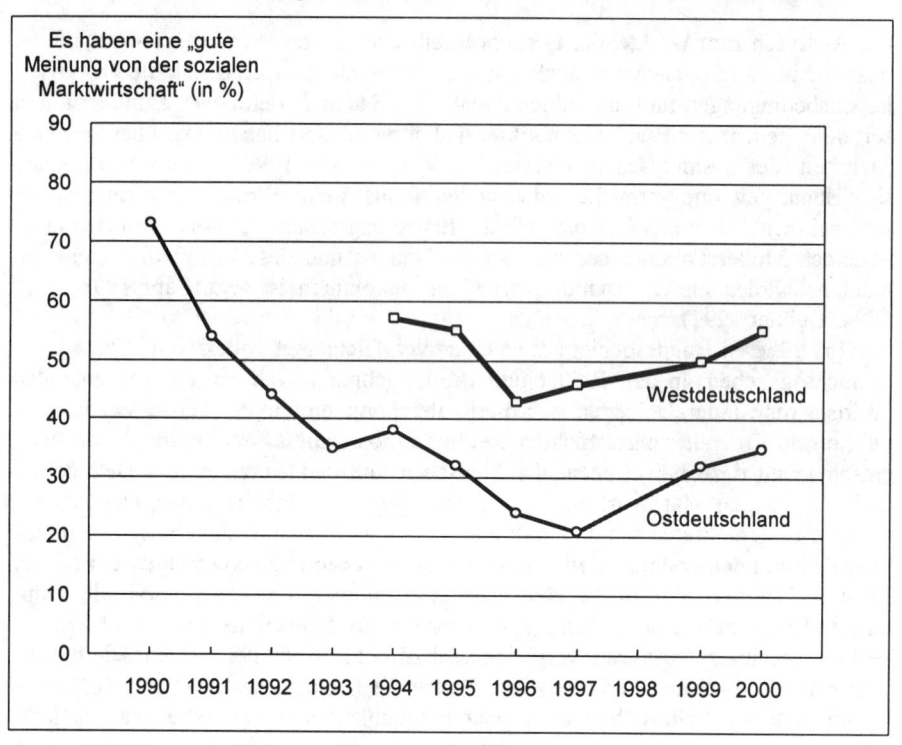

Datenquelle: Institut für Demoskopie Allensbach.

Die Zustimmung zum demokratischen System ist ebenfalls zurückgegangen – wenn auch nicht so deutlich wie die Akzeptanz des Wirtschaftssystems (vgl. Abbildung 8.2). Dass die Demokratie die beste Staatsform sei, meinten 1990 vier von zehn Ostdeutschen; ein Jahrzehnt später, im Jahr 2000, waren es nur noch drei von zehn.[11] Die geringste Zustimmung zur Demokratie wurde im Jahr 1997 mit 25 Prozent registriert.

Wie bei der Zustimmung zur sozialen Marktwirtschaft ist es auch hier nicht zu einer Annäherung der Einstellungen in West und Ost gekommen. Vielmehr verlaufen beide Kurven fast parallel zueinander, wobei der Abstand während des gesamten Beobachtungszeitraums etwa 40 Prozentpunkte beträgt.[12]

---

11 Frage: „Glauben Sie, die Demokratie, die wir in der Bundesrepublik haben, ist die beste Staatsform, oder gibt es eine andere Staatsform, die besser ist?" Ausgewiesen ist der Anteil derjenigen, die meinen, die „Demokratie ist die beste Staatsform". Quelle: Noelle-Neumann/Köcher 1997: 657; Werte für 1998, 1999 und 2000 lt. Auskunft des Instituts für Demoskopie Allensbach. In einigen Jahren wurde die Frage mehrmals erhoben. In diesem Fall wurde aus den zur Verfügung stehenden Werten ein Jahresdurchschnitt ermittelt.

12 Nahezu identische Befunde – Rückgang der Zufriedenheit und keine Annäherung der Einstellungsverläufe – präsentiert Detlef Pollack für den Indikator „Zufriedenheit mit der Demokratie" auf der Basis

Abbildung 8.2: Zustimmung zur Demokratie in West- und Ostdeutschland

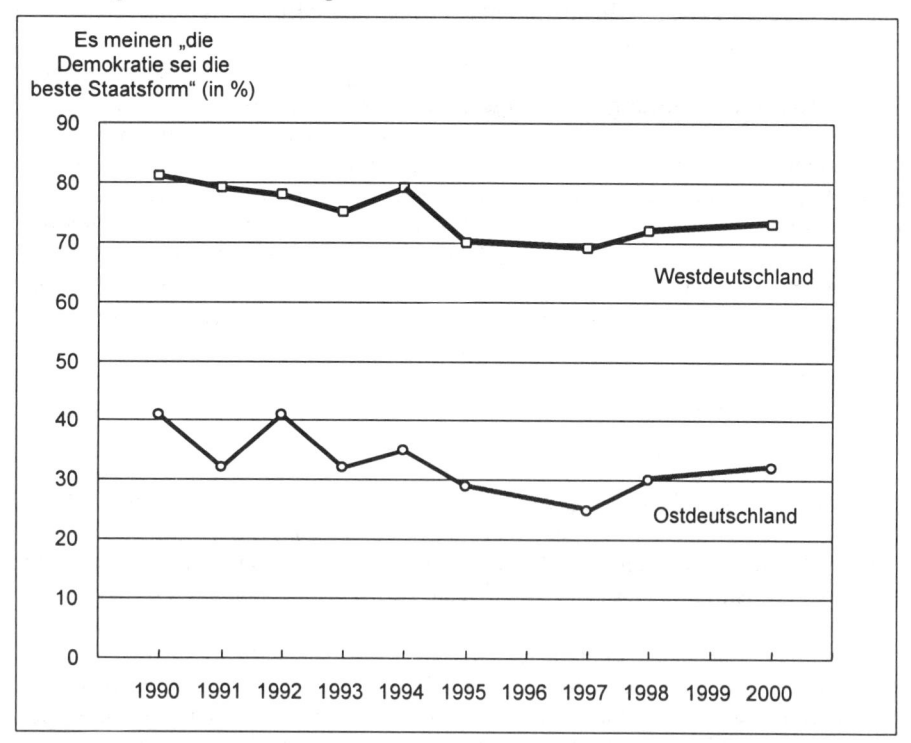

Datenquelle: Institut für Demoskopie Allensbach.

Das erstaunliche Auseinanderfallen von positiver Wohlfahrtsentwicklung auf der einen Seite und betont kritischer Bewertung der Gesellschaft auf der anderen Seite lässt sich nicht nur für die ostdeutsche Bevölkerung insgesamt beobachten (vgl. Bulmahn/Habich 1997: 436). Eigene Untersuchungen für einzelne soziale Gruppen haben gezeigt, dass selbst diejenigen, die ihren Arbeitsplatz nicht verloren haben, sondern beruflich aufsteigen konnten und deren Einkommenssituation sich überdurchschnittlich verbessert hat, Demokratie und Marktwirtschaft kritischer betrachten als die Westdeutschen. Die Kritik fällt zudem kaum geringer aus als bei denen, die man zu den „Verlierern der Einheit" zählen muss. Die anhaltende Skepsis der Ostdeutschen, ihre fortwährende Kritik am politischen System und am Wirtschaftssystem der Bundesrepublik, das geringere Vertrauen in die bundesdeutschen Institutionen und nicht zuletzt die zunehmenden Wahlerfolge der PDS, all das steht in

---

des Politbarometers. Die Zeitreihe reicht von 1990 bis 1998 in Jahresabständen (vgl. Pollack 1998b: 16). Mit dem Wohlfahrtssurvey wurde die „Zufriedenheit mit den demokratischen Einrichtungen in den neuen Bundesländern im Verlauf der 1990er Jahre dreimal erhoben: 1993, 1998 und 1999. Auch hier entsprechen die Ergebnisse weitgehend den bekannten Mustern (vgl. Habich/Noll 2000: 433).

einem denkwürdigen Widerspruch zur mehrheitlich wahrgenommenen Verbesserung der eigenen Lebensverhältnisse seit dem Beitritt zur Bundesrepublik.

8.4 Alternative Deutungen der Einstellungsunterschiede

In der sozialwissenschaftlichen Debatte zu der Frage, warum sich die politischen Einstellungen der Menschen in West- und Ostdeutschland noch immer so deutlich voneinander unterscheiden, werden im Wesentlichen zwei Thesen vertreten. Während die einen dieses Phänomen auf die Sozialisation der Ostdeutschen in einem autoritären und paternalistischen Regime zurückführen (Sozialisationsthese), verweisen andere auf die persönlichen Belastungen und Unsicherheiten, die sich aus der Transformation der ostdeutschen Wirtschaft ergeben haben, oder auf die noch bestehenden Ost-West-Unterschiede bei den Einkommen und beim Lebensstandard, die zu einem Gefühl der Deklassierung führten (Situationsthese).

8.4.1 Sozialisationsthese

Die Anhänger der Sozialisationsthese gehen von einer besonderen Prägung der Menschen in den neuen Ländern aus. Die Ostdeutschen seien durch ihre sozialistische Erziehung und die ideologische Indoktrination nachhaltig geformt worden. Die Sozialisation in der DDR beeinflusse noch heute ihr Denken und Handeln. Rainer M. Lepsius war einer der Ersten, der auf die Diskrepanz zwischen den aus dem Westen übertragenen Institutionen und der Sozialisation der Ostdeutschen hinwies (vgl. Lepsius 1991). Die implantierten Institutionen würden „zunächst in relativer Abkopplung von der individuellen Lebenserfahrung und biographischen Identitätsformung der Menschen" existieren, und dies „um so mehr, als diese von dem so andersartigen Institutionensystem des SED-Staates geprägt" seien (ebenda: 73).

Problematisiert wurde die Diskrepanz zwischen „westdeutscher Systemwelt" und „ostdeutscher Lebenswelt", weil in früheren Untersuchungen zur politischen Kultur gezeigt werden konnte, dass die mentale Einbettung eine wesentliche Voraussetzung für die Funktionsfähigkeit und Stabilität von Institutionen ist (vgl. Almond/Verba 1963). Die von vielen beobachtete Besonderheit ostdeutscher Mentalitäten, Einstellungen und Lebensweisen ließ deshalb die Befürchtung aufkommen, dass „die in DDR-Gewässer vorgestoßenen institutionellen Schiffe der BRD dort trockenfallen oder sich festfahren" würden (Offe 1991: 79). Es wurde davor gewarnt, dass sich bei den Ostdeutschen ein „lebensweltlicher Eigensinn" herausbilden werde (vgl. Woderich 1992), der den sozialen Wandel in den neuen Bundesländern irgendwann einmal blockieren könnte (vgl. Kupferberg 1994; Schluchter 1996).

Diese Befürchtungen haben sich nicht bestätigt: Fehlfunktionen und Instabilitäten der transferierten Institutionen traten seltener auf als erwartet. Doch ungeachtet der überraschend positiven Entwicklung werden die vorhandenen Einstellungsunterschiede zwischen Ost- und Westdeutschen immer wieder dramatisiert. Die Sozialisation in der DDR wird gleichgesetzt mit „mentaler Deformation". Den Menschen in den neuen Bundesländern werden antidemokratische Einstellungen, Fremdenfeindlichkeit, Obrigkeitshörigkeit, Versorgungsmentalität und fehlende Eigeninitiative unterstellt (vgl. u. a. Roethe 1999).

Die meisten sozialisationstheoretischen Interpretationen wurden zurückhaltender formuliert: Die politischen Einstellungen der Ostdeutschen seien „auch durch die Sozialisation" geformt worden (Fuchs/Roller/Weßels 1997: 8). Der besondere Stellenwert der sozialen Sicherheit in der DDR sei beispielsweise „eine Ursache" dafür, dass die Ostdeutschen heute höhere Ansprüche an den Sozialstaat stellten als die Westdeutschen (ebenda).

Doch der Stellenwert dieser „einen Ursache" bleibt fraglich. Offen bleibt auch, welche anderen Ursachen existieren. Problematisch bleibt nicht zuletzt die Überzeugung der Autoren, dass die Einstellungsunterschiede als „sozialistisches Erbe [...] nur durch den Austausch der DDR-Generationen durch jüngere Generationen" zu überwinden seien (ebenda). Bisher gibt es eher Hinweise, die gegen diese Prognose sprechen: So hat sich, wie weiter oben dargestellt wurde, die Zustimmung zu Demokratie und Marktwirtschaft eher verringert, und die Einstellungsunterschiede sind gleich groß geblieben.

Um die Sozialisationsthese dennoch aufrechterhalten zu können, wurde argumentiert, dass die sozialistische Prägung der Ostdeutschen von der Euphorie der Wiedervereinigung nur überlagert worden sei. Nach dem Abklingen dieses Hochgefühls seien die „wirklichen Einstellungen" wieder hervorgetreten (vgl. Westle 1994). Aber auch diese Deutung vermag nicht zu überzeugen. Denn die Prägekraft des sozialistischen Staates ist weitaus geringer gewesen, als hier unterstellt wird. Detlef Pollack hat darauf verwiesen, dass eine nachhaltige Prägung von Einstellungen nur in einer stabilen und konsistenten Gesellschaft gelingen könne, in der sich „Sozialstruktur und Kultur [...] in einem Verhältnis weitgehender Übereinstimmung befinden" (Pollack 1996: 16). Die DDR sei aber in einem hohen Maße fragmentiert und gespalten gewesen. Eine wachsende Kluft zwischen Bevölkerung und SED-Staat habe dazu geführt, so Pollack, dass sich die Menschen mehr und mehr westlichen Wertvorstellungen zuwandten (ebenda).

Hans-Joachim Veen geht noch weiter, wenn er behauptet, dass das „Referenzsystem" der DDR-Bürger immer die Bundesrepublik gewesen sei, und zwar in einem Ausmaß, dass man von einer „virtuellen West-Sozialisation" sprechen könne (Veen 1997: 24). Letzteres mag nur für einen Teil der Ostdeutschen zutreffen. Doch kann wohl davon ausgegangen werden, dass die Ostdeutschen von den Systemdefekten des Realsozialismus und dem fortwährenden Vergleich mit der erfolgreicheren Bundesrepublik mehr beeinflusst wurden als von den Versuchen des SED-Staates, sie zu „sozialistischen Menschen" zu erziehen. Die Sozialisation in der DDR, so hat es Detlef Pollack einmal formuliert, war eine „Sozialisation durch und gegen das System" (Pollack 1998a: 307).

Diese Kritik an der Sozialisationsthese lässt sich mit empirischem Material untermauern, das im Auftrag des Bundesministeriums für innerdeutsche Beziehungen in der DDR erhoben wurde und das bis heute kaum bekannt ist. Es handelt sich dabei um eine Zeitreihe zur Systemloyalität in der DDR, die bis zum Anfang der 1970er Jahre zurückreicht. Weil westdeutsche Einrichtungen keine Meinungsumfragen in der DDR durchführen konnten, wurde eine spezielle Methode der „Stellvertreterforschung" entwickelt (vgl. Köhler 1992: 60). Westdeutsche Reisende wurden nach ihrem Besuch der DDR gebeten, Auskunft über die politischen Einstellungen ihrer ostdeutschen Gesprächspartner zu geben. Diese Angaben wurden zu einem Stimmungsbild der ostdeutschen Bevölkerung zusammengesetzt. Dabei wurde folgende Klassifikation zugrundegelegt: Vom politischen System der DDR „völlig überzeugte" oder zumindest „allgemein positiv eingestellte Personen" wurden zur Kategorie der „Anhänger" gezählt. Als „Angepasste" wurden diejenigen bezeichnet, die sich „eher gleichgültig gegenüber dem System" verhielten oder die „politisch nicht interessiert" waren. Wer das politische Regime „grundsätzlich ablehnte", wurde der Gruppe der „Gegner" zugeordnet (ebenda: 68-69).

Ausgehend von den Besucherbeobachtungen wurden im Jahr 1970 lediglich 26 Prozent der DDR-Bürger als Anhänger des Systems eingestuft, 63 Prozent galten als Angepasste und elf Prozent als Gegner. Ein Jahrzehnt später, im Jahr 1980, wurde mit 27 Prozent ein mehr als doppelt so großer Anteil von Systemgegnern registriert. Nur noch 22 Prozent konnten als Anhänger und 51 Prozent als Angepasste bezeichnet werden. Im August 1989 erreichte die Systemloyalität schließlich ein kritisches Niveau. Nahezu jeder zweite DDR-Bürger lehnte zu diesem Zeitpunkt das politische System ab, der Anteil der Angepassten war auf 44 Prozent gefallen, der Prozentsatz der Anhänger lag nur noch bei zwölf Prozent (ebenda). Dass schon in den 1970er Jahren nur ein kleiner Teil der DDR-Bürger als Anhänger des Systems gelten konnte und dass bereits sehr früh ein schleichender Verfall der Loyalität einsetzte – all dies spricht gegen die Auffassung, dass die Versuche des DDR-Staates, die Menschen zu „sozialistischen Persönlichkeiten" zu erziehen, besonders erfolgreich waren.

8.4.2 Situationsthese

Als Alternative zu der in die Kritik geratenen Sozialisationsthese wurden situationsbezogene Erklärungen formuliert. Die sozialen Probleme und Unsicherheiten, die sich im Verlauf der Transformation Ostdeutschlands ergaben, werden als die eigentlichen Ursachen für die kritischere Haltung der Ostdeutschen herausgestellt.

Dabei werden jedoch die situativen Faktoren häufig isoliert betrachtet und in ihrem Wirkungszusammenhang verkannt. Dieter Walz und Wolfram Brunner (1997) meinen beispielsweise, die Einstellungsunterschiede zwischen Westdeutschen und Ostdeutschen allein und direkt auf die schlechtere Wirtschaftslage in den neuen Ländern zurückführen zu können. „Das Sein bestimmt das Bewusstsein" – so der Titel ihres Beitrags – und ihr Konzept. Doch das Bild von der Wirklichkeit ist nicht nur vom Zustand der Dinge abhängig, die wir betrachten, sondern auch von der Art und Weise, wie diese Dinge gesehen werden (vgl. Abschnitt 3.3).

Auch Hans-Joachim Veen (1997) führt die Einstellungsunterschiede unmittelbar auf die unterschiedliche sozioökonomische Lage in Ost und West zurück. Die Einstellungsunterschiede würden sich erst dann auflösen, wenn es gelingt, die Lebensbedingungen in Ost und West anzugleichen (ebenda: 24-26). In gleicher Weise hat Detlef Pollack vorhergesagt, dass „der Abbau des ostdeutschen Sonderbewusstseins in dem Maße vorankommt, wie der wirtschaftliche Aufschwung in den neuen Bundesländern greift und wie soziale Differenzen zwischen Ostdeutschen bedeutsamer werden als soziale Differenzen zwischen Ost- und Westdeutschen" (Pollack 1996: 16).

Doch diese Prognosen haben sich nicht erfüllt. Obwohl sich in den letzten Jahren die objektiven Lebensbedingungen und das subjektive Wohlbefinden der Ostdeutschen dem westdeutschen Niveau angenähert haben (vgl. Abschnitt 8.2) und sich die soziale Ungleichheit zwischen den Ostdeutschen vergrößert hat (vgl. u. a. Dathe 1998), ist es nicht zu der erwarteten Angleichung der Einstellungsmuster gekommen. Anders als prophezeit sind die Unterschiede erhalten geblieben (vgl. Abschnitt 8.3).

In Anbetracht dieser Tatsache haben einige Verfechter der Situationsthese ihre Argumentation erheblich umgebaut. Detlef Pollack kommt Ende der 1990er Jahre beispielsweise zu einer überraschend neuen Deutung: Die Ostdeutschen würden den übertragenen Institutionen noch immer kritisch-distanziert begegnen, so Pollack, weil sie nur wenig zu deren erfolgreichem Funktionieren hätten beitragen können (vgl. Pollack 1998b).[13] Bei dieser Argumentation wird jedoch übersehen, dass auch die Westdeutschen den Erfolg ihrer politischen und wirtschaftlichen Entwicklung vor allem einer nachholenden Modernisierung zu verdanken hatten, d. h. einem Transfer von demokratischen und marktwirtschaftlichen Strukturen, zu deren Funktionieren sie zunächst ebensoviel bzw. ebensowenig beitrugen wie die Ostdeutschen heute.

Die Versuche, die unterschiedlichen politischen Einstellungen von West- und Ostdeutschen unmittelbar und ausschließlich auf wirtschaftliche Probleme und soziale Belastungen in den neuen Bundesländern zurückzuführen, greifen meines Erachtens zu kurz. Dass die Zustimmung zur Demokratie allein und unmittelbar von sozioökonomischen Faktoren abhängig sei, ist aus theoretischen und empirischen Gründen zu bezweifeln.

8.4.3 Kombination aus Sozialisations- und Situationsthese

Weder mit der Sozialisationsthese noch mit der Situationsthese allein lässt sich der Rückgang der Zustimmung zu Demokratie und Marktwirtschaft in den neuen Bundesländern plausibel erklären. Anderseits ist nicht zu bestreiten, dass beide Aspekte, Sozialisation und Situation, bei der Wahrnehmung und Bewertung gesellschaftlicher Gegebenheiten eine Rolle spielen (vgl. Kapitel 5).

Wäre es aus diesem Grunde nicht sinnvoll, beide Erklärungsansätze zu kombinieren? Ließen sich mit einer derartigen Symbiose nicht die Schwächen beider An-

---

13 Pollack führt hierzu aus: „Die relativ geringe Akzeptanz der bundesrepublikanischen Institutionenordnung hat insofern eine ganz wesentliche Ursache in der bemerkenswerten Unmaßgeblichkeit des ostdeutschen Beitrages zum Gelingen der deutschen Einheit. Man kann sich nur mit etwas identifizieren, zu dessen Gelingen man selbst beigetragen hat, ja man wird sich mit diesem sogar dann identifizieren, wenn das, wozu man beigetragen hat, nicht ganz und gar gelungen ist. Dort aber, wo man zur Herstellung des Ganzen schlichtweg nicht gebraucht wird, kann das Ganze nicht zum Eigenen werden" (Pollack 1998b: 21).

sätze überwinden?[14] Gegen eine solchen Versuch spricht, dass die Wahrnehmung und Bewertung der Gesellschaft von einer Vielzahl subjektiver Faktoren beeinflusst wird, die sich nicht, zumindest nicht vollständig, auf die primäre Sozialisation in der DDR zurückführen lassen. Hierzu gehören individuelle Ansprüche und Erwartungen an eine lebenswerte Gesellschaft, kollektiv geteilte Idealbilder von einer „guten Gesellschaft" etc. Diese Faktoren sind keine Konstanten, sondern es sind veränderliche Größen, wie die Forschungen zum Wertewandel in modernen Gesellschaften zeigen.

Ein weiterer Einwand gegen eine einfache Kombination von Sozialisations- und Situationsthese ergibt sich aus der situationstheoretischen Verengung der zeitlichen Perspektive auf die jeweils aktuelle sozioökonomische Lage. Implizit wird angenommen, dass nur die gegenwärtige Situation von Bedeutung sei (Aktualitätsannahme). Es wird ignoriert, dass Menschen in der Lage sind, eine Vielzahl von Erfahrungen zu sammeln, zu speichern und zu verarbeiten.

Unberücksichtigt bliebe schließlich die entscheidende Frage, was die Qualität einer Gesellschaft eigentlich ausmacht. Entscheidend ist diese Frage deshalb, weil meines Erachtens die Bewertung der Gesellschaft im Allgemeinen bzw. die Beurteilung gesellschaftlicher Institutionen im Besonderen vor allem davon abhängig sind, ob die Bürger Freiheitsrechte als gegeben, Sicherheitsfragen als beantwortet und Gerechtigkeitsprobleme als gelöst ansehen.

Ungeachtet dieser Argumente, die gegen eine einfache Kombination aus Sozialisations- und Situationsansatz sprechen, soll im Folgenden untersucht werden, inwieweit sich die unterschiedliche Zufriedenheit mit den demokratischen Institutionen auf die entsprechenden Faktoren zurückführen lässt. Zu diesem Zweck wurde eine Varianzanalyse durchgeführt (vgl. Tabelle 8.5).

Dabei werden vier Gruppierungsvariablen berücksichtigt. (1) Die Variable „Landesteil" liefert die Unterscheidung in West- und Ostdeutschland. (2) Die Größe „PDS-Anhängerschaft" wird verwendet, um die DDR-Sozialisation zu operationalisieren. Dabei gehe ich von der Annahme aus, dass vor allem bei denen eine sozialistische Prägung vermutet werden kann, die angeben, über einen längeren Zeitraum mit der PDS zu sympathisieren. (3) Die Betroffenheit von Arbeitslosigkeit und (4) die Höhe der Einkommen werden zur Beschreibung der eigenen sozioökonomischen Lage im Sinne der Situationsthese eingesetzt. Die Ergebnisse der Analyse lassen sich in vier Aussagen zusammenfassen:

(1) Wie zu erwarten war, sind die Ostdeutschen unzufriedener mit der Demokratie als die Westdeutschen (vgl. vorhergesagtes Mittel, nicht angepasst). Der Mittelwert der Demokratiezufriedenheit liegt in den neuen Bundesländern bei 5,44 und im früheren Bundesgebiet bei 6,51 – gemessen mit einer Skala von 0 (ganz und gar unzufrieden) bis 10 (ganz und gar zufrieden). Der Unterschied zwischen beiden Werten beträgt 1,07 Skalenpunkte.

---

14 Entsprechende Erklärungsansätze, die sowohl die Sozialisation der Ostdeutschen als auch die Situation in den neuen Bundesländern betrachten, wurden u. a. von Gert Pickel (vgl. Pickel et al. 1998), Detlef Pollack (1998b) sowie von Jan Delhey und Petra Böhnke (2000) vorgetragen.

Tabelle 8.4: Determinanten der Demokratiezufriedenheit –
Sozialisations- und Situationsthese

	Varianzanalyse				N
	Vorhergesagtes Mittel		Faktorauswertung		
	Nicht angepasst	Korrigiert nach Faktoren	Eta	Beta	
Landesteil			,21	,16	
Westdeutschland	6,51	6,46			1830
Ostdeutschland	5,44	5,67			425
PDS-Anhängerschaft			,12	,07	
Ja	4,94	5,54			69
Nein	6,35	6,33			2186
Arbeitslosigkeit			,12	,07	
Ja	5,47	5,79			153
Nein	6,37	6,35			2102
Einkommenslage			,15	,11	
Oberstes Quintil	6,79	6,65			470
Zweites Quintil	6,42	6,37			448
Drittes Quintil	6,29	6,30			443
Viertes Quintil	6,08	6,13			464
Unterstes Quintil	5,93	6,07			430
Modell				$R^2 = ,07$	2255

Anmerkungen: Abgebildet sind die Ergebnisse einer Varianzanalyse (ANOVA, MCA). Abhängige Variable ist die Zufriedenheit mit den demokratischen Einrichtungen, gemessen mit einer Skala von 0 (ganz und gar unzufrieden) bis 10 (ganz und gar zufrieden). Es werden nur Koeffizienten für Haupteffekte ausgewiesen, die mindestens auf dem 95%-Niveau signifikant sind ($p < 0.05$).
Datenbasis: Wohlfahrtssurvey 1998.

(2) Die PDS-Anhänger sind wesentlich unzufriedener mit der Demokratie als die Anhänger anderer Parteien. Die zentrale Annahme des sozialisationstheoretischen Erklärungsansatzes, dass sich sozialistische, d. h. kapitalismuskritische Grundhaltungen – die man bei der überwiegenden Mehrheit der PDS-Anhänger voraussetzen darf – negativ auf die Zufriedenheit mit den demokratischen Einrichtungen in der Bundesrepublik auswirken, hat sich damit zwar grundsätzlich bestätigt. Doch einschränkend ist hier anzumerken, dass der Ideologie-Effekt mit einem Beta-Koeffizienten von ,07 vergleichsweise gering ist.

(3) Die individuelle Betroffenheit von Arbeitslosigkeit hat einen zufriedenheitsmindernden Effekt. Arbeitslose sind unzufriedener mit den demokratischen Einrichtungen. Die Einkommenslage wirkt sich ebenfalls auf die Demokratiezufriedenheit aus. Mit der Höhe des Einkommens nimmt die Zufriedenheit zu. Beide Befunde zeigen, dass die sozioökonomische Lage einen Einfluss auf die Bewertung des politischen Systems hat. Doch reichen diese Faktoren nicht aus, um die unterschiedliche Zufriedenheit mit der Demokratie in entscheidender Weise zu erklären.

(4) Wenn man den Einfluss der drei Größen – PDS-Neigung, Arbeitslosigkeit und Einkommenslage – berücksichtigt, dann verringert sich die West-Ost-Differenz von 1,07 Skalenpunkten auf 0,82 Skalenpunkte (vgl. vorhergesagtes Mittel, korri-

giert nach Faktoren). Die Größe „Landesteil" bleibt mit einem Beta-Koeffizienten von ,16 dennoch wichtigster Faktor. Die unterschiedliche Demokratiezufriedenheit von Westdeutschen und Ostdeutschen lässt sich demzufolge nur zu einem kleinen Teil auf die PDS-Neigung, die Arbeitslosigkeit und die Einkommenslage zurückführen. Mit anderen Worten: Selbst wenn in West- und Ostdeutschland die PDS-Neigung, die Betroffenheit von Arbeitslosigkeit und die Einkommen gleich wären, würden sich die Mittelwerte der Demokratiezufriedenheit in beiden Landesteilen beachtlich unterscheiden.

8.5 Wahrgenommener Systemoutput als Determinante der Demokratiezufriedenheit

Ausgangspunkt der folgenden Erörterungen ist die These, dass nicht die ideologische Prägung oder die sozioökonomische Lage der Bürger die entscheidenden Determinanten für die Demokratiezufriedenheit in der Bundesrepublik sind, sondern der wahrgenommene Output des politischen Systems. Wesentliche Bestandteile dieses Systemoutputs dürften die Attribute einer lebenswerten Gesellschaft sein: die Freiheitsrechte, der Schutz vor Kriminalität, die soziale Sicherheit, der Schutz der Umwelt, die Gleichstellung von Mann und Frau, die Solidarität mit Hilfebedürftigen usw. Je mehr diese Freiheits-, Sicherheits- und Gerechtigkeitsaspekte als verwirklicht gelten, desto zufriedener werden die Bürger mit den demokratischen Einrichtungen sein – und zwar weitgehend unabhängig davon, wie ihre politische Überzeugung bzw. ihre sozioökonomische Lage ist.

Ein derartiger Zusammenhang ist wahrscheinlich, weil viele Aspekte einer lebenswerten Gesellschaft auch vom Funktionieren des politischen Systems abhängig sind. Eine solche Beziehung ist vor allem deshalb nahe liegend, weil die Mehrheit der Bürger in erster Linie „den Staat", d. h. das demokratische Staatswesen, für die Zustände in dieser Gesellschaft verantwortlich macht (vgl. u. a. Noelle-Neumann/Köcher 1997: 692, 732).

Im Folgenden soll überprüft werden, ob der behauptete Zusammenhang zwischen dem wahrgenommenen Output des politischen Systems und der Demokratiezufriedenheit tatsächlich existiert, wie stark er ist und welche Gestalt er hat. Dazu wird aus den einzelnen Bewertungen von Freiheits-, Sicherheits- und Gerechtigkeitsaspekten ein Summenindex der wahrgenommenen Qualität der Gesellschaft konstruiert.[15] Die Analyse führt zu dem Ergebnis, dass zwischen der Bewertung von Freiheitsrechten, von Sicherheit bzw. Gerechtigkeit durch die Bürger und der Demokratiezufriedenheit ein enger Zusammenhang besteht (vgl. Abbildung 8.3).

---

15 Grundlage der Indexbildung ist folgende Metrisierung: „überhaupt nicht verwirklicht" = 0, „eher nicht verwirklicht" = 3.33, „eher verwirklicht" = 6.66, „ganz und gar verwirklicht" = 10. Der Indexwert ergibt sich jeweils aus der Summe der einzelnen Bewertungen von Freiheits-, Sicherheits- und Gerechtigkeitsaspekten geteilt durch die Gesamtzahl dieser Einzelbewertungen (14). Der Wertebereich erstreckt sich somit von 0 (wenn alle 14 Aspekte als „überhaupt nicht realisiert" angesehen werden) bis 10 (wenn alle 14 Aspekte als „voll und ganz realisiert" angesehen werden). Der Mittelwert liegt in Westdeutschland bei 5,9 und in Ostdeutschland bei 4,7.

Abbildung 8.3: Wahrgenommene Qualität der Gesellschaft und
Demokratiezufriedenheit

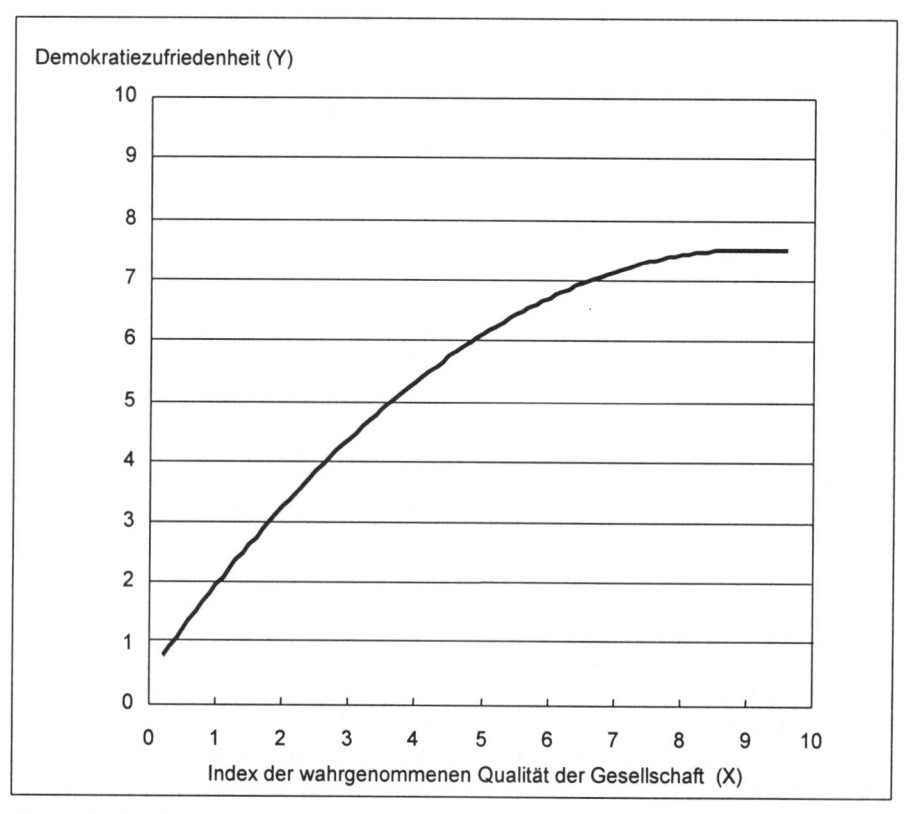

Statistische Angaben zum Regressionsmodell:
Modellzusammenfassung: $R^2 = ,18$

Regressionsmodell:	B	Standardfehler	t-value	Signifikanz
X	1,545	0,130	11,91	,000
X^2	-0,085	0,011	-7,74	,000

Datenbasis: Wohlfahrtssurvey 1998.

Je mehr die Aspekte einer „guten Gesellschaft" als realisiert gelten, desto zufriedener sind die Bürger mit den demokratischen Einrichtungen in diesem Land. Diejenigen, die eine Vielzahl von Defiziten bei der Verwirklichung von Freiheitsrechten, Schutz vor Kriminalität, sozialer Sicherheit, Schutz der Umwelt, Chancengleichheit, Gleichstellung usw. ausmachen, sind besonders unzufrieden mit den demokratischen Einrichtungen. Die Werte reichen bis in den untersten Bereich der Zufriedenheitsskala. Dagegen sind diejenigen, die die meisten Attribute einer lebenswerten Gesellschaft als gegeben ansehen, überdurchschnittlich zufrieden mit der Demokratie.

Eine Analyse zur Kurvenanpassung hat ergeben, dass der Zusammenhang am besten durch eine quadratische Funktion repräsentiert wird (vgl. Abbildung 8.3). Der

Verlauf der Kurve legt die Deutung nahe, dass die wahrgenommene Qualität der Gesellschaft einen ‚abnehmenden Grenznutzen' hat. Im unteren Bereich der Kurve führt eine Zunahme der wahrgenommenen Qualität der Gesellschaft um einen Skalenpunkt zu einer Erhöhung der Demokratiezufriedenheit um mehr als einen Skalenpunkt. Im oberen Bereich der Kurve tendiert der Zusammenhang gegen Null. Insgesamt lässt sich etwa ein Fünftel der Streuung der Demokratiezufriedenheit mit dem Index der wahrgenommenen Qualität der Gesellschaft erklären ($R^2 = ,18$).

Der wahrgenommene Output des politischen Systems hat sich erwartungsgemäß als ein herausragender Prädiktor für die Zufriedenheit mit der Demokratie erwiesen. Von dieser empirischen Tatsache ausgehend lässt sich vermuten, dass die geringere Demokratiezufriedenheit der Ostdeutschen vor allem darauf zurückzuführen ist, dass sie die Freiheits-, Sicherheits- und Gerechtigkeitsaspekte seltener als die Westdeutschen als verwirklicht ansehen.

Um diese Hypothese zu überprüfen, wird die weiter oben beschriebene Varianzanalyse (vgl. Tabelle 8.5) in modifizierter Form noch einmal durchgeführt. Anstelle der sozialisations- bzw. situationstheoretisch naheliegenden Faktoren – Arbeitslosigkeit, Einkommen und PDS-Neigung – soll der Einfluss der wahrgenommenen Qualität der Gesellschaft untersucht werden. Die beiden entscheidenden Fragen lauten: (1) Inwieweit verringert sich der West-Ost-Unterschied bei der Demokratiezufriedenheit, wenn man die wahrgenommene Qualität der Gesellschaft kontrolliert? (2) Wie groß ist der Korrektur-Effekt im Vergleich zu dem von Arbeitslosigkeit, Einkommen bzw. PDS-Neigung bei der ersten Varianzanalyse?

Zur ersten Frage: Wenn man die wahrgenommene Qualität der Gesellschaft kontrolliert, dann nähern sich die Mittelwerte der Demokratiezufriedenheit in West und Ost deutlich an (vgl. Tabelle 8.7). Die Zufriedenheitslücke verringert sich von 1,02 Skalenpunkten auf nur noch 0,35 Skalenpunkte.[16] Die Faktorauswertung ergibt, dass der Einfluss der Variable Landesteil von Eta = ,20 auf Beta = ,07 absinkt. Mit anderen Worten: Wenn die Bürger in beiden Landesteilen die Freiheits-, Sicherheits- und Gerechtigkeitsaspekte als gleichermaßen verwirklicht ansähen, dann wären sie auch annähernd gleich zufrieden mit der Demokratie.

Zur zweiten Frage: Der Abstand zwischen der durchschnittlichen Demokratiezufriedenheit in West und Ost verringert sich durch die Kontrolle des wahrgenommenen Systemoutputs, wie bereits bemerkt, von 1,02 auf 0,35 Skalenpunkte, d. h. exakt um 66 Prozent. Durch die Kontrolle der PDS-Neigung, Arbeitslosigkeit und Einkommenslage hat sich die Zufriedenheitskluft nur von 1,07 auf 0,79 Skalenpunkte schließen lassen, d. h. um 26 Prozent. Mit anderen Worten: dass die Ostdeutschen unzufriedener mit den demokratischen Einrichtungen sind, liegt in erster Linie daran, dass sie ganz offensichtlich größere Defizite bei der Verwirklichung von Freiheit, Sicherheit und Gerechtigkeit in dieser Gesellschaft wahrnehmen.

---

16 Die nicht korrigierten Mittelwerte für West- und Ostdeutschland (vorhergesagtes Mittel, nicht angepasst) sollten mit den in Tabelle 8.5 präsentierten Werten identisch sein; sie weichen jedoch leicht von diesen ab. Verantwortlich hierfür ist ein größerer Anteil fehlender Werte bei der ersten Varianzanalyse, der durch die Berücksichtigung der Einkommenslage hervorgerufen wird.

Tabelle 8.5: Determinanten der Demokratiezufriedenheit – Performanzthese

	Varianzanalyse			
	Vorhergesagtes Mittel		Faktorauswertung		N
	Nicht angepasst	Korrigiert nach Faktoren	Eta	Beta	
Landesteil			,20	,07	
Westdeutschland	6,53	6,40			2157
Ostdeutschland	5,51	6,05			491
Wahrgenommene Qualität der Gesellschaft (Indexwerte)			,41	,38	
10-8	7,45	7,40			221
7	7,04	7,00			472
6	6,73	6,70			668
5	6,08	6,08			858
4	5,22	5,29			293
3	4,55	4,69			99
0-2	3,48	3,63			38
Modell				$R^2 = ,17$	2648

Anmerkungen: Abgebildet sind die Ergebnisse einer Varianzanalyse (ANOVA, MCA). Abhängige Variable ist die Zufriedenheit mit den demokratischen Einrichtungen, gemessen mit einer Skala von 0 (ganz und gar unzufrieden) bis 10 (ganz und gar zufrieden). Die Indexwerte für die „Qualität der Gesellschaft" wurden auf ganze Zahlen gerundet und einzelne Ausprägungen wegen zu geringer Fallzahlen zusammengefasst. Es werden nur Koeffizienten für Haupteffekte ausgewiesen, die mindestens auf dem 95%-Niveau signifikant sind ($p < 0.05$).
Datenbasis: Wohlfahrtssurvey 1998.

8.6 Wahrgenommene Qualität der Gesellschaft im Ost-West-Vergleich

8.6.1 Bewertung von Freiheit, Sicherheit und Gerechtigkeit

Im Folgenden soll untersucht werden, in welchen Bereichen die Menschen in beiden Landesteilen zu anderen Bewertungen kommen und wo es Übereinstimmungen gibt. Der Vergleich der durchschnittlichen Bewertungen im früheren Bundesgebiet und in den neuen Ländern führt zu drei wesentlichen Erkenntnissen (vgl. Abbildung 8.4):

(1) Fast alle hier beschriebenen Attribute einer lebenswerten Gesellschaft werden von den Menschen in Ostdeutschland seltener als verwirklicht angesehen. Lediglich bei der Frage, inwieweit der Schutz der Umwelt realisiert ist, gibt es Übereinstimmung.

(2) Am größten sind die Differenzen zwischen West- und Ostdeutschen bei der Beurteilung, inwieweit die Berufsfreiheit und das Recht auf Arbeit verwirklicht sind. Der Abstand zwischen den beiden Mittelwerten beträgt rund drei Skalenpunkte. Auch die gerechte Verteilung des Wohlstands, die soziale Sicherheit und die Chancengleichheit werden unterschiedlich bewertet. Etwa zwei Skalenpunkte liegen hier zwischen den beiden Durchschnitten.

(3) Geringer, aber noch immer signifikant sind die Bewertungsunterschiede beim Schutz vor Kriminalität, bei der Freiheit der Lebensgestaltung, bei der Gleich-

stellung, beim Schutz des Eigentums, bei der Solidarität und der Meinungsfreiheit. Hier beträgt die Bewertungslücke etwa einen Skalenpunkt. Die politische Freiheit und die Glaubensfreiheit werden in den neuen Bundesländern ebenfalls seltener als verwirklicht eingestuft als im früheren Bundesgebiet. Doch beträgt die Differenz hier lediglich 0,5 Skalenpunkte und weniger.

Abbildung 8.4: Bewertung von Freiheit, Sicherheit und Gerechtigkeit im Ost-West-Vergleich[1]

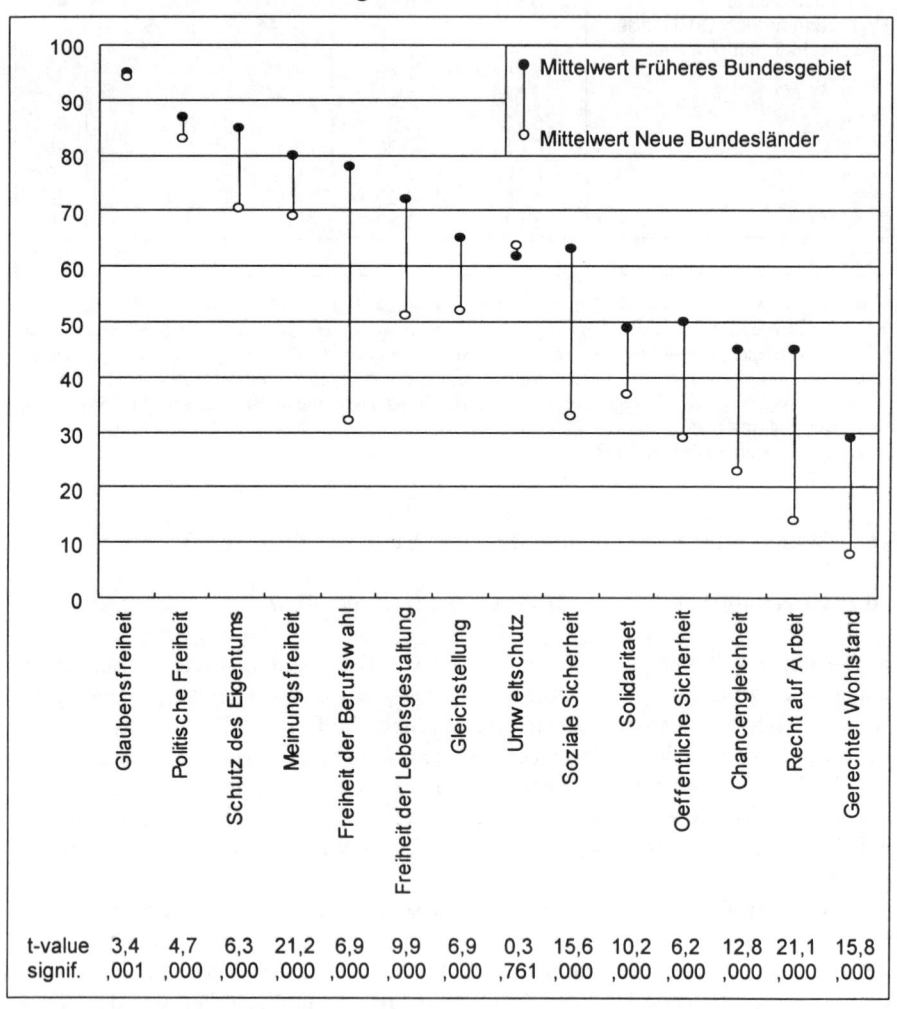

	Glaubensfreiheit	Politische Freiheit	Schutz des Eigentums	Meinungsfreiheit	Freiheit der Berufswahl	Freiheit der Lebensgestaltung	Gleichstellung	Umweltschutz	Soziale Sicherheit	Solidaritaet	Oeffentliche Sicherheit	Chancengleichheit	Recht auf Arbeit	Gerechter Wohlstand
t-value	3,4	4,7	6,3	21,2	6,9	9,9	6,9	0,3	15,6	10,2	6,2	12,8	21,1	15,8
signif.	,001	,000	,000	,000	,000	,000	,000	,761	,000	,000	,000	,000	,000	,000

Anmerkungen: (1) Mittelwerte auf einer Skala von 0 (überhaupt nicht realisiert) bis 10 (voll und ganz realisiert). Abgebildet sind die Ergebnisse eines Mittelwertvergleichs mit einem T-Test für unabhängige Stichproben.
Datenbasis: Wohlfahrtssurvey 1998.

Diese Befunde führen direkt zu der Frage, warum die Ostdeutschen die Gesellschaft als weniger frei, weniger sicher und weniger gerecht wahrnehmen und entsprechend kritischer beurteilen als die Westdeutschen. Die weiter oben präsentierten Analysen zu den Determinanten der wahrgenommenen Qualität der Gesellschaft haben zu der Erkenntnis geführt, dass je nach Bewertungsgegenstand ganz unterschiedliche Faktoren in Betracht kommen (vgl. Kapitel 5). Von einer ähnlichen Vielfalt verfassungsrechtlicher, politischer und ökonomischer Einflussgrößen auf gesellschaftlicher und individueller Ebene ist auch hier auszugehen.

Beschränkt man sich jedoch auf die Bereiche, bei deren Bewertung sich West- und Ostdeutsche am deutlichsten unterscheiden – die Freiheit der Berufswahl und das Recht auf Arbeit – dann gewinnt man Aufschluss über die wichtigsten Faktoren. Denn die Beurteilung beider Aspekte ist, wie weiter oben ausgeführt wurde, in erster Linie von der Höhe der Arbeitslosigkeit im Bundesland abhängig (vgl. Tabelle 5.9). Je höher die Arbeitslosigkeit in der Region ist, desto seltener werden das Recht auf Arbeit bzw. die Freiheit der Berufswahl als realisiert angesehen. Der entsprechende Koeffizient bezifferte sich bei der Freiheit der Berufswahl auf Beta = ,31 (vgl. Tabelle 5.4) und beim Recht auf Arbeit auf Beta = ,36 (vgl. Tabelle 5.6). Als weitere relevante Faktoren wurden das Alter und die Parteineigung ermittelt.

Die vergleichsweise hohe Arbeitslosigkeit in den neuen Bundesländern ist offensichtlich eine wesentliche Ursache für die geringere Demokratiezufriedenheit der Ostdeutschen. Doch ist der Zusammenhang komplexer, als von den Verfechtern der Situationsthese angenommen wird. Die immer wieder vorgetragene Erklärung, dass lediglich die von Arbeitslosigkeit betroffenen Ostdeutschen von Politik und Wirtschaft im vereinten Deutschland enttäuscht sind und dass diese Enttäuschung unmittelbar in einer geringeren Demokratiezufriedenheit zum Ausdruck kommt, ist falsch. Die hohe Arbeitslosigkeit wirkt sich vielmehr indirekt aus. Sie führt zunächst einmal dazu, dass eine Vielzahl von Attributen einer lebenswerten Gesellschaft – vor allem das Recht auf Arbeit, die Freiheit der Berufswahl, die soziale Sicherheit und die gerechte Verteilung des Wohlstands – nicht im selben Maße wie in den alten Bundesländern im objektiven Sinne gesellschaftliche Wirklichkeit sind. Diese Defizite werden von den Bürgern wahrgenommen und sind die eigentliche Ursache für die geringere Zufriedenheit mit den demokratischen Einrichtungen.

Hier ist auch an die Tatsache zu erinnern, dass die Höhe der Arbeitslosigkeit in der Region nicht die alleinige Ursache für die schlechtere Bewertung des Rechts auf Arbeit und der Berufsfreiheit ist. Denn auch das Alter, die Befürchtung, die eigene Stelle zu verlieren, und die Parteineigung spielen eine Rolle. Angesichts dieser Tatsache wird deutlich, dass zwar auch der sozialisationstheoretisch begründete Verweis auf die Prägung der Ostdeutschen berechtigt ist. Doch eine auf die Spätfolgen der DDR verkürzte Argumentation verfehlt vollkommen das Ziel, die Einstellungsunterschiede zwischen West- und Ostdeutschen zu erklären.

8.6.2 Wertschätzung für Freiheit, Sicherheit und Gerechtigkeit

Im letzten Abschnitt dieses Kapitels soll die Frage beantwortet werden, wie wichtig die einzelnen Attribute einer lebenswerten Gesellschaft für die Menschen in West und Ost jeweils sind. Dazu wird ganz ähnlich vorgegangen wie bei der Erkundung der Bürgerpräferenzen für Freiheit, Wohlstand, Sicherheit und Gerechtigkeit (vgl. Kapitel 7). An die Stelle der Globalbewertung der Gesellschaft tritt hier jedoch die Zufriedenheit mit der Demokratie.

Wie ausgehend von den Ergebnissen der früheren Analysen (vgl. Abschnitt 7.6.3) zu erwarten war, unterscheiden sich die Präferenzen in West und Ost deutlich voneinander (vgl. Abbildung 8.5). Im früheren Bundesgebiet stehen vier Aspekte im oberen Bereich der Präferenzskala: die politische Freiheit, die Meinungsfreiheit, die Freiheit der Lebensgestaltung und die soziale Sicherheit. In den neuen Ländern rangieren diese Freiheits- bzw. Sicherheitsaspekte ebenfalls weit oben – auch wenn auf den zweiten Blick kleinere Differenzen deutlich werden. Ein in diesem Zusammenhang bedeutenderer Unterschied besteht jedoch darin, dass die Demokratiezufriedenheit der Ostdeutschen auch von einigen Gerechtigkeitsaspekten wesentlich beeinflusst wird. Hierzu gehören die gerechte Verteilung des Wohlstands, die Solidarität mit Hilfebedürftigen und die Chancengleichheit.

Mehr Bedeutung für die Demokratiezufriedenheit haben in den neuen Bundesländern die gerechte Verteilung des Wohlstands, die Solidarität und die Freiheit der Berufswahl. Alles in allem wird deutlich, dass in den neuen Bundesländern Sicherheits- und Gerechtigkeitsaspekte in größerem Maße die Zufriedenheit mit der Demokratie beeinflussen, also Bereiche, bei denen die größten Defizite wahrgenommen werden. Weniger wichtig ist den Ostdeutschen dagegen eine Reihe von Freiheitsrechten, die als weitgehend realisiert gelten.

Die Tatsache, dass die Ostdeutschen unzufriedener mit der Demokratie sind als die Westdeutschen, ist also nicht allein darauf zurückzuführen, dass in den neuen Bundesländern die meisten Attribute einer lebenswerten Gesellschaft seltener als verwirklicht angesehen werden. Verantwortlich hierfür ist auch die im Vergleich zum früheren Bundesgebiet höhere Gewichtung von Sicherheits- und Gerechtigkeitsaspekten, bei denen zum Teil erhebliche Defizite beklagt werden, und die geringere Gewichtung von Freiheitsrechten, die als überwiegend verwirklicht gelten.

Eine höhere Gewichtung von Sicherheits- und Gerechtigkeitsaspekten ist bei den weiter oben durchgeführten Analysen zu den Bürgerpräferenzen auch in den „Problemregionen" Westdeutschlands festgestellt worden. In den westdeutschen Bundesländern, in denen die Arbeitslosenquote überdurchschnittlich hoch bzw. das Wohlstandsniveau unterdurchschnittlich ist, werden die soziale Sicherheit, die Solidarität, die Chancengleichheit und die gerechte Verteilung des Wohlstandes höher geschätzt als in den prosperierenden Ländern (vgl. Abschnitt 7.6.3, Tabelle 7.3) – ohne dass die Bevölkerung einer sozialistischen Bildung und Erziehung im Sinne der Sozialisationsthese ausgesetzt gewesen wäre.

Abbildung 8.5: Relevanz von Freiheit, Sicherheit und Gerechtigkeit im Ost-West-Vergleich

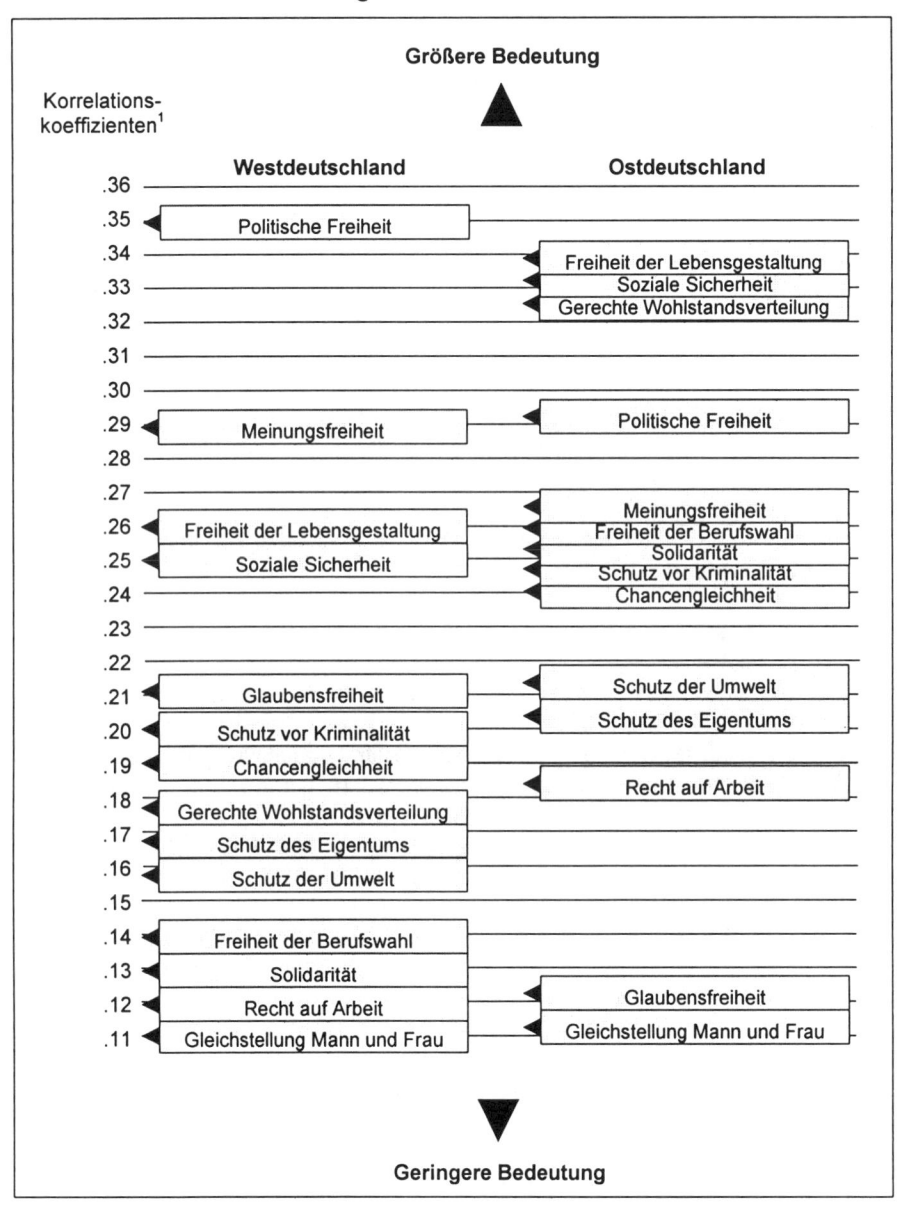

Korrelations-koeffizienten[1]	Westdeutschland	Ostdeutschland
.36		
.35	Politische Freiheit	
.34		Freiheit der Lebensgestaltung
.33		Soziale Sicherheit
.32		Gerechte Wohlstandsverteilung
.31		
.30		
.29	Meinungsfreiheit	Politische Freiheit
.28		
.27		Meinungsfreiheit
.26	Freiheit der Lebensgestaltung	Freiheit der Berufswahl
.25	Soziale Sicherheit	Solidarität
.24		Schutz vor Kriminalität / Chancengleichheit
.23		
.22		
.21	Glaubensfreiheit	Schutz der Umwelt
.20	Schutz vor Kriminalität	Schutz des Eigentums
.19	Chancengleichheit	
.18	Gerechte Wohlstandsverteilung	Recht auf Arbeit
.17	Schutz des Eigentums	
.16	Schutz der Umwelt	
.15		
.14	Freiheit der Berufswahl	
.13	Solidarität	
.12	Recht auf Arbeit	Glaubensfreiheit
.11	Gleichstellung Mann und Frau	Gleichstellung Mann und Frau

(Größere Bedeutung ▲ oben; Geringere Bedeutung ▼ unten)

Anmerkungen: (1) Ausgewiesen sind die Korrelationskoeffizienten für den Zusammenhang zwischen der Bewertung der jeweiligen Einzelaspekte und der Zufriedenheit mit den demokratischen Einrichtungen. Alle Koeffizienten sind auf dem Niveau von 0,01 (1-seitig) signifikant.
Datenbasis: Wohlfahrtssurvey 1998.

8.7 Zusammenfassung und Schlussfolgerungen

Im Mittelpunkt dieses Kapitels stand die Frage, warum die Zustimmung zu Demokratie und Marktwirtschaft in den neuen Bundesländern noch immer weitaus geringer ist als im früheren Bundesgebiet. Die im Zuge der empirischen Untersuchungen gewonnenen Erkenntnisse lassen sich in acht Thesen zusammenfassen.

1. Seit dem Beitritt zur Bundesrepublik haben sich die objektiven Lebensbedingungen in den neuen Bundesländern grundlegend verändert: Die Einkommen sind um ein Mehrfaches gestiegen. Lebensstandard und Haushaltsausstattung der Ostdeutschen erreichen inzwischen annähernd westdeutsches Niveau. Diesen Wohlstandsgewinnen stehen zwar auch Belastungen und Verluste gegenüber, vor allem der Mangel an Arbeits- und Ausbildungsplätzen und die sich daraus ergebende Abhängigkeit vieler von sozialstaatlicher Unterstützung. Doch für die meisten Ostdeutschen scheinen die Gewinne die Verluste mehr als auszugleichen. Fordert man die Menschen in den neuen Bundesländern auf, selbst Bilanz zu ziehen, dann kommt die Mehrheit zu dem Ergebnis, dass sich die persönlichen Lebensbedingungen seit 1990 alles in allem verbessert haben.

2. In die gleiche Richtung weisen die Analysen zum Wandel des subjektiven Wohlbefindens. Die Menschen in den neuen Bundesländern sind mit ihrem Leben heute weitaus zufriedener als Anfang der 1990er Jahre. Besorgnis- und Anomiesymptome, die infolge des sozialen Umbruchs vermehrt auftraten, sind mittlerweile wesentlich seltener zu beobachten. Alles in allem hat sich das subjektive Wohlbefinden der Ostdeutschen erheblich verbessert und dem westdeutschen Niveau angenähert.

3. Die Wohlstandsgewinne in den neuen Bundesländern haben nicht zu einer größeren Akzeptanz von Demokratie und Marktwirtschaft geführt, wie das im Westen Deutschlands in den 1960er Jahre beobachtet worden war. Die erwartete Angleichung der politischen Einstellungen ist weitgehend ausgeblieben. Noch immer ist im Osten Deutschlands die Zustimmung zur Demokratie und zur sozialen Marktwirtschaft wesentlich geringer als im Westen und noch immer beurteilen die Ostdeutschen das politische System, das soziale System und das Wirtschaftssystem kritischer als die Westdeutschen.

4. Die geringere Demokratiezufriedenheit der Ostdeutschen lässt sich weder auf ideologische Faktoren noch auf sozioökonomische Größen allein zurückführen. Zwar sind sowohl PDS-Anhänger als auch Arbeitslose bzw. Geringverdiener unzufriedener mit der Demokratie als andere Bevölkerungsgruppen. Doch sind diese Effekte geringer, als Verfechter der Sozialisationsthese bzw. der Situationsthese annehmen. Die Analysen haben deutlich gemacht, dass alle Versuche, die kritische Distanz der Ostdeutschen zu Demokratie und Marktwirtschaft entweder nur als Erbe der DDR-Sozialisation zu interpretieren oder lediglich als Resultat der gegenwärtigen wirtschaftlichen und sozialen Probleme in den neuen Bundesländern zu deuten, zu kurz greifen.

5. Die Zufriedenheit mit der Demokratie ist in erster Linie von der wahrgenommenen Qualität der Gesellschaft abhängig. Je mehr die Freiheitsrechte als gegeben, die Sicherheitsfragen als beantwortet und die Gerechtigkeitsprobleme als gelöst gelten, desto zufriedener sind die Bürger mit der Demokratie. Kurzum: Die Zustimmung zur Demokratie ist im Wesentlichen eine Frage der wahrgenommenen Leistungsfähigkeit der demokratischen Institutionen.

6. Die Menschen in den neuen Bundesländern sind mit der Demokratie weniger zufrieden, weil sie nahezu bei allen Freiheits-, Sicherheits- und Gerechtigkeitsaspekten größere Defizite wahrnehmen als die Westdeutschen. Besonders deutlich sind die Unterschiede bei der Bewertung der Freiheit der Berufswahl, des Rechts auf Arbeit, der sozialen Sicherheit, der gerechten Verteilung des Wohlstandes und der Chancengleichheit.

7. Die Tatsache, dass in Ostdeutschland Freiheit, Sicherheit und Gerechtigkeit seltener als verwirklicht gelten, lässt sich ebenfalls nur zum Teil als Folge der DDR-Sozialisation oder als Ergebnis wirtschaftlicher und sozialer Probleme deuten. Denn die Antwort auf die Frage, inwieweit Freiheitsrechte realisiert, Sicherheitsfragen beantwortet und Gerechtigkeitsprobleme gelöst sind, ist von einer Vielzahl unterschiedlichster Faktoren abhängig. Unter diesen Einflussgrößen hat die Höhe der Arbeitslosigkeit in der Region jedoch eine herausgehobene Bedeutung.

8. Die kritischere Sicht der Ostdeutschen auf die bundesdeutsche Demokratie insgesamt ist nicht zuletzt auch das Resultat einer anderen Gewichtung gesellschaftlicher Sachverhalte. Sicherheits- und Gerechtigkeitsaspekte sind in den neuen Bundesländern für die Zufriedenheit mit der Demokratie wichtiger als im früheren Bundesgebiet, einer Reihe von Freiheitsrechten wird dagegen eine etwas geringere Bedeutung beigemessen.

9. Wahrgenommene Qualität der Gesellschaft im Zeitvergleich

9.1 Einleitung und Fragestellung

Im Jahr 2001 ergaben sich für die Abteilung „Sozialstruktur und Sozialberichterstattung" die finanziellen und organisatorischen Möglichkeiten, erneut eine repräsentative Bevölkerungsumfrage durchzuführen: den „Wohlfahrtssurvey Trend 2001". Das Themenspektrum dieser Studie reicht von den objektiven Lebensbedingungen über das subjektive Wohlbefinden bis zur wahrgenommenen Qualität der Gesellschaft und entspricht damit im Wesentlichen dem des Wohlfahrtssurveys von 1998. Auch die Frage, inwieweit Freiheit, Sicherheit und Gerechtigkeit in dieser Gesellschaft verwirklicht sind, konnte wiederholt werden.

Wie würden die Bürger die Verwirklichung von Freiheits-, Sicherheits- und Gerechtigkeitsaspekten im Oktober 2001 bewerten – drei Jahre nach dem Regierungswechsel und nur wenige Wochen nach den Terroranschlägen in den Vereinigten Staaten? Würde die Rangfolge der wahrgenommenen Verwirklichung noch immer dieselbe sein – an der Spitze die Freiheitsrechte als weitgehend verwirklicht, in der Mitte die Schutz- und Sicherheitsaspekte und am unteren Ende der Skala die Chancengleichheit, das Recht auf Arbeit und die Verteilungsgerechtigkeit mit den schlechtesten Noten? Inwieweit hat sich in den drei Jahren das Präferenzmuster, d. h. die Wertschätzung der Bürger für Freiheit, Sicherheit und Gerechtigkeit, verändert? Ist den Bundesbürgern die Verwirklichung der Freiheitsrechte noch immer am wichtigsten, oder steht jetzt die Lösung von Sicherheitsproblemen im Vordergrund? Haben sich die Urteile der verschiedenen Bevölkerungsgruppen angenähert, oder bestehen die Einstellungsunterschiede fort? – All diese Fragen sind Gegenstand der folgenden Analysen.

9.2 Gesellschaftliche Rahmenbedingungen im Wandel

In den drei Jahren, die zwischen den beiden Erhebungen liegen, haben sich die gesellschaftlichen Verhältnisse in der Bundesrepublik Deutschland nicht grundlegend verändert. Aber es ist auch nicht alles beim alten geblieben. Eine Reihe von politischen, wirtschaftlichen und sozialen Rahmenbedingungen haben sich gewandelt. Wenn im Folgenden an die politischen Reformen und Initiativen der Bundesregierung erinnert, die Entwicklung auf dem Arbeitsmarkt bilanziert und nach den Folgen der Terroranschläge in den USA gefragt wird, dann geschieht dies mit der Absicht, den Hintergrund zu skizzieren, vor dem die Bürger die jüngste Bewertung von Freiheit, Sicherheit und Gerechtigkeit vorgenommen haben.

9.2.1 Politische Reformen und Initiativen der Bundesregierung

Das wichtigste innenpolitische Ereignis dieser Jahre war zweifellos die Ablösung der christlich-liberalen Koalition durch ein rot-grünes Regierungsbündnis im Herbst 1998. Im Koalitionsvertrag, den SPD und Bündnis'90/Die Grünen im Oktober 2001 miteinander vereinbarten, wurde eine Regierungspolitik „für wirtschaftliche Stabilität, soziale Gerechtigkeit, ökologische Modernisierung, außenpolitische Verlässlichkeit, innere Sicherheit und Stärkung der Bürgerrechte und die Gleichberechtigung von Frauen" angekündigt (SPD/Bündnis'90/Die Grünen 1998: 1). Die Ziele der Regierungsarbeit wurden folgendermaßen umrissen:

> „Wirtschaftskraft durch nachhaltiges Wachstum und Innovation stärken und zukunftsfähige Arbeitsplätze schaffen, ökologische Modernisierung als Chance für Arbeit und Umwelt nutzen, die finanzielle Handlungsfähigkeit des Staates durch Sanierung der öffentlichen Finanzen zurückgewinnen, den Sozialstaat sichern und erneuern und die solidarische Gesellschaft stärken, die natürlichen Lebensgrundlagen auch für die nachfolgenden Generationen sichern und bewahren, eine kinder- und familienfreundliche Gesellschaft schaffen, Sicherheit für alle gewährleisten, Bürgerrechte und soziale Demokratie stärken und eine Kultur der Toleranz in einer solidarischen Gesellschaft neu begründen, die Gleichstellung von Frauen in Arbeit und Gesellschaft entscheidend voranbringen, die Innere Einheit Deutschlands vollenden, indem die Angleichung der Arbeits- und Lebensverhältnisse weiter vorangebracht wird" (ebenda: 1-2).

Diese Absichtserklärungen wurden von den Bürgern jedoch eher skeptisch aufgenommen. Wesentliche Verbesserungen erwarteten nur wenige: Lediglich 13 Prozent glaubten, nach der geplanten Steuerreform weniger Steuern zahlen zu müssen (Forschungsgruppe Wahlen: 11/1998); nur 20 Prozent meinten, durch die von der neuen Regierung beschlossenen Maßnahmen werde die Arbeitslosigkeit in den nächsten Jahren wirklich deutlich zurückgehen (ebenda: 12/1998), und nur 19 Prozent rechneten damit, dass es nach einem Jahr tatsächlich mehr Arbeitsplätze geben werde (Forschungsgruppe Wahlen: 02/1999).

Auch in anderen Politikbereichen – soziale Sicherheit, Umweltschutz, innere Sicherheit, Gleichstellung von Mann und Frau – dürften die Hoffnungen nicht größer gewesen sein. Dennoch waren 60 Prozent der Bürger mit dem Ausgang der Bundestagswahl zufrieden (ebenda: 10/1998), und die erste Einschätzung der neuen Regierung fiel mit einer Durchschnittsnote von +0,8 (auf einer Skala von -5 bis +5) positiv aus (ebenda: 11/1998).[1] Drei Jahre später kann die rot-grüne Bundesregierung eine umfangreiche Bilanz ihrer politischen Entscheidungen und Initiativen vorweisen (vgl. Abbildung 9.1).

---

1   Zum Vergleich: Nach der Bundestagswahl von 1994 waren nur 48 Prozent der Bundesbürger zufrieden mit dem Ausgang der Wahl, und die erste Bewertung der Regierung im November 1994 fiel mit einem Wert von 0,0 schlechter aus als 1998 (Forschungsgruppe Wahlen: 10/1994, 11/1994).

Abbildung 9.1: Politische Entscheidungen und Initiativen der Bundesregierung 2000/2001

Freiheitsrechte

Grundrechte
In Nizza wird die Charta der Grundrechte der Europäischen Union proklamiert. Sie geht im Wesentlichen auf deutsche Initiative zurück. Die Bundesregierung tritt dafür ein, die Charta als Kernstück einer künftigen Verfassung in die europäischen Verträge aufzunehmen und sie dadurch für alle Mitglieder der Union rechtsverbindlich zu machen.

Politische Freiheit
Die Reform des Betriebsverfassungsgesetzes tritt in Kraft. Die reformierte Betriebsverfassung soll die Mitbestimmung am Arbeitsplatz im Interesse der Beteiligung und Motivation der Beschäftigten stärken. Im Mittelpunkt stehen neue Rechte des Betriebsrates bei der Beschäftigungssicherung und der Qualifizierung der Arbeitnehmer sowie Erleichterungen bei der Bildung von Betriebsräten.

Freiheit der Lebensgestaltung
Das Lebenspartnerschaftsgesetz tritt in Kraft: Es schafft rechtliche Sicherheit für ein auf Dauer angelegtes Zusammenleben von gleichgeschlechtlichen Paaren und umfasst Änderungen z. B. im Namens-, Unterhalts-, Erb- und Mietrecht.

Freiheit der Berufswahl
Das neue Bundesausbildungsförderungsgesetz (BAföG) tritt in Kraft. Es ermöglicht, dass über 80.000 junge Leute zusätzlich gefördert werden können. Die Bundesregierung mobilisiert für die Förderleistungen mehr als eine Milliarde Mark jährlich zusätzlich. Die Reform will sicherstellen, dass wieder mehr Kinder aus einkommensschwächeren Familien studieren und die im internationalen Vergleich langen Studienzeiten sinken.

Das Bundeskabinett stimmt dem Entwurf zur Änderung des Gesetzes zur Aufstiegsausbildungsförderung, dem so genannten Meister-BAföG, zu. Fortbildungswillige Fachkräfte erhalten die gleichen finanziellen Leistungen durch das BAföG wie Studierende, damit berufliche Bildung und Hochschulbildung künftig gleichrangig behandelt werden.

Schutz und Sicherheit

Soziale Sicherheit
Die dritte Stufe der ökologischen Steuerreform tritt in Kraft. Die Einnahmen werden fast vollständig zur Stabilisierung und Senkung der Beiträge zur gesetzlichen Rentenversicherung verwendet.

Mit der Zustimmung des Bundesrates wird die Rentenreform beschlossen. Kernstück der Reform ist die Einführung der zusätzlichen freiwilligen kapitalgedeckten Altersvorsorge. Der Staat fördert die Versicherten beim Aufbau einer zusätzlichen kapitalgedeckten Altersvorsorge mit ca. 20 Milliarden Mark, Bezieher von geringen und mittleren Einkommen werden besonders unterstützt. Weiteres zentrales Anliegen ist die gezielte Förderung von Kindererziehenden. Die Einführung einer Grundsicherung für die Menschen, deren Rente nicht für den Lebensunterhalt reicht, soll verschämte Altersarmut vermeiden.

Die Novellierung des Bundeserziehungsgeldgesetzes wird wirksam. Die seit 1986 unveränderte Einkommensgrenze für das ungekürzte Erziehungsgeld wird angehoben.

Der Bundestag beschließt das Zweite Familienförderungsgesetz. Für Familien soll sich eine Gesamtentlastung von 4,6 Milliarden Mark ergeben.

Schutz der Umwelt
Die dritte Stufe der ökologischen Steuerreform tritt in Kraft: Die Ökosteuer auf Normal- und Superbenzin sowie Diesel steigt um 6 Pfennig pro Liter, die Steuer auf Strom um 0,5 Pfennig pro Kilowattstunde. Ein Anteil von jährlich 200 Millionen Mark wird für die Förderung der Nutzung erneuerbarer Energien bereitgestellt.

Die Teilnehmer der Klimakonferenz in Bonn einigen sich auf Grundsätze, die eine Ratifizierung des Kyoto-Protokolls ermöglichen.

Die Bundesregierung und führende Energieversorgungsunternehmen unterzeichnen eine Vereinbarung, auf deren Grundlage die Nutzung der Kernkraft in Deutschland beendet werden soll.

Das Bundeskabinett beschließt den Entwurf zur Atomgesetznovelle. Ziel ist eine nachhaltige Energiepolitik mit den Eckpunkten Wirtschaftlichkeit, Versorgungssicherheit und Umweltverträglichkeit.

Die Bundesregierung legt einen Gesetzentwurf zur Novellierung des Bundesnaturschutzgesetzes vor, der das Naturschutzrecht des Bundes modernisiert.

Schutz vor Kriminalität – öffentliche Sicherheit
Das Bundeskabinett beschließt ein umfangreiches Maßnahmepaket zur Bekämpfung des Terrorismus.

Die Bundesregierung stellt zusätzlich 65 Millionen Mark für den Kampf gegen Rechtsextremismus bei Jugendlichen zur Verfügung.

Die Staats- und Regierungschefs der EU-Mitgliedsstaaten beschließen einen umfangreichen Aktionsplan, der eine Intensivierung der Zusammenarbeit von Polizei, Geheimdienst und Justizbehörden für Europa vorsieht. Vor dem Hintergrund der terroristischen Anschläge auf die USA übernimmt die EU damit verstärkte Verantwortung auch für die Sicherheit der Unionsbürger.

Das Gesetz zur Bekämpfung gefährlicher Hunde tritt in Kraft. Es ergänzt landesrechtliche Bestimmungen, um Gefahren durch gefährliche Hunde von der Bevölkerung abzuwenden.

Das Bundeskabinett stimmt dem Entwurf eines Gesetzes zur Neuregelung des Waffenrechts zu.

Schutz des Eigentums
Der Bundestag stimmt dem Gesetz zur Modernisierung des Schuldrechts zu.

Gleichstellung, Solidarität, Gerechtigkeit

Gleichstellung von Mann und Frau
Der Bundestag beschließt das Gleichstellungsgesetz im öffentlichen Dienst. Das Gesetz regelt die bevorzugte Berücksichtigung von Frauen bei gleicher Eignung z.B. bei Ausbildung und Beförderung im Falle ihrer Unterrepräsentanz, und es soll die Rechte der Gleichstellungsbeauftragten stärken.

In einer Vereinbarung über Chancengleichheit für Frauen in der Privatwirtschaft verpflichtet sich die Wirtschaft, Maßnahmen zur Gleichstellung und zur Vereinbarkeit von Familie und Beruf zu ergreifen.

Die Novellierung des Bundeserziehungsgeldgesetzes wird wirksam. Zugleich werden die beruflichen Gestaltungsmöglichkeiten für Väter und Mütter erweitert und die rechtlichen Voraussetzungen für eine stärkere Beteiligung der Väter an der Kindererziehung geschaffen. Vätern und Müttern wird die Möglichkeit eröffnet, sich gemeinsam in der Elternzeit (bisher „Erziehungsurlaub") um die Betreuung und Erziehung ihres Kindes zu kümmern.

Chancengleichheit
Das neue SGB IX (Neuntes Sozialgesetzbuch) tritt in Kraft. Es stellt die Rehabilitation und Eingliederung behinderter Menschen oder von Behinderung Bedrohter in die Gesellschaft, insbesondere ins Arbeitsleben, auf eine neue Basis.

Recht auf Arbeit
Das Bundeskabinett beschließt die Verlängerung des Programms zur Integration von Langzeitarbeitslosen in eine reguläre dauerhafte Beschäftigung bis Ende 2002.
   Die Bundesregierung verabschiedet den Nationalen Aktionsplan zur Bekämpfung von Armut und sozialer Ausgrenzung. Die Schwerpunkte liegen bei der Integration in den Arbeitsmarkt, der Aus- und Weiterbildung sowie der Vereinbarkeit von Beruf und Familie.
Die Kampagne „50.000 Jobs für Schwerbehinderte" wird fortgesetzt.
   Das Teilzeit- und Befristungsgesetz tritt in Kraft, das Teilzeitarbeit fördern soll. Das neue Gesetz verankert den grundsätzlichen Anspruch von Arbeitnehmern auf Teilzeitarbeit. Es soll dazu beitragen, neue Beschäftigungspotentiale zu erschließen.
   Für das Sofortprogramm zum Abbau der Jugendarbeitslosigkeit „JUMP" treten neue Richtlinien in Kraft, die insbesondere die Mobilität arbeitsloser Jugendlicher fördern sollen.

Gerechte Verteilung des Wohlstands
Die erste Stufe der Steuerreform 2000 tritt in Kraft. Verbesserungen sollen sich vor allem bei kleinen und mittleren Einkommen ergeben.

Quelle: Eigene Zusammenstellung auf der Grundlage einer Dokumentation über politische Entscheidungen und Initiativen der Bundesregierung (vgl. Bundesregierung 2002). Die jeweiligen Ausführungen wurden zum Teil erheblich gekürzt.

Viele dieser Maßnahmen dürften sich positiv auf das Ausmaß von Freiheit, Sicherheit und Gerechtigkeit in dieser Gesellschaft auswirken – auch wenn sich die Effekte im Einzelnen nicht exakt beziffern lassen. Wieviel trägt beispielsweise das Gesetz zur Neuregelung des Waffenrechts zur Erhöhung der öffentlichen Sicherheit bei und wieviel die Novellierung des Bundesnaturschutzgesetzes zur Verbesserung des Umweltschutzes?
   Vergleicht man die Aktivitäten in den einzelnen Politikfeldern miteinander, dann werden einige quantitative und qualitative Unterschiede deutlich, die sich auch in den Bewertungen der Bürger widerspiegeln dürften. Relativ viele politische Entscheidungen und Initiativen hat es in den Bereichen soziale Sicherheit, Umweltschutz, Schutz vor Kriminalität, Gleichstellung von Mann und Frau und Recht auf Arbeit gegeben. Weniger ist dagegen auf den Gebieten gerechte Verteilung des Wohlstands, Chancengleichheit, Schutz des Eigentums, Glaubensfreiheit und Meinungsfreiheit unternommen worden.
   Auch in qualitativer Hinsicht ergeben sich einige Differenzen. Zu den zentralen Reformprojekten der Bundesregierung, die in der Öffentlichkeit umfassend erörtert wurden, zählen unter anderem die Steuerreform, die Rentenreform und die Vereinbarungen zum Atomausstieg. Größere Beachtung hat vermutlich auch das Maßnahmepaket zur Bekämpfung des Terrorismus gefunden. Andere Projekte, beispielsweise die Kampagne „50.000 Jobs für Schwerbehinderte" oder der „Nationale Aktions-

plan zur Bekämpfung von Armut und sozialer Ausgrenzung", dürften dagegen nur wenigen bekannt sein.

Ausgehend von dieser Zwischenbilanz politischer Entscheidungen und Initiativen lassen sich konkrete Hypothesen zur Neubewertung von Freiheit, Sicherheit und Gerechtigkeit ableiten. (1) Weil die Bürger der neuen Bundesregierung nicht mit großen Erwartungen, sondern mit Zurückhaltung und Skepsis entgegensahen, dürften sie die – gemessen an den Ankündigungen – eher geringen Fortschritte, die in vielen Politikfeldern bisher erreicht worden sind, auch nicht enttäuschen. Die Einschätzungen der Bürger werden sich daher für viele Bereiche kaum verändert haben. Hierzu dürften die Glaubensfreiheit, die Meinungsfreiheit, der Schutz des Eigentums, die Chancengleichheit und die gerechte Verteilung des Wohlstands gehören. Denkbar sind höchstens geringfügige Abweichungen von den im Jahr 1998 ermittelten Werten. (2) Eine positivere Bewertung ist dagegen für die Bereiche Umweltschutz, Schutz vor Kriminalität, Soziale Sicherheit und Gleichstellung von Mann und Frau anzunehmen, weil hier nicht nur relativ viele politische Aktivitäten zu verzeichnen sind, sondern auch vergleichsweise öffentlichkeitswirksame Reformprojekte unternommen wurden.

9.2.2 Entwicklungen auf dem Arbeitsmarkt

Die Situation auf dem Arbeitsmarkt in Deutschland hat sich in den Jahren von 1998 bis 2001 leicht entspannt. Nach Angaben der Nürnberger Bundesanstalt für Arbeit waren im September 2001 insgesamt 3,743 Millionen Menschen arbeitslos gemeldet, das sind 222.000 weniger als im September 1998. Die Arbeitslosenquote, d. h. der Anteil der Arbeitslosen gemessen an der Zahl der abhängigen zivilen Erwerbspersonen, hat sich im selben Zeitraum bundesweit von 10,3 auf 9,0 Prozent verringert. Hinter dieser positiven Gesamtentwicklung verbergen sich ganz unterschiedliche Trends. Im früheren Bundesgebiet ist die Arbeitslosigkeit deutlich zurückgegangen. Die Zahl der Arbeitslosen verminderte sich um 312.000, und die Quote fiel von 9,0 Prozent (September 1998) auf 7,2 Prozent (September 2001). In den neuen Bundesländern stieg die Zahl der Arbeitslosen dagegen um 90.000 Personen, und die Quote erhöhte sich von 16,3 Prozent (September 1998) auf 16,9 Prozent (September 2001). Die Kluft zwischen den Arbeitsmärkten in Ost und West ist also nicht kleiner, sondern größer geworden.

In ihrer Koalitionsvereinbarung hatten SPD und Bündnis'90/Die Grünen den Abbau der Arbeitslosigkeit noch als „das oberste Ziel" der rot-grünen Regierung erklärt (SPD/Bündnis'90/Die Grünen 1998: 1). In der Präambel hieß es: „Zur Bekämpfung der Arbeitslosigkeit wird die neue Bundesregierung alle gesellschaftlichen Kräfte mobilisieren und in einem Bündnis für Arbeit und Ausbildung konkrete Maßnahmen vereinbaren" (ebenda). Der Bundeskanzler kündigte an, die Zahl der Arbeitslosen werde am Ende der Legislaturperiode weniger als 3,5 Millionen betragen. Die tatsächlich erreichten Fortschritte am Arbeitsmarkt sind jedoch geringer als erwartet. Das Vorhaben der rot-grünen Regierungskoalition, mit einer reformorientierten Wirtschafts- und Finanzpolitik die Zahl der Arbeitslosen wesentlich zu verringern, wurde nicht erreicht. Dass sich die Fortschritte auf dem westdeutschen

Arbeitsmarkt sehr deutlich auf die Bewertung von Freiheit, Sicherheit und Gerechtigkeit auswirken werden, ist deshalb zu bezweifeln. Doch auch die Enttäuschungen werden sich in Grenzen halten, hatten doch ohnehin nur wenige mit einem größeren Rückgang der Arbeitslosigkeit gerechnet.

Die Vorstellungen der Bundesregierung über die weitere wirtschaftliche und soziale Entwicklung in den neuen Bundesländern waren ebenfalls sehr zuversichtlich. Der „Aufbau Ost" wurde zur „Chefsache" deklariert, und in der Koalitionsvereinbarung stellte man die weitere Angleichung der Lebensverhältnisse in Ost und West in Aussicht. Nicht weniger als die „Vollendung der deutschen Einheit" wurde versprochen (SPD/Bündnis'90/Die Grünen 1998: 8). „Alle Kraft" sollte darauf gerichtet werden, „die soziale und ökonomische Spaltung zwischen Ost und West zu überwinden" (ebenda). In wirtschafts- und arbeitsmarkpolitischer Hinsicht ist dieses Ziel zweifellos verfehlt worden. Es ist deshalb eher unwahrscheinlich, dass es im Zeitraum von 1998 bis 2001 zu einer nennenswerten Annäherung der Einstellungsunterschiede zwischen West- und Ostdeutschen gekommen ist. Denn eine entscheidende Voraussetzung – die Angleichung der wirtschaftlichen und sozialen Rahmenbedingungen – ist noch immer nicht gegeben.

9.2.3 „Terror in Amerika" – Auswirkungen auf Problembewusstsein und Wohlbefinden

Zu den folgenreichsten Ereignissen des Jahres 2001 zählen die verheerenden Terroranschläge in den Vereinigten Staaten. Die Bilder von den zusammenstürzenden Türmen des World Trade Center in New York und vom brennenden Pentagon in Washington gingen um die Welt. Sie machten auf schockierende Art und Weise bewusst, wie verwundbar hoch technisierte, freiheitliche Gesellschaften sind. „Terror in Amerika" – dieses Thema beherrschte über Wochen die Berichterstattung der Medien. In dieser Zeit hat sich die Wahrnehmung gesellschaftlicher Probleme durch die Bundesbürger grundlegend verändert. Noch im August 2001 wurde die Arbeitslosigkeit von den meisten als das wichtigste Problem in Deutschland angesehen (vgl. Tabelle 9.1). Mit deutlichem Abstand folgten weitere innenpolitische Themen: „Wirtschaftslage", „Asylbewerber", „Renten, Alter, Alterssicherung". Die Problemwahrnehmung entsprach zu diesem Zeitpunkt im Wesentlichen der, die im zweiten Halbjahr 1998 registriert wurde, auch wenn damals „Arbeitslosigkeit", „Steuern" und „Renten" etwas häufiger genannt wurden.

Nur wenige Tage nach den Anschlägen in den USA – die September-Umfrage des Politbarometers fand am 12. und 13. des Monats statt (vgl. Forschungsgruppe Wahlen: 09/2001) – hatte sich die Problemwahrnehmung der Bürger bereits erheblich verschoben. Vier von zehn Deutschen nannten den Terror in den USA und die Sicherung des Friedens als wichtigste Themen. Die wirtschaftlichen und sozialen Probleme in der Bundesrepublik hatten dagegen erheblich an Bedeutung verloren. Am stärksten war der Rückgang beim Thema Arbeitslosigkeit. Doch auch die Bereiche Umweltschutz, Renten und Asylpolitik wurden seltener als wichtigste Probleme genannt. Lediglich die öffentliche Sicherheit („Ruhe, Ordnung, Kriminalität") rückte mit der Zeit immer stärker in den Mittelpunkt des Interesses.

Tabelle 9.1: Wichtigste Themen in Deutschland[1] 1998 und 2001

	1998				2001			
	August	September	Oktober	November	August	September	Oktober	November
	Angaben in %							
Außenpolitische Themen								
Euro, Europa	5	/	3	3	6	3	3	4
Terror in den USA, Frieden	-	-	-	-	-	41	54	49
Innenpolitische Themen								
Arbeitslosigkeit	85	84	80	85	73	53	50	47
Asylbewerber, Ausländer	16	14	9	9	9	7	6	5
Ruhe, Ordnung, Kriminalität	12	9	8	6	4	8	15	14
Renten, Alter, Alterssicherung	7	9	11	14	7	3	4	4
Politikverdruss	6	6	6	3	7	7	5	11
Umweltschutz	6	5	5	8	6	/	2	3
Steuern	5	6	10	10	/	3	4	/
Wirtschaftslage	5	5	6	4	9	10	9	11
Familie, Kinder, Jugend	4	5	5	3	6	4	/	/

Anmerkungen: (1) Im Rahmen des Politbarometers, das die Forschungsgruppe Wahlen durchführt, wird monatlich ohne Vorgaben nach den wichtigsten Themen in Deutschland gefragt. Es handelt sich hierbei um eine offene Frage; (/) keine Angaben; (–) trifft nicht zu.
Quelle: Eigene Zusammenstellung auf der Grundlage des Politbarometers (Forschungsgruppe Wahlen 1998: 08-11, 2001: 08-11).

Die überraschende Bedrohung durch den internationalen Terrorismus hat auch zu Ängsten, Verunsicherung und Pessimismus geführt. Für die Zukunftsaussichten lässt sich diese Tatsache detailliert belegen. Bis Anfang September 2001 sah jeder zweite Bundesbürger der Zukunft „mit Hoffnungen" entgegen, und lediglich jeder Sechste „mit Befürchtungen" (Institut für Demoskopie Allensbach 2001; vgl. Abbildung 9.2). Bei der Erhebung, die das Institut für Demoskopie Allensbach Anfang Oktober 2001 durchführte, wurde eine vollkommen veränderte Stimmungslage registriert. Der Anteil der Optimisten war innerhalb eines Monats um 20 Prozentpunkte gefallen und der Anteil der Pessimisten um 18 Prozentpunkte gestiegen.

Einer Umfrage des Bundesverbandes deutscher Banken zufolge befürchteten 52 Prozent der Bundesbürger zu diesem Zeitpunkt, „dass es auch in Deutschland zu ähnlichen Terroranschlägen wie in den USA kommen wird", und 83 Prozent bezeichneten die Gefahren, die vom politischen Terrorismus ausgehen, als „groß" bzw. „sehr groß" (Bundesverband deutscher Banken 2001: 3). Die zusätzlich ergriffenen Maßnahmen für die innere Sicherheit wurden von der Mehrheit jedoch als ausreichend angesehen (vgl. ebenda). Diese Tatsache hat möglicherweise mit dazu beigetragen, dass sich in den folgenden Monaten die Zukunftsaussichten wieder verbesserten. Die Befürchtungen gingen deutlich zurück und die Hoffnungen nahmen zu (Institut für Demoskopie Allensbach 2001; vgl. Abbildung 9.2).

Abbildung 9.2: Hoffnungen und Befürchtungen zwischen Juli und Dezember 2001

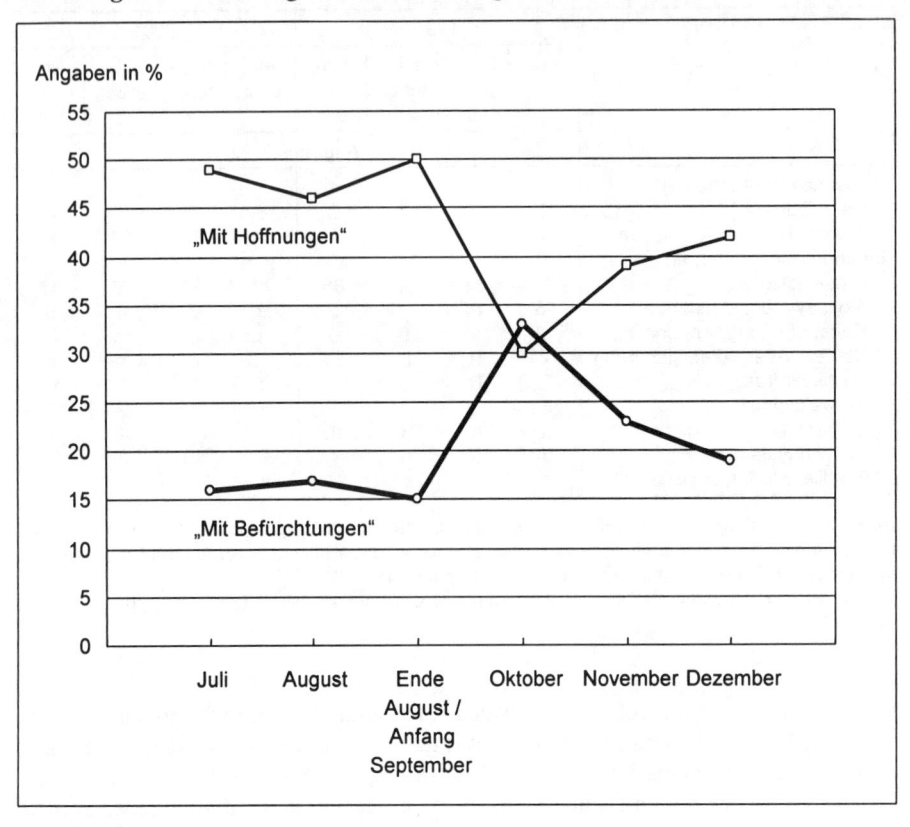

Frage: „Sehen Sie den nächsten 12 Monaten (im Dezember: „dem Jahr 2002") mit Hoffnungen oder mit Befürchtungen entgegen?" (Antwortkategorien: „Mit Hoffnungen", „Mit Befürchtungen", „Mit Skepsis" „Unentschieden".
Quelle: Institut für Demoskopie Allensbach 2001.

Die Schlüsse, die sich aus beiden Entwicklungen – aus dem veränderten Problembewusstsein und dem vorübergehenden Stimmungstief – für die Bewertung von Freiheit, Sicherheit und Gerechtigkeit durch die Bürger ziehen lassen, sind nicht ganz eindeutig.

(1) In Anbetracht der Ereignisse in den USA traten die wirtschaftlichen und sozialen Probleme in der Bundesrepublik deutlich in den Hintergrund. Die Medien berichten inzwischen seltener über diese Themen, und die Bürger nehmen sie als weniger wichtig wahr. Die Verminderung des subjektiven Problemdrucks könnte zu einer besseren Bewertung der Freiheits-, Sicherheits- und Gerechtigkeitsaspekte geführt haben. Trifft diese Vermutung zu, dann müssten die Abweichungen von den im Jahr 1998 ermittelten Urteilen generell positiv und in etwa gleich groß sein. Ein weiteres Indiz dafür, dass sich die Terroranschläge auf die wahrgenommene Qualität

der Gesellschaft ausgewirkt haben, wäre eine charakteristische Verschiebung der Präferenzstruktur. Zu erwarten ist, dass die Wertschätzung der Bürger für Schutz- und Sicherheitsaspekte im Vergleich zu 1998 gestiegen ist.

(2) Der beobachtete Anstieg von Sorgen und Ängsten ist ein starkes Indiz für eine zumindest vorübergehend verschlechterte mentale Lage der Bevölkerung. Es ist anzunehmen, dass im Kontext dieses Stimmungstiefs auch die Verwirklichung von Freiheit, Sicherheit und Gerechtigkeit kritischer beurteilt wurde als 1998. Zwischen der wahrgenommenen Qualität der Gesellschaft und dem subjektiven Wohlbefinden besteht zwar kein sehr enger Zusammenhang, wie entsprechende Untersuchungen im Rahmen dieser Arbeit ergeben haben (vgl. Kapitel 6). Doch können Rückwirkungen des subjektiven Wohlbefindens auf die Bewertung der Qualität der Gesellschaft nicht ausgeschlossen werden. Wie groß der Nettoeffekt ist, der sich aus den beiden Tendenzen ergibt, lässt sich nicht vorhersagen. Möglicherweise überwiegen die Effekte, die aus der veränderten Problemwahrnehmung resultieren; vielleicht dominieren aber auch die Auswirkungen des Stimmungstiefs.

9.3 Bewertung von Freiheit, Sicherheit und Gerechtigkeit 1998 und 2001

9.3.1 Bewertung von Freiheitsrechten im Zeitvergleich

Wenn man die Verteilungen für die beiden Zeitpunkte miteinander vergleicht, dann zeigt sich, dass die Bundesbürger die Verwirklichung grundlegender Freiheitsrechte im Jahr 2001 ganz ähnlich beurteilen wie bei der ersten Erhebung im Jahr 1998 (vgl. Abbildung 9.3). Die allgemeine Struktur der Bewertungen, d. h. die Reihenfolge der wahrgenommenen Verwirklichung von Freiheitsrechten, ist unverändert geblieben. Nach wie vor werden die Glaubensfreiheit und die politische Freiheit von der breiten Mehrheit als verwirklicht angesehen und stehen an der Spitze dieser Rangordnung, und noch immer werden die Meinungsfreiheit, die Freiheit der Berufswahl und die Freiheit der Lebensgestaltung von einem beachtlichen Teil – von einem Fünftel bzw. von einem Viertel der Bevölkerung – als „eher nicht" oder „überhaupt nicht" verwirklicht betrachtet.

Selbst die Verteilungsmuster für die Bewertung einzelner Freiheitsrechte haben sich kaum verändert – zumindest auf den ersten Blick. Bei genauerer Betrachtung wird jedoch deutlich, dass sich der Anteil derjenigen, die meinen, die Freiheitsrechte seien „voll und ganz verwirklicht", leicht erhöht hat – und zwar bei allen hier betrachteten Freiheitsrechten: bei der politischen Freiheit um zwölf Prozentpunkte, bei der Freiheit der Berufswahl und der Freiheit der Lebensgestaltung um jeweils acht Prozentpunkte und bei der Meinungsfreiheit und der Glaubensfreiheit um jeweils fünf Prozentpunkte.[2]

Die Einstellungsunterschiede zwischen den Altersgruppen, den Einkommensschichten bzw. den Erwerbslagen haben sich ebenfalls kaum verändert. Noch immer kommen besser Verdienende häufiger als gering Verdienende zu dem Urteil, dass die Freiheitsrechte realisiert seien, und noch immer meinen Arbeitslose öfter als

---

2 Alle Veränderungen sind einem Chi^2-Test zufolge statistisch signifikant.

Erwerbstätige, dass diese Rechte nicht verwirklicht seien. Selbst zwischen den Anhängern der politischen Parteien bestehen die Meinungsunterschiede im Großen und Ganzen fort. Lediglich die Sympathisanten der PDS haben sich bei der Bewertung der Freiheit der Berufswahl und der Freiheit der Lebensgestaltung den Anhängern der anderen Parteien leicht angenähert – was freilich nichts an der Tatsache ändert, dass die PDS-Anhänger dieser Gesellschaft noch immer am kritischsten gegenüberstehen.

Abbildung 9.3: Freiheitsrechte im Urteil der Bürger 1998 und 2001

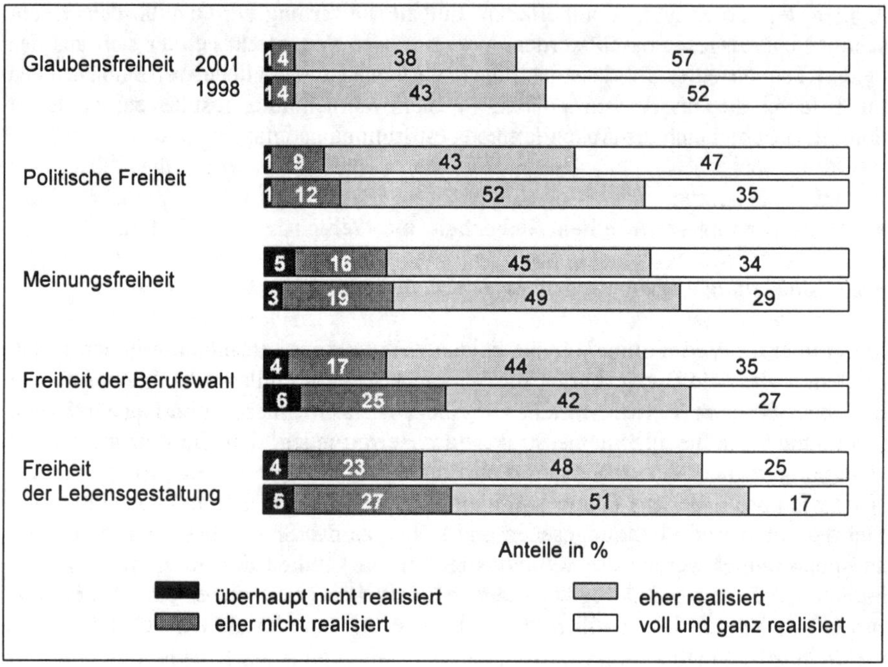

	überhaupt nicht realisiert	eher nicht realisiert	eher realisiert	voll und ganz realisiert
Glaubensfreiheit 2001	1	4	38	57
1998	1	4	43	52
Politische Freiheit	1	9	43	47
	1	12	52	35
Meinungsfreiheit	5	16	45	34
	3	19	49	29
Freiheit der Berufswahl	4	17	44	35
	6	25	42	27
Freiheit der Lebensgestaltung	4	23	48	25
	5	27	51	17

Anteile in %

Datenbasis: Wohlfahrtssurvey 1998, Trend 2001.

Die Einstellungsunterschiede zwischen den einzelnen Bevölkerungsgruppen, die im Jahr 1998 zu beobachten waren, sind im Wesentlichen erhalten geblieben (vgl. Tabelle 9.2). Die Einschätzungen von Westdeutschen und Ostdeutschen weichen ungeachtet kleinerer Verschiebungen noch immer um nahezu dieselben Beträge voneinander ab. Nach wie vor wird die Gesellschaft von den Menschen in den neuen Bundesländern als weniger frei wahrgenommen.

Anders als bei den bisher genannten sozialen Gruppen haben sich Männer und Frauen bei der Bewertung von Freiheitsrechten weitestgehend angeglichen. Die relativ geringfügigen Differenzen, die 1998 noch zu beobachten waren, haben sich mittlerweile aufgelöst.

Tabelle 9.2: Bewertung von Freiheitsrechten nach sozialen Gruppen 1998 und 2001

	In der Bundesrepublik „ganz und gar" bzw. „eher realisiert"...								
	Glaubens-freiheit		Politische Freiheit		Meinungs-freiheit		Freiheit der Berufswahl		Freiheit der Lebens-gestaltung
	1998	2001	1998	2001	1998	2001	1998	2001	1998	2001
	in %									
Insgesamt[1]	95	95	87	89	78	79	69	80	68	73
Landesteil										
Westdeutschland	96	96	87	91	80	83	78	87	71	77
Ostdeutschland	94	93	83	81	69	64	32	49	51	58
Geschlecht										
Männer	96	96	88	90	81	79	72	79	70	74
Frauen	95	94	85	89	75	79	66	80	65	73
Alter										
18 bis unter 30 Jahre	95	95	79	88	75	76	75	82	64	69
30 bis unter 45 Jahre	95	93	85	89	75	78	67	78	62	68
45 bis unter 60 Jahre	96	96	90	91	78	79	67	80	68	74
60 bis unter 75 Jahre	96	95	89	89	84	82	67	77	74	76
75 Jahre und älter	99	98	93	92	83	88	74	87	82	88
Einkommen[2]										
Oberstes Quintil	96	96	91	91	83	81	77	88	76	78
Mittleres Quintil	95	97	87	89	77	82	67	80	68	78
Unterstes Quintil	94	93	79	82	72	71	60	71	61	66
Erwerbsstatus										
Erwerbstätig[3]	96	95	87	90	78	78	70	81	66	73
Arbeitslos	95	92	74	81	68	69	54	69	58	56
Parteipräferenz										
SPD	95	95	89	91	82	80	70	81	71	75
CDU/CSU	97	96	90	91	86	84	77	85	77	79
FDP	93	94	98	96	89	93	85	88	71	82
Bündnis'90/Die Grünen	94	97	90	94	71	80	74	78	65	76
PDS	93	92	78	78	52	55	30	43	40	54

Anmerkungen: (1) Weil beim Wohlfahrtssurvey Trend 2001 keine Ausländer befragt wurden, können für den Zeitvergleich nur Deutsche berücksichtigt werden; (2) bedarfsgewichtetes Haushaltsnettoeinkommen; (3) nur Vollerwerbstätige und Teilzeitbeschäftigte.
Datenbasis: Wohlfahrtssurvey 1998, Trend 2001.

9.3.2 Bewertung von Schutz- und Sicherheitsaspekten im Zeitvergleich

Die Schutz- und Sicherheitsaspekte werden von den Bürgern im Jahr 2001 ebenfalls positiver beurteilt (vgl. Abbildung 9.4). Der Anteil derjenigen, die den Schutz vor Kriminalität in der Bundesrepublik für verwirklicht ansehen, ist im Vergleich zur ersten Erhebung im Jahr 1998 um 14 Prozentpunkte gestiegen. Bei keinem der anderen hier untersuchten Attribute einer lebenswerten Gesellschaft – soviel sei schon vorweggenommen – wurden größere Veränderungen registriert. Beim Schutz der

Umwelt und bei der sozialen Sicherheit beträgt der Anstieg jeweils acht Prozentpunkte, beim Schutz des Eigentums sind es lediglich vier Prozentpunkte.[3]

Abbildung 9.4: Schutz und Sicherheit im Urteil der Bürger 1998 und 2001

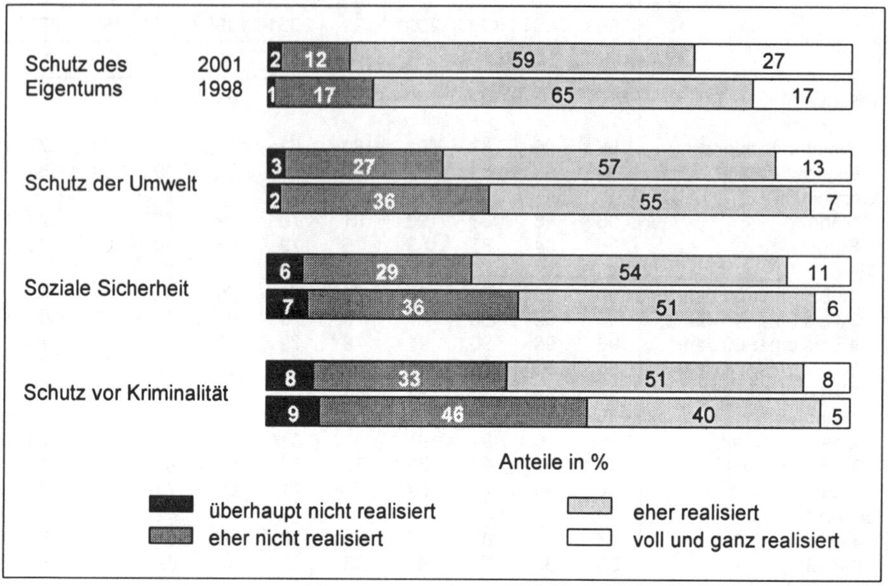

		überhaupt nicht realisiert	eher nicht realisiert	eher realisiert	voll und ganz realisiert
Schutz des Eigentums	2001	2	12	59	27
	1998	1	17	65	17
Schutz der Umwelt		3	27	57	13
		2	36	55	7
Soziale Sicherheit		6	29	54	11
		7	36	51	6
Schutz vor Kriminalität		8	33	51	8
		9	46	40	5

Anteile in %

Datenbasis: Wohlfahrtssurvey 1998, Trend 2001.

Betrachtet man die Verteilungen eingehender, dann fällt auf, dass sich vor allem die Proportionen der drei Kategorien „eher nicht realisiert", „eher realisiert" und „voll und ganz realisiert" verschoben haben, mit anderen Worten, dass die Veränderungen vor allem im „oberen" Bereich der Skala stattfanden. Der Anteil derjenigen, die meinen, die entsprechenden Schutz- und Sicherheitsmaßnahmen seien „überhaupt nicht realisiert", hat sich dagegen nicht signifikant verändert.

Alles in allem sind die Abweichungen jedoch nicht so groß, dass sie zu einem völlig neuen Gesamteindruck führen würden. Die Rangfolge der wahrgenommenen Verwirklichung ist, wie das bereits bei den Freiheitsrechten der Fall war, auch hier erhalten geblieben: An erster Stelle steht nach wie vor der Schutz des Eigentums. Danach folgen der Schutz der Umwelt und die soziale Sicherheit. Am Schluss rangiert der Schutz vor Kriminalität – auch wenn sich der Anteil derjenigen, die meinen, die öffentliche Sicherheit sei nicht gewährleistet, von 55 Prozent auf 41 Prozent verringert hat.

---

3 Alle Veränderungen sind einem Chi^2-Test zufolge statistisch signifikant.

Tabelle 9.3: Bewertung von Schutz und Sicherheit nach sozialen Gruppen 1998 und 2001

	In der Bundesrepublik „ganz und gar" bzw. „eher realisiert"...							
	Schutz des Eigentums		Schutz der Umwelt		Soziale Sicherheit		Schutz vor Kriminalität	
	1998	2001	1998	2001	1998	2001	1998	2001
	in %							
Insgesamt[1]	82	86	62	70	57	65	45	59
Landesteil								
Westdeutschland	85	89	62	71	63	70	49	64
Ostdeutschland	70	74	64	68	33	46	29	42
Geschlecht								
Männer	84	87	63	74	60	67	50	62
Frauen	80	85	61	68	54	63	40	57
Alter								
18 bis unter 30 Jahre	84	86	60	69	58	65	50	62
30 bis unter 45 Jahre	81	85	57	68	54	63	46	61
45 bis unter 60 Jahre	81	87	62	71	57	64	46	60
60 bis unter 75 Jahre	82	85	66	71	56	64	39	52
75 Jahre und älter	83	87	76	78	67	77	41	67
Einkommen[2]								
Oberstes Quintil	86	92	64	71	68	76	49	67
Mittleres Quintil	84	86	62	75	62	60	49	54
Unterstes Quintil	78	78	63	67	44	56	45	55
Erwerbsstatus								
Erwerbstätig[3]	82	87	61	69	57	63	47	62
Arbeitslos	75	75	62	69	38	53	35	53
Parteipräferenz								
SPD	83	88	61	72	60	64	44	61
CDU/CSU	87	88	70	75	68	75	50	64
FDP	79	87	55	73	71	77	55	66
Bündnis'90/Die Grünen	81	93	33	56	57	69	53	70
PDS	64	70	51	62	26	48	23	49

Anmerkungen: (1) Weil beim Wohlfahrtssurvey Trend 2001 keine Ausländer befragt wurden, können für den Zeitvergleich nur Deutsche berücksichtigt werden; (2) bedarfsgewichtetes Haushaltsnettoeinkommen; (3) nur Vollerwerbstätige und Teilzeitbeschäftigte.
Datenbasis: Wohlfahrtssurvey 1998, Trend 2001.

Die Einstellungsunterschiede zwischen den Bevölkerungsgruppen sind ungeachtet der insgesamt besseren Bewertung von Schutz- und Sicherheitsaspekten in bemerkenswerter Weise stabil geblieben (vgl. Tabelle 9.3). Am deutlichsten wird diese Tatsache wohl bei einem Vergleich zwischen den Bewertungen in beiden Landesteilen. Die Einschätzungen der Menschen in West und Ost, inwieweit Schutz und Sicherheit gegeben sind, weichen noch immer um nahezu identische Beträge voneinander ab. Diese „Bewertungslücke" beträgt beim Schutz des Eigentums 15 Prozentpunkte (1998 waren es ebenfalls 15 Prozentpunkte), beim Schutz vor Kriminalität sind es 22 Prozentpunkte (1998: 20 Prozentpunkte) und bei der sozialen Sicherheit 24 Prozentpunkte (1998: 30 Prozentpunkte).

Eine weitgehende Stabilität der Einstellungsdifferenzen ist sowohl bei den hier betrachteten Altersgruppen und Einkommensschichten als auch bei den Erwerbslagen und Anhängerschaften der politischen Parteien zu beobachten. Grundsätzlich gilt, dass sich im Beobachtungszeitraum von 1998 bis 2001 keine wesentlichen Strukturveränderungen ergeben haben.

An einigen Stellen fallen zwar größere Veränderungen auf, sie können den Gesamteindruck – Fortbestehen der Einstellungsunterschiede zwischen den sozialen Gruppen – jedoch nicht überdecken. Zumeist beziehen sich solche Verschiebungen auf einzelne Bereiche: Beispielsweise hat sich bei den Hochbetagten (75 Jahre und älter) der Anteil derjenigen, die den Schutz vor Kriminalität für gewährleistet halten, überdurchschnittlich erhöht, von 41 Prozent auf 67 Prozent.

Lediglich bei den Anhängerschaften der politischen Parteien ergibt sich ein abweichender Trend. Hier haben sich die Abstände zwischen den einzelnen Gruppierungen verringert. Verantwortlich hierfür ist die Tatsache, dass die Anhänger von Bündnis'90/Die Grünen und die Sympathisanten der PDS zu wesentlich positiveren Einschätzungen kommen als 1998.

9.3.3 Bewertung von Gerechtigkeitsaspekten im Zeitvergleich

Von allen hier betrachteten Attributen einer lebenswerten Gesellschaft werden die Solidarität mit Hilfebedürftigen, die Chancengleichheit, das Recht auf Arbeit und die gerechte Verteilung des Wohlstands als am wenigsten verwirklicht angesehen (vgl. Abbildung 9.5). Daran hat sich auch im Beobachtungszeitraum nichts geändert. Zwar wurden die Gerechtigkeitsaspekte im Jahr 2001 etwas positiver bewertet als 1998, doch sind die Abweichungen relativ klein.[4] Der Anteil derjenigen, die diese Rechte und Chancen für „voll und ganz verwirklicht" halten, hat sich nur um durchschnittlich 3,2 Prozentpunkte erhöht. Zum Vergleich: Bei den Freiheitsrechten sind es 7,6 Prozentpunkte und bei den Schutz- und Sicherheitsaspekten 6,0 Prozentpunkte.[5]

Die Verteilungen, die in den Jahren 1998 und 2001 ermittelt wurden, gleichen einander in noch größerem Maße, als dies bei den Themenbereichen Freiheit und Sicherheit der Fall ist. Deutlich wird auch an dieser Stelle, dass die Veränderungen eher im „oberen" Bereich der Skala stattgefunden haben und dass der Anteil derjenigen, die diese Rechte für „überhaupt nicht realisiert" betrachten, annähernd gleich groß geblieben ist – sieht man einmal von der Bewertung der Verteilungsgerechtigkeit ab.

---

4 Alle Veränderungen sind einem Chi2-Test zufolge statistisch signifikant.

5 Diese Werte ergeben sich, wenn man die Veränderung der Anteile „voll und ganz realisiert" für einen Themenbereich, z.B. für alle Freiheitsrechte, summiert und durch die Anzahl der Items teilt. Für den Bereich der Freiheitsrechte ergibt sich beispielsweise eine Gesamtveränderung von 38 Prozentpunkten - geteilt durch fünf Items (Freiheitsrechte), resultiert daraus eine mittlere Abweichung von 7,6 Prozentpunkten.

Abbildung 9.5: Gerechtigkeitsaspekte im Urteil der Bürger 1998 und 2001

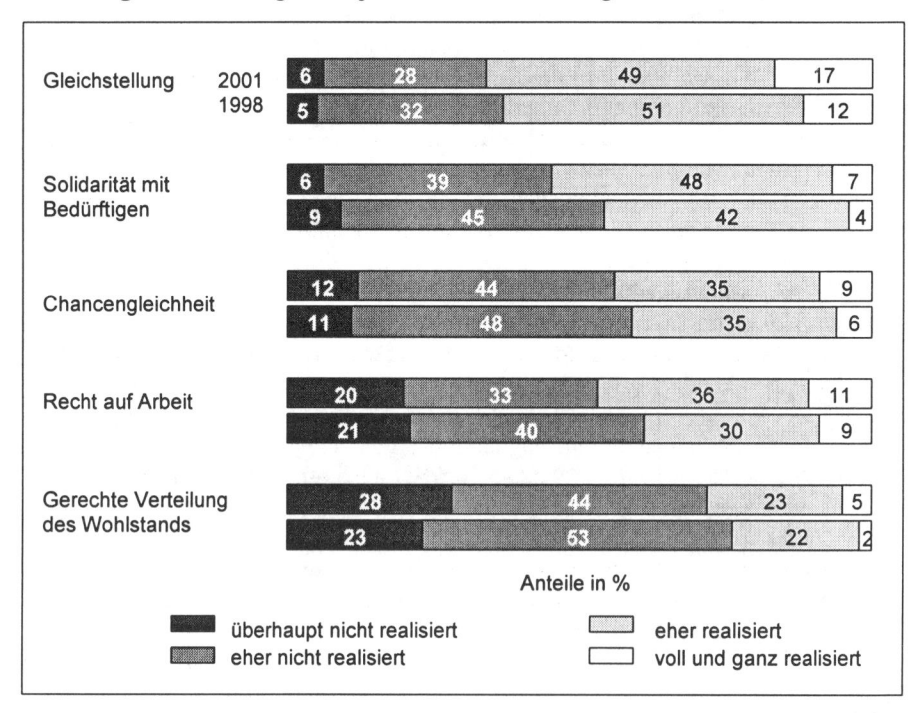

		überhaupt nicht realisiert	eher nicht realisiert	eher realisiert	voll und ganz realisiert
Gleichstellung	2001	6	28	49	17
	1998	5	32	51	12
Solidarität mit Bedürftigen		6	39	48	7
		9	45	42	4
Chancengleichheit		12	44	35	9
		11	48	35	6
Recht auf Arbeit		20	33	36	11
		21	40	30	9
Gerechte Verteilung des Wohlstands		28	44	23	5
		23	53	22	2

Anteile in %

Datenbasis: Wohlfahrtssurvey 1998, Trend 2001.

Wenn man die Bewertung von Gerechtigkeitsaspekten durch unterschiedliche soziale Gruppen im Zeitvergleich betrachtet, dann werden die in den obigen Abschnitten gewonnenen Erkenntnisse im Wesentlichen bestätigt (vgl. Tabelle 9.4). Die Einstellungsunterschiede hinsichtlich der Beurteilung von Gerechtigkeitsfragen, die zwischen den Altersgruppen, den Einkommensschichten und den Erwerbslagen bei der ersten Erhebung diagnostiziert wurden, haben sich ebenfalls nur unwesentlich gewandelt.

Nur mit wenigen Ausnahmen ist es zu einer Annäherung der Urteile verschiedener Bevölkerungsgruppen gekommen. Die Ansichten der PDS-Sympathisanten zur Verwirklichung der Chancengleichheit und der gerechten Verteilung des Wohlstands haben sich beispielsweise in einem bemerkenswerten Ausmaß gewandelt. Die Vermutung, dass sich nicht die Einstellungen der PDS-Anhängerschaft verändert hätten, sondern lediglich deren demographisches Profil, konnte bei weitergehenden Untersuchungen zur Veränderung der Ost-West-Verteilung und der Altersstruktur nicht bestätigt werden. Die Anhängerschaft der PDS ist nicht westlicher und nicht jünger geworden.

Tabelle 9.4: Bewertung von Gerechtigkeitsaspekten nach sozialen Gruppen 1998 und 2001

	In der Bundesrepublik „ganz und gar" bzw. „eher realisiert"...									
	Gleichstellung von Mann und Frau		Solidarität mit Hilfebedürftigen		Chancengleichheit		Recht auf Arbeit		Gerechte Verteilung des Wohlstands	
	1998	2001	1998	2001	1998	2001	1998	2001	1998	2001
	in %									
Insgesamt[1]	63	66	46	55	41	45	39	47	24	28
Landesteil										
Westdeutschland	65	69	49	58	45	50	44	54	29	32
Ostdeutschland	52	55	37	45	23	25	14	21	8	12
Geschlecht										
Männer	68	72	49	58	43	47	40	47	26	29
Frauen	56	61	44	52	38	42	37	47	24	26
Alter										
18 bis unter 30 Jahre	67	70	45	56	40	47	43	50	24	27
30 bis unter 45 Jahre	62	63	42	51	35	39	36	44	24	27
45 bis unter 60 Jahre	57	62	46	52	40	42	36	43	22	25
60 bis unter 75 Jahre	63	67	50	60	44	48	38	47	26	28
75 Jahre und älter	68	77	65	66	58	57	48	61	36	40
Einkommen[2]										
Oberstes Quintil	62	67	49	58	48	48	44	58	34	34
Mittleres Quintil	62	67	51	55	39	48	36	42	23	27
Unterstes Quintil	60	64	43	50	33	40	35	45	17	24
Erwerbsstatus										
Erwerbstätig[3]	64	66	45	52	41	42	39	46	24	28
Arbeitslos	53	58	34	46	26	34	28	27	16	15
Parteipräferenz										
SPD	59	63	45	51	39	43	39	46	20	22
CDU/CSU	71	77	57	67	53	56	50	53	38	39
FDP	69	67	57	55	61	52	34	51	34	33
Bündnis'90/Die Grünen	44	52	25	49	29	35	37	39	12	26
PDS	35	48	30	42	6	22	12	18	3	15

Anmerkungen: (1) Weil beim Wohlfahrtssurvey Trend 2001 keine Ausländer befragt wurden, können für den Zeitvergleich nur Deutsche berücksichtigt werden; (2) bedarfsgewichtetes Haushaltsnettoeinkommen; (3) nur Vollerwerbstätige und Teilzeitbeschäftigte.
Datenbasis: Wohlfahrtssurvey 1998, Trend 2001.

Eine Ursache für den Einstellungswandel der Sympathisanten der PDS und zum Teil auch der Grünen, könnte man in der Regierungsbeteiligung beider Parteien vermuten, die möglicherweise dazu geführt hat, dass Teile dieser Gruppierungen frühere radikal-kritische Positionen aufgegeben haben.

9.3.4 Mittelwertvergleich der Bewertungen

Ein Ansatz, um die Bewertungen von Freiheits-, Sicherheits- und Gerechtigkeitsaspekten in den Jahren 1998 und 2001 zusammenfassend zu analysieren, ist der Mittelwertvergleich.[6] Die Analyse bestätigt die bisher gewonnenen, grundlegenden Erkenntnisse (vgl. Abbildung 9.6):

(1) Der Mittelwertvergleich zeigt, dass nahezu alle Attribute einer lebenswerten Gesellschaft im Jahr 2001 besser bewertet wurden als bei der ersten Erhebung. Bis auf wenige Ausnahmen unterscheiden sich die Mittelwerte voneinander. Die Differenzen sind zwar relativ gering, doch wie entsprechende T-Tests ergeben haben, statistisch signifikant. Lediglich die durchschnittlichen Bewertungen der gerechten Verteilung des Wohlstands unterscheiden sich nicht voneinander.

(2) Die Rangfolge der Verwirklichung von Attributen einer lebenswerten Gesellschaft ist mit der von 1998 nahezu identisch. Noch immer gelten die Freiheitsrechte als weitgehend realisiert und stehen somit an der Spitze der Hierarchie. Die Schutz- und Sicherheitsaspekte finden sich nach wie vor im mittleren Bereich, und die Gerechtigkeitsaspekte rangieren eher im unteren Bereich.

Alles in allem entsprechen diese Ergebnisse den Erwartungen, die eingangs formuliert wurden. Einige Annahmen haben sich aber auch als falsch herausgestellt. Die generell positivere Einschätzung durch die Bürger ist mit großer Wahrscheinlichkeit das Ergebnis der beobachteten Verschiebung des Problembewusstseins, wobei außenpolitische Themen an Bedeutung gewannen, während die wirtschaftlichen und sozialen Probleme dieser Gesellschaft in den Hintergrund traten.

Die politischen Entscheidungen und Initiativen der Bundesregierung scheinen sich positiv ausgewirkt zu haben – zumindest widersprechen die empirischen Befunde dieser Deutung nicht, sondern lassen sie plausibel erscheinen. In den Bereichen, in denen vergleichsweise wenige bzw. keine öffentlichkeitswirksamen Aktivitäten zu beobachten waren, fielen die positiven Abweichungen erwartungsgemäß eher gering aus. Das trifft sowohl auf die Glaubensfreiheit und die Meinungsfreiheit als auch auf die gerechte Verteilung des Wohlstands zu. Lediglich die Urteile zum Schutz des Eigentums fallen positiver aus, als anzunehmen war.

Die Vermutung, dass die von den Terroranschlägen ausgelösten Befürchtungen und Sorgen der Menschen die Bewertung von Freiheit, Sicherheit und Gerechtigkeit negativ beeinflussen würden, hat sich dagegen nicht bestätigt. Denn in keinem Bereich ist der Anteil der positiven Bewertungen zurückgegangen. Auch eine Kompensation möglicher Negativeffekte durch andere Faktoren – politische Aktivitäten bzw. bessere Arbeitsmarktlage – kann ausgeschlossen werden. Bei der Glaubensfreiheit und der Meinungsfreiheit hat es eine solche Kompensation sicher nicht gegeben, und auch diese Freiheitsrechte wurden nicht seltener als verwirklicht angesehen, sondern eher etwas häufiger.

Die Tatsache, dass das Recht auf Arbeit, die Freiheit der Berufswahl und die soziale Sicherheit häufiger als verwirklicht angesehen werden, könnte man auch auf

---

6 Ausgangspunkt des folgenden Mittelwertvergleichs ist eine Metrisierung der ursprünglich ordinal skalierten Daten: „überhaupt nicht verwirklicht" = 0, „eher nicht verwirklicht" = 3,33, „eher verwirklicht" = 6,66, „ganz und gar verwirklicht" = 10.

den leichten Rückgang der Arbeitslosigkeit zurückführen. Eingangs wurde ein solcher Effekt auch erwartet. Möglicherweise hat die günstige Entwicklung auf dem Arbeitsmarkt sogar einen größeren Einfluss gehabt als die Verschiebung des Problembewusstseins unter dem Eindruck der Terrorgefahr.

Abbildung 9.6: Wahrgenommene Qualität der Gesellschaft – Mittelwertvergleich 1998 und 2001[1]

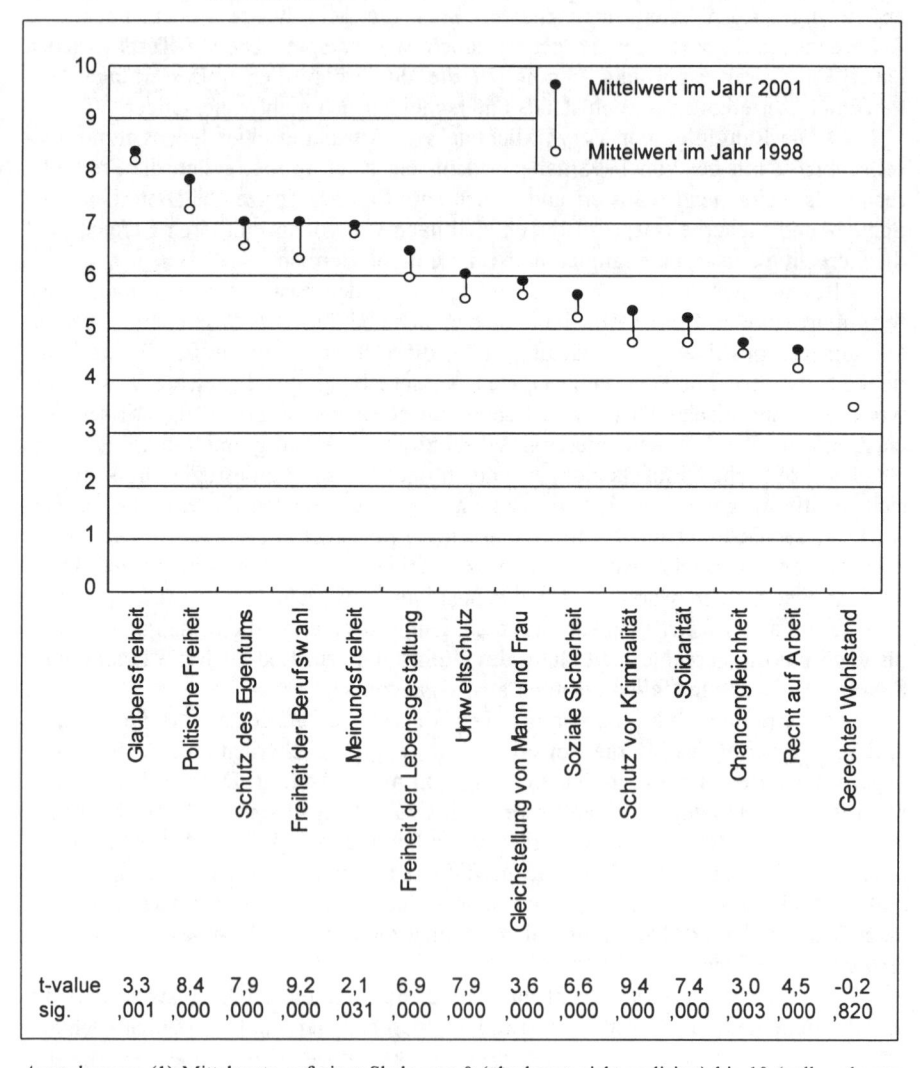

	Glaubensfreiheit	Politische Freiheit	Schutz des Eigentums	Freiheit der Berufswahl	Meinungsfreiheit	Freiheit der Lebensgestaltung	Umweltschutz	Gleichstellung von Mann und Frau	Soziale Sicherheit	Schutz vor Kriminalität	Solidarität	Chancengleichheit	Recht auf Arbeit	Gerechter Wohlstand
t-value	3,3	8,4	7,9	9,2	2,1	6,9	7,9	3,6	6,6	9,4	7,4	3,0	4,5	-0,2
sig.	,001	,000	,000	,000	,031	,000	,000	,000	,000	,000	,000	,003	,000	,820

Anmerkungen: (1) Mittelwerte auf einer Skala von 0 (überhaupt nicht realisiert) bis 10 (voll und ganz realisiert). Abgebildet sind die Ergebnisse eines Mittelwertvergleichs mit einem T-Test für unabhängige Stichproben.
Datenbasis: Wohlfahrtssurvey 1998, Trend 2001.

Gegen eine solche Deutung spricht allerdings, dass sich auch in den neuen Bundesländern die Bewertung des Rechts auf Arbeit, der Freiheit der Berufswahl und der meisten anderen Attribute einer lebenswerten Gesellschaft verbessert hat, obwohl die Zahl der Arbeitslosen in Ostdeutschland nicht abgenommen hat, sondern leicht gestiegen ist.

Ausgehend von der Erkenntnis, dass sich die Lage auf dem Arbeitsmarkt in West- und Ostdeutschland nicht angenähert hat, sondern die Kluft eher noch größer geworden ist, wurde eingangs vermutet, dass sich die Einstellungsunterschiede zwischen West und Ost nicht wesentlich verändert haben. Diese Erwartung wurde weitgehend bestätigt. Die Bewertungslücke zwischen West und Ost ist in etwa gleich groß geblieben. Auch für die aktuellen Daten lässt sich ein Summenindex der Bewertung von Freiheits-, Sicherheits- und Gerechtigkeitsaspekten berechnen (vgl. Kapitel 8, Fußnote 16). Der westdeutsche Durchschnitt lag 2001 bei 6,3 (1998 bei 5,9) und der ostdeutsche Mittelwert bei 5,1 (1998 bei 4,7). Der Abstand blieb mit 1,2 Skalenpunkten exakt gleich groß. Auch bei der Demokratiezufriedenheit kam es nicht zu einer Annäherung. Im Jahr 2001 lag die durchschnittliche Zufriedenheit in Westdeutschland bei 6,7 (1998 bei 6,5) und in Ostdeutschland bei 5,3 (1998 bei 5,5). Die Zufriedenheitslücke ist also eher noch größer geworden; sie beträgt nicht mehr 1,0 Skalenpunkte, sondern 1,4 Skalenpunkte.

9.3.5 *Präferenzen für Freiheit, Sicherheit und Gerechtigkeit im Wandel*

Im Folgenden soll untersucht werden, ob sich die Wertschätzung für Freiheits-, Sicherheits- und Gerechtigkeitsaspekte verändert hat. Als Referenzmaß, auf das sich die Präferenzen der Bürger jeweils beziehen, wird die Demokratiezufriedenheit verwendet (vgl. Abbildung 9.7). Diese Umstellung ist unvermeidlich, weil das ursprünglich verwendete Globalmaß – die Zustimmung zu der Aussage „In einem Land wie Deutschland kann man sehr gut leben" – im Jahr 2001 nicht erhoben wurde (vgl. Kapitel 7). Der Vergleich der für 1998 und 2001 ermittelten Präferenzordnungen führt zu drei wesentlichen Erkenntnissen:

(1) Eine Reihe von Attributen einer lebenswerten Gesellschaft ist im Jahr 2001 relevanter für die Demokratiezufriedenheit als 1998. Hierzu gehören in erster Linie Schutz- und Sicherheitsaspekte, wie der Schutz vor Kriminalität, die soziale Sicherheit, der Schutz des Eigentums, aber auch die Solidarität mit Hilfebedürftigen, das Recht auf Arbeit und die Freiheit der Berufswahl.

(2) Die meisten Freiheitsrechte verloren dagegen an Bedeutung. Das sind im Einzelnen die politische Freiheit, die Freiheit der Lebensgestaltung, die Meinungsfreiheit und die Glaubensfreiheit.

(3) Keine bzw. lediglich marginale Veränderungen sind dagegen für die meisten Gerechtigkeitsaspekte festzustellen: für die Gleichstellung von Mann und Frau, die Chancengleichheit und die gerechte Verteilung des Wohlstands. Auch die Bedeutung des Umweltschutzes ist nur unwesentlich zurückgegangen.

Abbildung 9.7: Bedeutung von Freiheits-, Sicherheits- und Gerechtigkeitsaspekten für die Demokratiezufriedenheit 1998 und 2001

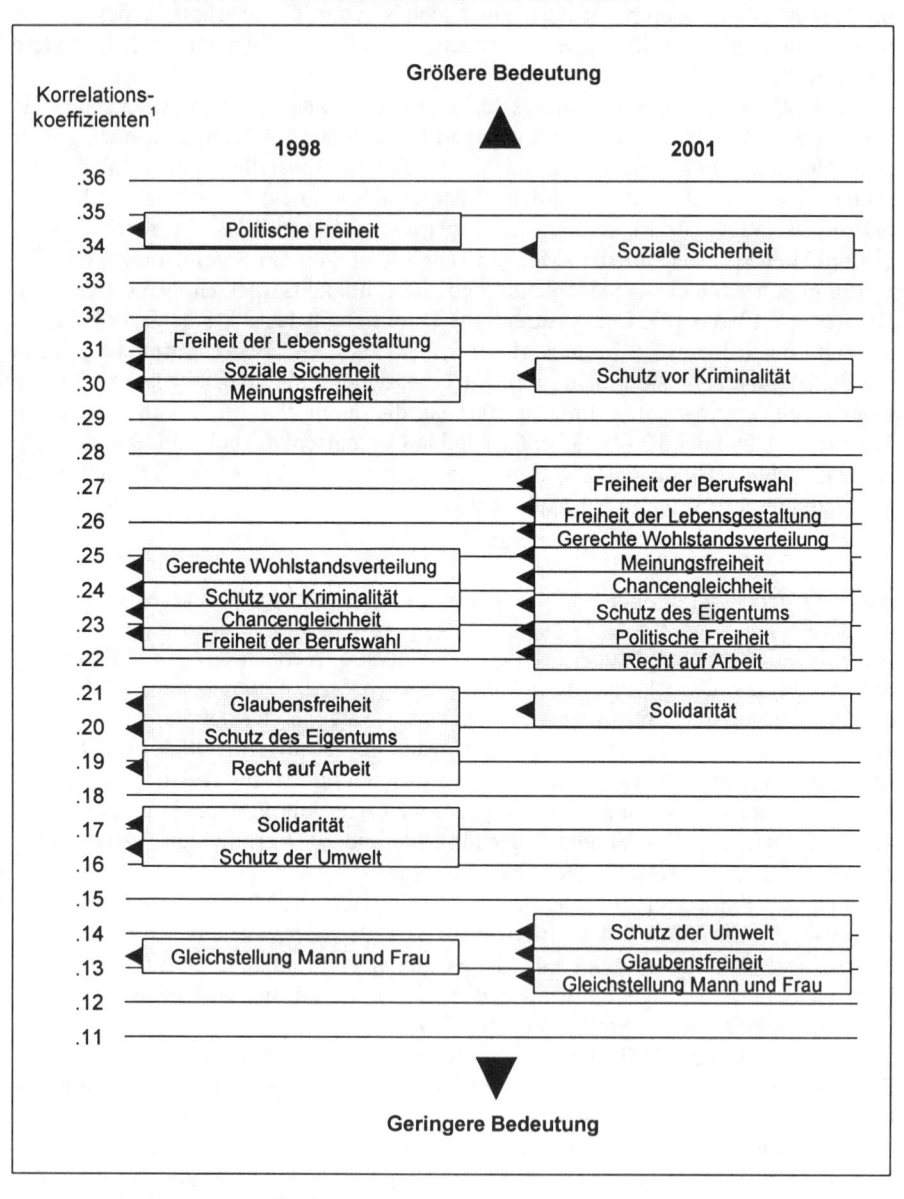

Korrelations-koeffizienten[1]	1998	Größere Bedeutung ▲	2001
.36			
.35	Politische Freiheit		
.34			Soziale Sicherheit
.33			
.32			
.31	Freiheit der Lebensgestaltung		
.30	Soziale Sicherheit / Meinungsfreiheit		Schutz vor Kriminalität
.29			
.28			
.27			Freiheit der Berufswahl
.26			Freiheit der Lebensgestaltung / Gerechte Wohlstandsverteilung
.25	Gerechte Wohlstandsverteilung		Meinungsfreiheit
.24	Schutz vor Kriminalität		Chancengleichheit
.23	Chancengleichheit		Schutz des Eigentums
.22	Freiheit der Berufswahl		Politische Freiheit / Recht auf Arbeit
.21	Glaubensfreiheit		Solidarität
.20	Schutz des Eigentums		
.19	Recht auf Arbeit		
.18			
.17	Solidarität		
.16	Schutz der Umwelt		
.15			
.14			Schutz der Umwelt
.13	Gleichstellung Mann und Frau		Glaubensfreiheit / Gleichstellung Mann und Frau
.12			
.11		▼ Geringere Bedeutung	

Anmerkungen: (1) Ausgewiesen sind die Korrelationskoeffizienten für den Zusammenhang zwischen der Bewertung der jeweiligen Einzelaspekte und der Zufriedenheit mit den demokratischen Einrichtungen. Alle Koeffizienten sind auf dem Niveau von 0,01 (1-seitig) signifikant.
Datenbasis: Wohlfahrtssurvey 1998.

Der Wandel der Wertschätzung von Freiheits-, Sicherheits- und Gerechtigkeitsaspekten spiegelt meines Erachtens in erstaunlicher Weise die veränderte Bedrohungslage wider. Alles in allem wird den bisher besonders geschätzten Freiheitsrechten eine geringere Bedeutung beigemessen, während die Wertschätzung für Schutz und Sicherheit zunimmt. Inwieweit sich dieses neue Präferenzmuster stabilisiert oder ob es sich nur um eine vorübergehende Reaktion auf die Anschläge in den Vereinigten Staaten handelt, wird sich in nachfolgenden Untersuchungen erweisen müssen.

9.4 Zusammenfassung

Die vorliegenden Analysen sollten die Frage klären, wie sich die Wahrnehmung und Bewertung der Attribute eine lebenswerten Gesellschaft im Zeitraum von 1998 bis 2001 verändert hat. Die Beantwortung dieser Frage war sowohl aus inhaltlichen als auch aus methodischen Gründen von großem Interesse. Die wichtigsten Befunde lassen sich in fünf Feststellungen zusammenfassen.

1. Nahezu alle Freiheits-, Sicherheits- und Gerechtigkeitsaspekte, die Gegenstand des Zeitvergleichs sind, wurden im Jahr 2001 positiver bewertet als bei der ersten Erhebung im Jahr 1998. Der Anteil derjenigen, die diese Rechte, Sicherheiten und Chancen als verwirklicht ansehen, hat sich erhöht. Der Anstieg ist in den meisten Fällen zwar relativ gering, doch sind die Veränderungen statistisch signifikant.

2. Die größten Verbesserungen wurden bei der Bewertung der öffentlichen Sicherheit registriert. Der Anteil derjenigen, die den Schutz vor Kriminalität in der Bundesrepublik als „voll und ganz realisiert" bzw. „eher realisiert" betrachten, hat um 14 Prozentpunkte zugenommen. Zu den Bereichen, die im Jahr 2001 deutlich besser bewertet werden, gehören auch die Freiheit der Berufswahl (plus elf Prozentpunkte), die Solidarität mit Hilfebedürftigen (plus neun Prozentpunkte), das Recht auf Arbeit, die soziale Sicherheit und der Schutz der Umwelt (jeweils plus acht Prozentpunkte). Die Veränderungen in den anderen Bereichen sind wesentlich geringer. Am geringsten sind sie bei der Bewertung der Glaubensfreiheit, der Meinungsfreiheit, der Chancengleichheit und der gerechten Verteilung des Wohlstands.

3. Die Rangfolge der wahrgenommenen Verwirklichung der Attribute einer lebenswerten Gesellschaft hat sich seit dem Jahr 1998 nur unwesentlich verändert. An der Spitze stehen nach wie vor die Freiheitsrechte, die von der großen Mehrheit der Bevölkerung als weitgehend verwirklicht angesehen werden. Die mittleren Ränge werden von den Schutz- und Sicherheitsaspekten eingenommen. Hier werden weitaus mehr Probleme wahrgenommen als bei den Freiheitsrechten – doch der Anteil der positiven Urteile überwiegt mehr oder weniger stark. Die größten Defizite werden noch immer bei der Verwirklichung der Chancengleichheit, des Rechts auf Arbeit und der gerechten Verteilung des Wohlstands gesehen.

4. In fast allen untersuchten Bevölkerungsgruppen wird die große Mehrheit der Attribute einer lebenswerten Gesellschaft im Jahr 2001 positiver bewertet als im Jahr 1998. Die Bewertungsunterschiede zwischen den einzelnen sozialen Gruppen sind generell erhalten geblieben. Die Abstände haben sich jedoch zum Teil verändert. Zwischen den Anhängern der politischen Parteien sind die Unterschiede in einigen Punkten wesentlich kleiner geworden. Vor allem die Anhänger von Bündnis'90/Die Grünen und die Sympathisanten der PDS kommen in einer Reihe von Bereichen zu erheblich positiveren Einschätzungen als noch im Jahr 1998 und weichen nicht mehr so deutlich vom Bevölkerungsdurchschnitt ab. Dagegen sind die West-Ost-Differenzen weitgehend erhalten geblieben. Noch immer beurteilen die Menschen in den neuen Bundesländern die Gesellschaft als weniger frei, weniger sicher und weniger gerecht als die Westdeutschen. Die Abstände sind bis auf wenige Ausnahmen in bemerkenswerter Weise konstant geblieben.

5. Die Bedeutung, die den einzelnen Attributen einer lebenswerten Gesellschaft für die Zufriedenheit mit der Demokratie beigemessen wird, hat sich gewandelt. An der Spitze der Präferenzskala stehen im Jahr 2001 die soziale Sicherheit und der Schutz vor Kriminalität. Drei Jahre zuvor waren es die politische Freiheit, die Freiheit der Lebensgestaltung, die soziale Sicherheit und die Meinungsfreiheit. Alles in allem ist zu beobachten, dass die Bedeutung der meisten Schutz- und Sicherheitsaspekte zugenommen hat, während die Präferenz für die Mehrzahl der Freiheitsrechte zurückgegangen ist.

10. Resümee und Ausblick

10.1 Resümee

In dieser Arbeit wurden gesellschaftliche Aspekte der Lebensqualität theoretisch erörtert und empirisch untersucht. Konkret ging es um die Frage, inwieweit die bürgerlichen Grundwerte – Freiheit, Sicherheit und Gerechtigkeit – von den Bundesbürgern als verwirklicht wahrgenommen werden und welche Konsequenzen sich aus diesen Einschätzungen ergeben. Die wichtigsten Beobachtungen und Entdeckungen, die auf dieser Reise in die Themenwelt der „Qualität der Gesellschaft" gemacht wurden, will ich im Folgenden nochmals zusammenfassen.

Am Anfang der Arbeit stand die Erörterung der theoretischen und methodischen Grundlagen. Dabei ging es zunächst darum, die unterschiedlichen Traditionslinien der Lebensqualitätsforschung zu erläutern und neuere Begriffe und Konzepte auf diesem Gebiet vorzustellen. Von dieser Bestandsaufnahme ausgehend habe ich drei Dimensionen der Lebensqualität – die Qualität des privaten Lebens, die „Quality of Persons" und die Qualität der Gesellschaft – zu einem umfassenden Lebensqualitätsansatz zusammengeführt. Die wahrgenommene Qualität der Gesellschaft wurde dabei als Bewertung von öffentlichen Lebensbereichen und Attributen einer lebenswerten Gesellschaft durch die Bürger definiert und als wesentliches Element der Lebensqualität gekennzeichnet.

In methodischer Hinsicht galt es zu klären, wie subjektive Urteile über die gesellschaftliche Wirklichkeit generiert werden und von welchen Faktoren diese Einschätzungen generell abhängig sein könnten. Das in diesem Kontext entworfene Modell umfasst mehrere Ebenen: (1) die Institutionalisierung bürgerlicher Grundwerte in Gestalt von Grundrechten, Staatszielbestimmungen und politischen Zielen, (2) die Verwirklichung dieser Grundsätze, (3) die individuelle Wahrnehmung von Freiheit, Sicherheit und Gerechtigkeit und schließlich (4) die subjektive Bewertung dieser Attribute einer lebenswerten Gesellschaft.

Das Stufenmodell basiert auf drei grundlegenden Annahmen: (I) auf der von Berger und Luckmann (1980) vorgenommenen Unterscheidung von „Gesellschaft als objektiver Realität" und „Gesellschaft als subjektiver Wirklichkeit", (II) auf dem Wissen um die Vielzahl der Einflussfaktoren in verfassungsrechtlicher, politischer, ökonomischer, sozialer, emotionaler und kognitiver Hinsicht sowie (III) auf der dem Thomas-Theorem folgenden Prämisse, dass die Bewertung von Freiheit, Sicherheit und Gerechtigkeit als Teil der subjektiven Deutung von gesellschaftlicher Wirklichkeit reale Auswirkungen auf Handlungen, Einstellungen und Wohlbefinden hat.

Im vierten Kapitel wurde untersucht, inwieweit Freiheits-, Sicherheits- und Gerechtigkeitsaspekte von den Bürgern als verwirklicht angesehen werden. Dabei bin ich von der Annahme ausgegangen, dass die Urteile auf der Ebene der Gesamtbevölkerung vor allem von vier Größen beeinflusst werden: (1) von der verfassungsrechtlichen Ausgestaltung der Grundwerte, (2) von politischen Reformen und Initiativen zu deren Verwirklichung, (3) von sozioökonomischen Rahmenbedingungen und (4) von der Darstellung der gesellschaftlichen Wirklichkeit in den Medien. Auf der Grundlage dieser Prämisse wurden für die einzelnen Attribute einer lebenswerten Gesellschaft konkrete Verwirklichungschancen abgeleitet. Die sich ergebende Reihenfolge entsprach im Wesentlichen den empirischen Befunden. Am häufigsten werden jene Grundrechte als verwirklicht angesehen, die durch ökonomische Kontextfaktoren wie Arbeitslosigkeit nicht wesentlich beeinflusst werden und die im Beobachtungszeitraum nicht Gegenstand einer (kritischen) Medienberichterstattung waren. An der Spitze der Rangordnung stehen die Glaubensfreiheit, die politische Freiheit und die Meinungsfreiheit. Im Vergleich hierzu werden politische Ziele, die wie die gerechte Verteilung des Wohlstands oder die Solidarität mit Hilfebedürftigen kontrovers diskutiert werden, weitaus seltener als verwirklicht eingestuft. Gesellschaftspolitisch besonders relevant dürfte die Beobachtung sein, dass das Grundrecht auf Chancengleichheit und die Staatszielbestimmungen soziale Sicherheit und Schutz vor Kriminalität von einem größeren Teil der Bevölkerung als eher nicht bzw. überhaupt nicht realisiert eingeschätzt werden.

Die Suche nach den Faktoren, welche die subjektive Wahrnehmung und Bewertung von Freiheit, Sicherheit und Gerechtigkeit auf der Individualebene beeinflussen, führte zu überraschenden Erkenntnissen. Nicht die Staatsangehörigkeit, die Einkommenslage oder die Erwerbsposition wirken sich am deutlichsten auf die individuellen Einschätzungen aus, sondern die Arbeitsmarktlage und das Wohlstandsniveau in der Region. In Bundesländern mit einer geringen Arbeitslosenquote werden die Freiheit der Berufswahl und das Recht auf Arbeit am häufigsten als gegeben angesehen. In Ländern mit einem hohen Wohlstandsniveau gelten die gerechte Verteilung des Wohlstands und die soziale Sicherheit signifikant häufiger als verwirklicht. Aus diesen Befunden lässt sich meines Erachtens folgern, dass eine wachstumsorientierte Politik, die Wohlstand und Beschäftigung fördert, zugleich dazu beiträgt, diese Gesellschaft freier, sicherer und gerechter zu machen.

Dennoch entbehren die von Lockwood (1987) entworfenen Kategorien „Staatsbürgerschaftsgewinner" und „Staatsbürgerschaftsverlierer" nicht jeder empirischen Grundlage. Aus der unterschiedlichen Verteilung von Bildung, Erwerbsstatus, beruflicher Position und Einkommen ergeben sich ungleiche Chancen der gesellschaftlichen Teilhabe, d. h. in diesem Zusammenhang vor allem: ungleiche Chancen, die in dieser Gesellschaft gegebenen Anrechte und Angebote zu nutzen. Diese Tatsache spiegelt sich in den Urteilen über die Verwirklichung von Freiheit, Sicherheit und Gerechtigkeit wider – wenn auch nicht in dem Maße, wie zunächst zu erwarten war.

Im Anschluss hieran habe ich mich dem Zusammenhang von lebenswerter Gesellschaft und subjektivem Wohlbefinden zugewandt. Ausgangspunkt der Erörterungen war die verbreitete These, dass Modernisierungsprozesse zu Unzufriedenheit, Unglück und Anomie führen und dass Anomie ein strukturelles Merkmal moderner Gesellschaften ist. Anhand von Zeitreihen für die Bundesrepublik Deutschland konnte gezeigt werden, dass diese Thesen nicht der Realität entsprechen. Seit Ende der 1970er Jahre sind Glück und Zufriedenheit der Westdeutschen auf hohem Niveau stabil geblieben. Das Ausmaß von Anomiesymptomen hat, anders als oft behauptet wird, nicht zugenommen. Besorgnissymptome treten immer seltener auf, und die Suizidmortalität ist stark zurückgegangen. In den neuen Bundesländern fällt die Bilanz noch positiver aus, obwohl das Tempo der nachholenden Modernisierung zumindest in der ersten Hälfte der 1990er Jahre sehr groß war und die Menschen erhebliche Umbruchsbelastungen verarbeiten mussten. Diese Beobachtungen sind meines Erachtens ein Beleg für die Auffassung, dass Modernisierung ein ambivalenter Prozess ist, der zu Desintegration und Exklusion führt, der aber auch neue Mechanismen der gesellschaftlichen Integration und Inklusion hervorbringt. Hiervon ausgehend habe ich untersucht, inwieweit sich die wahrgenommene Qualität der Gesellschaft auf das subjektive Wohlbefinden auswirkt. Die Analyse hat zwei wichtige Erkenntnisse erbracht: Erstens ist deutlich geworden, dass diejenigen, die diese Gesellschaft als frei, sicher und gerecht erleben, zufriedener, glücklicher, optimistischer und unbesorgter sind als andere. Zweitens hat sich gezeigt, dass der Zusammenhang zwischen der wahrgenommenen Qualität der Gesellschaft und dem individuellen Wohlbefinden nicht so stark ist, dass man die Lebenszufriedenheit als einen guten Indikator für die „Lebbarkeit der Gesellschaft" (Veenhoven) bezeichnen könnte.

Im Mittelpunkt der folgenden Erörterungen stand die Frage, wie groß die Wertschätzung der Bürger für Rechtsgüter und öffentliche Leistungen wie beispielsweise für den Schutz vor Kriminalität, die Freiheit der Lebensgestaltung, den Schutz der Umwelt, die soziale Sicherheit oder das Recht auf Arbeit ist. Konkrete Erkenntnisse über die Bürgerpräferenzen sind aus mehreren Gründen von besonderem Interesse: Sie sind für alle politischen Akteure wichtig, die im demokratischen Wettstreit um die Gunst der Wählerinnen und Wähler den Erfolg suchen, und sie sind für all jene relevant, die das Ziel verfolgen, die öffentlichen Mittel effizienter, d.h. stärker den Bedürfnissen der Bürger entsprechend einzusetzen. Bei der hier vorgeschlagenen Methode zur Erfassung der Bürgerpräferenzen bin ich von der Annahme ausgegangen, dass der Zusammenhang zwischen der Bewertung eines Attributes der lebenswerten Gesellschaft und der Gesamtbeurteilung der Gesellschaft als Wertschätzung für dieses Attribut interpretiert werden kann. Aus der Vielzahl der Beobachtungen, die in diesem Zusammenhang gemacht wurden, seien drei Befunde nochmals erwähnt. (1) An der Spitze der Präferenzordnung standen zum Zeitpunkt der Befragung im Herbst 1998 die soziale Sicherheit, die Freiheit der Lebensgestaltung und der individuelle Wohlstand. Die geringste Bedeutung wurde der Gleichstellung, der öffentlichen Sicherheit und dem Umweltschutz beigemessen. (2) Die ermittelte Reihenfolge der Wertschätzungen entspricht weitgehend der Häufigkeit, mit der in den Wochen und Monaten vor der Erhebung von den Medien über entsprechende Themen kritisch berichtet wurde. (3) Die Präferenzmuster der einzelnen Bevölkerungsgruppen weichen zum Teil deutlich voneinander ab. Der Stellenwert von individuellem Wohlstand und sozialer Sicherheit ist bei einkommensschwachen Personen beispielsweise wesentlich größer als bei Wohlhabenden.

Im nächsten Abschnitt der Arbeit wurde die Frage untersucht, warum die Ostdeutschen noch immer deutlich unzufriedener mit der Demokratie sind als die Westdeutschen. Die vorliegenden Erklärungsmuster, die auf das Erbe der antidemokratisch-autoritären DDR-Sozialisation oder auf die Probleme und Belastungen der Transformation und deren Folgen für das Selbstwertgefühl der Ostdeutschen verweisen, sind meines Erachtens zwar nicht irrelevant, doch sie greifen jeweils zu kurz. Geht man von der naheliegenden Annahme aus, dass die Zufriedenheit mit der Demokratie in erster Linie von der wahrgenommenen Leistungsfähigkeit bzw. dem wahrgenommenen Output dieses Systems beeinflusst wird, dann gelangt man zu einer anderen Deutung. Die geringere Demokratiezufriedenheit in den neuen Bundesländern hat, wie entsprechende empirische Untersuchungen zeigen, vor allem zwei Ursachen: Sie ist zum einen darauf zurückzuführen, dass die Ostdeutschen die Freiheits-, Sicherheits- und Gerechtigkeitsaspekte seltener als verwirklicht ansehen. Die zweite Ursache besteht darin, dass den Ostdeutschen mit der sozialen Sicherheit und der gerechten Verteilung des Wohlstandes auch solche Aspekte wichtig sind, die sie mehrheitlich als nicht verwirklicht bewerten.

Im Rahmen der Studie „Wohlfahrtssurvey Trend 2001" ergab sich die Möglichkeit, die Frage nach der Verwirklichung von Freiheits-, Sicherheits- und Gerechtigkeitsaspekten erneut zu stellen. Der Zeitvergleich führte zu einer Reihe überraschender Erkenntnisse: Fast alle untersuchten Aspekte wurden im Jahr 2001 signifikant positiver bewertet als bei der ersten Erhebung. Besonders deutliche Verbesserungen wurden in sechs Bereichen registriert: öffentliche Sicherheit, Freiheit der Berufswahl, Solidarität mit Hilfebedürftigen, Recht auf Arbeit, soziale Sicherheit und Schutz der Umwelt. Diese Veränderungen sind meines Erachtens insbesondere auf drei Ursachen zurückzuführen: (1) auf die politischen Reformen und Initiativen der rot-grünen Bundesregierung in den Bereichen Umweltschutz, Gleichstellung, Schutz vor Kriminalität und soziale Sicherheit, (2) auf einen signifikanten Rückgang der Arbeitslosigkeit – zumindest im Westen Deutschlands sowie (3) auf eine veränderte Problemwahrnehmung der Bundesbürger in Anbetracht der Terroranschläge in den Vereinigten Staaten. Mit anderen Worten: Die bessere Bewertung ist auf einen, verglichen mit 1998, geringeren Problemdruck zurückzuführen – sowohl in objektiver als auch in subjektiver Hinsicht. Die Ereignisse in den USA und die Furcht vor einem Krieg scheinen sich auch auf die Wertschätzung für Freiheit, Sicherheit und Gerechtigkeit ausgewirkt zu haben. Schutz- und Sicherheitsaspekte, insbesondere der Schutz vor Kriminalität, haben 2001 einen größere Bedeutung als drei Jahre zuvor. Der Stellenwert der meisten Freiheitsrechte ist dagegen zurückgegangen. In besonderem Maße trifft dies für die politische Freiheit und die Meinungsfreiheit zu.

10.2 Ausblick

Die im Rahmen dieser Arbeit präsentierten Analysen zur wahrgenommenen Verwirklichung von Freiheit, Sicherheit und Gerechtigkeit haben zu einer Vielzahl von Beobachtungen und Erkenntnissen geführt, die nicht nur für die Lebensqualitätsforschung von Bedeutung sind, sondern die auch in verfassungsrechtlicher bzw. gesellschaftspolitischer Hinsicht auf Interesse stoßen dürften. Es ist deshalb zu hoffen, dass dieser Ansatz konzeptionell weiterentwickelt wird und regelmäßig entsprechende Umfragedaten erhoben werden.

Es gibt eine Reihe von weiteren Gründen, die dafür sprechen, die Forschungen auf diesem Gebiet fortzuführen. Ich möchte an dieser Stelle nur auf zwei gesellschaftliche Entwicklungen verweisen, die das Spannungsverhältnis, in dem sich

Freiheit, Sicherheit und Gerechtigkeit befinden, möglicherweise gravierend verändern werden. Zum einen handelt es sich hierbei um die Reformen zum Erhalt des Sozialstaates in der Bundesrepublik und die damit einhergehende teilweise Re-Privatisierung der Risikovorsorge. Zum zweiten geht es um die Schaffung einer europäischen Verfassung und in diesem Zusammenhang auch um die Osterweiterung der Europäischen Union. Beide Entwicklungen und die sich daraus ergebenden Forschungsfragen möchte ich am Ende dieser Arbeit kurz skizzieren.

10.2.1 Reform des Sozialstaates und Teil-Privatisierung der Vorsorge

In den letzten Jahren ist der bundesdeutsche Sozialstaat verstärkt unter Reformdruck geraten. Anders als in früherer Zeit geht es mittlerweile nicht mehr einfach darum, konjunkturelle Schwankungen abzufangen. Das System muss an grundlegend veränderte Rahmenbedingungen angepasst werden. Die Zunahme der strukturellen Arbeitslosigkeit, die demographische Alterung der Gesellschaft, die sozialen Folgen der deutschen Einheit und die Herausforderungen der Globalisierung haben den Sozialstaat an die Grenzen seiner Leistungsfähigkeit geraten lassen (vgl. zu den aktuellen Problemen des deutschen Sozialstaates u. a. Ganßmann 1997; Kaufmann 1997). Zugleich haben konventionelle Stabilisierungsinstrumente einen Teil ihrer Wirksamkeit eingebüßt. Die auf Leistungserweiterung und Niveauerhöhung programmierten Systeme der sozialen Sicherung müssen grundlegend reformiert werden. Entstehende Versorgungslücken müssen durch zusätzliche private bzw. betriebliche Vorsorgeleistungen ausgeglichen werden. Es zeichnet sich bereits heute ab, dass die zusätzliche private Vorsorge hierbei die entscheidende Rolle spielen wird.

Die teilweise Re-Privatisierung der Vorsorge wird auf mehreren Ebenen der Gesellschaft Prozesse des sozialen Wandels induzieren, die sowohl Chancen als auch Risiken bereithalten. Diese Chancen und Risiken werden sich nicht gegenseitig aufheben, weil sie sich im sozialen Gefüge ungleich verteilen. In dieser Ungleichheit, die letztlich als Ungerechtigkeit interpretiert werden wird, liegt das Potential für zukünftige gesellschaftliche Auseinandersetzungen.

Einige Konfliktlinien zeichnen sich bereits heute ab: (1) Auf der Ebene der betroffenen Bürger geht es dabei um Chancenungleichheiten: Privatisierung der Risikovorsorge verspricht Autonomie, Effizienz und Flexibilität für die einen und führt zu neuer Abhängigkeit, Ineffizienz und Unterversorgung für die anderen. (2) Auf der Ebene der Institutionen geht es um die ambivalenten Folgen der Verringerung sozialstaatlicher Leistungen für die Systeme der sozialen Sicherung: „Systemerhalt durch Entlastung" auf der einen Seite und „Legitimitätsverlust durch Sozialabbau" auf der anderen Seite. (3) Auf der Makroebene geht es um das Integrationspotential des Sozialstaates und damit auch um die mit der Individualisierung der Risikovorsorge einhergehenden Gefahren des sozialen Ausschlusses (Exklusionsrisiken) und die sich eröffnenden Möglichkeiten der Integration (Inklusionschancen).

(zu 1) Mit der Privatisierung geht eine Individualisierung der Risikovorsorge einher, die Chance und Risiko zugleich ist. Sie ist zunächst einmal eine Chance, weil sie einen Gewinn an Autonomie verspricht. Die Teilentlassung aus dem staatlichen Vorsorgekollektiv eröffnet den Bürgern individuelle Gestaltungsspielräume: Die

Risikovorsorge kann an die persönlichen Bedürfnisse nach mehr oder weniger Sicherheit angepasst werden, die Möglichkeiten der Eigenvorsorge können umfassender als bisher ausgeschöpft und je nach Lebenslage kann dieser Vorsorgemix optimiert werden. Die individuellen Strategien der privaten Vorsorge werden den Herausforderungen einer individualisierten Gesellschaft in größerem Maße gerecht als die kollektiven Arrangements des Sozialstaates. Individuelle Risikovorsorge verspricht Autonomie, Gestaltbarkeit, Effizienz und Flexibilität – für diejenigen, die es sich leisten können.

Der Grat zwischen Vorzügen und Nachteilen der privaten Vorsorge ist schmal. Die Ungleichheit der potentiellen Verfügbarkeit von Ressourcen und der individuellen Kompetenzen zu deren Mobilisierung wird zu einer ungleichen Verteilung von Chancen und Risiken führen. Mit anderen Worten: Im Zuge der Individualisierung der Risikovorsorge werden „alte" Verteilungsungleichheiten in „neue" Chancenungleichheiten transformiert.

(zu 2) Ein weiterer Problembereich zeichnet sich auf der Ebene der Institutionen ab. Der Abbau sozialstaatlicher Leistungen hat für die Systeme der sozialen Sicherung ambivalente Folgen. Auf der einen Seite hat die daraus resultierende Entlastung stabilisierende Effekte. Erst deutliche Leistungskürzungen werden die Ausgaben der Sozialkassen sinken lassen. Nur auf der Grundlage dieser neuen Balance von Ausgaben und Einnahmen wird wieder Vertrauen in die Zukunft der Sozialsysteme entstehen können. Andererseits wird ein verschlechtertes Beitrags-Leistungs-Verhältnis die Legitimität der Sozialsysteme untergraben. Die Akzeptanz wird vor allem bei den Jüngeren weiter zurückgehen, die neben der „doppelten Belastung" die Ungewissheit über das zukünftige Leistungsniveau zu tragen haben.

(zu 3) Die Entwicklung wirft nicht zuletzt eine Reihe von Fragen nach der Integrationsfähigkeit des Sozialstaates auf. Die Systeme der sozialen Sicherung sind als Mechanismen der kollektiven Risikovorsorge Bestandteil einer großen Umverteilungsmaschinerie. Ressourcen werden von einkommensstarken zu einkommensschwachen Gruppen, von jüngeren zu älteren Menschen, von Arbeitgebern zu Arbeitnehmern, von Erwerbstätigen zu Erwerbslosen und von wohlhabenden in ärmere Bundesländer transferiert. Dieser auf gesellschaftlicher Solidarität beruhende Ausgleich trägt wesentlich zur Integration der Gesellschaft bei. Der Abbau sozialer Leistungen vermindert die Ausgleichsfunktion des Sozialstaates und schwächt damit sein Inklusionspotential (vgl. Kaufmann 1997; Luhmann 1994). Eine Zunahme der Exklusionsrisiken ist zunächst einmal für diejenigen zu erwarten, die in besonderem Maße auf die Leistungen des Sozialstaates angewiesen sind: erwerbs- bzw. mittellose, alleinstehende Hilfebedürftige. Doch wären nicht nur Randgruppen von der schwindenden Integrationskraft betroffen. Die Individualisierung der Risikovorsorge würde Tendenzen der Entsolidarisierung verstärken, die möglicherweise die gesamte Gesellschaft ergreifen (vgl. zum Zusammenhang von finanzieller Überlastung und Entsolidarisierung u. a. Ganßmann 1999).

Der Abbau von Sozialleistungen und die damit einhergehende Privatisierung der Risikovorsorge bringen gesellschaftliche Veränderungen mit sich, die weit über die Problematik der sozialen Sicherung hinausreichen. In diesem Zusammenhang ergibt sich eine Reihe von wichtigen Fragen, die mit dem in dieser Arbeit vorgestellten Instrumentarium bearbeitet werden können: Wie beurteilen die Bürger insgesamt die Verwirklichung von sozialer Sicherheit, wenn der Kreis der berechtigten Leistungsempfänger immer enger gezogen wird und die gewährten Sozialleistungen weiter verringert werden? Können diese Einschnitte durch private Vorsorgeanstrengungen kompensiert werden? Welche Bevölkerungsgruppen können nicht privat vorsorgen, und welche Risiken ergeben sich daraus? Wie wirkt sich diese Entwicklung auf die Lebensqualität der Bürger aus? Und wie verändern sich deren Einstellungen zum Sozialstaat?

10.2.2 Osterweiterung der Europäischen Union

Die Europäische Union ist gemäß ihrer Vertragsverfassung grundsätzlich auf die Aufnahme weiterer Staaten und damit auf Erweiterung ausgerichtet. Das Ziel, die Union zu erweitern, steht jedoch in Konflikt mit dem Ziel der weiteren Integration der EU in politischer, wirtschaftlicher und sozialer Hinsicht. Die Lösung dieses Zielkonfliktes wird darin gesehen, nur die Länder aufzunehmen, die eine Reihe von Beitrittskriterien erfüllen.

Zu diesen Kriterien zählen unter anderem das Vorhandensein eines demokratischen Rechtsstaates und einer intakten Marktwirtschaft, die verfassungsrechtliche Garantie grundlegender Menschenrechte sowie die Bereitschaft, die Ziele der EU hinsichtlich der weiteren Integration zu übernehmen. Zu den beitrittswilligen Ländern, mit denen bereits entsprechende Assoziierungsabkommen unterzeichnet wurden, gehören unter anderem Polen, die Tschechische Republik, die Slowakei, Bulgarien und Rumänien. Diesen Staaten wurde bei Erfüllung der Beitrittskriterien die Aufnahme in die EU in Aussicht gestellt.

Konkretere Termine vereinbarten die Staats- und Regierungschefs im Juni 2001 auf dem EU-Gipfel in Göteborg. Im Schlussbericht heißt es: „Wenn die Fortschritte im Hinblick auf die Erfüllung der Beitrittskriterien unverändert anhalten, dürfte es die Wegskizze ermöglichen, dass die Verhandlungen für die Länder, die ausreichend auf den Beitritt vorbereitet sind, bis Ende 2002 abgeschlossen werden können" (zitiert nach einem Bericht in ZDFonline vom 19.06.2001). Das Ziel bestehe darin, dass diese Länder „als Mitglieder an den Wahlen zum Europäischen Parlament 2004 teilnehmen können" (ebenda). Der schwedische Ministerpräsident Persson sprach in diesem Zusammenhang davon, „dass die Erweiterung unumkehrbar" sei, während Bundeskanzler Schröder noch „erhebliche Anstrengungen" der Beitrittskandidaten anmahnte (ebenda).

Inwieweit sich der Aufbau eines demokratischen Rechtsstaates und einer freien Marktwirtschaft auf die Lebensqualität der Menschen in den Beitrittsländern auswirken werden, und ob es nach dem Beitritt zur EU tatsächlich zu den erhofften Zuwächsen an Freiheit, Sicherheit, Wohlstand und Gerechtigkeit kommt, wie das von vielen erwartet wird, sind empirische Fragen, die im Rahmen einer den Beitrittsprozess begleitenden Forschung auf europäischer Ebene zu untersuchen sind. Wichtige Schritte in diese Richtung sind bereits unternommen worden (vgl. u. a. Speder et al. 1997; Delhey/Tobsch 2001; Delhey 2001). Es ist zu erwarten, dass dem eine Reihe weiterer Forschungsarbeiten, auch auf der Basis des neu entwickelten Euromoduls (vgl. Böhnke et al. 2000), folgen werden.

10.2.3 Entwicklung einer europäischen Verfassung

Die Bestrebungen zur Entwicklung einer europäischen Verfassung erstrecken sich mittlerweile über einen Zeitraum von einem halben Jahrhundert. Bereits Anfang der 1950er Jahre wurden mehrere Initiativen unternommen, die jedoch ohne konkreten Erfolg blieben (vgl. hierzu EU-Parlament Informationsbüro für Deutschland 2001). Erst 1977 verfasste das Parlament der Europäischen Union eine Entschließung, in der die Staats- und Regierungschefs der Mitgliedsländer aufgefordert wurden, bürgerliche und politische Grundrechte in die Verträge zur Gründung der Europäischen Gemeinschaft aufzunehmen. Konkrete Schritte folgten etwa ein Jahrzehnt später, als das EU-Parlament 1989 einen Entwurf einer Grundrechte-Charta verfasste. Im Jahr 1999 beauftragte der Europäische Rat schließlich eine internationale Expertengruppe, einen Entwurf für eine Europäische Grundrechte-Charta auszuarbeiten. Der Konvent unter Vorsitz des Alt-Bundespräsidenten Roman Herzog erarbeitete daraufhin einen insgesamt 54 Artikel umfassenden Grundrechtskatalog. Dieser Entwurf wurde am 14. November 2000 vom EU-Parlament gebilligt und am 7. Dezember 2000 als Grundrechte-Charta der Europäischen Union von den Staats- und Regierungschefs, der Präsidentin des Europäischen Parlamentes und dem Präsidenten der Kommission in Nizza verkündet.

Die bisherige Entwicklung hin zu einer europäischen Verfassung war kein linearer Prozess, sondern sie war geprägt von einem Widerstreit unterschiedlicher Leitbilder, Konzepte und Strategien (vgl. Volkmann-Schluck 2001). Ob die vorliegende Charta den Ausgangspunkt für eine Europäische Verfassung darstellt, bleibt abzuwarten. Bisher hat es der Europäische Rat nicht erreicht, alle Mitgliedsstaaten zu veranlassen, der Aufnahme der Grundrechte-Charta in die Verträge der Europäischen Union zuzustimmen. Damit besitzt die Charta zumindest formal-juristisch gesehen keine Rechtskraft. In Erwartung dieser Schwierigkeiten hatte die Präsidentin des Europäischen Parlaments, Nicole Fontaine, bereits bei der Verkündung der Charta in Nizza versichert, „dass die Charta vom heutigen Tage an für die Versammlung (...) Gesetzeskraft haben wird, auch wenn dabei ihrer vollständigen Übertragung in den Vertrag vorgegriffen werden muss. Von jetzt an wird sie unser Bezugspunkt für alle Rechtsakte sein, die direkt oder indirekt mit den Unionsbürgern in Verbindung stehen. Wir sind an sie gebunden" (zit. nach EU-Parlament Informationsbüro für Deutschland 2001: 1).

Die EU-Grundrechte-Charta gliedert sich in sieben Kapitel (vgl. Grundrechte-Charta der Europäischen Union, zit. nach EU-Parlament Informationsbüro für Deutschland 2001). Am Anfang steht eine Reihe von Bestimmungen zur Würde des Menschen. Hierzu gehören unter anderem das Recht auf Leben (Art. 2), das Recht auf Unversehrtheit (Art. 3) und das Verbot der Folter und unmenschlicher oder erniedrigender Strafe oder Behandlung (Art. 4). Im zweiten Kapitel sind grundlegende Freiheitsrechte festgeschrieben: das Recht auf Freiheit und Sicherheit (Art. 6), die Achtung des Privat- und Familienlebens (Art. 7), die Gedanken, Gewissens- und Religionsfreiheit (Art. 10), die Freiheit der Meinungsäußerung und die Informationsfreiheit (Art. 11), die Versammlungs- und Vereinigungsfreiheit (Art. 12), das Recht auf Bildung (Art. 14), die Berufsfreiheit und das Recht zu arbeiten (Art. 15), die unternehmerische Freiheit (Art. 16) usw. Im dritten Kapitel finden sich Artikel zur Gleichheit – wohlvertraute wie die Gleichheit vor dem Gesetz (Art. 20), das Verbot der Diskriminierung (Art. 21) und die Gleichheit von Männern und Frauen (Art. 23) – aber auch neue Bestimmungen wie der Artikel zum Schutz der Vielfalt der Kulturen, Religionen und Sprachen (Art. 22), die Rechte des Kindes (Art. 24), die Rechte älterer Menschen (Art. 25) und die Integration von Menschen mit Behinderung (Art. 26). Im vierten Kapitel geht es um Fragen der Solidarität. Hierzu zählen beispielsweise das Recht auf Zugang zu einem Arbeitsvermittlungsdienst (Art. 29), das Recht auf gerechte und angemessene Arbeitsbedingungen (Art. 31), grundlegende Bestimmungen zur Vereinbarkeit von Familien- und Berufsleben (Art. 33), das Recht auf soziale Sicherheit und soziale Unterstützung (Art. 34), das Recht auf Gesundheitsschutz (Art. 35) sowie Bestimmungen zum Umweltschutz (Art. 37) und zum Verbraucherschutz (Art. 38). Der fünfte Abschnitt umfasst eine Reihe von Bürgerrechten, wie zum Beispiel das aktive und passive Wahlrecht (Art. 39), das Recht auf eine gute Verwaltung (Art. 41) und Bestimmungen zur Freizügigkeit und Aufenthaltsfreiheit (Art. 45). Im sechsten Kapitel geht es um justizielle Rechte und im siebten Kapitel sind allgemeine Bestimmungen zusammengefasst.

Bei näherer Betrachtung der EU-Grundrechte-Charta wird deutlich, dass sie in einigen wesentlichen Punkten über das bundesdeutsche Grundgesetz hinausgeht. Konkret handelt es sich hierbei um einige Freiheitsrechte und soziale Grundrechte. Die vielfältigen Konsequenzen, die diese Ausweitung des Grundrechtskatalogs für die Bürger haben wird, sind noch nicht abzusehen. Die Frage, inwieweit sich die Bestrebungen zur Schaffung einer europäischen Verfassung auf die Lebensqualität der Bürger auswirken werden, ist meines Erachtens eine der interessantesten Forschungsfragen in diesem Zusammenhang.

Entgegen mancher Prophezeiung ist die Geschichte nach dem Zusammenbruch des Sozialismus nicht an ihr Ende gekommen. Auch in Zukunft wird es bei der „Modernisierung moderner Gesellschaften" (Zapf 1991) immer wieder darum gehen, eine lebenswerte Balance aus Freiheit, Sicherheit, Gerechtigkeit und Wohlstand zu finden.

Literatur

Abele, Andrea und Peter Becker (Hrsg.) (1991): Wohlbefinden. Theorie - Empirie - Diagnostik. München: Juventa
Alderfer, Clayton P. (1972): Existence, Relatedness and Growth - Human Needs in Organizational Settings. New York: Free Press
Allardt, Erik (1973): About Dimensions of Welfare. An Exploratory Analysis of a Comparative Scandinavian Survey. Research Report No. 1. Helsinki: University of Helsinki
Allardt, Erik (1993): Having, Loving, Being: An Alternative to the Swedish Approach to Welfare Research. In: Martha Nussbaum und Amartya Sen (Hrsg.): The Quality of Life. Oxford: Clarendon Press: 88-94
Allmendinger, Jutta (2001): Eröffnung. In: Jutta Allmendinger (Hrsg.): Gute Gesellschaft? Verhandlungen des 30. Kongresses der Deutschen Gesellschaft für Soziologie in Köln 2000. Opladen: Leske + Budrich: 3-5
Almond, Gabriel A. und Sidney Verba, 1963: The Civic Culture. Political Attitudes and Democracy in Five Nations. Princeton: Princeton University Press
Andrews, Frank M. und Stephen B. Withey (1976): Social Indicators of Well-Being. American Perceptions of Life Quality. New York, London: Plenum
Andrews, Frank M. (Hrsg.) (1986): Research on the Quality of Life. Ann Arbor: The University of Michigan
Argyle, Michael (1989): The Psychology of Happiness. London, New York: Routledge.
Argyle, Michael (1996): Subjective Well-Being. In: Avner Offer (Hrsg.): In Pursuit of the Quality of Life. Oxford: University Press: 18-45
Arnold, Volker (1992): Theorie der Kollektivgüter. München: Vahlen
Arzheimer, Kai und Markus Klein (1999): Die Grünen und der Benzinpreis. Die Wählerschaft von Bündnis'90/Die Grünen im Vorfeld der Bundestagswahl 1998. In: ZA-Information/Zentralarchiv für Empirische Sozialforschung 45: 20-43
Auer, Manfred (1994): Personalentwicklung und betriebliche Mitbestimmung. Eine mikropolitische Analyse. Reihe: Gabler Edition Wissenschaft, Wiesbaden: Deutscher Universitäts-Verlag, zugleich Innsbruck, Dissertation
Backhaus, Klaus, Bernd Erichson, Wulff Plinke und Rolf Weiber (1990): Multivariate Analysemethoden. Eine anwendungsorientierte Einführung. Berlin u. a.: Springer-Verlag
Badura, Peter (1986): Staatsrecht. Systematische Erläuterung des Grundgesetzes für die Bundesrepublik Deutschland. München: C. H. Beck
Batt, Helge-Lothar (1996): Die Grundgesetzreform nach der deutschen Einheit. Akteure, politischer Prozess und Ergebnisse. Opladen: Leske + Budrich
Battis, Ulrich und Christoph Gusy (1991): Einführung in das Staatsrecht. Heidelberg: C. F. Müller Juristischer Verlag
Beck, Wolfgang, Laurent J. G. van der Maesen und Alan Walker (Hrsg.) (1997): The Social Quality of Europe. The Hague, London, Boston: Kluwer Law International
Beck, Wolfgang, Laurent J. G. van der Maesen, Fleur Thomése und Alan Walker (Hrsg.) (2001a): Social Quality: A Vision for Europe. The Hague, London, Boston: Kluwer Law International
Beck, Wolfgang, Laurent J. G. van der Maesen, Fleur Thomése und Alan Walker (2001b): Introduction: Who and What is the European Union for? In: Wolfgang Beck, Laurent J. G. van der Maesen, Fleur Thomése und Alan Walker (Hrsg.): Social Quality: A Vision for Europe. The Hague, London, Boston: Kluwer Law International: 1-17
Beck, Wolfgang, Laurent J. G. van der Maesen und Alan Walker (2001c): The Concept's Empirical and Political Applicability. In: Wolfgang Beck, Laurent J. G. van der Maesen, Fleur Thomése und Alan Walker (Hrsg.): Social Quality: A Vision for Europe. The Hague, London, Boston: Kluwer Law International: 361-377

Beck-Gernsheim, Elisabeth (1997): Geburtenrückgang und Kinderwunsch - Die Erfahrung in Ostdeutschland. In: Zeitschrift für Bevölkerungswissenschaft 1: 59-71

Becker, Winfried, Klaus Gretschmann und Klaus Mackscheidt (1992): Präferenzen für Staatsausgaben. Zur theoretischen und empirischen Bestimmung der Nachfrage nach kollektiven Gütern. Baden-Baden: Nomos Verlagsgesellschaft

Belau, Detlef (1991): Zur Interpretation suizidalen Verhaltens im Kontext sozialer und politischer Ursachen - auf dem Hintergrund sozialer Erfahrungen in der DDR. In: Medizin, Mensch, Gesellschaft 4: 276-284

Berger, Peter L. und Thomas Luckmann (1980): Die gesellschaftliche Konstruktion der Wirklichkeit. Eine Theorie der Wissenssoziologie. Frankfurt am Main: Fischer Taschenbuch Verlag

Berger, Horst, Wilhelm Hinrichs, Eckhard Priller und Annett Schultz (1999): Privathaushalte im Vereinigungsprozess. Ihre soziale Lage in Ost- und Westdeutschland. Reihe Stiftung „Der Private Haushalt", Band 35. Frankfurt am Main, New York: Campus Verlag

Bergmann, Karl, Wolfgang Beier, Renate Casper und Gerd Wiesner (Hrsg.) (1993): Entwicklung der Mortalität in Deutschland von 1955-1989 - Ein Datenbericht. München: MMV Medizin Verlag

Berger-Schmitt, Regina und Heinz-Herbert Noll (2000): Conceptual Framework and Structure of a European System of Social Indicators. EuReporting Working Paper No. 9. Mannheim: Zentrum für Umfragen, Methoden und Analysen (ZUMA)

Böhnke, Petra (2001): Nothing Left to Lose? Poverty and Social Exclusion in Comparison. Empirical Evidence on Germany. Discussion Paper FS III 01-402. Berlin: Wissenschaftszentrum Berlin für Sozialforschung

Böhnke, Petra und Jan Delhey (1999): Lebensstandard und Armut im vereinten Deutschland. Discussion Paper FS III 99-408. Berlin: Wissenschaftszentrum Berlin für Sozialforschung

Böhnke, Petra, Jan Delhey und Roland Habich (2000): Das Euromodul - ein neues Instrument für die europäische Wohlfahrtsforschung. In: Informationsdienst Soziale Indikatoren (ISI) 24: 12-15

Böhnke, Petra und Jan Delhey (2001): Lebensstandard und Einkommensarmut. Plädoyer für eine erweiterte Armutsforschung. In: Eva Barlösius und Wolfgang Ludwig-Mayerhofer (Hrsg.): Die Armut der Gesellschaft. Opladen: Leske + Budrich: 315-335

Bohle, Hans Hartwig (1997): Armut trotz Wohlstand. In: Wilhelm Heitmeyer (Hrsg.): Was treibt die Gesellschaft auseinander? Frankfurt am Main: Suhrkamp: 118-155

Bohle, Hans Hartwig, Wilhelm Heitmeyer, Wolfgang Kühnel und Uwe Sander (1997): Anomie in der Gesellschaft: Bestandsaufnahme und Kritik eines klassischen Ansatzes. In: Wilhelm Heitmeyer (Hrsg.): Was treibt die Gesellschaft auseinander? Frankfurt am Main: Suhrkamp: 29-65

Boudon, Raymond und Francois Bourricaud (1992): Soziologische Stichworte. Ein Handbuch. Opladen: Westdeutscher Verlag

Bouget, Denis (2001): Identification of the „problematique". In: Wolfgang Beck, Laurent J. G. van der Maesen, Fleur Thomése und Alan Walker (Hrsg.): Social Quality: A Vision for Europe. The Hague, London, Boston: Kluwer Law International: 47-67

Bradburn, Norman M. (1969): The Structure of Psychological Well-Being. Chicago: Aldine

Bradburn, Norman M. und David Caplovitz (1965): Reports on Happiness. Chicago: Aldine

Branahl, Udo (1997): Die Rechtsordnung der Bundesrepublik Deutschland. Opladen: Westdeutscher Verlag

Brettschneider, Frank (1994): Agenda-Setting - Forschungsstand und politische Konsequenzen. In: Michael Jäckel und Peter Winterhoff-Spurk (Hrsg.): Politik und Medien: Analysen zur Entwicklung der politischen Kommunikation. Berlin: Vistas Verlag: 211-229

Brömme, Norbert und Herrmann Strasser (2001): Gespaltene Bürgergesellschaft? Die ungleichen Folgen des Strukturwandels von Engagement und Partizipation. Aus Politik und Zeitgeschichte, Beilage zur Wochenzeitung Das Parlament, B 25-26/2001: 6-14

Bündnis'90/Die Grünen (1993): Bündnis'90/Die Grünen. Politische Grundsätze. (Im Internet unter: www.gruene.de/sache/index.htm)

Bulmahn, Thomas (1995): Soziale Schichtung und Lebenschancen im ostdeutschen Transformationsprozess. Unveröffentlichtes Manuskript, zugl. Diplomarbeit Soziologie an der Freien Universität Berlin

Bulmahn, Thomas (1996): Determinanten des subjektiven Wohlbefindens. In: Wolfgang Zapf und Roland Habich (Hrsg.): Wohlfahrtsentwicklung im vereinten Deutschland. Sozialstruktur, sozialer Wandel und Lebensqualität. Berlin: edition sigma. 79-96

Bulmahn, Thomas (1997a): Reformstau und Verunsicherung - Einstellungen zum Umbau des Sozialsystems. In: Informationsdienst Soziale Indikatoren (ISI) 18: 6-9

Bulmahn, Thomas (1997b): Vereinigungsbilanzen. Die deutsche Einheit im Spiegel der Sozialwissenschaften. In: Aus Politik und Zeitgeschichte, Beilage zur Wochenzeitung Das Parlament, B 40-41/97: 29-37

Bulmahn, Thomas (1999): Globalmaße des subjektiven Wohlbefindens. In: Statistisches Bundesamt (Hrsg.): Datenreport 1999, Zahlen und Fakten über die Bundesrepublik Deutschland. Bonn: Bundeszentrale für politische Bildung: 420-430

Bulmahn, Thomas und Roland Habich (1997): Komponenten des Wohlbefindens. In: Statistisches Bundesamt (Hrsg.): Datenreport 1997. Zahlen und Fakten über die Bundesrepublik Deutschland. Bonn: Bundeszentrale für politische Bildung: 426-440

Bundesgeschäftsstelle der CDU (Hrsg.) (1994): Freiheit in Verantwortung. Grundsatzprogramm der CDU. Beschlossen auf dem 5. Parteitag am 21.-23. Februar 1994 in Hamburg. (Im Internet unter: www.cdu.de/politik-a-z/grundsatzprogramm/inhalt.htm)

Bundesgeschäftsstelle der F.D.P. (Hrsg.) (1997): Wiesbadener Grundsätze. Für die liberale Bürgergesellschaft. Beschlossen auf dem Bundesparteitag der F.D.P. am 24. Mai 1997 in Wiesbaden. (Im Internet unter: www.fdp.de/fdpbv/grundsatz/wiesbaden/)

Bundesgeschäftsstelle der PDS (Hrsg.) (1993): Programm der Partei des Demokratischen Sozialismus. Beschlossen von der 1. Tagung des 3. Parteitages der PDS, 29. bis 31. Januar 1993. (Im Internet unter: www.pds-online.de/programm/programm/index.htm)

Bundesgeschäftsstelle der SPD (Hrsg.) (1998): Grundsatzprogramm der SPD. Beschlossen vom Programm-Parteitag der Sozialdemokratischen Partei Deutschlands am 20. Dezember 1989 in Berlin. Geändert auf dem Parteitag in Leipzig am 17. April 1998. (Im Internet unter: www.spd.de/partei/-dokumente/grundsatzprogramm/)

Bundesministerium für Arbeit und Sozialordnung (Hrsg.) (2001a): Lebenslagen in Deutschland. Der erste Armuts- und Reichtumsbericht der Bundesregierung. Bonn

Bundesministerium für Arbeit und Sozialordnung (Hrsg.) (2001b): Lebenslagen in Deutschland. Der erste Armuts- und Reichtumsbericht der Bundesregierung. Daten und Fakten. Bonn

Bundesregierung (1997): Jahresbericht der Bundesregierung zum Stand der Deutschen Einheit 1997. Hg. durch das Presse- und Informationsamt der Bundesregierung. Bonn

Bundesregierung (Hrsg.), 2002: Drei Jahre Regierung Schröder - Politische Entscheidungen und Initiativen im dritten Jahr. (Im Internet unter: http://text.bundesregierung.de/frameset/ixnavitext.jsp?nodeID=7642)

Bundesregierung und Bundesministerium für Frauen und Jugend (Hrsg.) (1993): Entwurf eines Gesetzes zur Durchsetzung der Gleichberechtigung von Frauen und Männern: Zweites Gleichberechtigungsgesetz - 2. GleiBG. Verhandlungen des Deutschen Bundestages - Drucksachen: Dr. 12/5468 v. 2, Bonn

Bundesverband deutscher Banken (Hrsg.) (2001): Das neue Deutschland: Nationale Identität und internationale Verantwortung. In: Interesse - Informationen, Daten, Hintergründe 11

Calloni, Marina (2001): Gender Relations and Daily Life: towards a Cross-Cultural Approach. In: Wolfgang Beck, Laurent J. G. van der Maesen, Fleur Thomése und Alan Walker (Hrsg.): Social Quality: A Vision for Europe. The Hague, London, Boston: Kluwer Law International: 69-86

Campbell, Angus (1972): Aspiration, Satisfaction and Fulfilment. In: Angus Campbell und Philip E. Converse (Hrsg.): The Human Meaning of Social Change. New York: Russell Sage Foundation: 441-446

Campbell, Angus, Philip E. Converse und Willard L. Rodgers (1976): The Quality of American Life. Perceptions, Evaluations, and Satisfactions. New York: Russell Sage Foundation

Cantril, Hadley (1965): The Pattern of Human Concerns. New Brunswick: Rutgers University Press

Combs, Barbara und Paul Slovic (1979): Newspaper Coverage of Causes of Death In: Journalism Quarterly 56: 837-849

Costa, Paul T. und Robert R. McCrae (1980): Influence of Extraversion and Neuroticism on Subjective Well-Being: Happy and Unhappy People. In: Journal of Personality and Social Psychology 38: 668-678

Costa, Paul T. und Robert R. McCrae (1985): Personality as a Life-Long Determinant of Psychological Well-Being. In: Carol Malatesta und Caroll Izard (Hrsg.): Affective Processes in Adult Development and Ageing. Beverley Hills: Sage Publications: 141-150

Crouch, Colin (1998): Staatsbürgerschaft und Markt. Das Beispiel der neueren britischen Bildungspolitik. In: Berliner Journal für Soziologie 4: 453-472

Dahrendorf, Ralf (1975): Die neue Freiheit. Überleben und Gerechtigkeit in einer veränderten Welt. München: Piper

Dahrendorf, Ralf (1979): Lebenschancen. Anläufe zur sozialen und politischen Theorie. Frankfurt am Main: Suhrkamp Verlag
Dahrendorf, Ralf (1992): Der moderne soziale Konflikt. Essay zur Politik der Freiheit. Stuttgart: Deutsche Verlags-Anstalt
Dahrendorf, Ralf (2001): Über die Machbarkeit der guten Gesellschaft. In: Jutta Allmendinger (Hrsg.): Gute Gesellschaft? Verhandlungen des 30. Kongresses der Deutschen Gesellschaft für Soziologie in Köln 2000. Opladen: Leske + Budrich: 1330-1337
Dathe, Dietmar (1998): Kontinuität und Wandel ostdeutscher Ungleichheitsstrukturen. Utopie kreativ 88: 33-44
Delhey, Jan (2001): The Prospects of Catching up for New EU Members – Lessons for the Accession Countries to the European Union from Previous Enlargements. Discussion Paper FS III 01-403. Berlin: Wissenschaftszentrum Berlin für Sozialforschung
Delhey, Jan, 2002: Korruption in Bewerberländern zur Europäischen Union - Institutionenqualität und Korruption in vergleichender Perspektive. Discussion Paper FS III 02-401. Berlin: Wissenschaftszentrum Berlin für Sozialforschung
Delhey, Jan und Petra Böhnke (2000): Führt die materielle zur inneren Einheit? Zum Verhältnis von Wohlstandslage und subjektivem Wohlbefinden. In: Heinz-Herbert Noll und Roland Habich (Hrsg.): Vom Zusammenwachsen einer Gesellschaft. Analysen zur Angleichung der Lebensverhältnisse in Deutschland. Frankfurt am Main, New York: Campus Verlag: 83-103
Delhey, Jan und Verena Tobsch (2001): Freiheit oder Wohlstand? Regimeperformanz und Demokratiezufriedenheit in Ostdeutschland und Ungarn. In: Wolfgang Schluchter und Peter E. Quint (Hrsg.): Der Vereinigungsschock. Vergleichende Betrachtungen zehn Jahre danach. Weilerswist: Velbrück Wissenschaft: 437-460
Diewald, Martin (1991): Soziale Beziehungen: Verlust oder Liberalisierung? Soziale Unterstützung in informellen Netzwerken. Berlin: edition sigma
Donsbach, Wolfgang und Thomas Petersen (1999): Zu den Methoden des Projekts. In: Elisabeth Noelle-Neumann, Hans Mathias Kepplinger und Wolfgang Donsbach (Hrsg.): Kampa - Meinungsklima und Medienwirkung im Bundestagswahlkampf 1998. Freiburg, München: Verlag Karl Alber: 237-266
Donsbach, Wolfgang, Olaf Jandura und Antje Stehfest (1999): Sieg der Illusion - Wirtschaft und Arbeitsmarkt in der Wirklichkeit und in den Medien. In: Elisabeth Noelle-Neumann, Hans Mathias Kepplinger und Wolfgang Donsbach (Hrsg.): Kampa - Meinungsklima und Medienwirkung im Bundestagswahlkampf 1998. Freiburg, München: Verlag Karl Alber: 40-77
Durkheim, Emile (1988) [1893]: Über die soziale Arbeitsteilung. Studie über die Organisation höherer Gesellschaften. Frankfurt am Main: Suhrkamp Verlag
Durkheim, Emile (1997) [1897]: Der Selbstmord. Frankfurt am Main: Suhrkamp.
Duttenhöfer, Stephan und Helmut Schröder (1994): Die Wohlfahrtssurveys 1978-1993 - Variablenübersicht. ZUMA-Technischer Bericht 94/11, Zentrum für Umfragen, Methoden und Analysen Mannheim
Eagly, Alice H. und Shelly Chaiken (1993): The Psychology of Attitudes. Fort Worth: Harcourt Brace Jovanovich College Publishers
Eder, Klaus (1998): (Staats)Bürgerschaft - ein analytisch brauchbares Konzept für die Soziologie? In: Berliner Journal für Soziologie 4: 445-452
Erikson, Robert (1993): Descriptions of Inequality: The Swedish Approach to Welfare Research. In: Martha Nussbaum und Amartya Sen (Hrsg.): The Quality of Life. Oxford: Clarendon Press: 67-88
Esping-Andersen, Gösta (1990): The Three Worlds of Welfare Capitalism. Cambridge: Polity Press
Esser, Hartmut (1999): Soziologie. Spezielle Grundlagen. Band 1: Situationslogik und Handeln. Frankfurt am Main, New York: Campus Verlag
Europäisches Parlament (Hrsg.) (2000): Soziale Grundrechte in Europa - Teil III: Soziale Grundrechte in den Verfassungen der Mitgliedsstaaten. Reihe: Soziale Angelegenheiten, SOCI 104 DE - 02/2000. (Im Internet unter http://www.europarl.eu.int/dg4/wkdocs/soci/104/de/teil3.htm)
EU-Parlament Informationsbüro für Deutschland (Hrsg.) (2001): Die Europäischen Grundrechte. Hintergrundinformation zur Grundrechte-Charta. (Im Internet unter: http://www.europarl.de/aktuell/)
European Foundation on Social Quality (Hrsg.) (2001): Annual Report 2000. Amsterdam: European Foundation on Social Quality. (Im Internet unter: http://www.socialquality.nl)
Ferris, James M. (1985): Interrelationships among Public Spending Preferences: A Micro Analysis. In: Public Choice 45: 139-153

Fiedler, Klaus (1996): Die Verarbeitung sozialer Informationen für Urteilsbildung und Entscheidungen. In: Wolfgang Stroebe, Miles Hewstone und Geoffrey M. Stephenson (Hrsg.): Sozialpsychologie. Eine Einführung. Berlin u. a.: Springer: 143-175

Flade, Antje (1988): Wahrnehmung. In: Roland Asanger und Gerd Wenninger (Hrsg.): Handwörterbuch Psychologie. München, Weinheim: Psychologie Verlags Union: 833-838

Flora, Peter und Heinz-Herbert Noll (Hrsg.) (1999): Sozialberichterstattung und Sozialstaatsbeobachtung individueller Wohlfahrt und wohlfahrtsstaatlicher Institutionen im Spiegel empirischer Analysen. Frankfurt am Main, New York: Campus Verlag

Forschungsgruppe Wahlen (Hrsg.) (1998): Politbarometer. Mannheim: Forschungsgruppe Wahlen e.V.

French, John R. P. Jr., Willard L. Rodgers und Sidney Cobb (1974): Adjustment as Person-Environment Fit. In: George V. Coelho, David A. Hamburg und John E. Adams (Hrsg.): Coping and Adaptation. New York: Basic Books: 316-333

Frick, Joachim und Herbert Lahmann (1998): Wohnungsmieten in Deutschland im Jahr 1997. Ergebnisse des Sozio-ökonomischen Panels. In: DIW-Wochenberichte 22: 392-401

Fuchs, Dieter (1998): The Political Culture of Unified Germany. Discussion Paper FS III 98-204. Berlin: Wissenschaftszentrum Berlin für Sozialforschung

Fuchs, Dieter, Edeltraut Roller und Bernhard Weßels (1997): Die Akzeptanz der Demokratie des vereinigten Deutschland oder: wann ist ein Unterschied ein Unterschied? In: Aus Politik und Zeitgeschichte, Beilage zur Wochenzeitung Das Parlament, B 51/97: 3-12

Gabriel, Karl (1998): Kirchen/Religionsgemeinschaften. In: Bernhard Schäfers und Wolfgang Zapf (Hrsg.): Handwörterbuch zur Gesellschaft Deutschlands. Opladen: Leske + Budrich: 371-382

Gabriel, Oscar W. (1986): Politische Kultur, Postmaterialismus und Materialismus in der Bundesrepublik Deutschland. Opladen: Westdeutscher Verlag

Gabriel, Oscar W. (1987): Demokratiezufriedenheit und demokratische Einstellungen in der Bundesrepublik Deutschland. In: Aus Politik und Zeitgeschichte, Beilage zur Wochenzeitung Das Parlament, B 22/87: 32-45

Ganßmann, Heiner (1992): Der nationale Sozialstaat und die deutsch-deutsche Solidarität. In: Prokla: Zeitschrift für kritische Sozialwissenschaft 4: 622-647

Ganßmann, Heiner (1993): Sind soziale Rechte universalisierbar? In: Zeitschrift für Soziologie 5: 385-394

Ganßmann, Heiner (1997): Soziale Sicherheit als Standortproblem. In: Prokla: Zeitschrift für kritische Sozialwissenschaft 1: 5-28

Geißler, Rainer (1992): Die ostdeutsche Sozialstruktur unter Modernisierungsdruck. In: Aus Politik und Zeitgeschichte, Beilage zur Wochenzeitung Das Parlament, B 29-30/92: 15-28

Geißler, Rainer (Hrsg.) (1994): Soziale Schichtung und Lebenschancen in Deutschland. Stuttgart: Enke

Geißler, Rainer (2000): Nachholende Modernisierung mit Widersprüchen. In: Aus Politik und Zeitgeschichte, Beilage zur Wochenzeitung Das Parlament, B 40/2000: 22-29

Gensicke, Thomas (1998): Die neuen Bundesbürger. Eine Transformation ohne Integration. Opladen: Westdeutscher Verlag

Gensicke, Thomas (2000): Freiwilliges Engagement in den neuen und alten Ländern. In: Freiwilliges Engagement in Deutschland. Ergebnisse der Repräsentativerhebung zu Ehrenamt, Freiwilligenarbeit und bürgerschaftlichem Engagement. Band 194.2 der Schriftenreihe des Bundesministeriums für Familie, Senioren, Frauen und Jugend. Stuttgart: Verlag W. Kohlhammer: 22-113

Geyer, Herbert (1980): Öffentliche Güter. In: Albers, W. et al. (Hrsg.), Handwörterbuch der Wirtschaftswissenschaften. Band 5. Stuttgart, New York: Gustav Fischer u. a.: 413-419

Giddens, Anthony (1983): Klassenspaltung, Klassenkonflikt und Bürgerrechte. In: Reinhard Kreckel (Hrsg.): Soziale Ungleichheiten. In: Soziale Welt, Sonderband 2. Göttingen: Schwartz: 15-33

Giesen, Bernhard und Kay Junge (1998): Nationale Identität und Staatsbürgerschaft in Deutschland und Frankreich. In: Berliner Journal für Soziologie 4: 523-537

Glatzer, Wolfgang (1984a): Zufriedenheitsunterschiede zwischen Lebensbereichen. In: Wolfgang Glatzer und Wolfgang Zapf (Hrsg.): Lebensqualität in der Bundesrepublik. Objektive Lebensbedingungen und subjektives Wohlbefinden. Frankfurt am Main, New York: Campus Verlag: 192-205

Glatzer, Wolfgang (1984b): Determinanten der Zufriedenheit. In: Wolfgang Glatzer und Wolfgang Zapf (Hrsg.): Lebensqualität in der Bundesrepublik. Objektive Lebensbedingungen und subjektives Wohlbefinden. Frankfurt am Main, New York: Campus Verlag: 234-245

Glatzer, Wolfgang und Wolfgang Zapf (Hrsg.) (1984a): Lebensqualität in der Bundesrepublik. Objektive Lebensbedingungen und subjektives Wohlbefinden. Frankfurt am Main, New York: Campus Verlag

Glatzer, Wolfgang und Wolfgang Zapf (1984b): Lebensqualität in der Bundesrepublik. In: Wolfgang Glatzer und Wolfgang Zapf (Hrsg.): Lebensqualität in der Bundesrepublik. Objektive Lebensbedingungen und subjektives Wohlbefinden. Frankfurt am Main, New York: Campus Verlag: 391-401
Glatzer, Wolfgang und Regina Berger-Schmitt (Hrsg.) (1986a): Haushaltsproduktion und Netzwerkhilfe. Die alltäglichen Leistungen der Familie und Haushalte. Frankfurt am Main, New York: Campus Verlag
Glatzer, Wolfgang und Regina Berger-Schmitt (1986b): Die unterschätzten Haushalte. Das Leistungspotential der privaten Haushalte und der informellen sozialen Netzwerke. In: Forschung Frankfurt: Wissenschaftsmagazin der Johann Wolfgang Goethe-Universität Frankfurt am Main 4: 27-32
Glatzer, Wolfgang, Regina Berger-Schmitt, Martin Diewald, Ute Kerber, Maria Müller-Andritzky, Erich Wiegand und Katrin Zapf (1987): Haushaltsproduktion und Familienbeziehungen. In: Mikroanalytische Grundlagen der Gesellschaftspolitik. Sonderforschungsbereich 3, Bericht über die Forschungstätigkeit in der dritten Forschungsphase 1985-1987. Hg. vom Sonderforschungsbereich 3 „Mikroanalytische Grundlagen der Gesellschaftspolitik". Mannheim: 167-177
Glatzer, Wolfgang und Mathias Bös (1997): Anomietendenzen im Transformationsprozess - Analysen mit den Wohlfahrtssurveys. In: Wilhelm Heitmeyer (Hrsg.): Was treibt die Gesellschaft auseinander? Frankfurt am Main: Suhrkamp: 557-585
Glatzer, Wolfgang und Ilona Ostner (Hrsg.) (1999): Deutschland im Wandel. Sozialstrukturelle Analysen. Bernhard Schäfers zum 60. Geburtstag, Reihe: Gegenwartskunde, Sonderheft 11. Opladen: Leske + Budrich
Goerlich, Helmut (1973): Wertordnung und Grundgesetz, Kritik einer Argumentationsfigur des Bundesverfassungsgerichts. Baden-Baden: Nomos Verlag
Gosewinkel, Dieter (1998): Untertanschaft, Staatsbürgerschaft, Nationalität. Konzepte der Zugehörigkeit im Zeitalter des Nationalstaats: Anmerkungen zur Begriffsgeschichte in Deutschland, Frankreich, England und den USA. In: Berliner Journal für Soziologie 4: 507-522
Gros, Jürgen und Peter M. Wagner (1996): Verträge zur deutschen Einheit. In: Werner Weidenfeld und Karl-Rudolf Korte (Hrsg.): Handbuch zur deutschen Einheit. Bonn: Bundeszentrale für politische Bildung: 698-712
Gurin, Gerald, Joseph Veroff und Sheila Feld (1960): Americans View Their Mental Health. New York: Basic Books
Gutsche, Maximilian (1996): Das Zweite Gleichberechtigungsgesetz. Der Beitrag des 2. GleiBG zur Verbesserung der Chancengleichheit von Frauen und Männern im Erwerbsleben. Sinzheim: Pro Universitate Verlag
Gysi, Gregor (1999): Gerechtigkeit ist modern - Zwölf Thesen für eine Politik des modernen Sozialismus. Eine notwendige Antwort auf Gerhard Schröder und Tony Blair. Berlin: Bundesstiftung Rosa Luxemburg
Habermas, Jürgen (1990): Die nachholende Revolution. Frankfurt am Main: Suhrkamp Verlag
Habich, Roland (1996): Problemgruppen und Armut: Zur These der Zwei-Drittel-Gesellschaft. In: Wolfgang Zapf und Roland Habich (Hrsg.): Wohlfahrtsentwicklung im vereinten Deutschland. Sozialstruktur, sozialer Wandel und Lebensqualität. Berlin: edition sigma: 161-185
Habich, Roland und Heinz-Herbert Noll, unter Mitarbeit von Wolfgang Zapf (1994): Soziale Indikatoren und Sozialberichterstattung. Internationale Erfahrungen und gegenwärtiger Forschungsstand. Expertise für das Schweizer Bundesamt für Statistik. Bern: Bundesamt für Statistik
Habich, Roland und Heinz-Herbert Noll (Hrsg.) (2000a): Objektive Lebensbedingungen und subjektives Wohlbefinden im vereinten Deutschland. In: Statistisches Bundesamt (Hrsg.): Datenreport 1999. Zahlen und Fakten über die Bundesrepublik Deutschland. Bonn: Bundeszentrale für politische Bildung: 415-612
Habich, Roland und Heinz-Herbert Noll (2000b): Zufriedenheit in Lebensbereichen. In: Statistisches Bundesamt (Hrsg.): Datenreport 1999. Zahlen und Fakten über die Bundesrepublik Deutschland. Bonn: Bundeszentrale für politische Bildung: 431-442
Habich, Roland und Wolfgang Zapf (1994): Gesellschaftliche Dauerbeobachtung - Wohlfahrtssurveys: Instrument der Sozialberichterstattung. In: Richard Hauser (Hrsg.): Mikroanalytische Grundlagen der Gesellschaftspolitik: Ergebnisse aus dem gleichnamigen Sonderforschungsbereich an den Universitäten Frankfurt am Main und Mannheim. Band 2: Erhebungsverfahren, Analysemethoden und Mikrosimulation. Berlin: Akademie-Verlag: 13-37
Habich, Roland, Bruce Headey und Peter Krause (1991a): Armut im Reichtum - Ist die Bundesrepublik Deutschland eine Zwei-Drittel-Gesellschaft? In: Ulrich Rendtel und Gert Wagner (Hrsg.): Lebensla-

gen im Wandel - Zur Einkommensdynamik seit 1984, Band 4 der Reihe „Lebenslagen im Wandel", Frankfurt am Main, New York: Campus Verlag: 487-508

Habich, Roland, Detlef Landua, Wolfgang Seifert und Annette Spellerberg (1991b): Ein unbekanntes Land - Objektive Lebensbedingungen und subjektives Wohlbefinden in Ostdeutschland. In: Aus Politik und Zeitgeschichte, Beilage zur Wochenzeitung Das Parlament, B 32/91: 13-33

Halfmann, Jost (1998): Politischer Inklusionsuniversalismus und migratorisches Exklusionsrisiko. In: Berliner Journal für Soziologie 4: 549-560

Hampel, Jürgen, Heidrun Mollenkopf, Ursula Weber und Wolfgang Zapf (1991): Alltagsmaschinen. Die Folgen der Technik in Haushalt und Familie. Berlin: edition sigma

Headey, Bruce und Alexander Wearing (1988): The Sense of Relative Superiority - Central to Well-Being. In: Social Indicators Research 20: 497-516.

Headey, Bruce und Alexander Wearing (1992): Understanding Happiness. A Theory of Subjective Well-Being. Melbourne: Longman Cheshire

Headey, Bruce, Peter Krause und Roland Habich (1995): East Germany: Rising Incomes, Unchanged Equality and the Impact of Redistributive Government 1990-92. In: The British Journal of Sociology 46: 225-243

Herkommer, Sebastian (Hrsg.) (1999): Soziale Ausgrenzungen. Gesichter des neuen Kapitalismus. Hamburg: VSA-Verlag

Herkommer, Sebastian, Joachim Bischoff und Karlheinz Maldaner (1984): Stellung im gesellschaftlichen Produktionsprozess und Bewusstsein als Vermittlungszusammenhang. In: Herkommer, Sebastian, Joachim Bischoff und Karlheinz Maldaner (Hrsg.): Alltag, Bewusstsein, Klassen: Aufsätze zur marxistischen Theorie. Hamburg: VSA-Verlag: 31-40

Heitmeyer, Wilhelm (1997): Einleitung: Auf dem Weg in eine desintegrierte Gesellschaft. In: Wilhelm Heitmeyer (Hrsg.): Was treibt die Gesellschaft auseinander? Frankfurt am Main: Suhrkamp Verlag: 9-26

Higgins, E. Tory, William S. Rholes und Carl R. Jones (1977): Category Accessibility and Impression Formation. In: Journal of Experimental Social Psychology 13: 141-154

Hinrichs, Wilhelm (1996): Wohnungsversorgung in Ostdeutschland - Kontinuität und Neuformierung. In: Wolfgang Zapf und Roland Habich (Hrsg.): Wohlfahrtsentwicklung im vereinten Deutschland. Sozialstruktur, sozialer Wandel und Lebensqualität. Berlin: edition sigma: 253-282

Hinrichs, Wilhelm (2001): Sozialstaatliche Sicherung der Wohnungsversorgung in Deutschland. In: Lars-Hendrik Röller und Christian Wey (Hrsg.): Die soziale Marktwirtschaft in der neuen Weltwirtschaft. WZB-Jahrbuch 2001. Berlin: edition sigma: 133-166

Hirschman, Albert O. (1992): Abwanderung, Widerspruch und das Schicksal der Deutschen Demokratischen Republik. In: Leviathan 3: 330-358

Hübinger, Werner (1996): Prekärer Wohlstand - Neue Befunde zu Armut und sozialer Ungleichheit. Freiburg im Breisgau: Lambertus-Verlag

Ihlefeld-Bolesch, Heli, Lieselotte Krickau-Richter und Birgit Messerig-Funk (1994): Frauenförderprogramme: EU, Bund, Länder, Private Wirtschaft. Bonn: Economica Verlag

Infratest Burke Sozialforschung (1994): ALLBUS-Fragebogen. Unveröffentlichtes Manuskript.

Infratest Burke Sozialforschung (1999): Wohlfahrtssurvey 1998 - Methodenbericht. Unveröffentlichtes Manuskript

Inglehart, Ronald (1977): The Silent Revolution. Changing Values and Political Styles among Western Publics. Princeton: Princeton University Press

Inglehart, Ronald (1989): Kultureller Umbruch. Wertewandel in der westlichen Welt. Frankfurt am Main, New York: Campus Verlag

Institut für Demoskopie Allensbach (Hrsg.) (2001): Stimmung zum Jahreswechsel: verhalten. Aber das Stimmungstief nach den Terroranschlägen ist überwunden. In: Allensbacher Berichte 28. (Im Internet unter: http://www.ifd-allensbach.de.)

Isensee, Josef (1995): Am Ende der Demokratie - oder am Anfang? Erschienen in der Reihe: Wirtschaftspolitische Kolloquien der Adolf-Weber-Stiftung, Band 20. Berlin: Duncker & Humblot

Iyengar, Shanto und Donald Kinder (1987): News That Matters. Television and American Opinion. Chicago, London: The University of Chicago Press

Jacoby, William G. (1994): Public Attitudes toward Government Spending. In: American Journal of Political Science 38: 336-361

Jänicke, Martin (1980): Zur Theorie des Staatsversagens. In: Aus Politik und Zeitgeschichte, Beilage zur Wochenzeitung Das Parlament, B 14/80: 29-39

Jänicke, Martin (1986): Staatsversagen. Die Ohnmacht der Politik in der Industriegesellschaft. München: Piper Verlag
Jarass, Hans D. und Bodo Pieroth (1997): Grundgesetz für die Bundesrepublik Deutschland. Kommentar. München: C. H. Beck
Jensen, Stefan (2001): Gute Gesellschaft? In: Jutta Allmendinger (Hrsg.): Gute Gesellschaft? Verhandlungen des 30. Kongresses der Deutschen Gesellschaft für Soziologie in Köln 2000. Opladen: Leske + Budrich: 279-298
Johansson, Sten (1970): Om Levnadsnivaundersökningen (On the Level of Living Survey). Stockholm: Allmänna Förlaget
Kaase, Max (1993): Innere Einheit. In: Werner Weidenfeld und Karl-Rudolf Korte (Hrsg.): Handbuch zur deutschen Einheit. Frankfurt am Main, New York: Campus Verlag: 372-383
Kaase, Max, und Petra Bauer-Kaase (1998): Deutsche Vereinigung und innere Einheit 1990-1997. In: Heiner Meulemann (Hrsg.): Werte und nationale Identität im vereinten Deutschland. Opladen: Leske + Budrich: 251-267
Kahneman, Daniel, Ed Diener und Norbert Schwarz (Hrsg.) (1999): Well-Being: The Foundations of Hedonic Psychology. New York: Russell Sage Foundation
Kaufmann, Franz-Xaver (1997): Schwindet die integrative Funktion des Sozialstaates? In: Berliner Journal für Soziologie 1: 5-19
Kepplinger, Hans Mathias (1989): Theorien der Nachrichtenauswahl als Theorien der Realität. In: Aus Politik und Zeitgeschichte, Beilage zur Wochenzeitung Das Parlament, B15/89: 3-16
Kepplinger, Hans Mathias, Marcus Maurer und Thomas Roessing (1999): Vom Kompetenz- zum Machtverlust. In: Elisabeth Noelle-Neumann, Hans Mathias Kepplinger und Wolfgang Donsbach (Hrsg.): Kampa. Meinungsklima und Medienwirkung im Bundestagswahlkampf 1998. Freiburg, München: Verlag Karl Alber: 215-236
Klein, Markus (1998): Was bleibt von der friedlichen Revolution? Plebiszitäre Orientierungen im vereinten Deutschland. In: Heiner Meulemann (Hrsg.): Werte und nationale Identität im vereinten Deutschland. Opladen: Leske + Budrich: 155-176
Kluckhohn, Clyde (1951): Values and Value-Orientations in the Theory of Action: An Exploration in Definition and Classification. In: Talcott Parsons und Edward A. Shills (Hrsg.): Toward a General Theory of Action. Cambridge, Massachusetts: Harvard University Press: 388-433
Kneißle, Jürgen R. (1996): Zur Selbstmordentwicklung in der DDR. Abwanderung, Widerspruch, Suizid. Arbeitsbericht 155, Universität Lüneburg, Fachbereich Wirtschafts- und Sozialwissenschaften
Köcher, Renate (1997): Ist Marktwirtschaft unmenschlich? Die Zweifel der ostdeutschen Bevölkerung an dem bundesdeutschen Wirtschaftssystem. In: Elisabeth Noelle-Neumann und Renate Köcher (Hrsg.): Allensbacher Jahrbuch der Demoskopie 1993-1997. Demoskopische Entdeckungen. München: K. G. Sauer, Allensbach: Verlag für Demoskopie: 685-688
Köhler, Anne (1992): Marschierte der DDR-Bürger mit? - Systemidentifikation der DDR-Bevölkerung vor und nach der Wende. In: Uta Gerhardt und Ekkehard Mochmann (Hrsg.): Gesellschaftlicher Umbruch 1945-1990: Re-Demokratisierung und Lebensverhältnisse. München: Oldenbourg: 59-79
Koselleck, Reinhart (1989): Vergangene Zukunft. Zur Semantik geschichtlicher Zeiten. Frankfurt am Main: Suhrkamp Verlag
Krause, Peter und Roland Habich (2000): Einkommen und Lebensqualität im vereinigten Deutschland. In: Vierteljahreshefte zur Wirtschaftsforschung 2: 317-340
Kreß, Claus (1998): Das Sechste Gesetz zur Reform des Strafrechts. In: Neue Juristische Wochenschrift 10: 633-704
Krupp, Hans-Jürgen (1977a): Computergestützte Planungssysteme in der Sozialplanung. In: Hans-Jürgen Krupp und Wolfgang Zapf: Sozialpolitik und Sozialberichterstattung. Frankfurt am Main, New York: Campus Verlag: 58-79
Krupp, Hans-Jürgen (1977b): Perspektiven der Sozialpolitik. In: Hans-Jürgen Krupp und Wolfgang Zapf: Sozialpolitik und Sozialberichterstattung. Frankfurt am Main, New York: Campus Verlag: 100-119
Krupp, Hans-Jürgen und Wolfgang Zapf (1977): Sozialpolitik und Sozialberichterstattung. Frankfurt am Main, New York: Campus Verlag
Kupferberg, Feiwel (1994): Alte Steuerungssysteme billig zu verkaufen: Veränderungsbereitschaft und Systemexport im Transformationsprozess. In: BISS public 15: 45-65.
Ladd, Everett C. (1993): The 1992 U.S. National Elections. In: International Journal of Public Opinion Research 5: 1-21

Landua, Detlef und Roland Habich (1994): Problemgruppen der Sozialpolitik im vereinten Deutschland. In: Aus Politik und Zeitgeschichte, Beilage zur Wochenzeitung Das Parlament, B 3/94: 3-16

Lane, Robert E. (1996): Quality of Life and Quality of Persons: A New Role for Government. In: Avner Offer (Hrsg.): In Pursuit of the Quality of Life. New York: Oxford University Press: 256-294

Leipert, Christian (1978): Gesellschaftliche Berichterstattung. Eine Einführung in Theorie und Praxis sozialer Indikatoren. Berlin, Heidelberg, New York: Springer

Lepsius, Rainer M. (1991): Ein unbekanntes Land. Plädoyer für soziologische Neugierde. In: Bernd Giesen und Claus Leggewie (Hrsg.): Experiment Vereinigung. Ein sozialer Großversuch. Berlin: Rotbuch Verlag: 71-76

Lepsius, Rainer M. (1993): Demokratie in Deutschland. Soziologisch-historische Konstellationsanalysen. Göttingen: Vandenhoeck & Ruprecht

Limbach, Jutta (1999): Vom rechten Maß der Einheit - keine Liebe auf den ersten Blick. Vierteljahres-Zeitschrift für Erziehung und Gesellschaft 39: 473-479

Lindner-Braun, Christa (1990): Soziologie des Selbstmords. Opladen: Westdeutscher Verlag

Lockwood, David (1987): Schichtung in der Staatsbürgergesellschaft. In: Bernhard Giesen und Hans Haferkamp (Hrsg.): Soziologie der sozialen Ungleichheit. Opladen: Westdeutscher Verlag: 31-48

Luft, Christa (1998): Abbruch oder Aufbruch? Warum der Osten unsere Chance ist. Berlin: Aufbau Taschenbuch Verlag

Luhmann, Niklas (1994): Inklusion und Exklusion. In: Helmut Berding (Hrsg.): Nationales Bewusstsein und kollektive Identität: Studien zur Entwicklung des kollektiven Bewusstseins in der Neuzeit 2. Frankfurt am Main: Suhrkamp: 15-45

Lynn, Richard (1982): National Differences in Anxiety and Extraversion. In: Progress in Experimental Personality Research 11: 213-258

Mackert, Jürgen (1998): Jenseits von Inklusion/Exklusion. Staatsbürgerschaft als Modus sozialer Schließung. In: Berliner Journal für Soziologie 4: 561-576

Marshall, Thomas H. (1992) [1949]: Bürgerrechte und soziale Klassen. Zur Soziologie des Wohlfahrtsstaates. Herausgegeben von Elmar Rieger. Frankfurt am Main, New York: Campus Verlag

Maslow, Abraham H. (1954): Motivation and Personality. New York: Harper

Maslow, Abraham H. (1968): Toward a Psychology of Being. Princeton: Van Nostrand

Mau, Steffen (1994): Der demographische Wandel in den neuen Bundesländern. Familiengründung nach der Wende: Aufschub oder Verzicht. In: Zeitschrift für Familienforschung 3: 197-220

Mau, Steffen (1996): Objektive Lebensbedingungen und subjektives Wohlbefinden. In: Wolfgang Zapf und Roland Habich (Hrsg.): Wohlfahrtsentwicklung im vereinten Deutschland. Sozialstruktur, sozialer Wandel und Lebensqualität. Berlin: edition sigma: 51-77

Mauer, Jutta (1994): Das Zweite Gleichberechtigungsgesetz. In: Betriebs-Berater 18: 1283-1286

McCombs, Maxwell E. und Donald L. Shaw (1972): The Agenda-Setting Function of Mass Media. In: Public Opinion Quarterly 36: 176-187

Merton, Robert K., 1968: Social Theory and Social Structure. New York: The Free Press, London: Collier Macmillan Publishers

Meulemann, Heiner (Hrsg.) (1998): Werte und nationale Identität im vereinten Deutschland. Opladen: Leske + Budrich

Meulemann, Heiner (2000): Der lange Schatten der erzwungenen Säkularisierung. In: Heinz-Herbert Noll und Roland Habich (Hrsg.): Vom Zusammenwachsen einer Gesellschaft. Analysen zur Angleichung der Lebensverhältnisse in Deutschland. Frankfurt am Main, New York: Campus Verlag: 223-247

Meyer, Gerd (1997): The Socialists' Rise to Power and the Democratization of Political Cultures in East-Central Europe. In: Teresa Los-Nowak und David Armstrong (Hrsg.): Emerging Conceptions of Democracy in Transition Europe. Wroclaw: 33-56

Michalos, Alex C. (1985): Multiple Discrepancies Theory (MDT). In: Social Indicators Research 16: 347-413

Michalos, Alex C. (1991): Global Report on Student Well-Being. Volume 1: Life Satisfaction and Happiness. New York, Berlin, Heidelberg: Springer Verlag

Misselwitz, Hans-Jürgen (1999): Annäherung durch Wandel. Für eine neue Sicht auf die „innere Einheit" und die Rolle der politischen Bildung. In: Aus Politik und Zeitgeschichte, Beilage zur Wochenzeitung Das Parlament, B 7-8/99: 24-30

Mollenkopf, Heidrun und Jürgen Hampel (1994): Technik, Alter, Lebensqualität. Schriftenreihe des Bundesministeriums für Familie und Senioren, Band 23. Stuttgart: Kohlhammer-Verlag

Müller, Klaus (1996): Grundgesetz für die Bundesrepublik Deutschland. Taschenkommentar für Studium und Praxis. Köln u. a.: Carl Heymanns Verlag
Müller, Hans-Peter (2001): Die Artisten in der Zirkuskuppel, ratlos? In: Jutta Allmendinger (Hrsg.): Gute Gesellschaft? Verhandlungen des 30. Kongresses der Deutschen Gesellschaft für Soziologie in Köln 2000. Opladen: Leske + Budrich: 245-266
Müller, Peter (1992): Suizid in der DDR - Ausfluss politischer Repression? In: Hansgünter Meyer (Hrsg.): Soziologie in Deutschland und die Transformation großer gesellschaftlicher Systeme. Berlin: Akademie-Verlag: 1310-1316
Müller-Bromley, Nicolai (1999): Soziale Grundrechte. In: Gerlinde Sommer und Raban Graf von Westphalen (Hrsg.): Staatsbürgerlexikon. Staat, Politik, Recht und Verwaltung in Deutschland und der Europäischen Union. München: Oldenbourg: 818-820
Noelle-Neumann, Elisabeth und Renate Köcher (Hrsg.) (1997): Allensbacher Jahrbuch der Demoskopie 1993-1997. Demoskopische Entdeckungen. München: K. G. Sauer, Allensbach: Verlag für Demoskopie
Noll, Heinz-Herbert (1999): Konzepte der Wohlfahrtsentwicklung: Lebensqualität und „neue" Wohlfahrtskonzepte. EuReporting Working Paper No. 3, Mannheim
Noll, Heinz-Herbert und Roland Habich (Hrsg.) (2000): Vom Zusammenwachsen einer Gesellschaft - Analysen zur Angleichung der Lebensverhältnisse in Deutschland, Frankfurt am Main: Campus Verlag
Nussbaum, Martha und Amartya Sen (Hrsg.) (1993): The Quality of Life. Oxford: Clarendon Press
Offe, Claus (1991): Die deutsche Vereinigung als natürliches Experiment. In: Bernd Giesen und Claus Leggewie (Hrsg.): Experiment Vereinigung. Ein sozialer Großversuch. Berlin: Rotbuch Verlag: 77-86
Palentien, Christian, Andreas Klocke und Klaus Hurrelmann (1999): Armut im Kindes- und Jugendalter. In: Aus Politik und Zeitgeschichte, Beilage zur Wochenzeitung Das Parlament, B 18/99: 33-38
Petty, Richard E. und John T. Cacioppo (1981): Attitudes and Persuasion: Classic and Contemporary Approaches. Dubuque Iowa: Wm. C. Brown Company Publishers
Pickel, Susanne, Gert Pickel und Dieter Walz (Hrsg.) (1998): Politische Einheit - kultureller Zwiespalt? Die Erklärung politischer und demokratischer Einstellungen in Ostdeutschland vor der Bundestagswahl 1998. Frankfurt am Main: Peter Lang Verlag
Pollack, Detlef (1996): Alles wandelt sich, nur der Ossi bleibt stets der Gleiche? In: Frankfurter Rundschau vom 29. Juni 1996: 16
Pollack, Detlef (1998a): Ostdeutsche Identität. Ein multidimensionales Phänomen. In: Heiner Meulemann (Hrsg.): Werte und nationale Identität im vereinten Deutschland. Erklärungsansätze der Umfrageforschung. Opladen: Leske + Budrich: 301-318
Pollack, Detlef (1998b): Wirtschaftlicher, sozialer und mentaler Wandel in Ostdeutschland - Eine Bilanz nach zehn Jahren. In: Aus Politik und Zeitgeschichte, Beilage zur Wochenzeitung Das Parlament, B 40/98: 13-21
Pommerehne, Werner W. (1987): Präferenzen für öffentliche Güter. Ansätze zu ihrer Erfassung. Tübingen: J. C. B. Mohr (Paul Siebeck)
President's Research Committee on Social Trends (Hrsg.) (1933): Recent Social Trends in the United States. New York: McGraw-Hill
Priller, Eckhard (1996): Veränderungen in der politischen und sozialen Beteiligung in Ostdeutschland. In: Wolfgang Zapf und Roland Habich (Hrsg.): Wohlfahrtsentwicklung im vereinten Deutschland. Sozialstruktur, sozialer Wandel und Lebensqualität. Berlin: edition sigma: 283-305
Priller, Eckhard (1998): Einstellungen zur Demokratie in Ostdeutschland. In: Leo Montada und Anne Dieter (Hrsg.): Veränderungserfahrungen in den neuen Bundesländern nach der Wiedervereinigung. Bericht Nr. 6, Zentrum für Gerechtigkeitsforschung, Universität Potsdam: 70-85
Priller, Eckhard (1999a): Demokratieentwicklung und Mitwirkung in Ostdeutschland. Discussion Paper FS III 99-410. Berlin: Wissenschaftszentrum Berlin für Sozialforschung
Priller, Eckhard (1999b): Einkommens- und Vermögensentwicklung der Haushalte. In: Horst Berger, Wilhelm Hinrichs, Eckhard Priller und Annett Schultz: Privathaushalte im Vereinigungsprozess. Ihre soziale Lage in Ost- und Westdeutschland. Reihe Stiftung „Der Private Haushalt", Band 35, Frankfurt am Main, New York: Campus Verlag: 136-183
Procacci, Giovanna (1998): Arme Bürger. Soziale Staatsbürgerschaft versus Individualisierung von Wohlfahrt. In: Berliner Journal für Soziologie 4: 473-488

Rehberg, Karl-Siegbert (2001): Eine Wiederbegegnung von Politik und Soziologie? Einführung in die Abschlussveranstaltung. In: Jutta Allmendinger (Hrsg.): Gute Gesellschaft? Verhandlungen des 30. Kongresses der Deutschen Gesellschaft für Soziologie in Köln 2000. Opladen: Leske + Budrich: 1317-1321

Reißig, Rolf (1998): Transformationsforschung, Gewinne, Desiderate und Perspektiven. In: Politische Vierteljahresschrift 2: 301-328

Richards, Max D. und Paul S. Greenlaw (1966): Management of Decision Making. Homewood/Illinois

Richter, Edelbert (1998): Aus ostdeutscher Sicht wider den neoliberalen Zeitgeist. Köln: Böhlau Verlag

Roethe, Thomas (1999): Arbeiten wie bei Honecker, leben wie bei Kohl. Ein Plädoyer für das Ende der Schonfrist. Frankfurt am Main: Eichborn Verlag

Roller, Edeltraud (1992): Einstellungen der Bürger zum Wohlfahrtsstaat der Bundesrepublik Deutschland. Opladen: Westdeutscher Verlag

Roller, Edeltraud (1996): Abbau des Sozialstaats. Einstellungen der Bundesbürger zu Kürzungen von Sozialleistungen in den neunziger Jahren. Discussion Paper FS III 96-205. Berlin: Wissenschaftszentrum Berlin für Sozialforschung

Room, Graham (1997): Social Quality in Europe: Perspectives on Social Exclusion. In: Wolfgang Beck, Laurent J. G. van der Maesen und Alan Walker (Hrsg.): The Social Quality of Europe. The Hague, London, Boston: Kluwer Law International: 255-260

Rose, Richard (1993): Adapting to Transformation in Eastern Europe. Studies in Public Policy 212, Working Paper. Glasgow, Scotland: University of Strathclyde

Rosenbladt, Bernhard von (2000): Freiwilliges Engagement in Deutschland: Freiwilligensurvey 1999. Band 1: Gesamtbericht. Stuttgart: Verlag W. Kohlhammer

Sanders, Arthur (1988): Rationality, Self-Interest, and Public Attitudes on Public Spending. In: Social Science Quarterly 69: 311-324

Sartorius, Carl (2001): Verfassungs- und Verwaltungsgesetz der Bundesrepublik Deutschland, Band I. München: C. H. Beck

Schönfelder, Heinrich (Hrsg.) (2001): Deutsche Gesetze. München: Verlag C. H. Beck

Schluchter, Wolfgang (1996): Institutionen und Mentalitäten. Über die Gleichzeitigkeit des Ungleichzeitigen oder: Von dem schließlich doch nur allmählichen Untergang der DDR. In: ders.: Neubeginn durch Anpassung? Studien zum ostdeutschen Übergang. Frankfurt am Main: Suhrkamp Verlag: 7-59

Schneider, Nicole und Annette Spellerberg (1998): Lebensstile, Wohnbedürfnisse und räumliche Mobilität. Opladen: Leske + Budrich

Schulz, Winfried (1976): Die Konstruktion von Realität in den Nachrichtenmedien. Analyse der aktuellen Berichterstattung. Freiburg, München: Verlag Karl Alber

Sears, David O. und Jack Citrin (1982): Tax Revolt. Something for Nothing in California. Cambridge (Mass.): Harvard University Press

Seifert, Wolfgang (1992): Die zweite Ausländergeneration in der Bundesrepublik. Längsschnittbeobachtungen in der Berufseinstiegsphase. In: Kölner Zeitschrift für Soziologie und Sozialpsychologie 4: 677-696

Sen, Amartya (1982): Choice, Welfare and Measurement. Cambridge (Mass.): MIT Press

Sen, Amartya (1985): Commodities and Capabilities. Amsterdam: North-Holland

Sen, Amartya (1988): Freedom of Choice: Concept and Content. In: European Economic Review 32

Sen, Amartya (1993): Capability and Well-Being. In: Martha Nussbaum und Amartya Sen (Hrsg.): The Quality of Life. Oxford: Clarendon Press: 30-53

Sennett, Richard (1998): The Corrosion of Character. The Personal Consequences of Work in the New Capitalism. New York: W. W. Norton

Silver, Hilary (1994): Social Exclusion and Social Solidarity: Three Paradigms. In: International Labour Review 133: 531-578

Simmel, Georg (1994) [1900]: Philosophie des Geldes. Gesamtausgabe Band 6. Frankfurt am Main: Suhrkamp Verlag

Sloterdijk, Peter (1988): Nach der Geschichte. In: Wolfgang Welsch (Hrsg.): Wege aus der Moderne. Schlüsseltexte der Postmoderne-Diskussion. Berlin: VCH Verlagsgesellschaft: 262-273

Somers, Margaret R. (1998): ‚Citizenship' zwischen Staat und Markt. Das Konzept der Zivilgesellschaft und das Problem der ‚dritten Sphäre'. In: Berliner Journal für Soziologie 4: 489-505

Sommermann, Karl-Peter (1999a): Bürgerrechte. In: Gerlinde Sommer und Raban Graf von Westphalen (Hrsg.): Staatsbürgerlexikon. Staat, Politik, Recht und Verwaltung in Deutschland und der Europäischen Union. München: Oldenbourg: 112-114

Sommermann, Karl-Peter (1999b): Staatsziel/-bestimmungen. In: Gerlinde Sommer und Raban Graf von Westphalen (Hrsg.): Staatsbürgerlexikon. Staat, Politik, Recht und Verwaltung in Deutschland und der Europäischen Union. München: Oldenbourg: 867-868

SPD/Bündnis'90/Die Grünen (Hrsg.) (1998): Aufbruch und Erneuerung – Deutschlands Weg ins 21. Jahrhundert. Koalitionsvereinbarung zwischen der Sozialdemokratischen Partei Deutschlands und Bündnis 90/Die Grünen. Bonn, 20. Oktober 1998. (Im Internet unter: http://www.gruene.de/archiv/-wahl/btwahl98/ergebnis/rot-gruen/vertrag/vertrag-i.htm)

Spéder, Zsolt, Annett Schultz und Roland Habich (1997): Soziale Ungleichheiten in der ostmitteleuropäischen Transformation. In: Wolfgang Glatzer und Gerhard Kleinhenz (Hrsg.): Wohlstand für alle. Opladen: Leske + Budrich: 335-411

Spellerberg, Annette (1996): Soziale Differenzierung durch Lebensstile. Eine empirische Untersuchung zur Lebensqualität in West- und Ostdeutschland. Berlin: edition sigma

Spellerberg, Annette und Regina Berger-Schmitt (1998): Lebensstile im Zeitvergleich. Typologien für West- und Ostdeutschland 1993 und 1996. Discussion Paper FS III 98-403. Berlin: Wissenschaftszentrum Berlin für Sozialforschung

Stahlberg, Dagmar und Dieter Frey (1996): Einstellungen: Struktur, Messung und Funktion. In: Wolfgang Stroebe, Miles Hewstone und Geoffrey M. Stephenson (Hrsg.): Sozialpsychologie. Eine Einführung. Berlin u. a.: Springer: 219-252

Statistisches Bundesamt (Hrsg.) (1991): Statistisches Jahrbuch für die Bundesrepublik Deutschland 1991. Stuttgart: Metzler-Poeschel

Statistisches Bundesamt (Hrsg.) (1992): Statistisches Jahrbuch für die Bundesrepublik Deutschland 1992. Stuttgart: Metzler-Poeschel

Statistisches Bundesamt (Hrsg.) (1995): Statistisches Jahrbuch für die Bundesrepublik Deutschland 1995. Stuttgart: Metzler-Poeschel

Statistisches Bundesamt (Hrsg.) (1999): Statistisches Jahrbuch für die Bundesrepublik Deutschland 1999. Stuttgart: Metzler-Poeschel

Statistisches Bundesamt (Hrsg.) (2000a): Bevölkerungsstruktur und Wirtschaftskraft der Bundesländer - Ausgabe 2000. Stuttgart: Metzler-Poeschel

Statistisches Bundesamt (Hrsg.) (2000b): Statistisches Jahrbuch für die Bundesrepublik Deutschland 2000. Stuttgart: Metzler-Poeschel

Statistisches Bundesamt (Hrsg.) (2000c): Datenreport 1999. Zahlen und Fakten über die Bundesrepublik Deutschland. Bonn: Bundeszentrale für politische Bildung

Stichweh, Rudolf (1998): Zur Theorie der politischen Inklusion. In: Berliner Journal für Soziologie 4: 539-547

Strack, Fritz, Michael Argyle und Norbert Schwarz (1991): Subjective Well-Being. An Interdisciplinary Perspective. Oxford u. a.: Pergamon Press

Thomas, William I. und Dorothy S. Thomas (1928): The Child in America. Behavior Problems and Programs. New York: Knopf

Tiebout, Charles M. (1956): A Pure Theory of Local Expenditures. In: Journal of Political Economy 65: 416-424

Titmuss, Richard M. (1958): Essays on the Welfare State. London: Unwin University Books

Tönnies, Ferdinand (1991) [1887]: Gemeinschaft und Gesellschaft, Grundbegriffe der reinen Soziologie. Darmstadt: Wissenschaftliche Buchgesellschaft

Tversky, Amos und Daniel Kahneman (1973): Availability: A Heuristic for Judging Frequency and Probability. In: Cognitive Psychology 5: 207-232

United Nations (Hrsg.) (1998): Demographic Yearbook 1996. New York: United Nations Publication

Veen, Hans-Joachim (1997): Innere Einheit - aber wo liegt sie? In: Aus Politik und Zeitgeschichte, Beilage zur Wochenzeitung Das Parlament, B 40-41/97: 19-28

Veenhoven, Ruut (1984): Conditions of Happiness. Dordrecht, Boston, Lancaster: D. Reidel Publishing Company

Veenhoven, Ruut (1991): Is Happiness Relative? In: Social Indicators Research 24: 1-34

Veenhoven, Ruut (1992): Happiness in Nations. Subjective Appreciation of Life in 56 Nations, 1946-1992. Rotterdam: Erasmus University Rotterdam

Veenhoven, Ruut (1993): Is Happiness a Trait? Tests of the Theory that a Better Society Does Not Make People Happier. Discussion Paper P 93-104. Berlin: Wissenschaftszentrum Berlin für Sozialforschung

Veenhoven, Ruut (1995): Development in Satisfaction Research. Discussion Paper FS III 95-406. Berlin: Wissenschaftszentrum Berlin für Sozialforschung

Veenhoven, Ruut (1996): Happy Life-Expectancy. A Comprehensive Measure of Quality-of-Life in Nations. In: Social Indicators Research 39: 1-58

Veenhoven, Ruut (1997): Die Lebenszufriedenheit der Bürger: Ein Indikator für die ‚Lebbarkeit' von Gesellschaften? In: Heinz-Herbert Noll (Hrsg.): Sozialberichterstattung in Deutschland. Weinheim, München: Juvena: 267-293

Veenhoven, Ruut (2001): Happiness in Society. In: Jutta Allmendinger (Hrsg.): Gute Gesellschaft? Verhandlungen des 30. Kongresses der Deutschen Gesellschaft für Soziologie in Köln 2000. Opladen: Leske + Budrich: 1265-1314

Vester, Michael (1995): Milieuwandel und regionaler Strukturwandel in Ostdeutschland. In: Michael Vester, Michael Hofmann und Irene Zierke (Hrsg.): Soziale Milieus in Ostdeutschland: gesellschaftliche Strukturen zwischen Zerfall und Neubildung. Köln: Bund-Verlag: 7-50

Vilmar, Fritz (Hrsg.) (2000): Zehn Jahre Vereinigungspolitik. Kritische Bilanz und humane Alternativen, Reihe kritische Analysen zur Vereinigungspolitik, Band 1. Berlin: Trafo Verlag

Volkmann-Schluck, Sonja (2001): Die Debatte um eine europäische Verfassung. CAP-Working-Paper. München: Centrum für angewandte Politikforschung CAP

Vollmer, Christine (1991): Die Gleichstellungsbeauftragte. In: Elgin Mohnen-Behlau und Hanns-Eberhard Meixner (Hrsg.): Frauenförderung in Verwaltung und Wirtschaft: Gleichstellung der Frau im Beruf - Gleichstellungsbeauftragte. Regensburg: Walhalla und Praetoria Verlag: 202-235

Walz, Dieter und Wolfram Brunner (1997): Das Sein bestimmt das Bewusstsein oder: warum sich die Ostdeutschen als Bürger 2. Klasse fühlen. In: Aus Politik und Zeitgeschichte, Beilage zur Wochenzeitung Das Parlament, B 51/97: 13-19

Weber, Max (1972) [1919]: Wirtschaft und Gesellschaft: Grundriss der verstehenden Soziologie. Tübingen: Mohr

Weber, Max (1989) [1917/18]: Parlament und Regierung im neugeordneten Deutschland. In: Friedrich Hauer und Wolfgang Küttler (Hrsg.): Max Weber. Rationalisierung und entzauberte Welt. Schriften zu Geschichte und Soziologie. Leipzig: Philipp Reclam jun.: 254-322

Weil, Patrick (2001): Zugang zur Staatsbürgerschaft. Ein Vergleich von 25 Staatsangehörigkeitsgesetzen. In: Christoph Conrad und Jürgen Kocka (Hrsg.): Staatsbürgerschaft in Europa. Hamburg: edition Körber-Stiftung: 92-111

Westle, Bettina (1994): Demokratie und Sozialismus, Politische Ordnungsvorstellungen im vereinten Deutschland zwischen Ideologie, Protest und Nostalgie. In: Kölner Zeitschrift für Soziologie und Sozialpsychologie 46: 571-596

Wiesner, Gerd, Waltraut Casper und Karl E. Bergmann (1992): Alterssuizid in West und Ost: Trend der Suizidmortalität 1961-1989. In: Bundesgesundheitsblatt 9: 442-447

Winkler, Gunnar (Hrsg.) (1997): Sozialreport 1997. Daten und Fakten zur sozialen Lage in den neuen Bundesländern. Berlin: Verlag am Turm

Winkler, Gunnar (1999a): Leben in Ostdeutschland - Integration und Identifikation. In: Gunnar Winkler (Hrsg.): Sozialreport 1999. Daten und Fakten zur sozialen Lage in den neuen Bundesländern. Berlin: Verlag am Turm: 15-65

Winkler, Gunnar (Hrsg.) (1999b): Sozialreport 1999. Daten und Fakten zur sozialen Lage in den neuen Bundesländern. Berlin: Verlag am Turm

Woderich, Rudolf (1992): Eigensinn und Selbstbehauptung in der Lebenswelt. In: BISS public 8: 55-66

Worzalla, Michael (1994): Das Zweite Gleichberechtigungsgesetz. Auswirkungen auf die betriebliche Praxis. In: Personalführung 9: 822-828

Zapf, Wolfgang (1972): Zur Messung der Lebensqualität. In: Zeitschrift für Soziologie 1: 353-376

Zapf, Wolfgang (Hrsg.) (1977): Lebensbedingungen in der Bundesrepublik. Sozialer Wandel und Wohlfahrtsentwicklung. Frankfurt am Main: Campus Verlag

Zapf, Wolfgang (Hrsg.) (1978a): Lebensbedingungen in der Bundesrepublik. Sozialer Wandel und Wohlfahrtsentwicklung. Frankfurt am Main, New York: Campus Verlag

Zapf, Wolfgang (1978b): Einleitung in das SPES-Indikatorensystem. In: Wolfgang Zapf (Hrsg.): Lebensbedingungen in der Bundesrepublik. Sozialer Wandel und Wohlfahrtsentwicklung. Reihe Sozialpolitisches Entscheidungs- und Indikatorensystem für die Bundesrepublik Deutschland, Band 10. Frankfurt am Main: Campus Verlag: 11-95

Zapf, Wolfgang (1982): Welfare Production. Public versus Private. Sonderforschungsbereich 3, Arbeitspapier Nr. 85. Frankfurt am Main, Mannheim

Zapf, Wolfgang (1984): Individuelle Wohlfahrt: Lebensbedingungen und wahrgenommene Lebensqualität. In: Wolfgang Glatzer und Wolfgang Zapf (Hrsg.): Lebensqualität in der Bundesrepublik. Objektive Lebensbedingungen und subjektives Wohlbefinden. Frankfurt am Main, New York: Campus Verlag: 13-26

Zapf, Wolfgang (1991): Modernisierung und Modernisierungstheorien. In: Wolfgang Zapf (Hrsg.): Die Modernisierung moderner Gesellschaften. Verhandlungen des 25. Deutschen Soziologentages in Frankfurt am Main 1990. Frankfurt am Main: Campus Verlag: 23-29

Zapf, Wolfgang (1994): Die Transformation in der ehemaligen DDR und die soziologische Theorie der Modernisierung. In: Berliner Journal für Soziologie 3: 295-305

Zapf, Wolfgang (1999a): Social Reporting in the 1970s and 1990s. Discussion Paper FS III 99-404. Berlin: Wissenschaftszentrum Berlin für Sozialforschung

Zapf, Wolfgang (1999b): Qualität des Lebens - Wege und Irrwege einer langen Entwicklung. In: Franz Lehner (Hrsg.): Wertschöpfung. Maßstäbe einer neuen Ökonomie. München, Mering: Rainer Hampp Verlag: 162-170

Zapf, Wolfgang (2000): Wie kann man die deutsche Vereinigung bilanzieren. In: Oskar Niedermayer und Bettina Westle (Hrsg.): Demokratie und Partizipation. Festschrift für Max Kaase. Opladen: Westdeutscher Verlag: 160-174

Zapf, Wolfgang (2001): Die Wohlfahrtssurveys 1978-1998 und danach. In: Irene Becker, Notburga Ott und Gabriele Rolf (Hrsg.): Soziale Sicherung in einer dynamischen Gesellschaft. Festschrift für Richard Hauser zum 65. Geburtstag. Frankfurt am Main, New York: Campus Verlag: 301-323

Zapf, Wolfgang, Regina Berger, Wolfgang Brachtl und Martin Diewald (1984): Die Wohlfahrtssurveys 1978 und 1980. In: Wolfgang Glatzer und Wolfgang Zapf (Hrsg.): Lebensqualität in der Bundesrepublik. Objektive Lebensbedingungen und subjektives Wohlbefinden. Frankfurt am Main, New York: Campus Verlag: 27-42

Zapf, Wolfgang und Steffen Mau (1993): Eine demographische Revolution in Ostdeutschland? Dramatischer Rückgang von Geburten, Eheschließungen und Scheidungen. In: Informationsdienst Soziale Indikatoren (ISI) 10: 1-5

Zapf, Wolfgang und Roland Habich (1996a): Die sich stabilisierende Transformation - ein deutscher Sonderweg. In: Wolfgang Zapf und Roland Habich (Hrsg.): Wohlfahrtsentwicklung im vereinten Deutschland. Sozialstruktur, sozialer Wandel und Lebensqualität. Berlin: edition sigma: 329-350

Zapf, Wolfgang und Roland Habich (Hrsg.) (1996b): Wohlfahrtsentwicklung im vereinten Deutschland. Sozialstruktur, sozialer Wandel und Lebensqualität. Berlin: edition sigma

Zapf, Wolfgang und Roland Habich (1999): Die Wohlfahrtsentwicklung in der Bundesrepublik Deutschland 1949 bis 1999. In: Max Kaase und Günther Schmid (Hrsg.): Eine lernende Demokratie. 50 Jahre Bundesrepublik Deutschland. Berlin: edition sigma: 285-314

ZDFonline (2001): Fahrplan für EU-Osterweiterung: Bis Ende 2002 wird verhandelt. Beitrag vom 19.06.2001. (Im Internet unter: http://www.heute.t-online.de/ZDFheute/artikel/)

Zelle, Carsten (1998): Soziale und liberale Wertorientierungen. Versuch einer situativen Erklärung der Unterschiede zwischen Ost- und Westdeutschen. In: Aus Politik und Zeitgeschichte, Beilage zur Wochenzeitung Das Parlament, B 41-42/98: 24-36

Zentralarchiv für empirische Sozialforschung (Hrsg.) (1976): ZUMA-Bus 1 (1976). Projektleitung: Rudolf Wildenmann, Karl Ulrich Mayer und Walter Müller, Sozialwissenschaftliches Forschungsinstitut der Konrad-Adenauer-Stiftung. Maschinenlesbares Codebuch ZA Nr. 0861, Köln

Anhang

A.1 Methodische Anmerkungen zur Erhebung des Wohlfahrtssurveys

Wohlfahrtssurvey 1998

Die folgenden Angaben zur Anlage und Durchführung der Untersuchung sind dem Methodenbericht für den Wohlfahrtssurvey 1998 entnommen (vgl. Infratest Burke Sozialforschung 1999).

Grundgesamtheit: Alle in Privathaushalten lebenden deutschsprachigen Personen ab 18 Jahre in der Bundesrepublik. Die ausländische Wohnbevölkerung wurde in die Studie miteinbezogen.

Auswahlverfahren: Standard Random (dreistufiges Verfahren). Erste Stufe: Systematische Zufallsauswahl von Sample Points. Zweite Stufe: Systematische Zufallsauswahl von Privathaushalten in den gewählten Sample Points durch Random-Route-Verfahren. Dritte Stufe: Auswahl der Befragungspersonen in den gewählten Privathaushalten mittels eines sogenannten Schwedenschlüssels.

Befragungsmethode: Computergestützte Interviews im Rahmen von mündlichen, persönlichen Befragungen durch geschulte Interviewer (CAPI). Antwortvorgaben und Skalen wurden den Befragten vom Interviewer vorgelegt.

Befragungszeitraum: Die Interviews wurden vom 21.10.1998 bis zum 15.12.1998 durchgeführt (einschließlich der Nachbearbeitung).

Ausschöpfung: 5600 Adressen (560 Sample Points mit je 10 Adressen) brutto, 3052 durchgeführte Interviews (56,3 %), 3042 ausgewertete Interviews (56,1 %), davon 2007 in Westdeutschland und 1035 in Ostdeutschland.

Gewichtung: (1) Designgewichtung (Ziel: Ost-West-Proportion in Bezug auf die Anzahl der Haushalte); (2) Gewichtung der Haushaltsstichprobe; (3) Transformation in Personenstichprobe; (4) Demographiegewichtung (Gewichtungsmerkmale: Altersgruppen, Geschlecht, Bundesland); (5) Entproportionalisierung (Ziel: Gewichtungsfaktoren für getrennte Auswertungen in Ost und West mit den tatsächlich realisierten Interviews).

Wohlfahrtssurvey Trend 2001

Grundgesamtheit: Alle in Privathaushalten lebenden deutschen Staatsangehörigen ab 14 Jahre in der Bundesrepublik. Die ausländische Wohnbevölkerung wurde nicht in die Studie einbezogen.

Auswahlverfahren: Standard Random (dreistufiges Verfahren). Erste Stufe: Systematische Zufallsauswahl von Sample Points. Zweite Stufe: Systematische Zufallsauswahl von Privathaushalten in den gewählten Sample Points durch Random-Route-Verfahren. Dritte

	Stufe: Auswahl der Befragungspersonen in den gewählten Privathaushalten mit Hilfe eines systematischen Auswahlschlüssels.
Befragungsmethode:	Computergestützte Interviews im Rahmen von mündlichen, persönlichen Befragungen durch geschulte Interviewer (CAPI). Antwortvorgaben und Skalen wurden den Befragten vom Interviewer vorgelegt.
Befragungszeitraum:	Die Interviews wurden von Anfang November bis Anfang Dezember 2001 durchgeführt.
Ausschöpfung:	5099 Adressen brutto, 4861 verbleibende Adressen (neutrale Ausfälle: 4,9%), 2742 durchgeführte Interviews (56,4 %), 2732 ausgewertete Interviews (56,2 %), davon 1971 in Westdeutschland und 761 in Ostdeutschland.
Gewichtung:	(1) Gewichtung der Haushaltsstichprobe nach Bundesländern und Gemeindetypen; (2) Gewichtung der Personenstichprobe nach Bundesländern, Altersgruppen und Geschlecht.

A.2 Wortlaut der Fragen im Wohlfahrtssurvey

Im Folgenden ist der Wortlaut der Fragen dokumentiert, wie sie im Wohlfahrtssurvey 1998 bzw. im Wohlfahrtssurvey Trend 2001 erhoben wurden. Die Nummerierung der Fragen entspricht der des Wohlfahrtssurveys 1998.

F020: Wenn Sie heute Ihre persönlichen Lebensbedingungen mit denen vor 1990, dem Jahr der deutschen Einheit, vergleichen – was würden Sie dann sagen? Haben sich Ihre Lebensbedingungen seit 1990 insgesamt –   • eher verbessert,   • eher verschlechtert, oder   • sehen Sie da keinen großen Unterschied?
F023: Ich lese Ihnen nun verschiedene Aussagen zu einigen Problemen des Lebens vor. Sagen Sie mir bitte zu jedem Satz anhand der Liste, ob die Aussage auch für Sie selbst –   • ganz und gar stimmt,   • eher stimmt,   • eher nicht stimmt oder   • ganz und gar nicht stimmt   A) Ich kann an den meisten unserer heutigen Schwierigkeiten nicht viel ändern.   B) Ich fühle mich oft einsam.   C) Meine Arbeit macht mir eigentlich keine Freude.   D) Das Leben ist heute so kompliziert geworden, daß ich mich fast nicht mehr zurechtfinde.   E) Wenn ich an die Zukunft denke, bin ich eigentlich sehr zuversichtlich.
F031: Welche Staatsangehörigkeit besitzen Sie?   • Die deutsche Staatsangehörigkeit   • Eine andere, und zwar:
F034: Welchen beruflichen Ausbildungsabschluss haben Sie? Geben Sie mir bitte nur den letzten Abschluss an. Letzter beruflicher Ausbildungsabschluss, und zwar: A) Beruflich-betriebliche Anlernzeit mit Abschlusszeugnis aber keine Lehre   B) Teilfacharbeiterabschluss   C) Abgeschlossene gewerbliche oder landwirtschaftliche Lehre   D) Abgeschlossene kaufmännische Lehre   E) Fachschulabschluss   F) Berufsfachschulabschluss   G) Meister-, Techniker- oder gleichwertiger Abschluss   H) Fachhochschulabschluss (auch Abschluss einer Ingenieurschule)

I) Hochschulabschluss
K) Anderer beruflicher Ausbildungsabschluss
L) Keine beruflicher Ausbildungsabschluss

F037: Sind Sie im Augenblick Mitglied einer Organisation oder eines Vereins? Gehen Sie bitte diese Liste durch und sagen Sie mir, wo Sie Mitglied sind. Mitglied in:
A) Gewerkschaft
B) Partei
C) Bürgerinitiative
D) Kirchlichem Verein
E) Musik-/ Gesangverein
F) Sportverein
G) Anderem Verein, anderer Organisation
H) Nein, in keinem Verein, in keiner Organisation

F038: Ist Ihr Leben im Augenblick –
- sehr glücklich
- ziemlich glücklich
- ziemlich unglücklich
- oder sehr unglücklich?

F041: Wie viele Personen leben insgesamt in Ihrem Haushalt, Sie selbst eingeschlossen? Dazu gehört jeder, der normalerweise hier wohnt, auch wenn er zur Zeit abwesend ist, z.B. im Krankenhaus oder in Ferien oder im Urlaub. Auch Kinder rechnen Sie bitte dazu.
- Lebe allein
- ... Personen

F053: Haben Sie einen oder mehrere wirklich enge Freunde, ich meine außerhalb der Familie?
- Ja
- Nein

F056: Üben Sie gegenwärtig eine hauptberufliche Erwerbstätigkeit aus, und zwar Vollzeit oder Teilzeit? Oder sind Sie nebenher erwerbstätig? Oder sind Sie gar nicht erwerbstätig, oder leisten Sie zur Zeit Wehr- bzw. Zivildienst? (ABM- Beschäftigte, Kurzarbeiter, Zeitsoldaten, Lehrlinge sind "Hauptberuflich Erwerbstätige")
A) Hauptberufliche Erwerbstätigkeit Vollzeit
B) Hauptberufliche Erwerbstätigkeit Teilzeit
C) Nebenher erwerbstätig
D) Nicht erwerbstätig
E) Wehr- oder Zivildienst

F058: Auf dieser Liste stehen einige Arten von Nichterwerbstätigkeit. Können Sie mir sagen, welche hiervon auf Sie zutrifft? Bitte nennen Sie mir den zutreffenden Buchstaben.
A) Überschreiten der Altersgrenze
B) Vorruhestand
C) Erwerbs- oder Berufsunfähigkeit
D) Vollzeitausbildung (Schule)
E) Vollzeitausbildung (Studium)
F) Umschulung
G) Arbeitslosigkeit seit weniger als 2 Monaten
H) Arbeitslosigkeit seit mindestens 2, aber weniger als 12 Monaten
J) Arbeitslosigkeit seit 12 Monaten und mehr
K) Hausmann
L) Hausfrau
M) Sonstiges (z.B. Erziehungsurlaub)

F070: Bitte ordnen Sie Ihre derzeitige berufliche Stellung nach dieser Liste ein. (Kennziffer lt. Liste 70)

F079: Befürchten Sie, in naher Zukunft arbeitslos zu werden oder Ihre Stelle wechseln zu müssen? (Mehrfachnennungen möglich)
- Ja, ich befürchte arbeitslos zu werden
- Ja, ich befürchte die Stelle wechseln zu müssen
- Nein
- Weiß nicht

F087: Können Sie mir bitte sagen, wie hoch das monatliche Netto-Einkommen Ihres Haushaltes ist? Ich meine also das gesamte Einkommen aller Mitglieder, die zum Haushaltseinkommen beitragen, nach Abzug der Steuern, Sozialabgaben und einmaliger Bezüge. Bitte vergessen Sie auch nicht, eventuelle zusätzliche Einnahmen wie Wohngeld, Kindergeld usw. zum Netto-Einkommen hinzuzurechnen.
- monatliches Netto-Einkommen des gesamten Haushaltes: DM___ monatlich
- verweigert

F091: Es gibt verschiedene Meinungen darüber, was man in Deutschland zum Leben braucht. Was meinen Sie, was auf der folgenden Liste sollte sich jeder Haushalt in Deutschland leisten können? Was ist verzichtbar, was ist wünschenswert, aber nicht notwendig und was ist unbedingt notwendig?
- verzichtbar
- wünschenswert, aber nicht notwendig
- unbedingt notwendig

A) Wohnung, die groß genug ist, daß jedes Haushaltsmitglied ein eigenes Zimmer hat
B) WC und Bad oder Dusche in der Wohnung
C) Garten, Balkon oder Terrasse
D) Einwöchige Urlaubsreise pro Jahr
E) Zeitungsabonnement
F) Telefon
G) Sich regelmäßig neue Kleidung kaufen können
H) Abgenutzte Möbel durch neue ersetzen können
J) Im Durchschnitt täglich eine warme Mahlzeit haben
K) Einmal pro Monat Freunde zum Essen zu sich nach Hause einladen können
L) Einmal pro Monat mit der Familie zum Essen in ein Restaurant gehen können
M) Auto
N) Fernseher
O) Stereoanlage
P) Waschmaschine
Q) Geschirrspülmaschine
R) Mindestens 100 DM pro Monat sparen können
S) Zusätzliche private Krankenversicherung
T) Private Altersvorsorge
U) Jederzeit Zahnbehandlung und falls erforderlich Zahnersatz vornehmen können, auch wenn das von der Krankenkasse nicht abgedeckt wird.

F092: Wenn Sie jetzt an sich selbst denken, was davon haben bzw. tun Sie, was davon haben bzw. tun Sie nicht, weil Sie es sich nicht leisten können, was davon haben bzw. tun Sie aus anderen Gründen nicht?
- habe bzw. tue ich
- habe bzw. tue ich nicht, weil ich es mir nicht leisten kann
- habe bzw. tue ich aus anderen Gründen nicht

A) Wohnung, die groß genug ist, daß jedes Haushaltsmitglied ein eigenes Zimmer hat
B) WC und Bad oder Dusche in der Wohnung
C) Garten, Balkon oder Terrasse
D) Einwöchige Urlaubsreise pro Jahr
E) Zeitungsabonnement
F) Telefon
G) Sich regelmäßig neue Kleidung kaufen können
H) Abgenutzte Möbel durch neue ersetzen können
J) Im Durchschnitt täglich eine warme Mahlzeit haben
K) Einmal pro Monat Freunde zum Essen zu sich nach Hause einladen können
L) Einmal pro Monat mit der Familie zum Essen in ein Restaurant gehen können
M) Auto
N) Fernseher
O) Stereoanlage
P) Waschmaschine
Q) Geschirrspülmaschine
R) Mindestens 100 DM pro Monat sparen können

S) Zusätzliche private Krankenversicherung T) Private Altersvorsorge U) Jederzeit Zahnbehandlung und falls erforderlich Zahnersatz vornehmen können, auch wenn das von der Krankenkasse nicht abgedeckt wird
F096: Sind Sie dauerhaft behindert oder pflegebedürftig? • Ja • Nein
F097: Nehmen Sie regelmäßig Medikamente? Ich meine richtige Arzneimittel und nicht Vitamintabletten oder Stärkungsmittel. • Ja • Nein
F098: Haben Sie irgendeine andauernde Krankheit oder Behinderung, die Sie gezwungen hat, Ihren Beruf zu wechseln oder Ihr Leben ganz umzustellen? • Ja • Nein
F099: Bitte beantworten Sie folgende Fragen, indem Sie einfach „ja" oder „nein" sagen. • Fühlen Sie sich öfters erschöpft oder erschlagen? • Fühlen Sie sich gewöhnlich unglücklich oder niedergeschlagen? • Machen Sie sich große Sorgen um Ihre Gesundheit? • Sind Sie öfters über starkes Herzklopfen beunruhigt? • Leiden Sie öfters unter Kopfschmerzen? • Bringt es Sie völlig durcheinander, wenn Sie Dinge schnell tun müssen? • Zittern Sie öfters oder schüttelt es Sie? • Sind Sie ständig aufgeregt oder nervös? • Kommen Ängste und Sorgen immer wieder über Sie?
F105: Und wie sehen Sie allgemein Ihre persönliche Zukunft? Sagen Sie es bitte wieder anhand dieser Liste. A) Optimistisch B) Eher optimistisch als pessimistisch C) Eher pessimistisch als optimistisch D) Pessimistisch
F109: Alles in allem – wie zufrieden sind Sie mit den demokratischen Einrichtungen in unserem Land? Skala von 0 (ganz und gar unzufrieden) bis 10 (ganz und gar zufrieden)
F111: Viele Leute in der Bundesrepublik neigen längere Zeit einer bestimmten politischen Partei zu, obwohl sie auch ab und zu eine andere Partei wählen. Wie ist das bei Ihnen? Neigen Sie – ganz allgemein gesprochen – einer bestimmten Partei zu? Wenn ja welcher? Ja, und zwar: • SPD • CDU / CSU • FDP • Bündnis 90 / Grüne • Republikaner / DVU / NPD • PDS • Andere Partei • Nein, ist nicht der Fall • Weiß nicht • Verweigert
F112: Wie stark oder wie schwach neigen Sie – alles zusammengenommen – dieser Partei zu? • Sehr stark • Ziemlich stark • Mäßig • Ziemlich schwach • Sehr schwach
F113: Was meinen Sie? In welchem Maße sind die folgenden Freiheiten, Rechte, Chancen und Sicherheiten in der Bundesrepublik realisiert? Sind diese voll und ganz realisiert, eher realisiert, eher nicht realisiert oder überhaupt nicht realisiert?

- Voll und ganz realisiert,
- Eher realisiert,
- Eher nicht realisiert,
- Überhaupt nicht realisiert

A) Die Freiheit, sich politisch zu betätigen
B) Die Möglichkeit, selbst zu entscheiden, welchen Beruf man erlernen will
C) Schutz der Umwelt
D) Schutz des privaten Eigentums
E) Gerechte Verteilung des Wohlstandes
F) Gleichstellung von Mann und Frau
G) Chancengleichheit unabhängig von der Herkunft
H) Die Möglichkeit, immer und überall seine Meinung frei sagen zu können
J) Die Möglichkeit, so zu leben, wie man will
K) Glaubensfreiheit
L) Schutz vor Kriminalität
M) Soziale Sicherheit
N) Solidarität mit Hilfebedürftigen
O) Das Recht auf Arbeit

F115: Bitte sagen Sie uns nun, inwieweit Sie den folgenden beiden Aussagen voll zustimmen, eher zustimmen, eher nicht zustimmen oder überhaupt nicht zustimmen:
Die sozialen Unterschiede in unserem Land sind im großen und ganzen gerecht.
- Stimme voll zu
- Stimme eher zu
- Stimme eher nicht zu
- Stimme überhaupt nicht zu
- Weiß nicht

F116: Alles in allem kann man in einem Land wie Deutschland sehr gut leben.
- Stimme voll zu
- Stimme eher zu
- Stimme eher nicht zu
- Stimme überhaupt nicht zu
- Weiß nicht

F118: Was meinen Sie, wie zufrieden sind Sie gegenwärtig – alles in allem – heute mit Ihrem Leben? Bitte sagen Sie es mir anhand dieser Liste. Skala von 0 (ganz und gar unzufrieden) bis 10 (ganz und gar zufrieden)

F122: (Split nur für Ostdeutsche) Die Lebensbedingungen in vielen Ländern Europas unterscheiden sich heute ja zum Teil erheblich voneinander. Wir sind an Ihrer persönlichen Einschätzung interessiert. Benutzen Sie dazu wieder die Leitern auf dem folgenden Schema. Das oberste Feld bedeutet sehr gute Lebensbedingungen, das unterste Feld bedeutet sehr schlechte Lebensbedingungen.
(1) Zunächst zur Bundesrepublik Deutschland. Wo auf der ersten Leiter würden Sie die Lebensbedingungen in Ostdeutschland (neue Bundesländer) einordnen?
(2) Und wo auf der zweiten Leiter würden Sie im Vergleich dazu die Lebensbedingungen in Westdeutschland (alte Bundesländer) einordnen?
...

F123: (Split nur für Westdeutsche)
Die Lebensbedingungen in vielen Ländern Europas unterscheiden sich heute ja zum Teil voneinander. Wir sind an Ihrer persönlichen Einschätzung interessiert. Benutzen Sie dazu wieder die Leitern auf dem folgenden Schema. Das oberste Feld bedeutet sehr gute Lebensbedingungen, das unterste Feld bedeutet sehr schlechte Lebensbedingungen.
(1) Zunächst zur Bundesrepublik Deutschland. Wo auf der ersten Leiter würden Sie die Lebensbedingungen in Westdeutschland (alte Bundesländer) einordnen?
(2) Und wo auf der zweiten Leiter würden Sie im Vergleich dazu die Lebensbedingungen in Ostdeutschland (neue Bundesländer) einordnen?
...

Jörg Ebrecht, Frank Hillebrandt (Hrsg.)
Bourdieus Theorie der Praxis
Erklärungskraft - Anwendung - Perspektiven
2002. 246 S. Br. € 27,90
ISBN 3-531-13747-6

Obwohl von Bourdieu als allgemeine Sozialtheorie mit universellem Erklärungsanspruch konzipiert, beschränkt sich die bisherige Wirkungsmacht seines Ansatzes weitgehend auf die Thematik strukturierter sozialer Ungleichheit. Der Sammelband versucht diese thematische Engführung zu überwinden, indem er die Anschlussmöglichkeiten für einige spezielle Soziologien testet, die eine besondere Relevanz und Aktualität für die moderne Gesellschaft besitzen: die Techniksoziologie, die Organisationssoziologie und die Soziologie des Geschlechterverhältnisses.

Bettina Heintz (Hrsg.)
Geschlechtersoziologie
2002. 551 S. mit 25 Abb. und 24 Tab. Br. € 54,00
ISBN 3-531-13753-0

Das 41. Sonderheft der *Kölner Zeitschrift für Soziologie und Sozialpsychologie* geht aus unterschiedlichen theoretischen Perspektiven der Frage nach, über welche Mechanismen Geschlechterungleichheit erzeugt oder auch abgebaut wird. Obschon die Geschlechtergrenzen durchlässiger geworden sind, gibt es nach wie vor Bereiche, in denen die Geschlechterungleichheit praktisch unverändert fortbesteht. Wie ist zu erklären, dass in einer Gesellschaft, die sich von ihrem Selbstverständnis her an universellen Sachprinzipien orientiert, geschlechtliche Zuschreibungen weiterhin wirksam sind? Die Beiträge machen deutlich, dass die Herstellung von Geschlechterungleichheit an spezifische Konstellationen gebunden ist und interaktive Prozesse, Organisationsstrukturen und internationale Normen hier eine besondere Rolle spielen.

Christoph Deutschmann (Hrsg.)
Die gesellschaftliche Macht des Geldes
2002. 367 S. mit 17 Abb. Br. € 34,90
ISBN 3-531-13687-9

Das Thema „Geld" stellt bis heute trotz - oder vielleicht gerade wegen - seiner Allgegenwart in der Gesellschaft einen blinden Fleck der Sozial- und Wirtschaftswissenschaften dar. Der Band soll helfen, dieses Manko zu beheben. Jenseits der üblichen technischen Betrachtung des Geldes als Tauschmittel, Wertmaß und Zahlungsmittel wird das Thema aus einem bewusst breit gehaltenen Spektrum von Perspektiven beleuchtet: Geld als Kommunikationsmedium, Geld und Religion, Geld und Moderne, Psychologie des Geldes und des Konsums, Geld und Sozialcharakter, Zentralbanken und Finanzmärkte.

www.westdeutscherverlag.de

Erhältlich im Buchhandel oder beim Verlag.
Änderungen vorbehalten. Stand: Oktober 2002.

Abraham-Lincoln-Str. 46
65189 Wiesbaden
Tel. 06 11. 78 78 - 285
Fax. 06 11. 78 78 - 400

Westdeutscher Verlag

AUS DEM PROGRAMM

Soziologie

AUS DEM PROGRAMM

Sozialpolitik

Helge Peters
Soziale Probleme und soziale Kontrolle
2002. 217 S. Br. € 19,90
ISBN 3-531-13668-2

Herkömmliche Untersuchungen sozialer Probleme erörtern die Strukturen, die Verbreitung und die Ursachen sozialer Probleme. Unbeantwortet bleibt oft die Frage, wie und warum Verhaltensweisen und Zustände als soziale Probleme definiert werden. Im ersten Teil des Buches wird deshalb dem Zusammenhang zwischen Problemdefinition und bezeichnetem Sachverhalt nachgegangen (Ein Beispiel: Haschischkonsum als soziales Problem oder privater Genuss). Im zweiten Teil geht es um die Bearbeitung sozialer Probleme. Als eine wichtige Bearbeitungsform gilt die soziale Kontrolle. Sie wird ausführlich erörtert. Unterschieden werden drei Kontrollvarianten: Ausschließungen, Repressionen, die auf „Integration" zielen, und Bedingungsveränderungen, die auf „Integration" zielen. Erkennbar wird oft die funktionale Äquivalenz dieser Kontrollvarianten.

Paul B. Hill, Johannes Kopp
Familiensoziologie
Grundlagen und theoretische Perspektiven
2., überarb. und erw. Auflage 2002. 352 S. Br. € 26,90
ISBN 3-531-33734-3

Die Familiensoziologie behandelt ein breites Spektrum an praxisrelevanten Fragen, welche die private Lebensführung ebenso wie die Sozialpolitik und die Demographie berühren. Zunächst werden die historischen und ethnologischen Variationen der Formen familialen Lebens thematisiert und die wichtigsten Theorietraditionen der Familiensoziologie vorgestellt. Für die zentralen Gegenstandsbereiche - etwa Partnerwahl, Heiratsverhalten, innerfamiliale Interaktion, Fertilität, Familienformen sowie Trennung und Scheidung - wird der theoretische und empirische Stand der Forschung vorgestellt und diskutiert.

Wolfgang Voges
Pflege alter Menschen als Beruf
Soziologie eines Tätigkeitsfeldes
2002. 378 S. mit 80 Abb. und 49 Tab. Br. € 21,00
ISBN 3-531-13492-2

Am Altenpflegeberuf lässt sich der Prozess der Institutionalisierung eines Fähigkeitsprofils von einem „Ersatzberuf" der 60er Jahre zu einem „geschützten" Fachberuf der 90er Jahre in geeigneter Weise verdeutlichen. Das Buch ermöglicht den Lesern den Einstieg in die Diskussion um das Berufsbild, um die Vereinheitlichung der Ausbildung und um die Öffnung weiterführender Bildungsgänge.

www.westdeutscherverlag.de

Abraham-Lincoln-Str. 46
65189 Wiesbaden
Tel. 06 11. 78 78 - 285
Fax. 06 11. 78 78 - 400

Erhältlich im Buchhandel oder beim Verlag.
Änderungen vorbehalten. Stand: Oktober 2002.

Westdeutscher Verlag